T0405609

FORMULA 1 2020/2022

LA TECNICA TECHNICAL INSIGHTS

FORMULA 1 2020/2022

LA TECNICA TECHNICAL INSIGHTS

PAOLO FILISETTI

GIORGIO NADA EDITORE

Giorgio Nada Editore

Direzione editoriale / *Editorial manager*
Leonardo Acerbi

Redazione / *Editing*
Giorgio Nada Editore

Impaginazione e copertina / *Layout and cover*
Aimone Bolliger

Giorgio Nada Editore s.r.l.
Via Claudio Treves, 15/17
20055 VIMODRONE - MI - ITALY
Tel. +39 02 27301126
Fax +39 02 27301454
E-mail: info@giorgionadaeditore.it
www.giorgionadaeditore.it

Allo stesso indirizzo può essere richiesto il catalogo di tutte le opere pubblicate dalla Casa Editrice.

The catalogue of Giorgio Nada Editore publications is available on request at the above address.

FORMULA 1 2020-2022. La Tecnica/*Technical Insights*
ISBN: 978-88-7911-897-2

Distribuzione
Giunti Editore Spa
via Bolognese 165
I - 50139 FIRENZE
www.giunti.it

SOMMARIO SUMMARY

STAGIONI 20/21
20/21 SEASONS

2020-2021: DUE STAGIONI CONTROVERSE

La Formula 1 2020 condizionata dal Covid ha determinato quella 2021

Nel 2020 la Formula 1 come tutti gli Sport, e in particolar modo quelli itineranti con un calendario che include gran premi in quattro continenti, è stata fortemente condizionata dalla pandemia. La stagione è partita solo a luglio con un calendario di diciassette gare disputate su tredici circuiti. La situazione di emergenza ha inoltre costretto la Federazione Internazionale a posticipare di un anno il debutto delle nuove regole aerodinamiche, legate al ritorno all'effetto suolo, previsto in origine già nel 2021. Su queste basi e sulla necessità di permettere una riduzione dei costi per i team che già erano impegnati nella progettazione di massima delle monoposto ad effetto suolo, è stato deciso di omologare numerose componenti delle vetture. Date queste premesse, la tentazione di considerare il 2021 come un semplice anno di transizione, una sorta di fotocopia del 2020, avrebbe potuto essere molto forte. Ma è stato proprio così? Scopriamo perché no.

Cos'erano le parti omologate?

Nel 2020 le parti omologate (HC) dalla FIA sono state una "new entry" nella classificazione delle componenti di una Formula 1. In dettaglio, si tratta della struttura deformabile anteriore, di quella posteriore, delle parti interne delle sospensioni anteriori e posteriori, del telaio, delle strutture anti intrusione laterali, dei radiatori, dell'impianto frenante e della porzione anteriore del fondo.

Le parti omologate potevano essere modificate?

Sì. Per ogni componente è stato creato un sistema a gettoni (token). Ogni team ne ha avuti a disposizione due e ciascuna parte ne ha comportato l'impiego di uno o due. Il telaio uno, cosi come l'impianto frenante, il sistema di alimentazione, la struttura deformabile posteriore e il DRS. Ne servivano due per il cambio, i cerchioni,

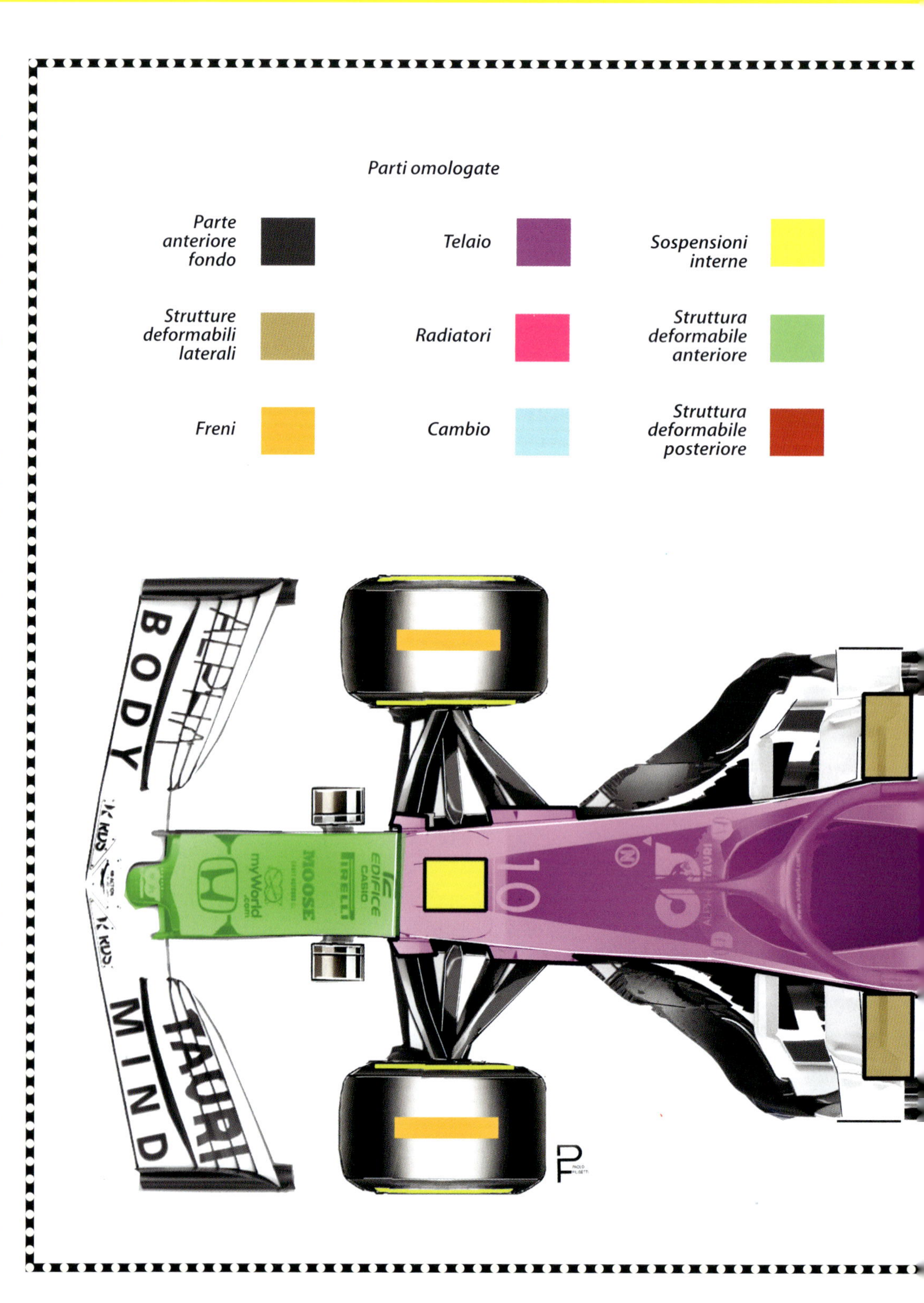

2020-2021: TWO CONTROVERSIAL SEASONS

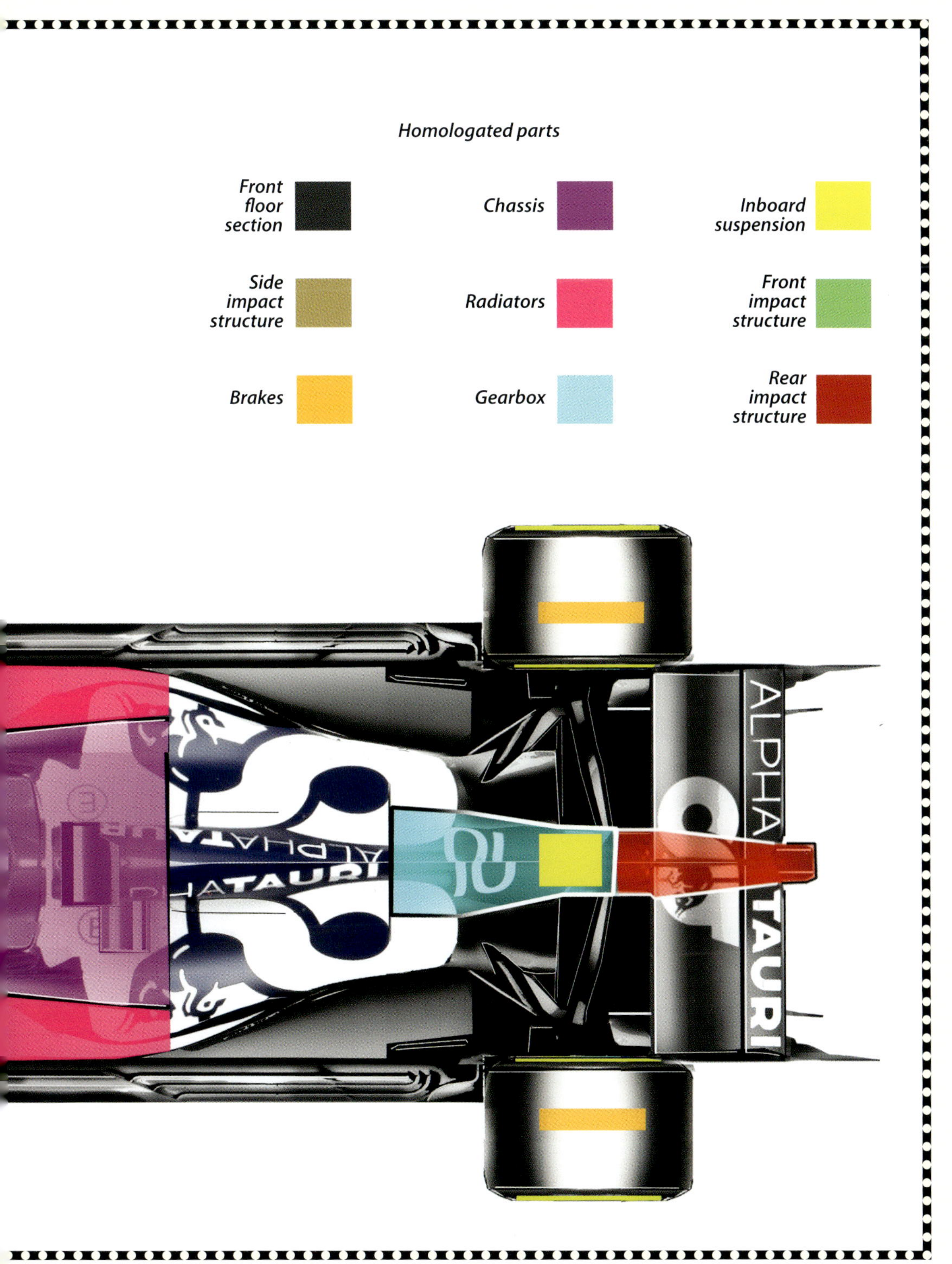

F1 2020 compromised by Covid affected the 2021 season

In 2020, all sports, especially the itinerant championships like F1 which has a calendar with Grands Prix on four continents, was severely affected by the pandemic. The season only got underway in June, with a series of 17 races held on 13 circuits. The global emergency also obliged the FIA to postpone by a year the debut of the new aerodynamic regulations associated with the return of ground effects, originally planned for 2021. It was on this basis and the need to provide for reduced costs for the teams that were already committed to the outline design of the ground effect cars, that it was decided to homologate numerous components of the cars. In this sense, it might have been very tempting to consider 2021 as a mere transitional year, a kind of photocopy of 2020. But was this actually the case? We shall discover why in fact it wasn't.

What were the homologated components?

In 2020, the FIA's homologated components (HC) were a new entry in the classification of the components of an F1 car. Specifically, they were the front and rear survival cells, the inboard front and rear suspension parts, the chassis, the lateral intrusion structures, the radiators, the braking system, and the front part of the floor.

Could the homologated components be modified?

Yes. A token system had been created for every component. Each team had two tokens available and each component required one or two to be spent. The chassis required one, like the braking system, the fuel system, the rear survival cell, and the DRS. Two were needed for the gearbox, the wheels, the inboard front and rear suspension elements, and the front survival cell (inside the nose). These regulations affected all teams, although there were with certain exceptions. Specifically, internal modifications were permitted to the chassis in the case of the signing in 2021 of drivers

gli elementi interni delle sospensioni anteriori e posteriori, la struttura deformabile anteriore (interna al musetto). Queste norme hanno interessato tutti i team con alcune eccezioni. Nello specifico sono state ammesse modifiche a livello interno dello chassis in caso di ingaggio nel 2021 di piloti la cui statura differisse da quella dei piloti 2020. Modifiche sono state ammesse anche nella zona degli attacchi tra telaio e motore e nella configurazione dell'impianto di raffreddamento in caso di cambio del fornitore della Power Unit. Questo caso, ovviamente, è stato applicato alla McLaren che è passata dalla Renault alla Mercedes.

Lo sviluppo aerodinamico era libero o vi sono state modifiche tecniche imposte?

Lo sviluppo aerodinamico è stato libero da vincoli di omologazione. Ogni team ha potuto sviluppare le superfici aerodinamiche, per semplificare, la carrozzeria, le ali e i deviatori di flusso. A livello di modifiche imposte dal regolamento 2021, la più rilevante ha riguardato il fondo, caratterizzato da un andamento non più parallelo all'asse longitudinale ma da un taglio diagonale che va restringendosi davanti alle ruote posteriori. Il taglio parte da 1.800 mm dietro le ruote anteriori, seguendo una linea diagonale che incontra l'asse posteriore a 650 mm dall'asse centrale longitudinale. Nell'area delimitata è stato vietato qualsiasi elemento aerodinamico. Lo scopo è stato quello di ridurre, secondo stime FIA, il carico prodotto del 10% così da preservare l'integrità dei pneumatici che hanno mantenuto una costruzione sostanzialmente identica negli ultimi tre anni.

Vi sono stati limiti per lo sviluppo in galleria del vento e CFD?

Sì. Le regole per i test aerodinamici (ATR), pur non variando l'ammontare relativo al 100% di ore o terabytes (per il CFD) rispetto al 2020, hanno concesso ai team una percentuale di risorse inversamente proporzionale alla loro posizione nella classifica Costruttori 2020. Il primo poteva disporre del 90% e a seguire ogni team disponeva di un 2,5% in più, quindi la Red Bull ha avuto il 92,5%, la Ferrari il 102,5% arrivando sino al 112,5% della Williams.

Le Power Unit sono state quelle del 2020?

No. Le Power Unit erano diverse pur mantenendo la stessa architettura e gli stessi limiti di ore al banco prove. I progetti si sono potuti sviluppare sino alla prima gara del 2021. I costruttori hanno potuto sviluppare sia la parte endotermica, sia quella elettrica, liberamente. I propulsori sono stati congelati dalla prima gara e per l'intera stagione. Il numero massimo di Power Unit disponibili è stato di tre esemplari per quanto riguarda i motori termici, tre MGU-H, tre Turbo, due MGU-K, due batterie, due centraline.

Le vetture clone, ancora ammesse?

Il regolamento 2021 ha dato in tal senso una stretta decisiva in modo da evitare il perpetuarsi di casi come la Racing Point RP20 che era stata, di fatto, la copia della Mercedes W10. In realtà la nuova Aston Martin ha proseguito all'interno di questo solco proprio in virtù delle parti omologate. Al team di Silverstone non è stata richiesta una riprogettazione totale per differenziarsi dalla Mercedes. La somiglianza con la W11 è restata dunque molto marcata. La FIA ha soprattutto cercato di porre un limite al "reverse engineering", ossia alla realizzazione di componenti con strumenti in grado di rilevare da immagini, dimensioni e profili delle superfici.

È stato però ancora possibile condividere specifiche parti?

Sì, se non rientravano tra le "listed team components", coperte da proprietà intellettuale esclusiva. In pratica, solo se facevano parte delle "trasferable components", progettate e realizzate da un singolo team, ma trasferibili a livello di concetto e componente stessa. Ad esempio, oltre alla Power Unit, l'intero retrotreno incluso cambio e sospensioni, anche quelle anteriori e il servosterzo idraulico. Il DAS, se fosse stato mantenuto nel 2021, ne avrebbe fatto parte e quindi sarebbe stato possibile condividerlo tra Mercedes e Aston Martin.

whose stature differed from that of the 2020 drivers. Modifications were also permitted in the area of the chassis-engine mounts and in the configuration of the cooling system in the case of a change of Power Unit supplier. Clearly, this case applied to McLaren as the team had switched from Renault to Mercedes.

Was aerodynamic development free or were certain technical modifications imposed?

Aerodynamic development was free of homologation restrictions. Every team could develop their aerodynamic surfaces, to simplify, the bodywork, the wings, and the bargeboards. In terms of the modifications imposed by the 2021 regulations, the most significant concerned the floor, characterised by a configuration that was no longer parallel to the longitudinal axis, but featured a diagonal cutaway that narrowed towards the rear wheels. The cutaway started 1,800 mm behind the front wheels, following a diagonal line that met the rear axle 650 mm from the central longitudinal axis. No aerodynamic devices whatsoever were permitted in the area delimited. The aim was to reduce, on the basis of FIA estimates, the downforce produced by 10%, thereby preserving the integrity of the tyres which had retained substantially the same construction for the last three years.

Were limits imposed on wind tunnel and CFD development?

Yes. The regulations regarding aerodynamic testing (ATR), while not varying the amount in terms of 100% hours or terabytes (for CFD) with respect to 2020, gave the teams a percentage of resources inversely proportional to their position in the Constructors' standings in 2020. The leading team was granted 90% with every following team being granted 2.5% more. Red Bull therefore had 92.5%, Ferrari 102.5%, through to Williams with 112.5%.

Were the 2020 Power Units used?

No. The power units were different, while retaining the same architecture and the same restrictions on test bench hours. The designs could be developed through to the first race in 2021. The constructors had a free rein on the development of the internal combustion and the electric sections The power units were frozen from the first race for the duration of the season. The maximum number of power units available broke down as three internal combustion engines, three examples of the MGU-H, three turbos, two MGU-Ks, two batteries and two control units.

Were clone cars still permitted?

In this case, the 2021 regulations were tightened up to avoid the perpetuation of situations like that of the Racing Point RP20 which was to all intents and purposes a copy of the Mercedes W10. In reality, the new Aston Martin did follow in this tradition thanks to the homologated components. The Silverstone-based team was not asked to redesign its completely to differentiate it from the Mercedes. The similarity to the W11 therefore remained very clear. Above all the FIA attempted to limit reverse engineering, the practice of creating components with instruments capable of capturing dimensions and surface shapes from photographs.

Was it still in any case possible to share specific parts?

Yes, if they were not among the "listed team components" covered by exclusive intellectual property rights. In practice, only if they were among the "transferable components", designed and produced by a single team, but transferable in terms of concept and actual parts. For example, along with the Power Unit, the entire rear running gear, including transmission and suspension, the front suspension, and the hydraulic power steering. Had it been retained in 2021, DAS would have been part of this group and it would therefore have been possible to share it between Mercedes and Aston Martin.

RED BULL

RED BULL RB16

La RB16 non è nata come monoposto di transizione. Puntava decisamente in alto, con un'aerodinamica che mutuava concetti Mercedes, come il mantello (cape) anteriore, ma manteneva una spiccata originalità. La Power Unit Honda, da subito, non ha temuto confronti con Ferrari e Mercedes. Lo sviluppo è stato costante, con molta attenzione ai barge boards e al bordo laterale del fondo. Nella parte anteriore è stata caratterizzata dalla sezione estremamente ridotta del fondo, ideale proprio per l'adozione del mantello inferiore.

RED BULL RB16

The RB16 was not created as a transitional car. It aimed high, with aerodynamics that drew on Mercedes concepts such as the front cape, while retaining a highly original configuration. From the outset, the Honda power unit was competitive with Ferrari and Mercedes. Development was continuous, with great attention paid to the barge boards and the lateral edge of the floor. At the front it was characterised by the particularly compact section of the floor, an ideal configuration for the adoption of a lower cape.

RB16B

La RB16B non differiva molto dalla precedente RB16, essendo i regolamenti del 2021 molto restrittivi in termini di sviluppi e componenti ed essendo stata spostata di un anno l'introduzione dell'effetto suolo. Le principali differenze hanno riguardato il fondo smussato lateralmente imposto dal regolamento. Ciò nonostante si sono visti sviluppi sui deviatori di flusso davanti alle fiancate e nelle sezioni periferiche del fondo, con il fiorire di generatori di vortici. Una nuova versione di deviatori di flusso, sottolineata da un proliferare di griglie orizzontali come turning vanes davanti alle fiancate, è stata introdotta in occasione del GP del Portogallo.

RED BULL RB18

A Milton Keynes nel 2022 hanno atteso fino alla prima sessione di test a Barcellona per svelare le forme reali della monoposto. La RB18, non solo per le forme esterne, è stata caratterizzata da fiancate profondamente scavate nella parte inferiore per sfruttare l'effetto Coandă (che permette al flusso d'aria di restare aderente alla loro superficie per l'intera lunghezza).
A livello meccanico, per quanto riguarda le sospensioni, è stato adottato lo schema pull-rod all'anteriore e push-rod al posteriore, esempio lampante di come la dinamica del veicolo sia stata asservita alla massima efficienza aerodinamica del fondo vettura. La ricerca di una gestione precisa delle variazioni delle altezze da terra, infatti, ha costituito l'obiettivo prioritario che Adrian Newey si è posto in questo progetto estremo in numerosi dettagli. Con la profonda evoluzione delle fiancate e del fondo, vista sin dal Bahrain, è stato risolto in maniera definitiva il fenomeno del porpoising, incrementando il carico prodotto dai canali Venturi.
La competitività della RB18 è stata indiscutibile.

RED BULL RB18

At The Milton Keynes team waited until the first 2022 test session at Barcelona to reveal the true shape of the new car. The RB18 was characterised by sidepods that were sharply cut away in the lower section in order to exploit the Coandă effect (which allows the air flow to remain attached to their surface for the full length).
In mechanical terms, with regard to the suspension, the pull-rod layout was adopted at the front and the push-rod alternative at the rear, a clear example of how the dynamics of the vehicle were subjugated to the maximum aerodynamic efficiency of the floor. The achievement of precise management of ride height variations in fact, constituted Adrian Newey's primary objective for what was an extreme design in numerous details. With the profound evolution of the sidepods and the floor that was seen from Bahrain on, the porpoising phenomenon was definitively resolved, with the downforce produced by the Venturi tunnels increasing.
The competitiveness of the RB18 was undisputable.

RB16B

The RB16B was not very different to the preceding RB16, with the 2021 regulations very restrictive in terms of developments and components and with the introduction of ground effects having been postponed by a year. The principal differences concerned the lateral chamfering on the floor required by the regulations. Nonetheless, there were developments regarding the barge boards ahead of the sidepods and the peripheral sections of the floor, with the sprouting of vortex generators. A new version of the barge boards, emphasised by a proliferation of horizontal grilles as turning vanes ahead of the sidepods, was introduced on the occasion of the Portuguese GP.

RB16: sfoghi calore

In occasione dei gran premi più caldi sono comparsi sfoghi per lo smaltimento del calore, posti sulla carrozzeria alla base posteriore dell'halo. Il concetto è stato mutuato direttamente dalla monoposto del 2019.

RB16: heat vents

Heat dispersal vents were introduced for the hottest Grands Prix, located on the bodywork in correspondence with the rear Halo mount. The concept had been adopted directly from the 2019 car.

RB16: fondo posteriore

Si nota la presenza di un mini profilo davanti alle ruote anteriori, con la funzione di generare out wash delle turbolenze. Da questa prospettiva si nota la forte sciancratura posteriore della carrozzeria per liberare il flusso diretto verso il posteriore.

B16: rear floor

Note the presence of a winglet in front of the front wheels, designed to generate turbulence outwash. From this angle we can see the tight waist of the rear bodywork designed to free the flow heading towards the rear of the car.

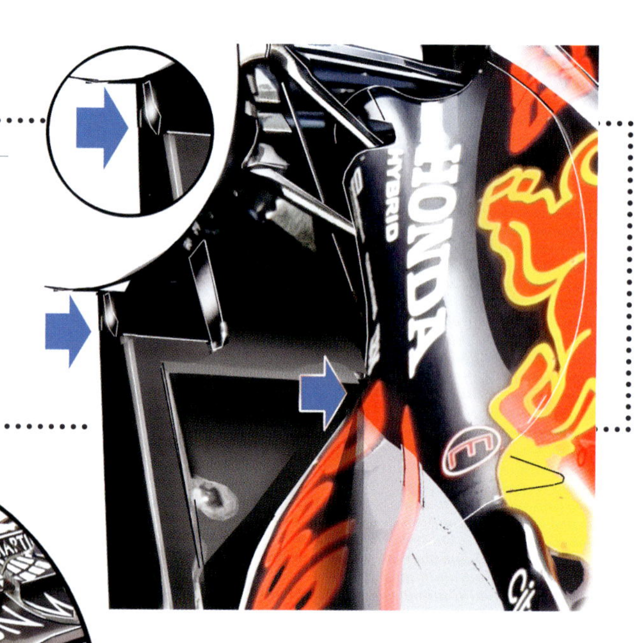

RB16: ala posteriore Red Bull Ring

Interessante il dettaglio delle paratie laterali, caratterizzate all'altezza del bordo d'ingresso (leading edge) da un'ampia soffiatura verticale. Al centro, all'altezza del cambio di sezione verticale, una serie di feritoie a "S" sovrastate da tre mini strakes. Il bordo di uscita superiore è invece caratterizzato da un profilo a doppio scalino.

RB16: Red Bull Ring rear wing

An interesting detail of the endplates, characterised in correspondence with the leading edge by a large vertical vent. In the centre, in correspondence with the change in height of the vertical section, a series of S-shaped slots, with three mini-strakes above them. The upper trailing edge was instead characterised by a double step profile.

RB16B: evoluzione fondo e deflettori

In occasione della terza gara, in Portogallo, la Red Bull ha modificato i deviatori di flusso davanti alle fiancate e ha dotato il bordo laterale del fondo di una serie di profili con funzione di generatori di vortici. Il turning vane verticale è infatti preceduto da una serie di profili orizzontali connessi anteriormente da un profilo verticale sinuoso. Nel confronto, si nota la maggiore complessità della nuova versione rispetto alla precedente.

RB16B: floor and barge board evolution

On the occasion of the third race in Portugal, Red Bull modified the barge boards ahead of the sidepods and equipped the lateral edge of the floor with a series of profile designed to act as vortex generators. The vertical turning vane was in fact preceded by a series of horizontal profile connected at the front by a sinuous vertical profile. In the comparison, note how the new version was more complex than the previous one.

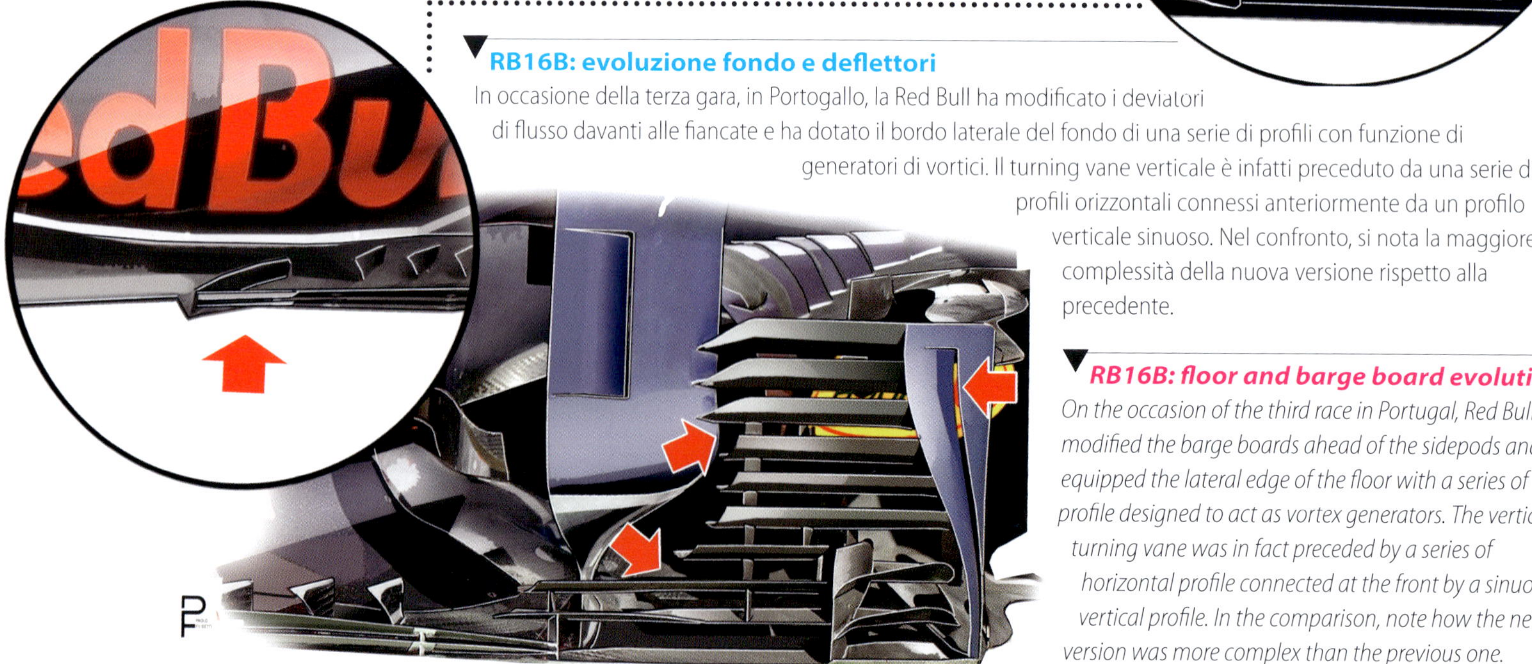

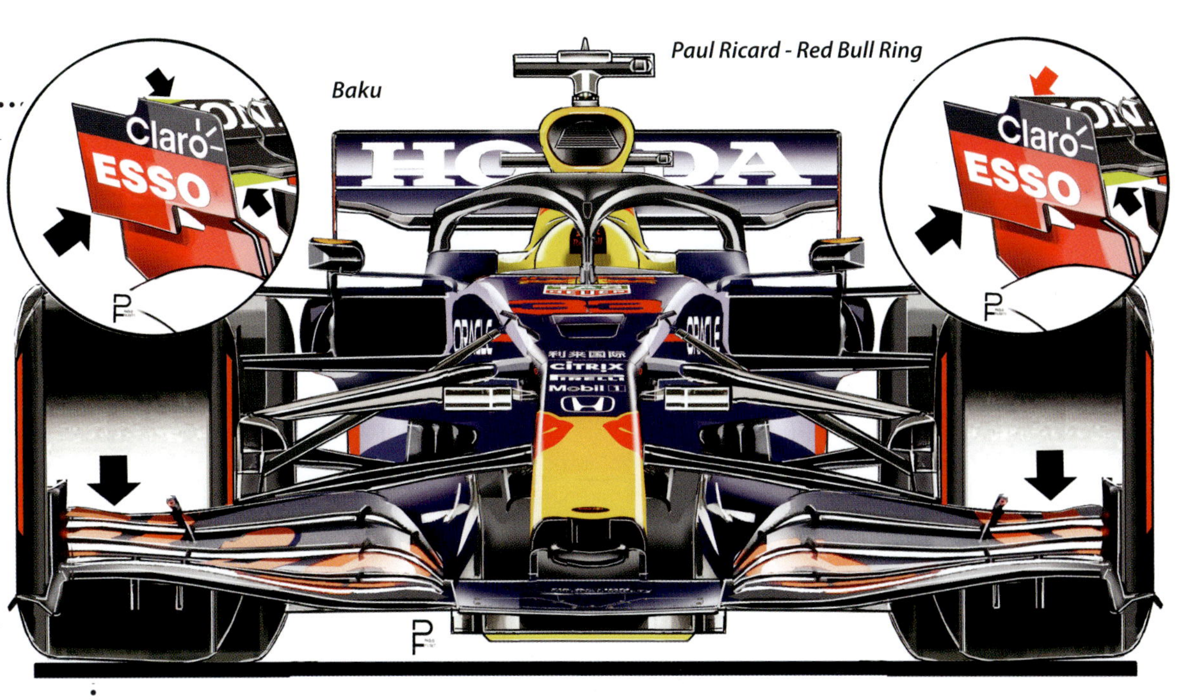

Vista frontale RB16B: configurazione carico medio basso

In evidenza la sezione frontale ridotta del muso, l'out wash accentuato dell'ala posteriore. Interessante il confronto tra la configurazione adottata dell'ala posteriore a Baku, in Francia e Austria. Sono state mantenute le stesse paratie prive di soffiature a favore dell'efficienza, ma con una diversa configurazione del flap, con profilo principale simile.

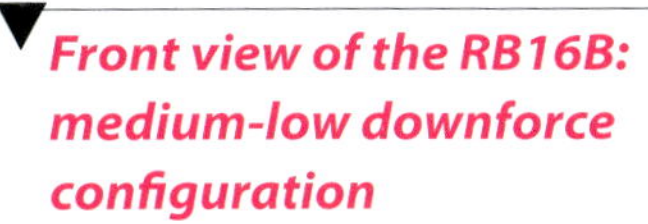

Front view of the RB16B: medium-low downforce configuration

Highlighted here is the reduced frontal section of the nose, the outwash accentuated by the rear wing. Particularly interesting is the comparison between the rear wing configurations from Baku, France and Austria. The same endplates without vents were retained in the interests of efficiency, but with a different flap configuration and a similar main plane.

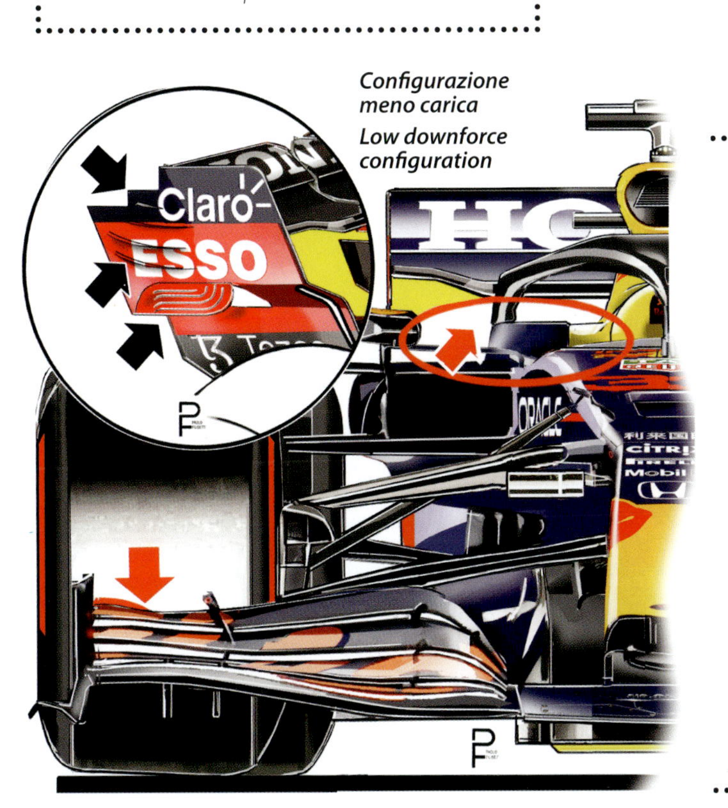

Confronto configurazioni Ungheria RB16B

Nel raffronto tra le due configurazioni adottate a Budapest nel 2021 risalta come, a parità di set up aerodinamico anteriore, siano state provate due diverse soluzioni per l'ala posteriore. Una più carica, con profilo principale dell'ala rettilineo, l'altra più scarica con un profilo a cucchiaio. Entrambe le versioni condividevano le stesse paratie laterali.

Hungary configurations comparison

The comparison between the two configurations adopted in Hungary in 2021 shows how, with the same front aerodynamics, two different rear wing designs were tested. One with more downforce, with a straight main plane, the other with a dished profile and less downforce. Both versions shared the same endplates.

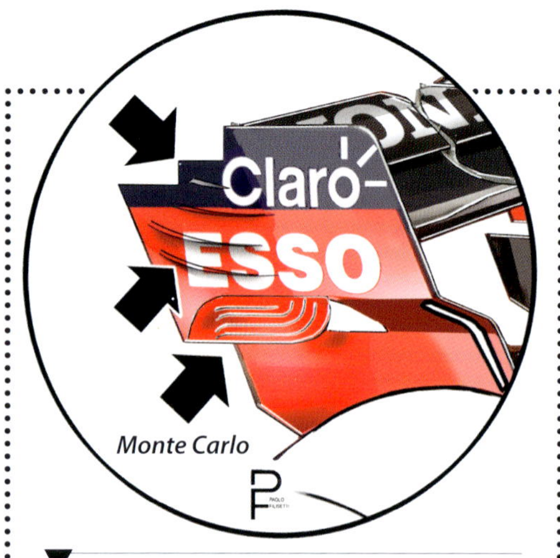

Confronto dettagli ala posteriore Monte Carlo e Baku

Sono parecchie le differenze riscontrabili nei dettagli nei due tondi. L'ala adottata a Monte Carlo presentava paratie caratterizzate da molteplici soffiature, quattro strakes, un bordo superiore scalinato e il profilo principale rettilineo. Quella di Baku aveva invece un bordo superiore stondato, l'assenza totale di soffiature, le estremità del bordo di uscita del flap smussate e il profilo dell'ala a cucchiaio.

Detail comparison Monte Carlo and Baku rear wings

Numerous differences can be seen in the detail drawings in the two circles. The wing adopted at Monte Carlo presented endplates characterised by multiple vents, four strakes, a stepped upper edge and a straight main plane. The one used at Baku instead had a rounded upper edge, no vents, chamfered flap trailing edge extremities and a dished main plane.

Confronto fondi: Austria e Gran Bretagna

Il fondo è stato l'elemento evoluto con maggior costanza nel corso della stagione sulla RB16B. Il confronto tra la versione adottata al Red Bull Ring con quella introdotta due settimane dopo a Silverstone evidenzia, per la seconda, l'aggiunta di una serie di soffiature longitudinali sul marciapiede con inserti metallici di rinforzo alle estremità.

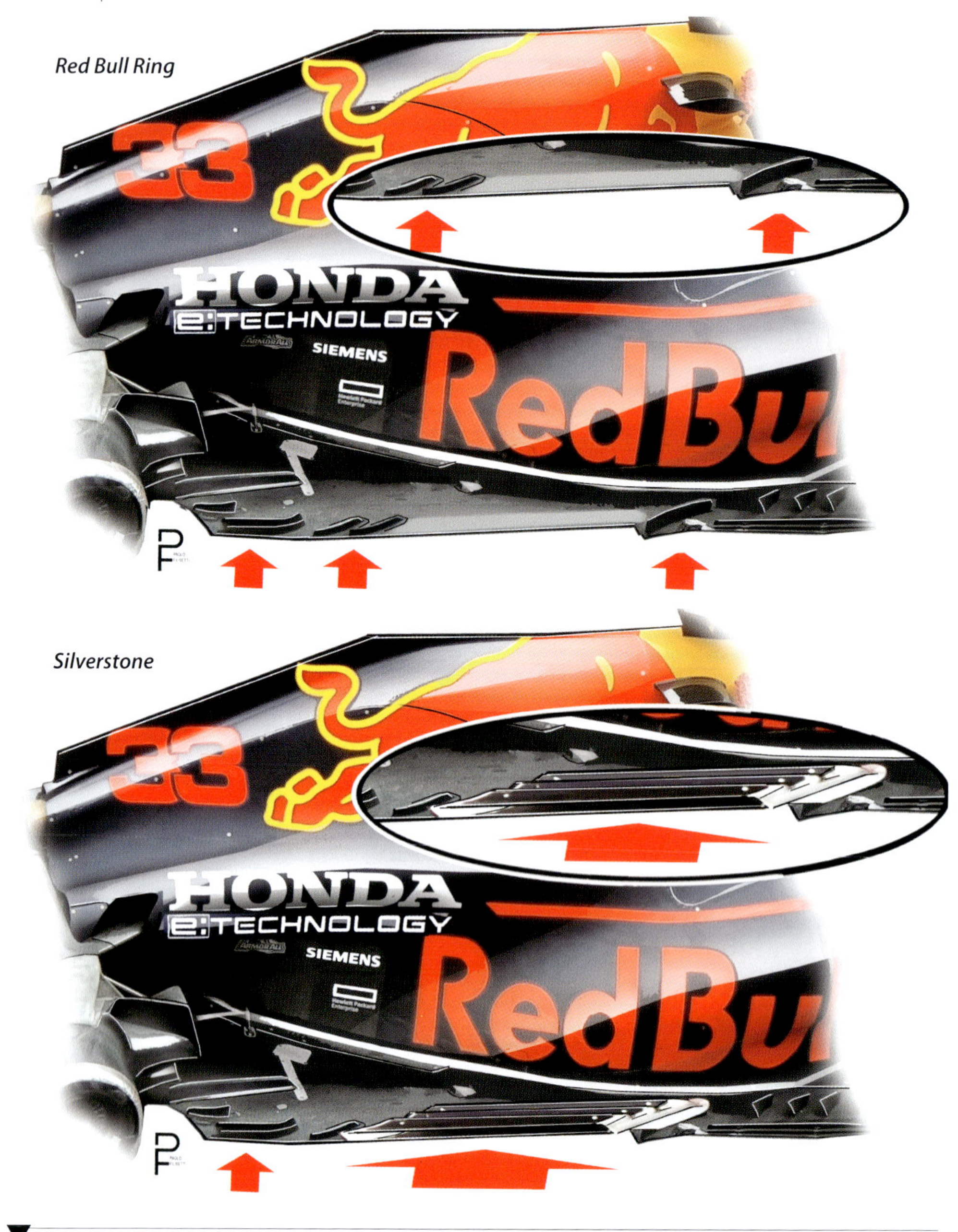

Floor comparison: Austria and Great Britain

The floor was the element on the RB16B that evolved most consistently over the course of the season. The comparison between the version adopted at the Red Bull Ring and the one introduced two weeks later at Silverstone reveals that in the case of the second a series of longitudinal vents was added to the footplate with metal reinforcing inserts at the extremities.

Presunta flessibilità longitudinale alla posteriore

In occasione del GP di Spagna erano sorte perplessità inizialmente sollevate da Lewis Hamilton che l'ala posteriore della RB16B flettesse longitudinalmente all'indietro a pieno carico. Riprese video della camera on board verso il posteriore sembravano confermarlo. In questo modo si sarebbe ridotta la sezione frontale e soprattutto l'incidenza del flap riducendo il drag in rettilineo. A Baku, nella gara successiva, la FIA ha imposto il posizionamento di indici adesivi per monitorare i movimenti relativi ai profili delle ali su tutte le monoposto.

Presumed rear longitudinal flexibility

Ion the occasion of the Spanish GP, initial doubts had been raised by Lewis Hamilton regarding the rearwards longitudinal flexing of the RB16B's rear wing when fully loaded. Video footage from the backwards facing on-board camera appeared to confirm this. In this way, the frontal section would have been reduced and above all the flap incidence would have been reduced on the straights. At the next race in Baku, the FIA imposed the positioning of adhesive indicators to monitor the movements of the wings on all cars.

carico minimo
minimum downforce

carico massimo
maximum downforce

RB16B

GP Turchia 2021: livrea celebrativa Honda

A Istanbul la Red Bull ha schierato le RB16B in una livrea bianca, celebrativa dell'Honda, inizialmente prevista per il GP del Giappone, cancellato a causa della pandemia. Questa colorazione metteva in risalto ancor più di quella standard il disegno estremizzato della parte anteriore e il ridotto volume inferiore delle fiancate. Apprezzabile la profilatura accurata dei flap dell'ala anteriore a favore dell'out wash delle turbolenze.

Turkish GP 2021: Honda celebratory livery

At Istanbul, Red Bull fielded the RB16Bs in a white livery celebrating Honda which had initially been prepared for the Japanese GP that had been cancelled due to the pandemic. This livery highlighted even more than the standard one the extreme design of the front end and the reduced lower voluyme of the sidepods. The careful shaping of the front wing flaps to favour the outwashing of turbulence was admirable.

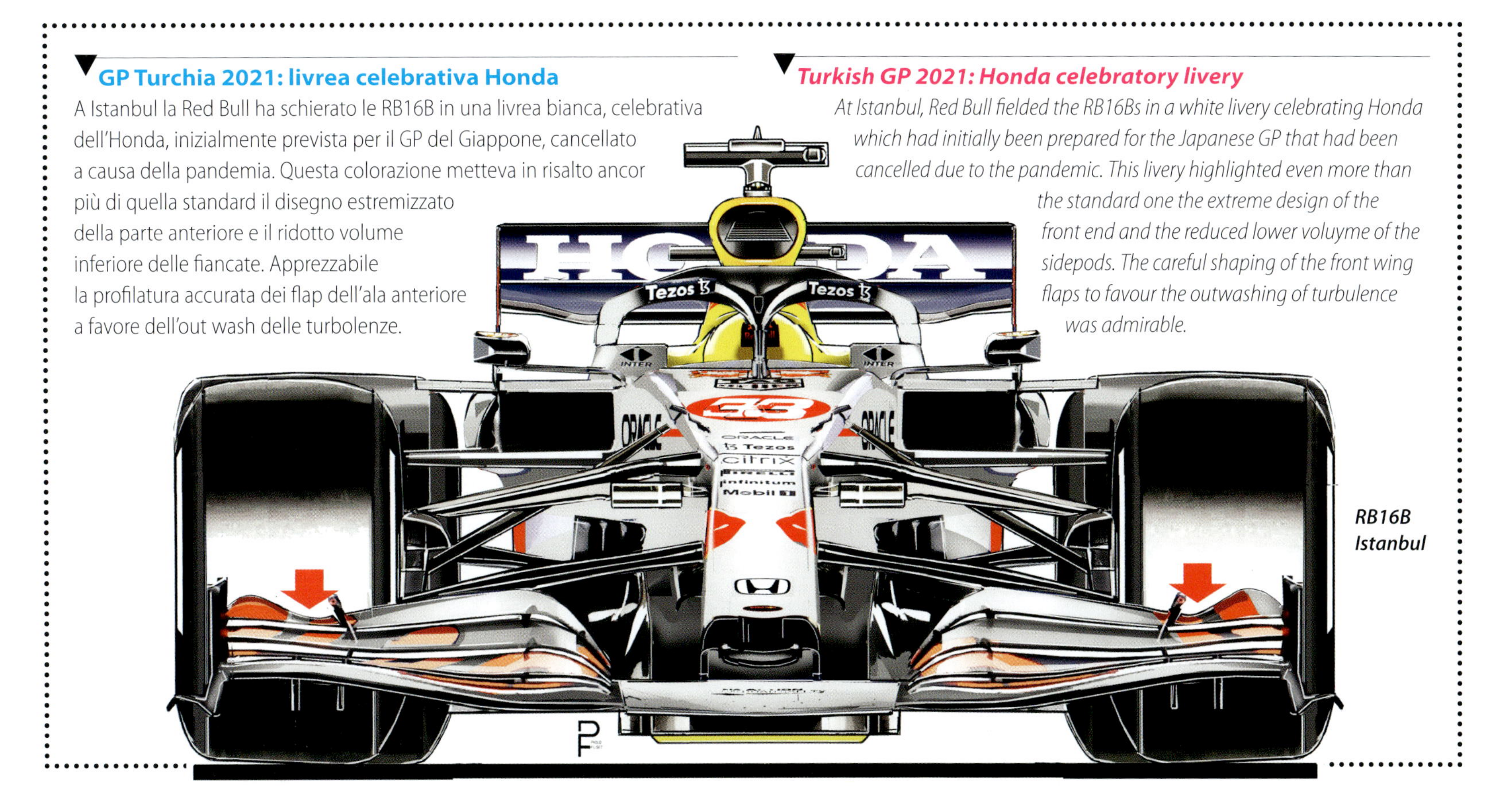

Extreme rake configuration

Perhaps the most unusual aspect of the RB16B was the extreme positive rake configuration, with a minimal front axle ride height. This was possible thanks to precise ride height management through careful front suspension push-rod set-up.

Assetto rake estremizzato

L'aspetto forse più peculiare della RB16B è stato l'estremizzazione dell'assetto rake (picchiato), con un'altezza dal suolo dell'avantreno minima. Ciò è stato possibile grazie ad una precisa gestione dell'altezza da terra mediante accurata taratura della sospensione anteriore push-rod.

altezza da terra anteriore minima
minimum front ride height

Effetti della rarefazione dell'aria in Messico

La rarefazione dell'aria all'altitudine di Città del Messico (2.240 metri) è superiore al 30%. Ciò ha forti implicazioni a livello di carico aerodinamico generato e un minore scambio termico. Nel confronto frontale tra la Mercedes W12 e la RB16B si nota la forte incidenza dei profili dell'ala anteriore di entrambe le vetture, mentre al posteriore spicca un profilo orizzontale da alto carico. Molto evidente l'incremento della sezione frontale delle prese di raffreddamento anteriori dei freni Red Bull.

Effects of the rarefied air in Mexico

The rarefaction of the air at the altitude of Mexico City (2240 metres) is great than 30%. This has severe implications regarding the generation of downforce and a lower thermal exchange. In the frontal comparison between the Mercedes W12 and RB16B note the steep incidence of the front wing profiles on both cars, while at the rear there was a horizonal high downforce wing. The increase in the frontal section of the Red Bull front brake cooling intakes was very conspicuous.

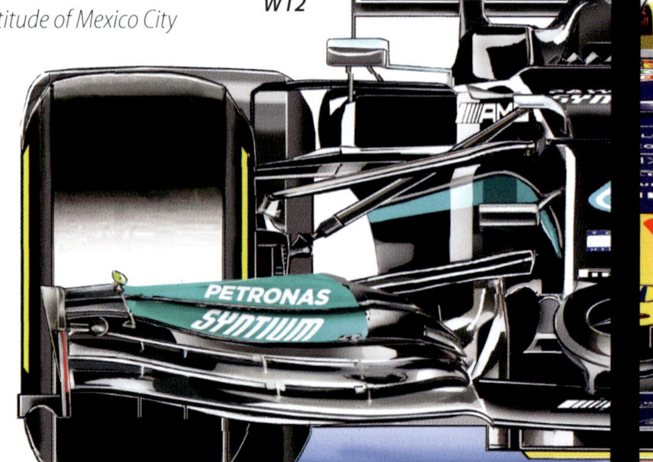

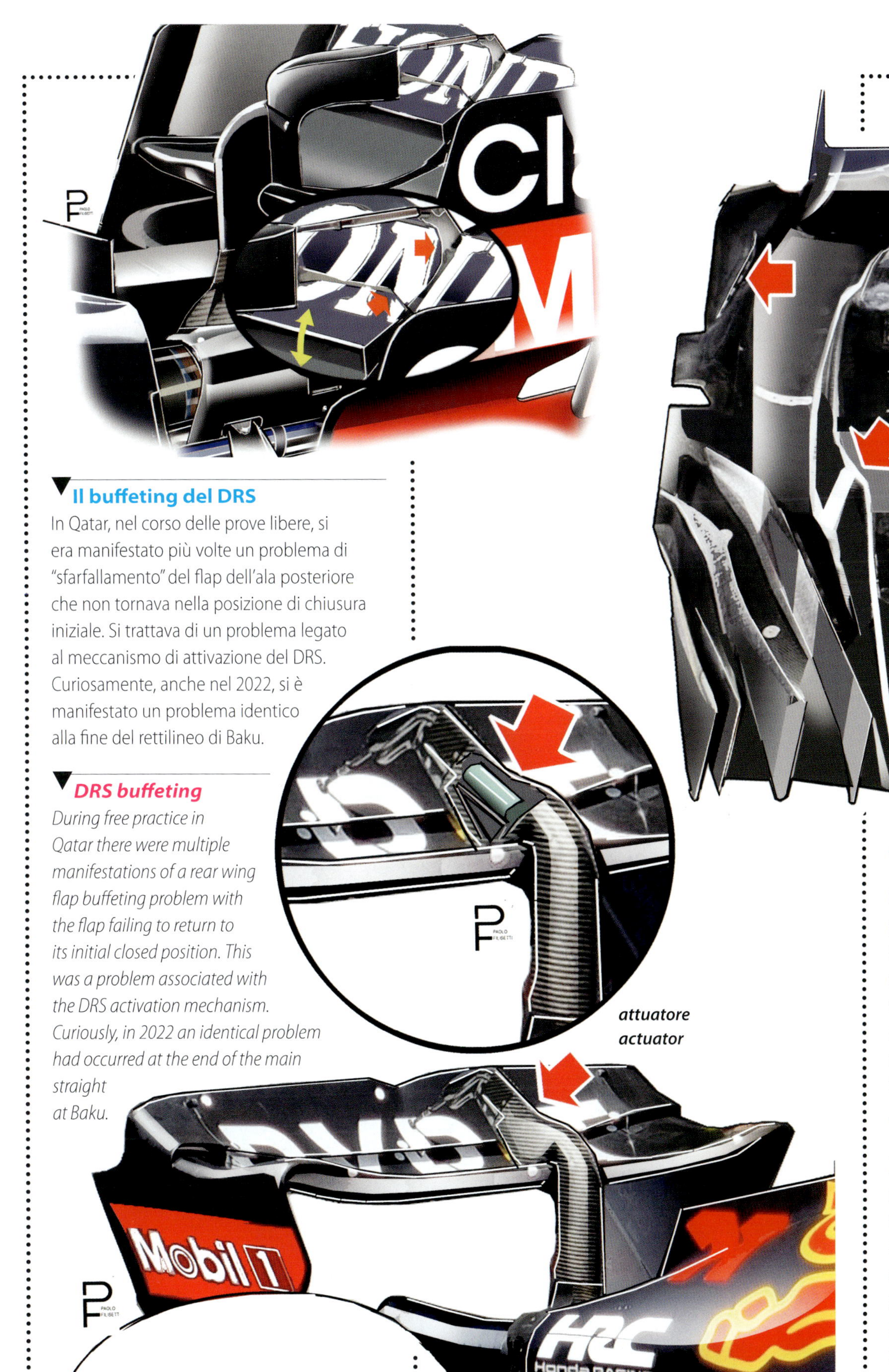

Il buffeting del DRS

In Qatar, nel corso delle prove libere, si era manifestato più volte un problema di "sfarfallamento" del flap dell'ala posteriore che non tornava nella posizione di chiusura iniziale. Si trattava di un problema legato al meccanismo di attivazione del DRS. Curiosamente, anche nel 2022, si è manifestato un problema identico alla fine del rettilineo di Baku.

DRS buffeting

During free practice in Qatar there were multiple manifestations of a rear wing flap buffeting problem with the flap failing to return to its initial closed position. This was a problem associated with the DRS activation mechanism. Curiously, in 2022 an identical problem had occurred at the end of the main straight at Baku.

RB18

Il fondo della RB18

La maggior parte dei segreti delle performance della RB18 si concentravano sul fondo. Da questa inusuale prospettiva è possibile notare come la sezione centrale non avesse un profilo unico ma fosse frastagliato con gradini che generavano differenze di pressione del flusso in specifici punti impedendo tra l'altro l'innesco del porpoising.

The RB18 floor

The majority of the secrets of the RB18's performance were concentrated in the floor. From this unusual perspective it is possible to note how rather than a single straight profile the central section featured a number of steps that generated differences in flow pressure at specific points, designed to avoid the triggering of the porpoising phenomenon.

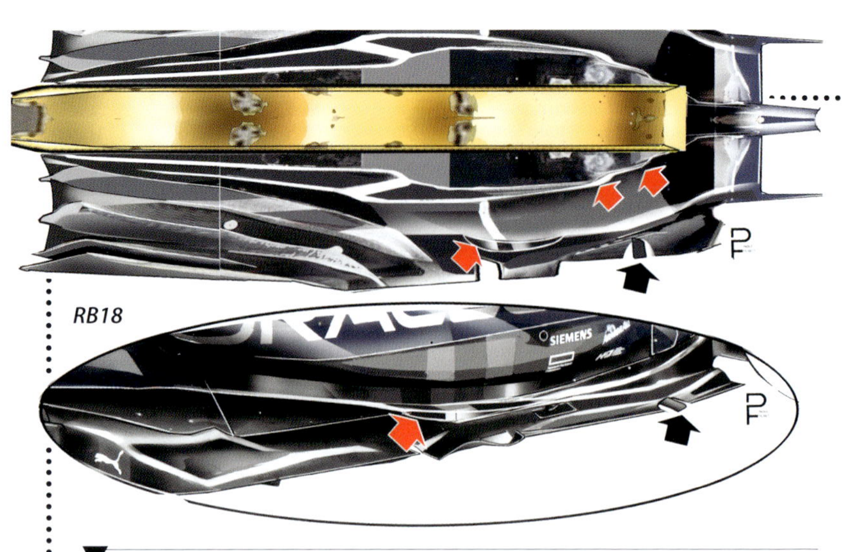

Silverstone and Austin floor evolution

The most significant evolution, albeit one that aroused some controversy as to its efficacy, was introduced at Silverstone, with a reshaping of the lip at the front which now had a sinuous profile and at the rear where it was equipped with a semi-circular vent featuring a horizontal vortex generator, clearly inspired by Ferrari. At Austin there was a further evolution of the sinuous profile equipped with a vertical Gurney flap along the edge. The semi-circular vent had been eliminated from Verstappen's car from France, while only from Texas on Pérez's car with the final evolution.

Evoluzione fondo Silverstone e Austin

L'intervento più rilevante, seppur controverso a livello di efficacia, è avvenuto a Silverstone, con una riprofilatura del bordo laterale nella parte anteriore ora con un profilo sinuoso e, in quella posteriore, dotandolo di una soffiatura semicircolare con un generatore di vortici orizzontale di chiara ispirazione Ferrari. Ad Austin vi è stata un'ulteriore ridefinizione del profilo sinuoso dotato di un gurney tab verticale lungo il contorno. Sparita già dalla Francia la soffiatura semicircolare solo per Verstappen, mentre per Pérez solo dal Texas, con l'ultima evoluzione.

Chassis alleggerito

Nel corso dell'estate si era diffusa la voce, culminata a Spa, che la Red Bull avesse prodotto una versione alleggerita della scocca della RB18, con un risparmio di peso circa 3 kg. Il risultato sarebbe stato possibile attraverso un diverso incrocio degli strati di fibra di carbonio. Questa scocca non è mai stata utilizzata e nelle gare successive al Belgio il team ha poi negato la sua esistenza.

Lightened chassis

During the summer there was a rumour culminating at Spa that Red Bull had produced a lightweight version of the RB18's chassis, with a weight saving of around 3 kg. The result would have been possible by adopting a different layering of the carbonfibre matting. This monocoque was never used and at the races following the one in Belgium the team denied that it even existed.

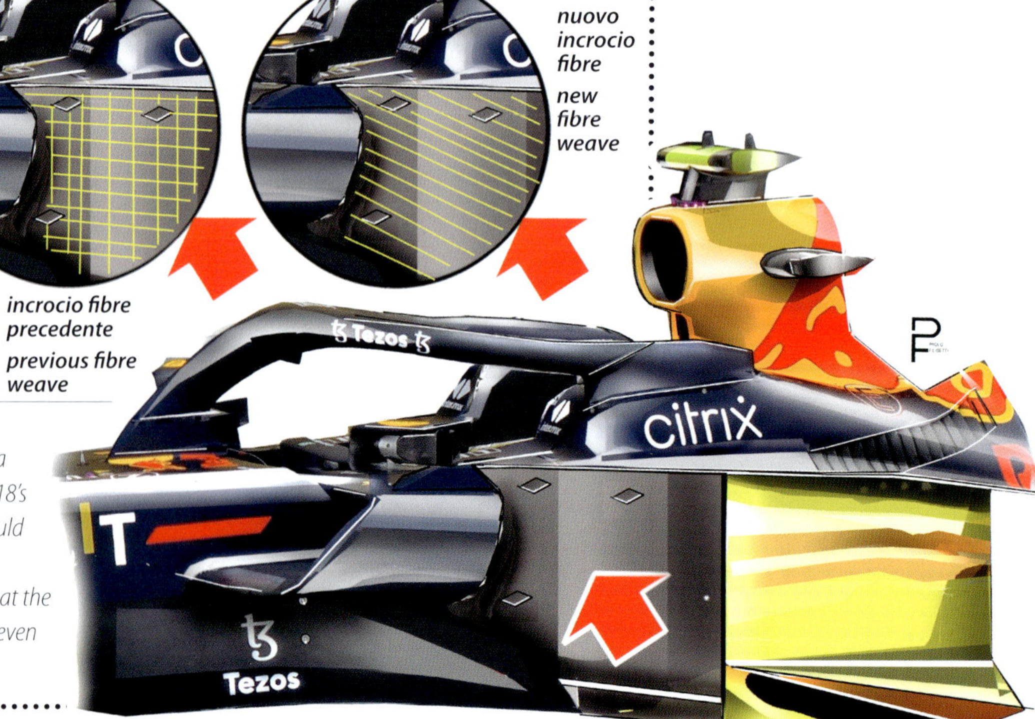

Dettagli fondo
La RB18 colpisce per la raffinatezza dei suoi dettagli. Un esempio è rappresentato dal profilo inferiore del convogliatore più interno sotto il fondo, caratterizzato da un gradino per una precisa gestione del flusso d'aria sotto la vettura.

Floor details
The RB18 was striking in the sophistication of its details. One example is represented by the lower profile of the innermost tunnel under the floor, characterised by a step providing precise management of the air flow under the car.

Sviluppi di microaerodinamica
La RB18 è stata sviluppata anche con interventi di micro aerodinamica, modificando singoli dettagli. Uno dei primi riguarda le paratie laterali dell'ala anteriore, caratterizzate da una diversa bandella laterale dal profilo sinuoso e posta più in alto, rispetto alle prime due gare, a Melbourne.

Micro-aerodynamic developments
The RB18 was also developed through micro-aerodynamic interventions, with individual details being modified. One of the first concerned the front wing endplates, characterised by a different lateral tab with a sinuous configuration and located higher in Melbourne than at the first two races.

Ala posteriore minimal a Monza
La versione dell'ala posteriore adottata sul tracciato brianzolo è stata caratterizzata da un taglio a mezza luna e a tutta larghezza lungo il bordo di uscita per ridurre il drag.

Moinimal rear wing for Monza
The version of the rear wing adopted on the Brianza circuit was characterised by a full width crescent moon cutaway along the trailing edge, designed to reduce drag.

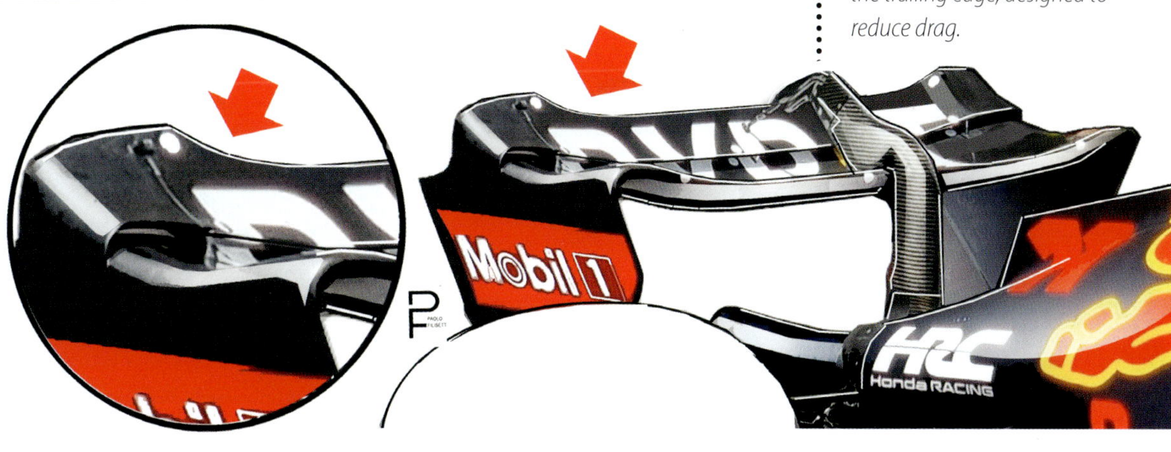

FERRARI

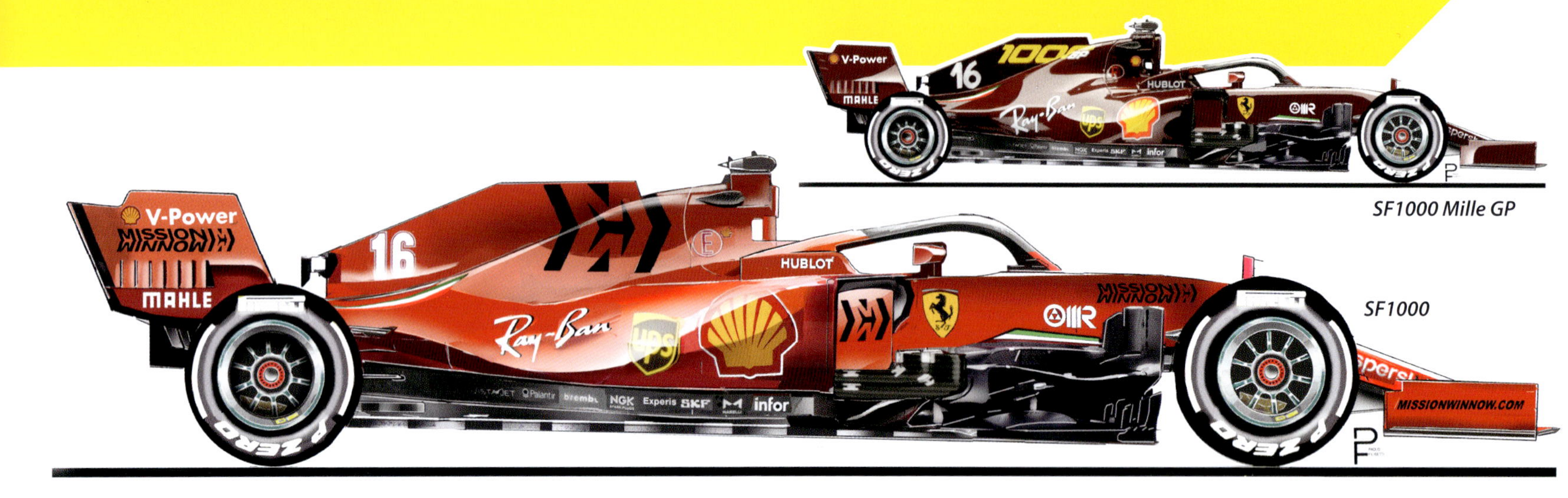

SF1000 Mille GP

SF1000

FERRARI SF1000

La SF1000 non ha rappresentato una rivoluzione rispetto al passato ma l'estremizzazione dei concetti della SF90. Nei test aveva da subito mostrato di aver guadagnato carico deportante perdendo però parecchia efficienza in rettilineo. La Power Unit, a causa dell'accordo segreto con la FIA, era parsa immediatamente molto meno performante rispetto al propulsore del 2019, costituendo, forse, il limite maggiore di questa monoposto plafonata nel suo sviluppo. La vettura è stata così denominata per celebrare il millesimo gran premio di Formula 1 al quale la Scuderia ha preso parte, coincidente con quello di Toscana al Mugello. Per l'occasione la SF1000 è stata dipinta con una livrea rosso-amaranto lucida che, di fatto, replicava il colore delle prime monoposto del Cavallino rampante.

FERRARI SF21

La SF21 ha rappresentato in larga misura una correzione complessiva del progetto della SF1000. Nuovo il muso, più affusolato e complesso all'estremità, rivisto anche il mantello inferiore. Le fiancate sono risultate più strette per una migliore efficienza; è stato incrementato il carico complessivo, nuova la scatola del cambio e i punti di attacco della sospensione posteriore. La Power Unit 065/6 è sembrata un passo avanti rispetto alla 065/2 dell'anno precedente, seppur in maniera relativa. La dinamica della vettura è parsa buona, migliore sia in termini di minor resistenza all'avanzamento rispetto alla SF1000, sia a livello di trazione e bilanciamento in curva, ma nel complesso non all'altezza delle prestazioni di Red Bull e Mercedes, vere protagoniste del Mondiale.

FERRARI SF21

The SF21 largely represented an overall rejig of the SF1000 project. The new nose was more tapered and complex at the tip, while the lower cape was also revised. The sidepods were narrower for improved penetration; the overall downforce was increased, the gearbox and rear suspension mounts were new. The 065/6 power unit seemed to be a step forwards with respect to the previous year's 065/2, albeit in relative terms. The car's dynamics seemed to be good, with drag improved with respect to the SF1000 and better traction and balance through corners, but overall it was not a match for the performance delivered by Red Bull and Mercedes, the championship's true protagonists.

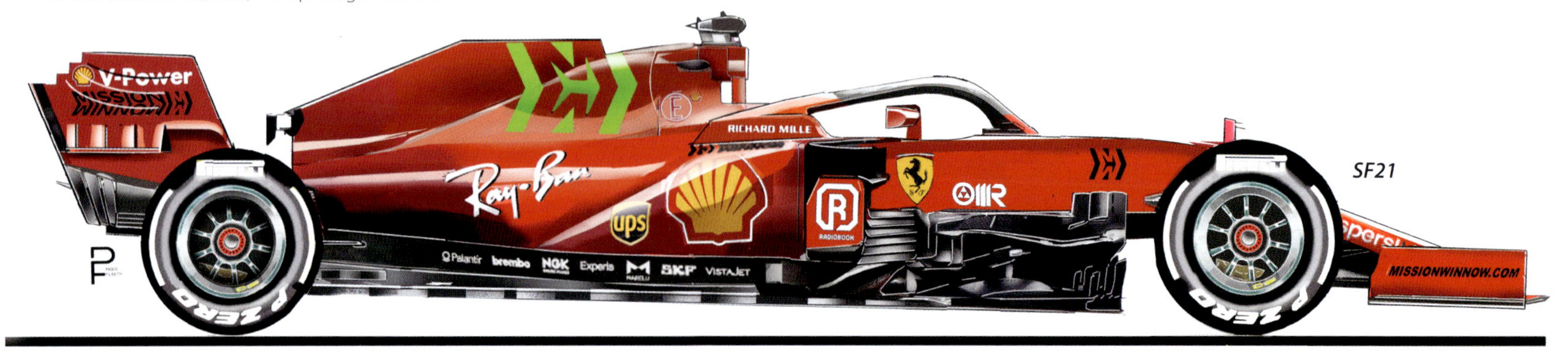

SF21

FERRARI SF1000

Rather than a revolution with respect to the past the SF1000 represented an extreme interpretation of the SF90 concepts. In preseason testing it immediately showed that it had gained in downforce while losing considerable straight-line efficiency. Due to the secret agreement with the FIA, the power unit immediately seemed less effective than the 2019 version, constituting perhaps the most important limit of a car that had plateaued in its development.
The car was so named to celebrate the Scuderia's 1000th Formula 1 Grand Prix, which coincided with the Tuscan race at the Mugello circuit. For the occasion, the SF1000 was painted in a gloosy deep Burgundy red livery that replicated the colour of the Prancing Horse's first singole-seaters.

FERRARI F1-75

La monoposto ha colpito sin dalla presentazione per l'originalità delle forme del profilo superiore delle fiancate. Il profondo solco sinuoso, percorso dalla serie di griglie di ventilazione per lo smaltimento del calore, ne costituiva l'elemento distintivo. È stata progettata cercando di ottenere il migliore packaging della Power Unit 066/7 e dei suoi accessori. Il propulsore si è poi dimostrato il vero punto di forza a livello prestazionale, ma troppo fragile per poter essere sfruttato pienamente in termini di performance nel corso dell'intera stagione. Il concetto aerodinamico inferiore è molto pulito, meno complesso rispetto ad altre vetture, soprattutto nel confronto con la Red Bull, ma non meno efficace, in particolare nella prima parte della stagione.
Il porpoising, nonostante si sia rivelato molto evidente, non ha mai costituito un problema tangibile per il bilanciamento della F1-75. Nel complesso, una monoposto molto ben realizzata anche nei dettagli e originale nella sua veste aerodinamica. Interessanti alcune soluzioni, come nel caso del doppio "tea tray", nella zona del divergente inferiore, per massimizzare l'efficienza dei canali Venturi.
In occasione del GP d'Italia a Monza è stata adottata una livrea celebrativa, con il cofano motore e le paratie dell'ala posteriore in Giallo Modena, per celebrare i 75 anni dalla fondazione della Ferrari nel 1947.

FERRARI F1-75

The car stood out from its presentation thanks to the originality of the upper sidepod shapes. The deep, sinuous groove, punctuated by a series of heat dispersal gills, constituted its distinguishing feature. It was designed to obtained optimum packaging of the 066/7 power unit and its ancilliaries. The unit was car's great strength in terms of performance but was too fragile for that performance to be exploited over the course of the full season. The lower aerodynamic concept was very clean, less complex than other cars, above all in comparison with the Red Bull, but no less effective, in particular in the early stages of the season. While porpoising was very evident, it never constituted a tangible problem for the balance of the F1-75. Overall, this was a well-designed car, with good detailing and an original aerodynamic package. Several features were interesting, including the double tea tray in the lower splitter area, designed to maximize the efficiency of the Venturi tunnels. For the Italian GP at Monza, a celebratory livery was adopted with the engine cover and the rear wing endplates in Modena yellow to mark the 75th anniversary of Ferrari's foundation in 1947.

F1-75

F1-75 Monza

Evoluzione ala anteriore SF1000: inizio stagione

La prima versione dell'ala vista nei test di Barcellona era caratterizzata da un marciapiede esterno con il bordo d'ingresso orizzontale (3) e un ampio generatore di flusso sovrastante (4). La versione introdotta in Stiria differiva sia per il bordo d'ingresso ad arco, sia per l'incremento della distanza tra i convogliatori (strakes) sotto l'ala e la paratia stessa (1). Diverso anche il bordo di uscita dell'ultimo flap (2).

SF1000 front wing evolution: early season

The first version of the wing seen in the Barcelona tests was characterised by an external footplate with a horizontal leading edge (3) and a large flow generator above it (4). The version introduced in Styria differed in both the arched leading adge and the increased distance between the strakes below the wing and the endplate (1). The trailing edge of the last flap was also different (2).

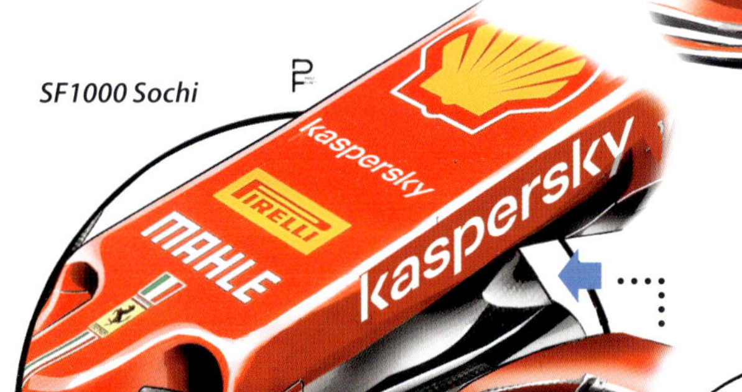

SF1000 Sochi

SF90 Singapore

Evoluzione mantello (cape) anteriore tra SF90 e SF1000

Confrontando l'ultima versione del cape adottata sulla SF1000 a Sochi (tondo in alto) e la prima versione definitiva di questo elemento introdotto a Singapore sulla SF90 nel 2019, appare chiara la diversa gestione dei flussi in questa zona delle due monoposto.

Front cape evolution from SF90 to SF1000

Comparing the final version of the cape adopted on the SF1000 at Sochi (circle above) and the first definitive version of the element introduced at Singapore on the SF90 in 2019, it is clear how the flow management differed in this area of the two cars.

Confronto regole paratie interne diffusore 2020/2021

Nel raffronto diretto tra il diffusore della SF1000 (2020) e quello della SF21 (2021) è evidenziata la riduzione dello sviluppo verticale, di 50 mm, dei profili verticali all'interno dei canali del diffusore, imposta dalle nuove norme per ridurre il carico verticale generato.

Internal diffuser strakes 2020/2021

In the direct comparison between the diffuser of the SF1000 (2020) and that of the SF21 (2021) there is a clear 50 mm reduction in vertical development of the vertical profiles inside the diffuser channels, imposed by the new regulations to reduce the downforce generated.

SF21: vista frontale, il cape e le aree di sviluppo del fondo

Il dettaglio che maggiormente ha differenziato la SF21 dalla monoposto che l'ha preceduta è stata l'estremità del musetto, caratterizzata da due canali aggiuntivi che alimentavano il cape di dimensioni decisamente più generose rispetto alla stagione precedente. Questo elemento ha peraltro influenzato e indotto sviluppi anche sul bordo laterale del fondo, evoluto in più occasioni. Dapprima con l'adozione di generatori di vortici laterali, al centro, e l'estensione dell'adozione di questi elementi anche davanti alle ruote posteriori.

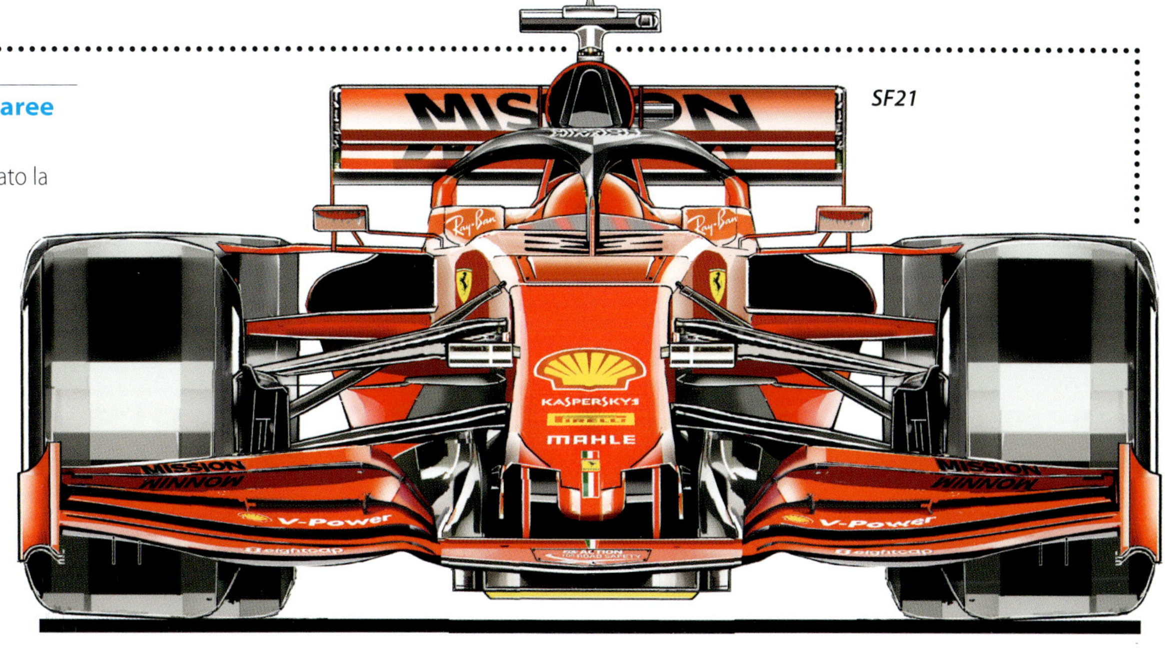

SF21: front view, the cape and the floor development areas

The detail that really differentiated the SF21 from the car that preceded it was the tip of the nose, characterised by two additional channels that fed the cape that was much larger than the one adopted during the previous season. Moreover, this element also influenced and induced developments on the lateral edge of the floor, which evolved on several occasions. Initially with the adoption of lateral vortex generators, in the centre, and the adoption of these elements ahead of the rear wheels too.

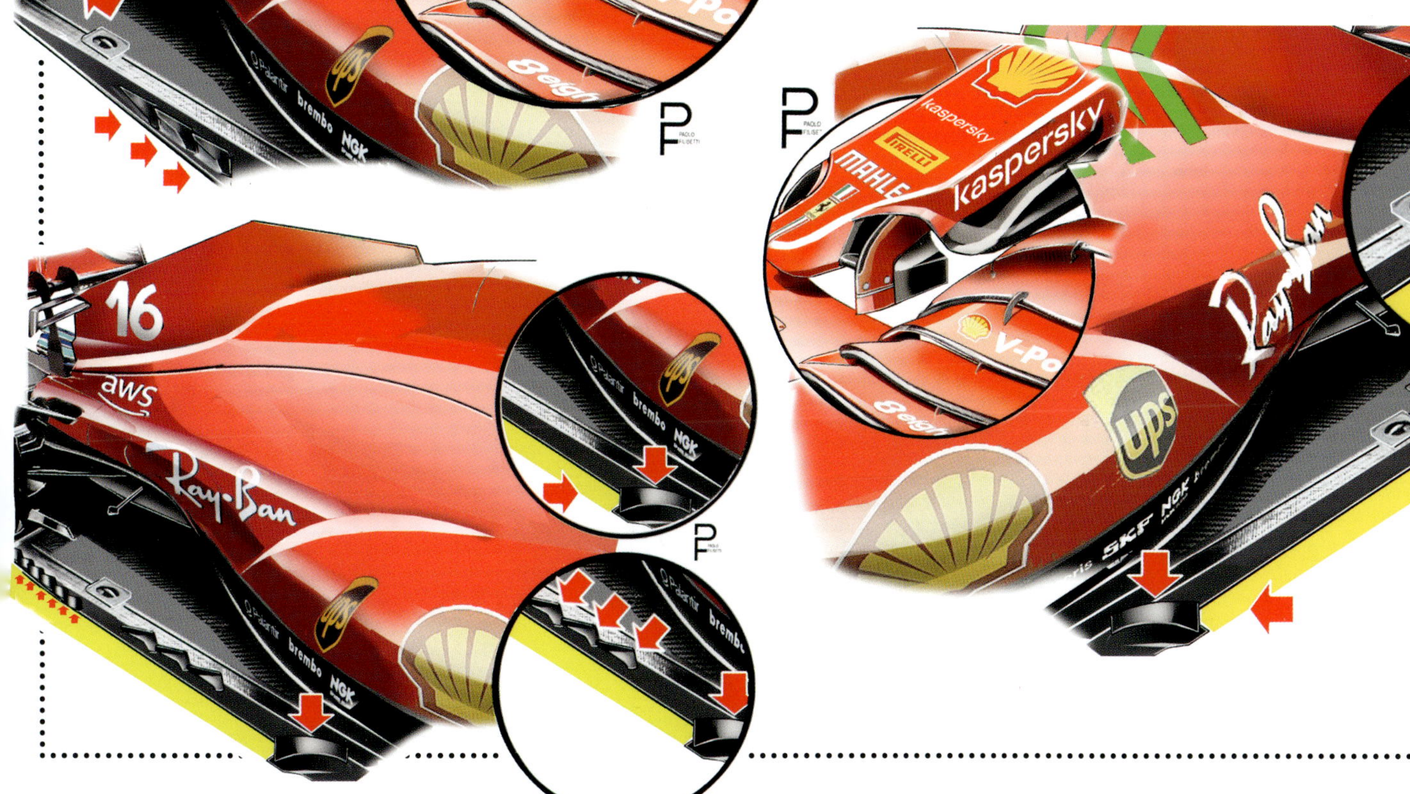

Schema sospensione anteriore SF1000

Lo schema della sospensione anteriore, caratterizzato da barre di torsione e terzo elemento (heave damper) orizzontale, meccanico, è stato trasferito direttamente sulla SF21. Rientrando tra le parti omologate, il suo sviluppo avrebbe comportato l'impiego dei due gettoni disponibili da parte del team che ha preferito spenderli su altre aree della vettura.

SF1000 front suspension layout

The layout of the front suspension, characterised by torsion bars and a horizontal mechanical heave damper, was transferred directly to the SF21. As one of the homologated components, its development would have led to the use of the available two tokens which the team instead preferred to spend elsewhere on the car.

Assetto SF21

Sulla SF21, la tendenza a un incremento dell'assetto rake è stata particolarmente evidente, cercando di aumentare le performance aerodinamiche della monoposto e controbilanciando le debolezze sotto il profilo della Power Unit. In Portogallo, la monoposto è stata pesantemente "strumentata" per raccogliere dati finalizzati allo sviluppo del fondo.

SF21 set up

On the SF21, the tendency towards an increased rake was particularly evident, as the team sought to enhance the car's aerodynamic performance and counter its weaknesses in terms of the PU. In Portugal, the car was fitted with comprehensive instrumentation to gather data useful to the development of the floor.

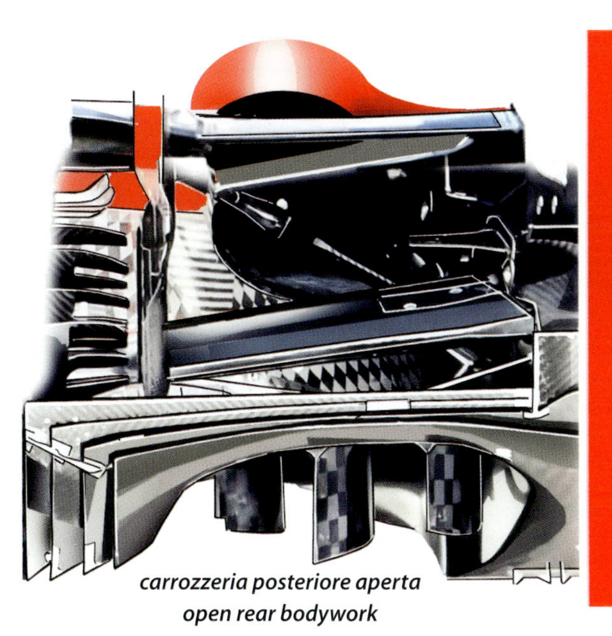

carrozzeria posteriore aperta
open rear bodywork

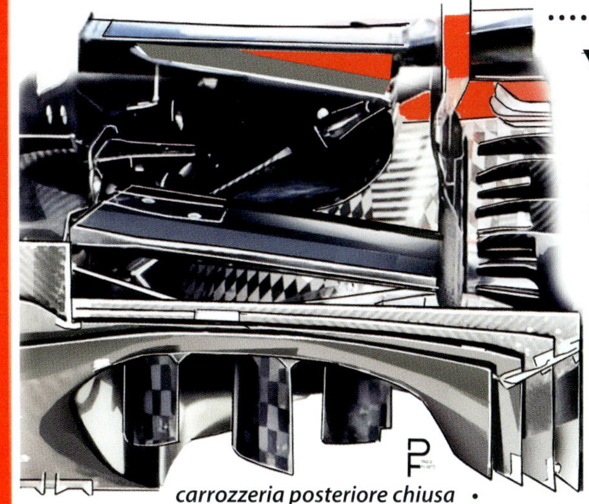

carrozzeria posteriore chiusa
closed rear bodywork

Smaltimento calore: confronto versioni carrozzeria posteriore SF21

L'efficace scambio termico, cruciale per l'affidabilità della Power Unit, è stato garantito su tracciati radicalmente diversi, sia come layout sia per le temperature ambientali. Su piste veloci ha prevalso la carrozzeria chiusa, estremizzata soprattutto a Monza, per una maggior efficienza aerodinamica. Su tracciati più lenti come Monte Carlo o Budapest, o caratterizzati da elevate temperature ambientali, è stata adottata la versione più aperta (a sinistra).

Heat dispersal: SF21 rear bodywork comparison

Efficient heat exchange, crucial to the reliability of the Power Unit, was guaranteed on radically differing circuits, both in terms of layout and ambient temperatures. On fast tracks, the closed bodywork prevailed, in extreme form at Monza in the search for greater aerodynamic efficiency. On slower tracks such as Monte Carlo or Budapest, or those characterised by high ambient temperatures, the more open version was adopted (left).

Equilibrio dinamico e aerodinamico

L'equilibrio complessivo, giocando sugli elementi peculiari della veste aerodinamica e sul set up meccanico, nonostante i limiti del progetto, si è dimostrato comunque valido, a favore di una corretta gestione del degrado degli pneumatici.

Dynamic and aerodynamic balance

Despite the limitations of the project, by adjusting the specific elements of the aerodynamic package and the mechanical set-up, the car's overall balance was nonetheless good, which helped with efficient tyre decay management.

Ala posteriore Monte Carlo

Il disegno mostra la configurazione impiegata a Monte Carlo, finalizzata a incrementare il carico e la trazione: è stata dottata la T wing a doppio profilo mentre l'ala posteriore era caratterizzata dalla massima incidenza del flap dotato di nolder (Gurney tab).

Monte Carlo rear wing

The drawing shows the configuration used at Monte Carlo, designed to increase downforce and traction: the biplane T-wing was used, while the rear wing was characterised by maximum flap incidence and a Gurney flap.

F1-75, ala anteriore: controllo variazione altezze da terra (ride heights) con sensori a Melbourne

Nel corso della prima sessione di prove libere del GP d'Australia è comparsa un'ala anteriore dotata di cinque sensori laser, due montati su ogni paratia e uno centrale sulla punta, per raccogliere dati sulle variazioni di altezze da terra per controllare l'innesco del porpoising.

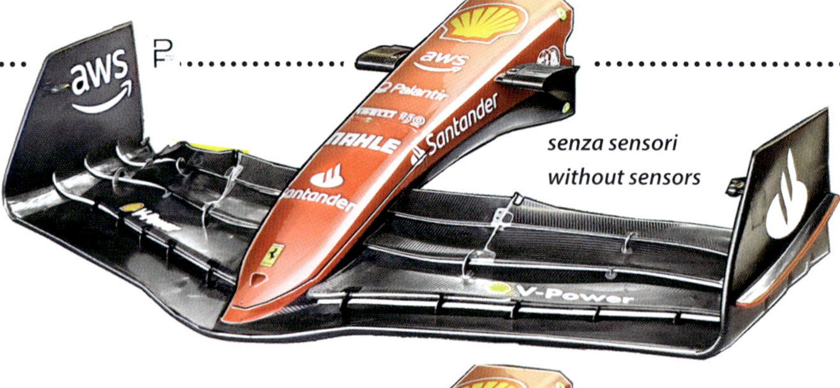

F1-75, front wing: ride height variation checks with sensors at Melbourne

During the first free practice session at the Australian GP, a front wing appeared that was equipped with fiver laser sensors, two fitted to each endplate and one on the tip in the centre, to gather data regarding ride height variations to control the triggering of the porpoising phenomenon.

sensori montati
sensors fitted

Dettaglio vista inferiore fondo F1-75 e visualizzazione flussi

Il fondo della F1-75 è caratterizzato da un profilo unico curvilineo nella sua sezione centrale. Nella sezione anteriore spiccano tre convogliatori della porzione di flusso più esterna deviata ai lati per generare un sigillo penumatico che impedisca il trafilaggio d'aria sotto la vettura attraverso il bordo laterale del fondo.

Detail F1-75 floor from below and flow visualisations

The floor of the F1-75 was characterised by a single curvilinear profile in its central section. Conspicuous in the front section were three ducts channelling the outermost portion of the flow to the sides to generate a pneumatic seal that prevented the air from leaking under the car through the lateral edge of the floor.

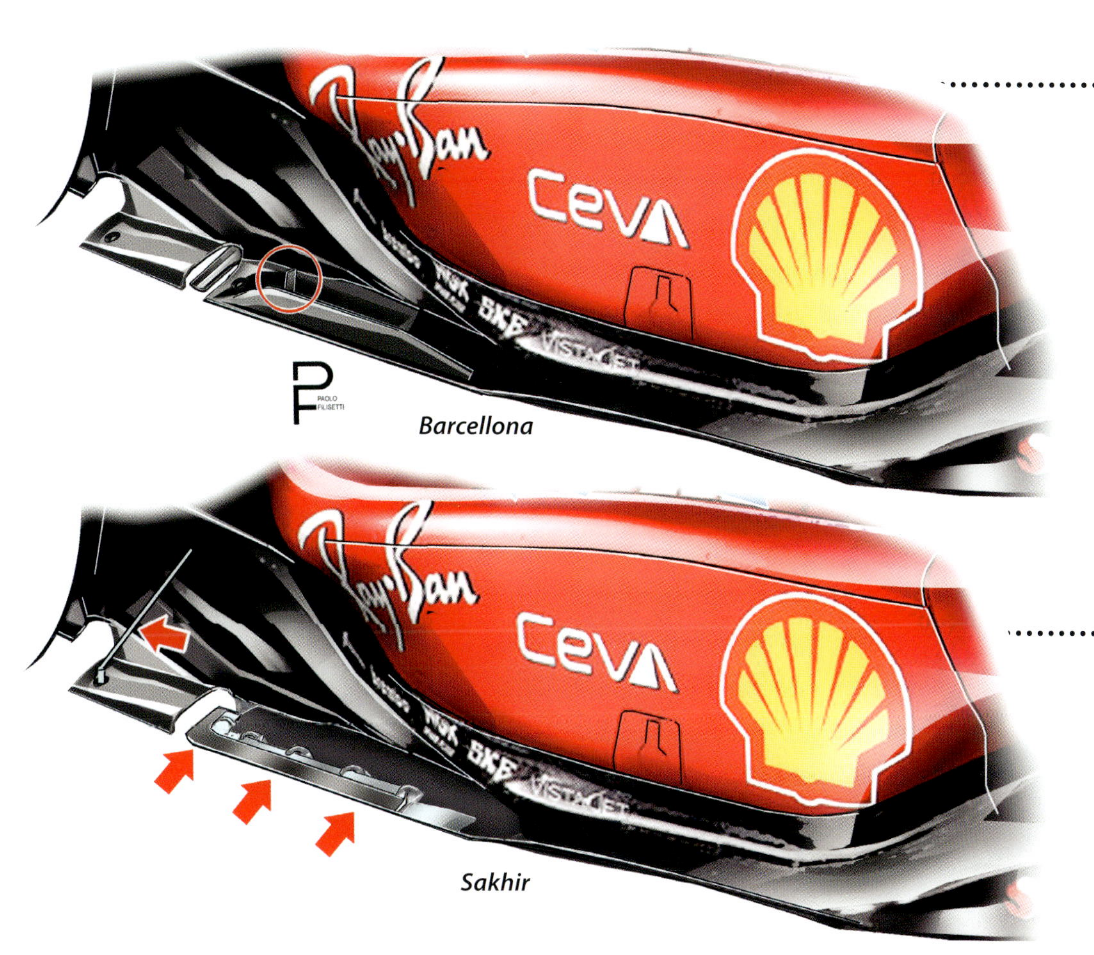

Confronto sviluppo fondo nei test

Interessante notare come sin dai test di Sakhir, il fondo della F1-75 sia stato sviluppato adottando un profilo a coltello separato dal marciapiede da una soffiatura. Questa configurazione è stata poi impiegata sino a Miami.

Comparison of floor developments in testing

It is interesting to note that from the Sakhir tests, the F1-75's floor was developed with a knife-edge profile separated from the footplate by a vent. This configuration was then used through to Miami.

Confronto ala anteriore Imola e Miami

In occasione del GP di Miami è stata introdotta un'ala anteriore caratterizzata da un maggiore out wash dei flap. Specificamente il bordo di uscita dell'ultimo flap degradava con una curvatura evidente verso il basso differenziandosi in modo sostanziale dalla versione utilizzata a Imola.

Front wing comparison Imola and Miami

At the Miami GP Ferrari introduced a front wing characterised by great out wash from the flaps. Specifically, the trailing edge of the last flap degraded with an evident downwards curvature, substantially differentiating itself from the version used at Imola.

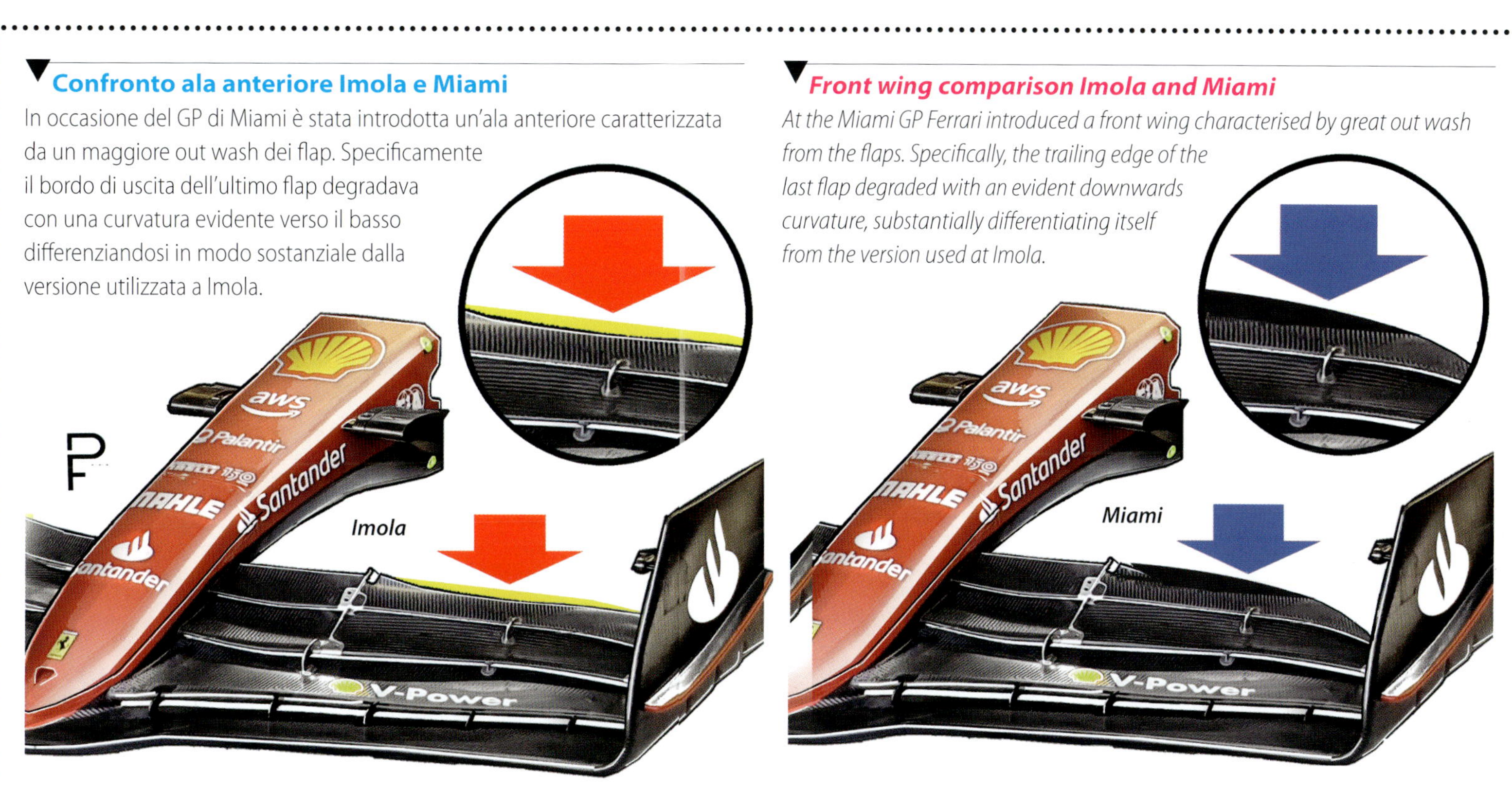

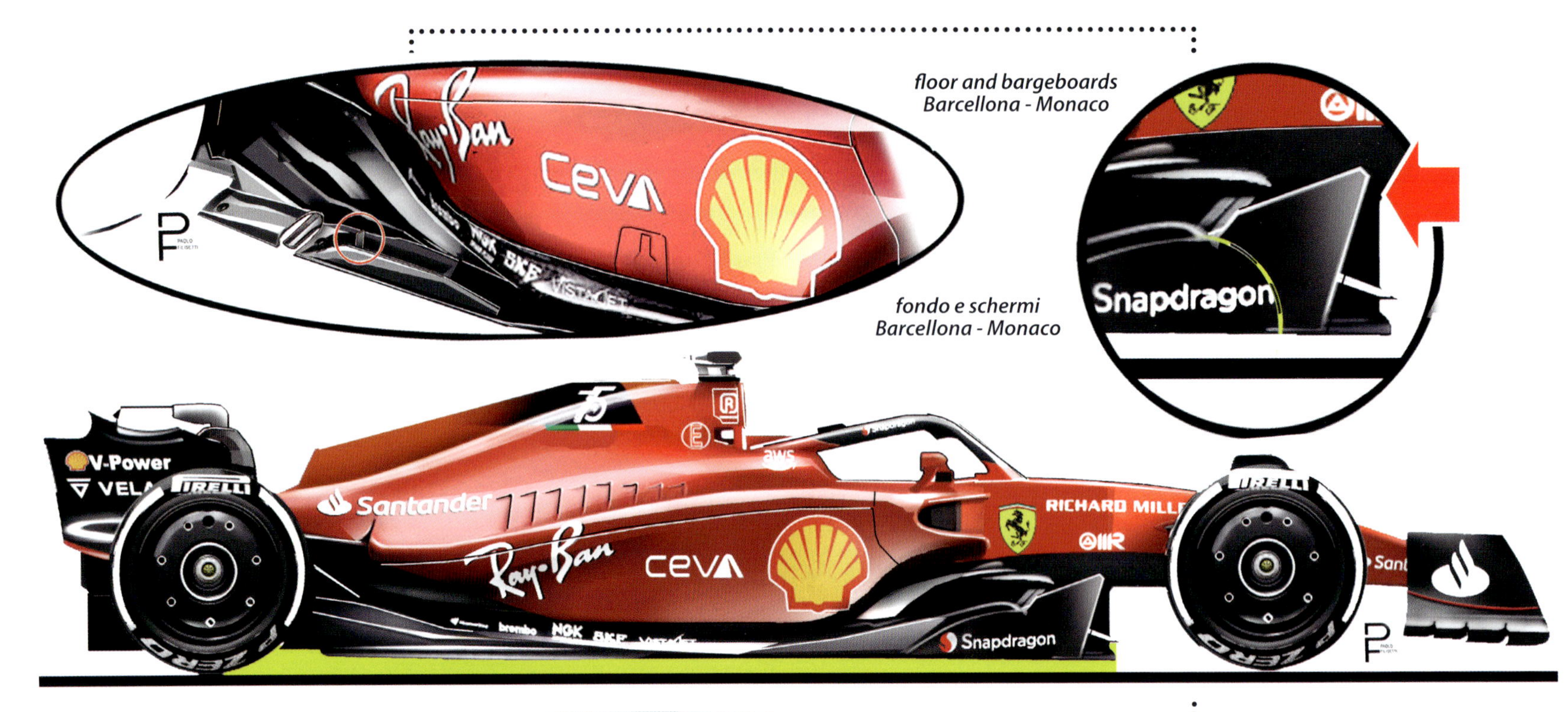

Evoluzione fondo Barcellona

In Spagna è stato introdotto il primo pacchetto evolutivo che ha riguardato il fondo della F1-75 e gli schermi laterali. In pratica, è stata adottata la versione che si era vista brevemente nei test a Barcellona, con l'aggiunta di un'estensione degli schermi anteriori che delimitano lateralmente il bordo d'ingresso del fondo. Queste modifiche avevano come obiettivo quello di incrementare il carico generato. La configurazione è stata mantenuta anche da Monaco in poi.

Floor evolution Barcellona

In Spain, the team introduced the first evolutionary package that concerned the floor of the F1-75 and the endplates. In practice, the version adopted was the one seen briefly in testing at Barcelona, with the addition of an extension of the front tabs that laterally delimited the leading edge of the floor. These modifications were designed to increase the downforce generated. The configuration was then maintained from Monaco onwards.

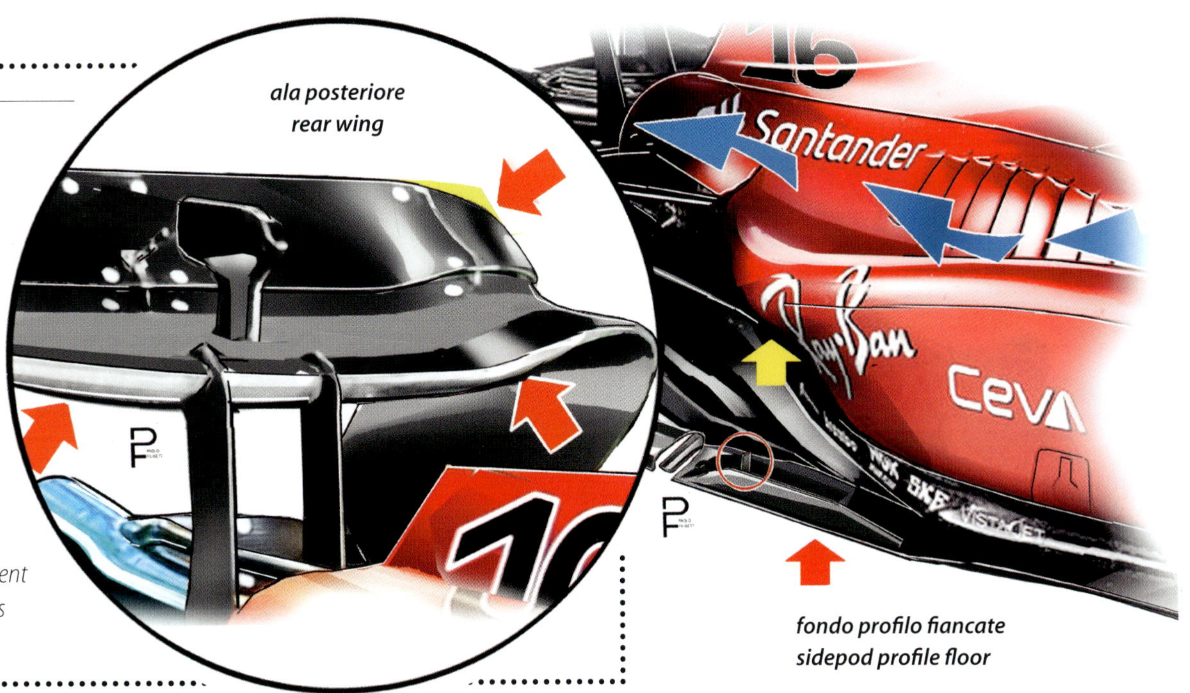

Evoluzione Silverstone

In Gran Bretagna è stata introdotta una nuova versione delle fiancate, caratterizzate da un profilo posteriore più sciancrato. In parallelo, interessante lo sviluppo dell'ala posteriore dotata di estremità smussate che si raccordano alle paratie.

Silverstone evolution

In Great Britain, a new version of the sidepods was introduced, characterised by a tighter waist to the rear section. In parallel, there was an interesting development of the rear wing with chamfered extremities rounded off into the endplates.

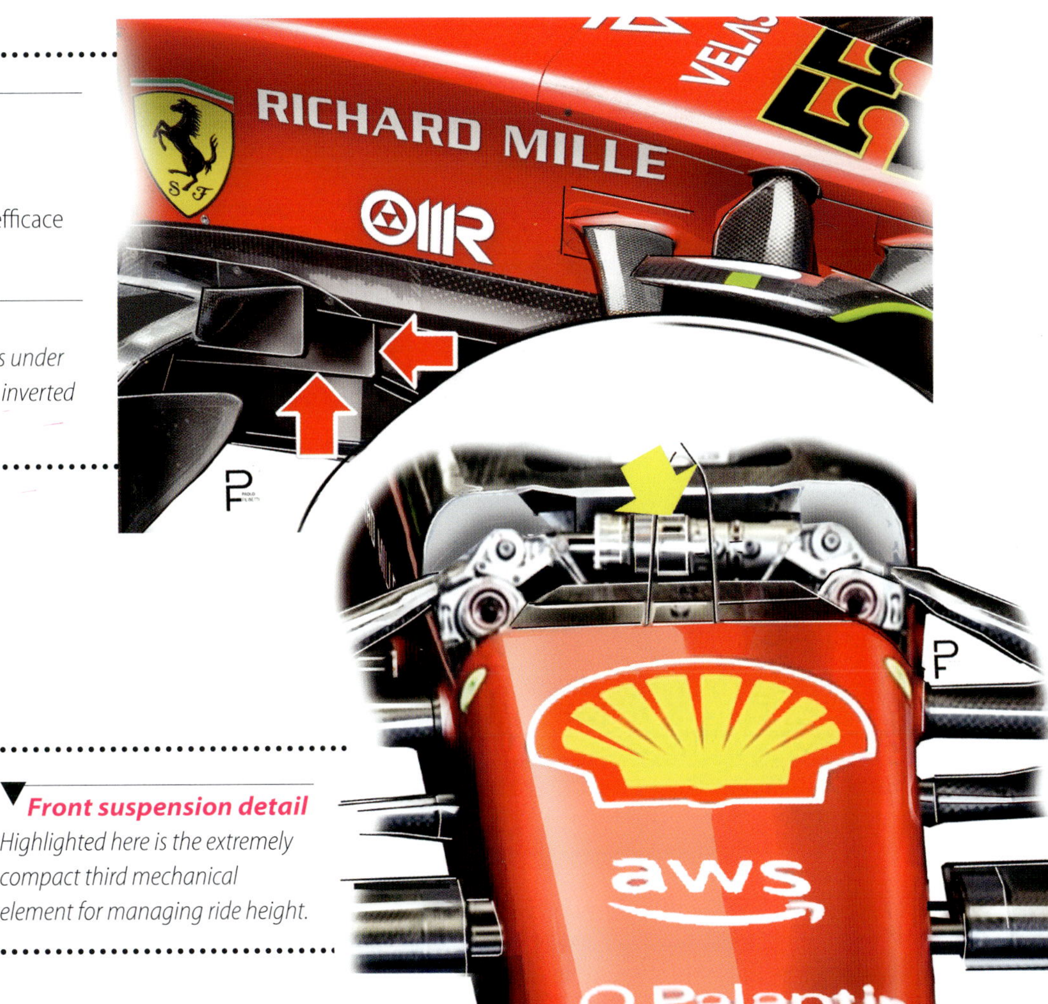

Dettaglio convogliatori

Interessante il dettaglio del bordo d'ingresso dei convogliatori sotto il fondo: quello più interno è caratterizzato da un profilo ad L rovesciata per un'efficace gestione del flusso.

Ferrari strake detail

An interesting detail of the leading edge of the strakes under the floor: the innermost one was characterised by an inverted L profile designed to manage the flow efficiently.

Dettaglio sospensione anteriore

In evidenza il terzo elemento, meccanico, estremamente compatto, per la gestione dell'altezza da terra.

Front suspension detail

Highlighted here is the extremely compact third mechanical element for managing ride height.

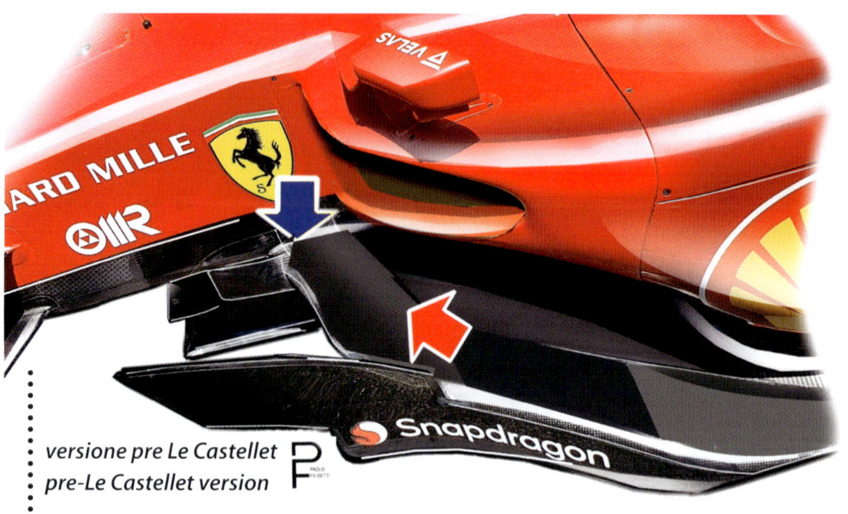

versione pre Le Castellet
pre-Le Castellet version

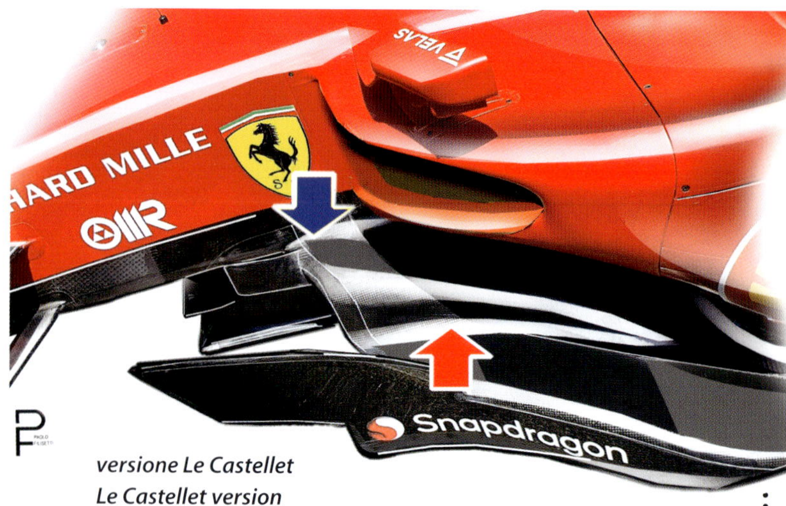

versione Le Castellet
Le Castellet version

Evoluzione fondo Paul Ricard: confronto con versione precedente

In Francia ha debuttato una versione radicalmente evoluta del fondo, con il bordo d'ingresso dei canali caratterizzato da uno sviluppo verticale differenziato: il canale più interno è caratterizzato di un'imboccatura che si sviluppa in senso verticale.

Floor evolution Paul Ricard: comparison with the previous version

France saw the debut of a radically evolved version of the floor, with the leading edges of the tunnels characterised by a differentiated vertical development: the innermost channel was characterised by a mouth developing vertically.

versione usata solo in FP2 a Spa
Spa used version only in FP2

Dettaglio ala posteriore Monza

A Monza è stata adottata una configurazione estremamente scarica per favorire la velocità in rettilineo. Nello specifico l'ala posteriore era caratterizzata da un profilo utilizzato per effettuare un test nel corso della FP2 a Spa.

Monza rear wing detail

Ferrari adopted an extreme low downforce configuration at Monza favouring speed on the straights. Specifically, the rear wing was characterised by a profile used in a test during FP2 at Spa.

MERCEDES

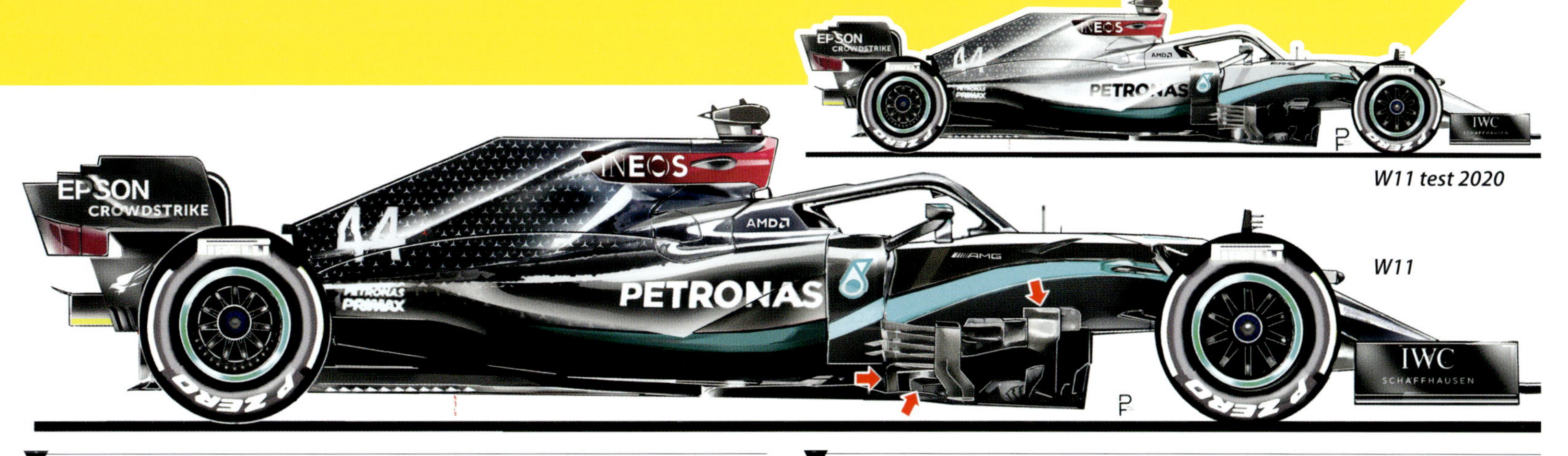

W11 test 2020

W11

Mercedes F1W11

La F1W11 discendeva dalla W10 che ha dominato il Mondiale nel 2019, di cui ha rappresentato una profonda evoluzione con l'integrazione delle bocche delle fiancate poste in alto e rese squadrate. Particolare accento è stato dato alla riduzione delle pance, rese minuscole nella parte posteriore. Nuova la Power Unit, più potente, ma almeno in una prima fase più fragile della versione che l'aveva preceduta. Il DAS ha rappresentato un'arma di cui la reale efficacia non è mai stata del tutto evidenziata: utilizzato in prevalenza per velocizzare il warming up degli pneumatici in qualifica, non ha mai avuto un impiego in gara. Ad eccezione della versione presentazione, la W11 ha adottato una livrea nera sin dalla prima gara.

Mercedes F1W12

La W12 è stata una profonda evoluzione della W11, dominatrice nel 2020. Estremizzata soprattutto la miniaturizzazione delle fiancate, forse troppo, a discapito dell'affidabilità come avevano evidenziato i problemi patiti nei test invernali. Nuova la Power Unit M12, sulla carta ai vertici, di cui non era stato possibile coglierne il vero potenziale in pista durante i test. I problemi di affidabilità del cambio avevano da un lato ridotto notevolmente il chilometraggio percorso e, nello stesso tempo, imposto al team modalità di utilizzo della Power Unit e della selezione marce meno spinte. Nel corso della stagione è stato poi tangibile il miglioramento complessivo della vettura, soprattutto nella parte finale dell'anno, cosa che le ha permesso un recupero fenomenale nei confronti della Red Bull. Per il secondo anno, pur con una variazione a livello grafico, le vetture del team di Brackley hanno adottato una livrea nera.

Mercedes F1W11

The F1W11 was the heir to the W10 that had dominated the World Championship in 2019. It represented a significant evolution with its square-cut sidepod mouths located high up the bodywork. Particular emphasis was given to the reduction of the sidepods, which were particularly compact at the rear. The more potent Power Unit was new, but in the early stages at least it was more fragile than its predecessor. DAS is a device whose true efficacy has never been wholly demonstrated: used in prevalence to accelerate the warming up of the tyres during qualifying, it was never used in a race. In contrast with the presentation version, the W11 always ran in a black livery from the first race.

Mercedes F1W12

The W12 was a comprehensive evolution of the W11, the dominant car in 2020. The miniaturisation of the sidepods was taken to an extreme, perhaps too far given that reliability suffered, as highlighted by the problems that occurred in winter testing. The M12 power unit was new and on paper it should have been one of the very best, although it was impossible to gauge its true potential on track during the test sessions. The problems with the reliability of the gearbox on the one hand notably reduced the kilometres covered and one the other obliged the team to adopted less aggressive Power Unit modes and gear selections. During the course of the season, there was a tangible overall improvement in the car, above all towards the end of the year, something that permitted a dramatic recovery with respect to Red Bull. For the second year, albeit with a variation in graphics, the cars from Brackley adopted a black livery.

W12

Mercedes F1W13

La W13 ha costituito un'interpretazione interessante quanto radicale delle nuove regole almeno per due motivi. A livello di carrozzeria ha colpito per la sezione ridotta delle fiancate che, nonostante i forti limiti regolamentari che impongono volumetrie molto restrittive, erano estremamente ridotte nei volumi. Già la versione presentata e schierata nei primi test a Barcellona era caratterizzata da un retrotreno stretto ma con imboccature delle fiancate standard. In Bahrain ha poi debuttato la versione definitiva, con fiancate praticamente minime, prese d'aria verticali e una sezione frontale ridottissima. Insomma, un progetto privo di compromessi. Notevole la raffinatezza del fondo: il suo lato superiore lasciava intravvedere la complessità dei canali Venturi sottostanti, evidenziando una progettazione di dettaglio molto ricercata. Ciò nonostante, proprio questo aspetto si è dimostrato un forte tallone di Achille, soprattutto a livello di gestione del porpoising, il fenomeno caratterizzato da sobbalzi di natura aerodinamica in rettilineo. L'impossibilità di adottare altezze da terra (ride heights) minime, che avrebbero esaltato il concetto aerodinamico della W13, ne ha decretato la scarsa competitività. La nuova la Power Unit M13, per la maggior parte della stagione, non ha mostrato il vero potenziale che, nelle ultime gare, grazie alla doppietta conquistata in Brasile, l'ha posta nuovamente al vertice tra i propulsori.

Mercedes F1W13

The W13 constituted an interpretation of the new regulations that was as interesting it was radical for at least two reasons. In terms of the bodywork it was striking for the reduced section of the sidepods that, despite the severe regulatory limits that imposed very restrictive volumes, were extremely compact. The version presented and fielded in the first Barcelona test sessions were characterised by a narrow rear end, but with standard sidepod mouths. The definitive version then debuted in Bahrain, with minimal sidepods, vertical intakes and an extremely reduced frontal section. In short, an uncompromising design. The floor was notably sophisticated: its upper side revealed some of the complexity of the underlying Venturi tunnels, highlighting painstaking detail design work. Nonetheless, it was actually this element that proved to be an Achille's heel, above all in terms of management of the porpoising phenomenon characterised by aerodynamic bouncing on the straights. The impossibility of adopting minimal ride heights, which would have exalted the W13's aerodynamic concepts, ensured that it was uncompetitive. For much of the season, the new M13 power unit failed to show its true potential which, in the final races, with the one-two in Brazil, once again showed it to be among the front runners.

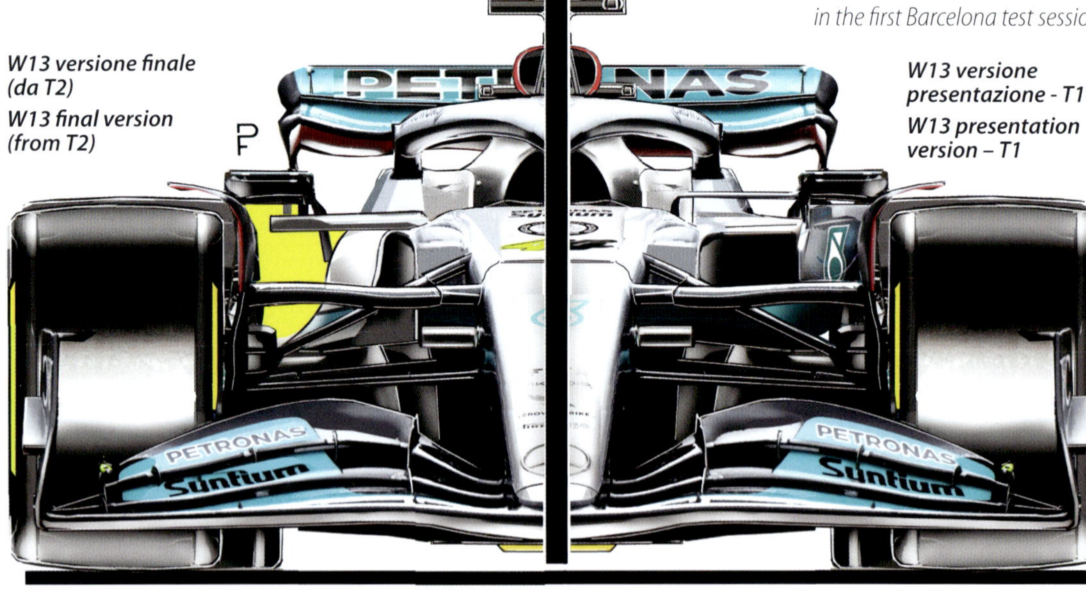

W13 versione finale (da T2)
W13 final version (from T2)

W13 versione presentazione - T1
W13 presentation version – T1

Dettaglio canalizzazioni interne freni e flange portadisco

Interessante il dettaglio delle canalizzazioni interne dei cestelli freno anteriori, modificate nel corso della stagione, a favore di una migliore gestione delle pressioni interne degli pneumatici, con una distribuzione del calore prodotto in frenata tra il cestello e il cerchio. Un elemento interessante è stato l'adozione di una flangia forata che permetteva di dissipare parte del calore verso l'esterno, allontanando le turbolenze generate dal rotolamento degli pneumatici anteriori dal corpo vettura.

Detail of internal brake ducts and disc carrier

An interesting detail of the internal ducting of the front brake shrouds, modified during the season to improve the management of tyre pressures through the distribution of the heat produced under braking between the shroud and the wheel. An interesting element was the adoption of a perforated flange that permitted part of the heat to be dissipated outwards, distancing the turbulence generated by the rolling of the tyres from the car body.

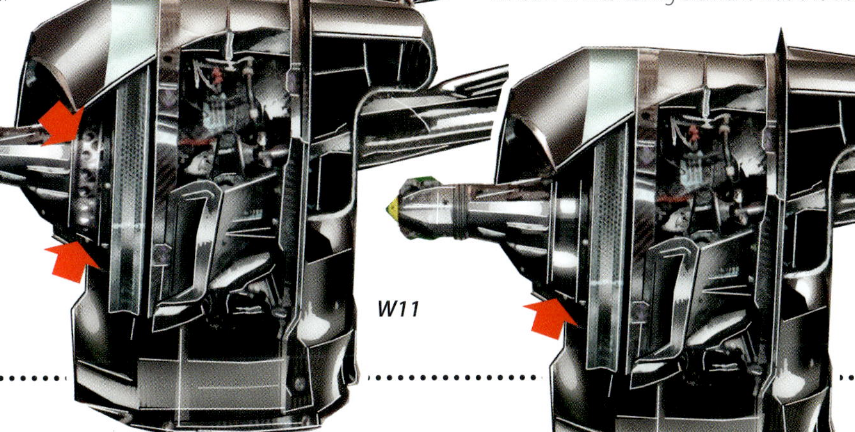

Il sistema DAS

Il sistema DAS (acronimo di Dual Axis Steering) permette la variazione della convergenza con la monoposto in movimento. Di fatto, il pilota premendo sul piantone dello sterzo, per mezzo di un sistema idraulico, apre la convergenza in ingresso di curva per poi richiuderla in uscita. La funzione di fatto è doppia: da un lato una maggiore precisione in ingresso, mentre in rettilineo si riduce nuovamente la resistenza all'avanzamento. La seconda funzione è quella di velocizzare il warming up degli pneumatici nell'out lap in qualifica, variando più volte la convergenza per innalzare rapidamente la temperatura del battistrada.

The DAS system

The DAS system (Dual Axis Steering) permitted the variation of the convergence with the car in movement. By pressing on the steering column via a hydraulic system, the driver could open the convergence when turning in and then close it when exiting the corner. There was a dual function in fact: on the one hand greater turn-in precision, on the other a significant reduction in rolling resistance on the straights. On the other, the acceleration of tyre warm-up during the qualifying out lap, varying the convergence several time to rapidly raise the tread temperature.

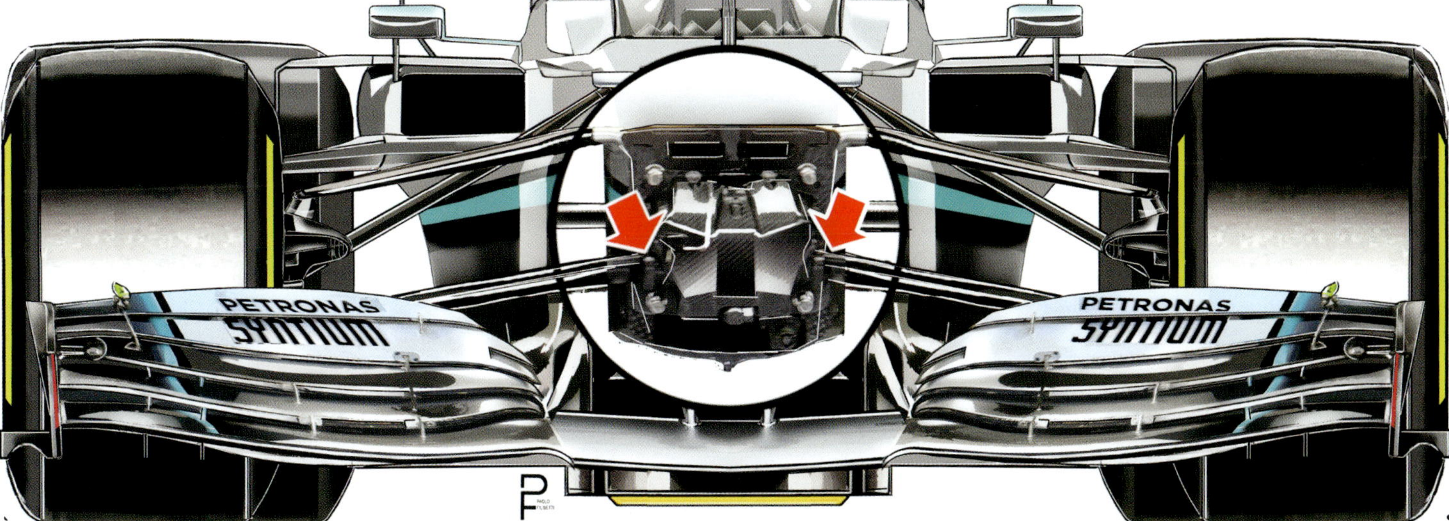

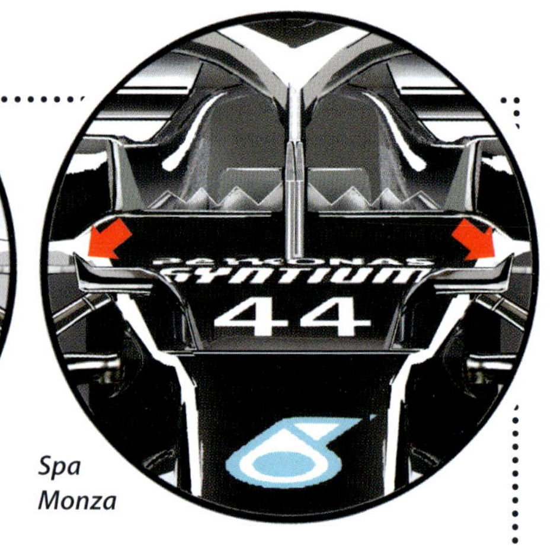

W11: micro aerodinamica

Numerosi gli interventi di micro aerodinamica condotti dalla Mercedes: è il caso delle winglet ai lati della sezione anteriore del telaio. In occasione dei GP del Belgio e d'Italia sono state modificate con l'aggiunta di un profilo verticale lungo il bordo laterale; questo per garantire in modo più efficace l'effetto down wash del flusso in uscita dall'ala anteriore.

W11: micro-aerodynamics

Numerous micro-aerodynamic modifications were introduced by Mercedes: these included the winglets either side of the front section of the chassis. At the Belgian and Italian Grands Prix these were modified with the addition of a vertical profile along the lateral edge; this was to guarantee the most efficient downwash effect of the flow exiting the front wing.

Vista frontale F1W11, test a Barcellona

La versione vista nei test di Barcellona adottava ancora la livrea argento che rendeva palese la diretta derivazione di questo modello dalla W10, che esattamente l'anno precedente aveva introdotto la versione con il musetto ogivale e fiancate sciancrate precedute da barge board complessi, proprio nella seconda settimana di test sulla pista catalana.

F1W11 front view, Barcelona test

The version seen in the Barcelona tests was still finished in the silver livery that made the car's direct derivation from the W10 all the clearer, with the previous year's car having introduced the ogival nose and the tight-waisted sidepods preceded by complex bargeboards in the second week of testing on the Catalan circuit.

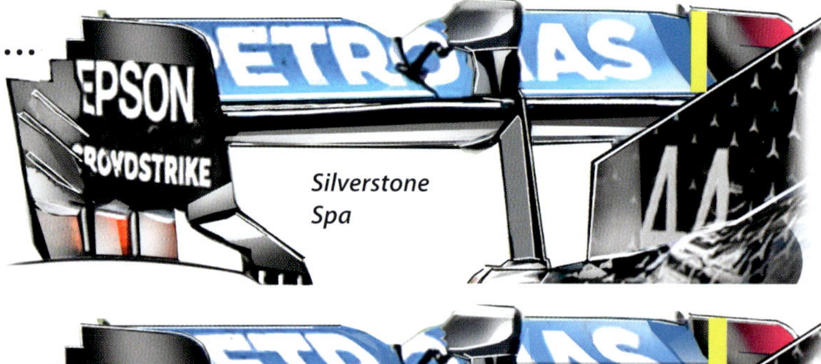

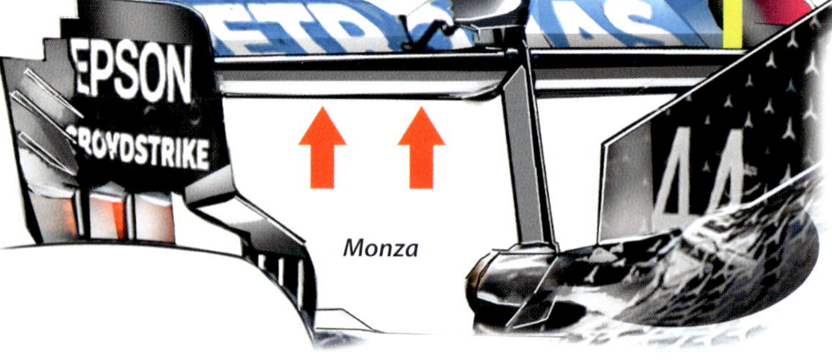

Confronto ala posteriore basso e medio carico

Nel raffronto si nota la diversa posizione del profilo principale e la conseguente maggior incidenza del flap per la versione utilizzata a Silverstone e Spa rispetto a quella adottata a Monza.

Low and medium downforce rear wing comparison

In this comparison note the different position of the main plane and the consequentially greater incidence of the flap in the version used at Silverstone and Spa with respect to the one adopted at Monza.

Dettaglio sospensione anteriore W11

In evidenza il terzo elemento meccanico con molle a tazza interne per la gestione delle altezze da terra. Il passaggio da un heave damper idraulico a quello meccanico non ha impattato sull'efficacia della sospensione, immutata rispetto al modello precedente. La scelta del terzo elemento meccanico si motivava anche per il minor peso che andava a compensare l'incremento generato dall'adozione del DAS.

W11 front suspension detail

Highlighted here is the third mechanical element with internal cup springs for managing the ride height. The passage from a hydraulic heave damper to the mechanical version had no impact on the efficacy of the suspension, which was unchanged with respect to the previous car. The choice of the mechanical third element was motivated in part by its lower weight which helped compensate for the increase deriving from the adoption of DAS.

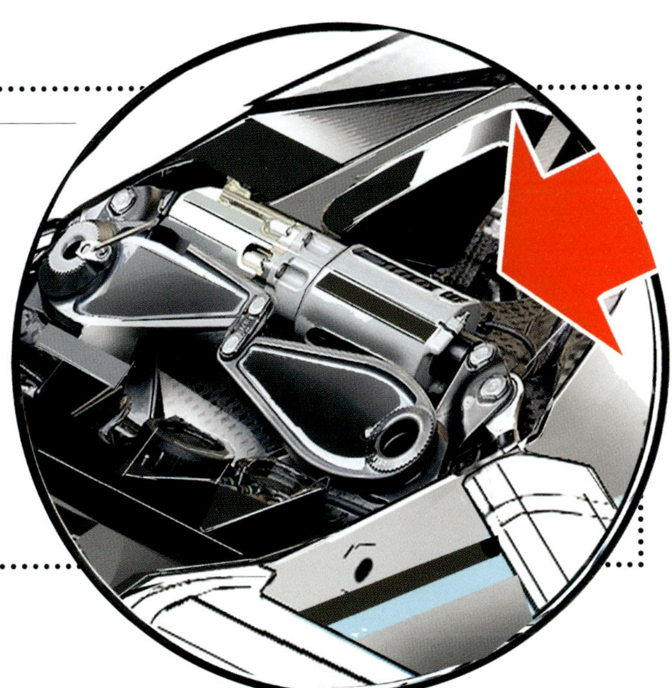

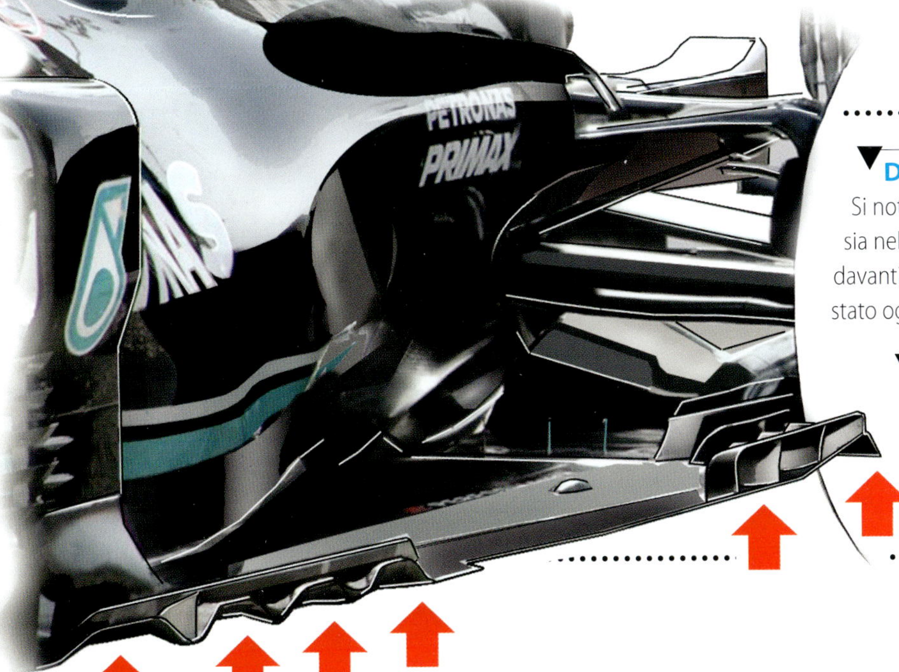

Dettaglio bordo laterale fondo W12

Si nota la complessità del bordo laterale del fondo dotato di soffiature sia nella porzione anteriore sia nei profili a ponte e generatori di vortice davanti alle ruote posteriori. Nel corso della stagione questo dettaglio è stato oggetto di numerosi interventi.

W12 floor edge detail

Note the complexity of the lateral edge of the floor equipped with vents at the front and in the bridge profiles and the vortex generators ahead of the rear wheels. During the season, this detail was modified on several occasions.

Dettaglio T-wing, Mugello

Interessante la T-wing adottata al Mugello con un profilo a V connesso alla shark fin mediante un doppio profilo orizzontale che ne impediva la flessione.

T-wing detail, Mugello

The T-wing adopted at the Mugello was interesting, with a V-shaped profile linked to the shark fin by a dual horizontal profile that prevented it from flexing.

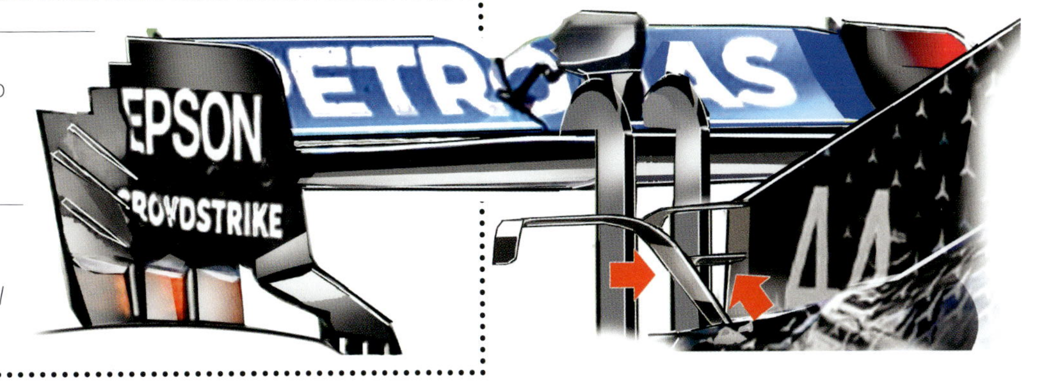

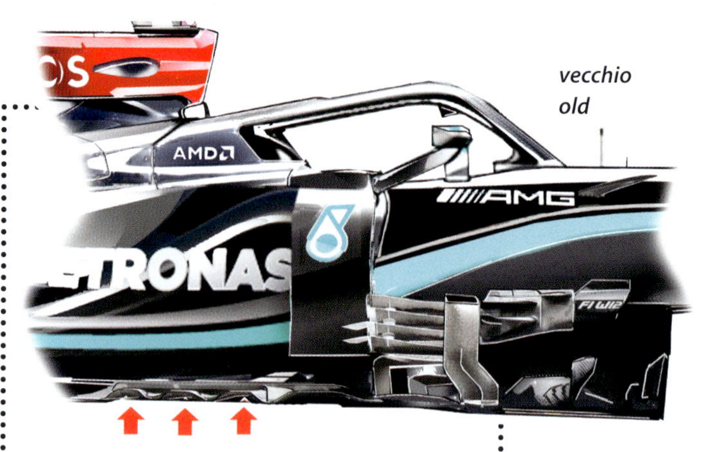

Dettaglio pacchetto Silverstone W12

Lo sviluppo introdotto sulla W12 a Silverstone si era focalizzato su una nuova versione di deviatori di flusso davanti alle fiancate, di fatto semplificati mediante la rimozione del profilo verticale anteriore che prima era collegato alla serie di lamelle orizzontali (a tapparella). Inoltre il bordo laterale anteriore del fondo non era più caratterizzato da un andamento a greca ondulata, bensì da due lunghe soffiature orizzontali che incrementavano la deviazione verso l'esterno delle turbolenze.

W12 Silverstone package detail W12

The W12 development introduced at Silverstone focused on a new version of the bargeboards ahead of the sidepods, simplified by means of the removal of the forward vertical profile that had previously been connected to the series of horizontal slats. Furthermore, the front lateral edge of the floor was no longer characterised by an undulating configuration, but rather by two long, horizontal vents that increased the deviation of the turbulence towards the outside.

Sezione canali diffusore W12

Si nota il complesso profilo dei canali del diffusore posteriore e le paratie divisorie centrali con profilo inferiore a gradino, per energizzare e accelerare il flusso in uscita.

W12 diffuser channel section

Note the complex profile of the rear diffuser channels and the central strakes with the lower step profile, designed to energize and accelerate the outgoing flow.

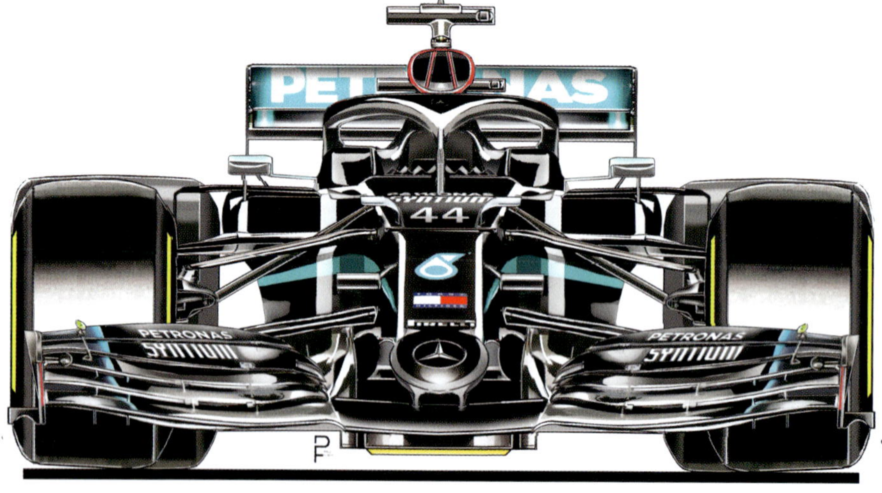

Vista frontale W12 e confronto con RB16B

La vista frontale della W12 evidenzia come il concetto aerodinamico della monoposto 2021 sia rimasto immutato rispetto a quello della precedente vettura. Interessante il confronto con la RB16B, dove si nota la diversa conformazione dell'ala anteriore che ha implicato un out wash più accentuato per la Red Bull e una diversa conformazione della sezione centrale del corpo vettura.

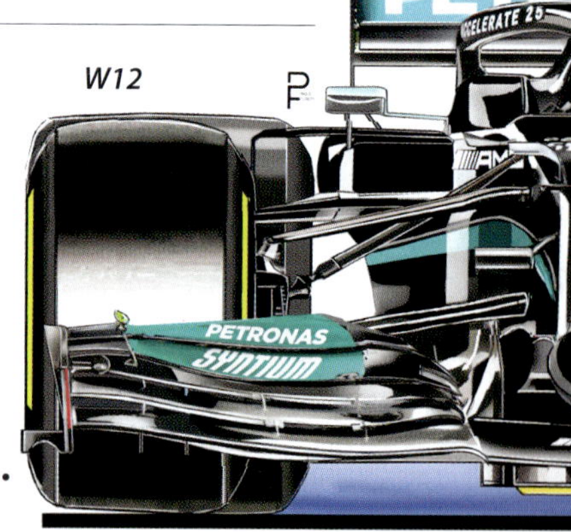

Confronto frontale W12 - RB16B: ali e prese d'aria freni anteriori in Messico

Interessante è il confronto tra le ali adottate sulla W12 e sulla RB16B, con la seconda complessivamente più scarica della Mercedes. Si nota il sostanziale incremento delle prese d'aria di raffreddamento della RB16B rispetto alla sezione immutata di quelle della W12.

W12 - RB16B comparison: wings and front brake intakes in Mexico

The comparison between the wings adopted on the W12 and the RB16B is interesting, with the second generally generating less downforce than the Mercedes. Note the substantial enlargement the cooling air intakes on the RB16B with respect to the unchanged section of those of the W12.

Dettaglio gap tra flap e profilo principale a pieno carico e statico

In occasione del GP del Brasile la Mercedes di Hamilton è stata sottoposta ad attenta verifica dell'ampiezza dello slot tra profilo e flap, per verificare il rispetto del regolamento tecnico. Dopo aver effettuato la verifica con il DRS aperto è emerso che in una porzione del profilo il gap era superiore di 0,2 mm rispetto al limite regolamentare di 85 mm tra la tangente inferiore al flap aperto e il bordo di uscita del profilo principale dell'ala.

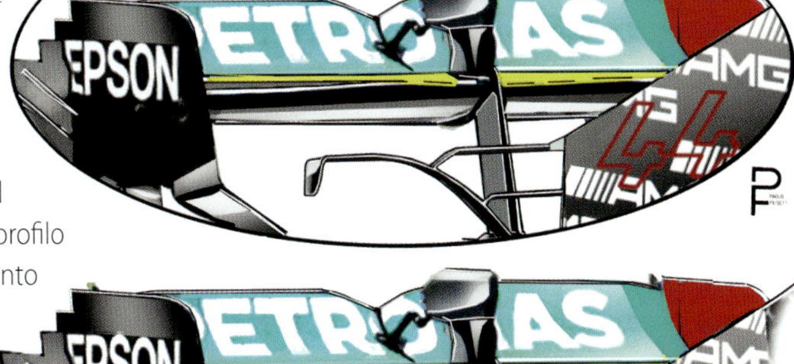

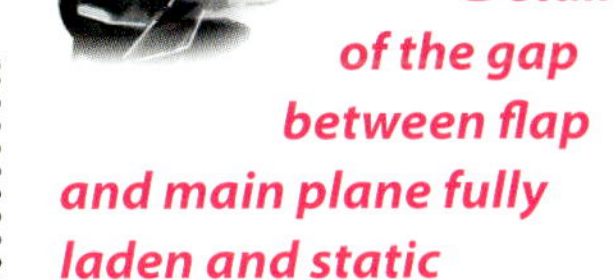

Detail of the gap between flap and main plane fully laden and static

At the Brazilian GP, Hamilton's Mercedes was subjected to careful verification of the breadth of the slot between main plane and flap to make sure ut complied with the technical regulations. Adter having conducted a check with the DRS open it emerged that a portion of the gap was 0.2 mm greater than the regulatory limit of 85 mm between the lower tangent of the open flap and the trailing edge of the wing's main plane.

W12 front view and comparison with the RB16B

The front view of the W12 highlights how the aerodynamic concept of the 2021 car was unchanged with respect to that of the previous car. The comparison with the RB16B is interesting and reveals how the different configuration of the front wing implied a more accentuated outwash effect for the Red Bull and a different shape to the central section of the car.

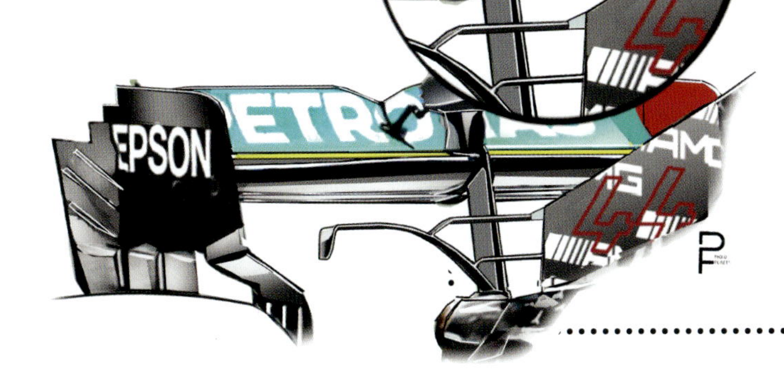

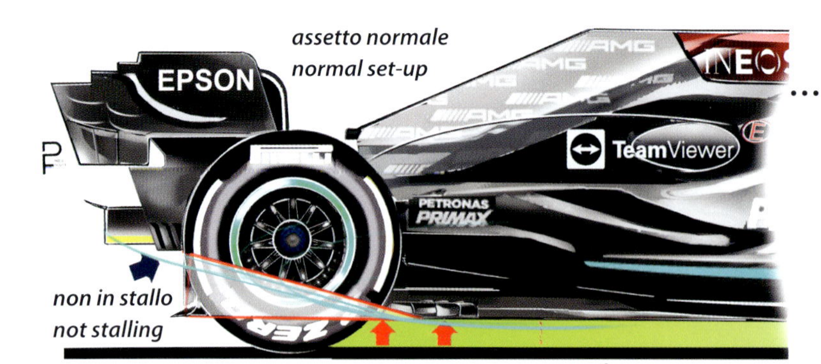

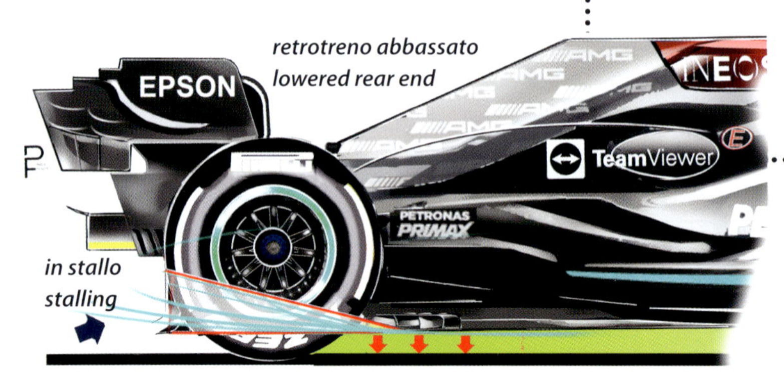

Confronto setup W12

In Turchia, la Mercedes ha stupito per le sue performance complessive, in particolare a livello velocistico in rettilineo. Sembrava che i tecnici di Brackley fossero finalmente riusciti ad ottimizzare l'assetto della W12, con una taratura precisa della sospensione posteriore per mandare in stallo il diffusore e riducendo il drag.

W12 set-up comparison

In Turkey, Mercedes surprised with its overall performance, in particular its speed on the straights, with the Brackley engineers seemingly having finally managed to optimise the set-up of the W12, with a precise calibration of the rear suspension designed to stall the diffuser and reduce drag.

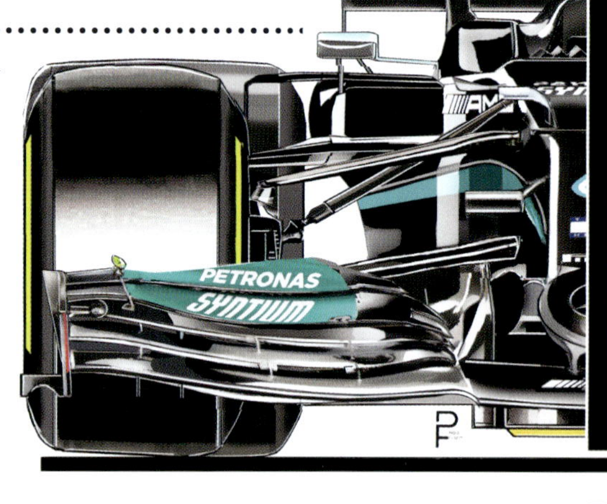

Confronto tra W12 e W13 (versione lancio) e W13 (versione finale)

Nei due confronti, quello tra la vista frontale della W12 e la prima versione della W13; a seguire, quello tra la W13 prima versione e quella definitiva. Emerge chiaramente come, al di là delle differenze macroscopiche del primo caso, legate alle ali (anteriore e posteriore), con una forte semplificazione per la monoposto 2022, fosse molto più marcata la differenza, in termini di sezione frontale, del secondo confronto. La W13, prima versione, rappresentava infatti un concetto totalmente diverso sul piano aerodinamico rispetto a quella definitiva.

Comparison between W12 and W13 (first version) and W13 (final version)

In the two comparisons, the one between the front view of the W12 and the first version of the W13, and the one between the first and the definitive versions of the W13. What clearly emerges is how, quite apart from the macroscopic differences in the first case, in terms of the wings (front and rear), with a significant simplification for the 2022 car, the difference in terms of frontal section was much greater in the second. The first version of the W13 in fact represented a totally different concept in terms of aerodynamics to the definitive configuration.

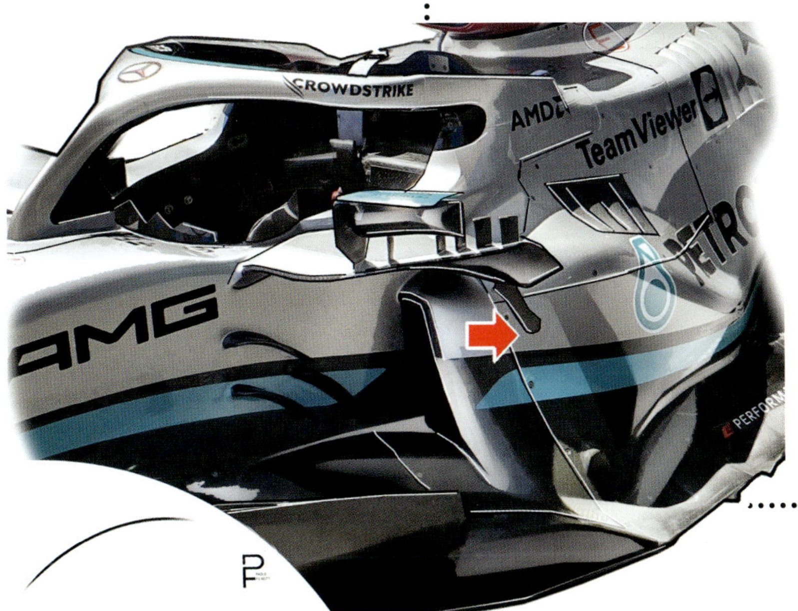

Mercedes W13: mini estensione sotto i supporti degli specchietti

La Mercedes a Baku ha introdotto una modifica a livello di micro aerodinamica, aggiungendo un mini profilo verticale che si estendeva al di sotto dei supporti degli specchietti retrovisori, con la funzione di indurre/incrementare l'effetto Coandă del flusso che lambisce le fiancate. Il distacco del flusso, infatti, aveva generato, sin dal debutto, elevato drag e turbolenze nocive sulla W13.

Mercedes W13: mini-extension below the mirror stays

At Baku, Mercedes introduced a micro-aerodynamic modification in the form of a vertical mini-profile extending below the rear-view mirror stays, designed to induce/enhance the Coandă effect on the flow over the sidepods. The detachment of the flow had, in fact, hitherto generated elevated drag and toxic turbulence on the W13.

Mercedes W13: doppio tirante sul fondo/ contromisure contro il porpoising

In Canada, nelle prime due sessioni di prove libere, la W13 presentava un tirante aggiuntivo d'irrigidimento del fondo (frecce blu). Si trattava di un nuovo elemento concesso dalla FIA nella Direttiva Tecnica 039 in deroga al regolamento tecnico. La sua comparsa sulle W13 aveva però suscitato aspre polemiche nel paddock, inducendo il team di Brackley alla sua rimozione prima delle FP3. Il porpoising, generato anche dall'eccessivo sbalzo del fondo della W13, è stato costantemente il problema più evidente di questa monoposto. Per tale motivo, gli interventi sul fondo, sin dalle prime gare, sono stati frequenti.

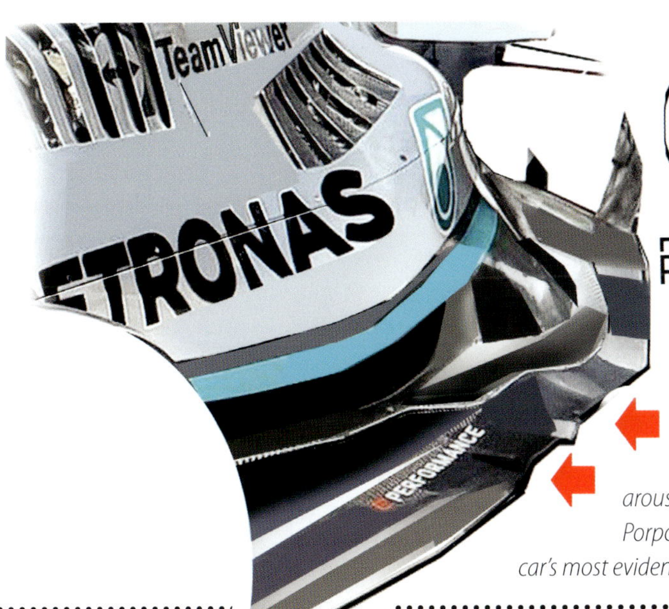

Mercedes W13: dual floor stays/counter measures against porpoising

In Canada, in the first two free practice sessions, the W13 presented an additional stiffening stay on the floor (blue arrow). This was a new element permitted by the FIA in Directive No. 39, notwithstanding the technical regulations. Its appearance on the W13 had nonetheless aroused bitter controversy in the paddock, inducing the Brackley team to remove it ahead of FP3. Porpoising, generated in part by the excessive overhang of the W13's floor, had consistently been the car's most evident problem. For this reason, frequent counter measures had been taken from the earliest races.

Dettaglio paratie ala anteriore W13 a Miami

Interessante l'evoluzione dell'ala anteriore introdotta a Miami, con la conformazione della zona a gomito (di collegamento) tra lo schermo verticale delle paratie e i profili, fortemente inclinati verso l'anteriore, in modo da produrre un taglio triangolare per incrementare l'effetto out wash dell'ala.

W13 Miami front wing endplate detail

There was an interesting evolution of the front wing introduced in Miami, with the linking zone between the vertical endplate and the wing profiles, steeply inclined forwards, so as to produce a triangular cutaway to increase the wing's outwash effect.

Ala posteriore W13 a Miami

Nel dettaglio, l'ala posteriore vista a Miami era un concentrato di diverse modifiche. Non era solo un'ala "scarica" con profilo rettilineo ma interessante è l'intervento al flap del profilo inferiore che migliorava la gestione del flusso in uscita dal diffusore.

W13 rear wing Miami

In this detail, the rear wing seen at Miami featured a compendium of various modifications. It was not simply a low downforce wing with a straight main plane, but featured an interesting change to the flap on the lower profile that improved the management of the flow exiting the diffuser.

Taglio del bordo di uscita flap ala posteriore W13

Un problema rilevante della W13, in totale contrasto con le aspettative dei tecnici, è stato l'elevato drag generato. Su tracciati dove era privilegiata la scorrevolezza come Jeddah, ma anche con un layout medio veloce come Melbourne, è stata operata una scelta drastica che ha consistito nel taglio del bordo di uscita del flap dell'ala posteriore. Il taglio, a seconda del livello di carico richiesto e soprattutto di riduzione del drag necessario, è stato più o meno profondo con l'asportazione di una superficie più o meno ampia.

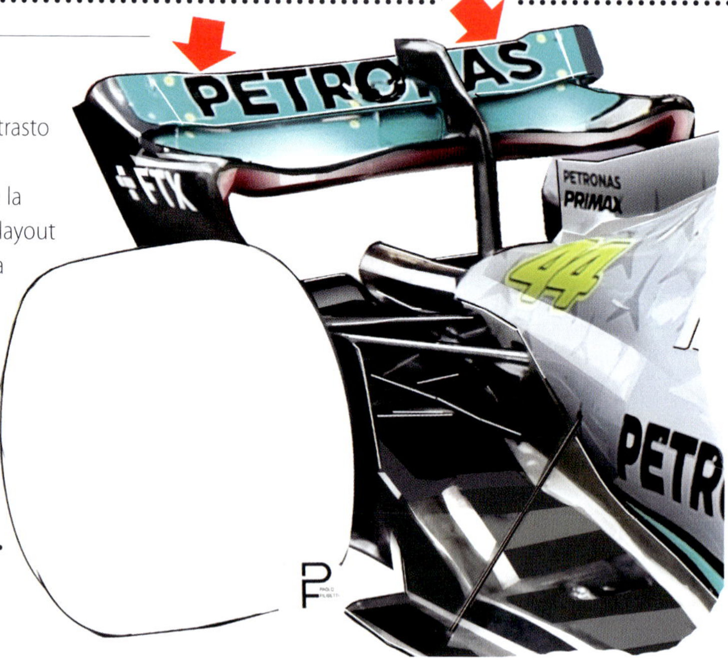

W13 Interlagos

W13 winglets prese d'aria freni anteriori in Interlagos

Evidenziata nel circolo, l'aletta ricurva posta sullo spigolo superiore della presa di raffreddamento dei freni anteriori. La sua funzione era incrementare l'effetto out wash di deviazione delle turbolenze in uscita dall'ala anteriore. Sono stati introdotti due nuovi separatori dei flap dell'ala anteriore, posti nella porzione più centrale.

W13 front brake intake winglets in Interlagos

Highlighted in the circle, the curving winglet located on the upper corner of the front brake intakes. It was designed to enhance the outwash effect deviating turbulent air exiting the front wing. Two new front wing flap separators in the central portion of the front wing were introduced.

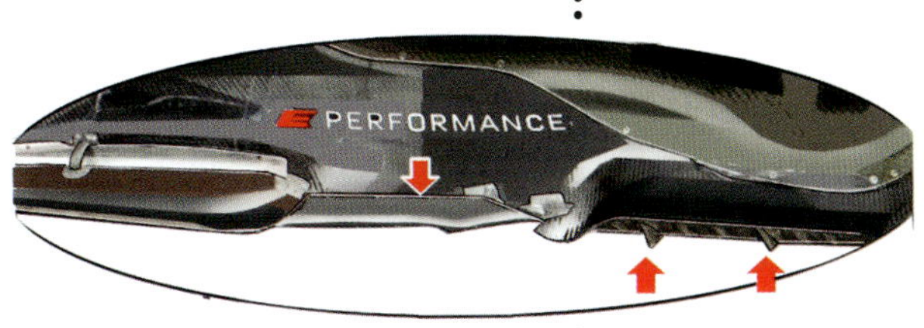

W13: fondo sperimentale

La Mercedes ha provato in Messico, con Nick de Vries solo in FP1, un fondo sperimentale in vista del 2023, modificato nella conformazione della sezione di ingresso dei canali Venturi e nel bordo di uscita del marciapiede.

W13: experimental floor

In Mexico, Mercedes tested an experimental floor with Nick de Vries in FP1 in view of the 2023 season. It featured modifications to the Venturi tunnel mouths and the trailing edge of the footplate.

Hamilton

W13 rear wing flap trailing edge cutaway

A significant problem affecting the W13, in complete contrast to the engineers' expectations, was the high drag it generated. On circuits such as Jeddah where penetration was privileged, but even on a medium-fast track such as Melbourne, a drastic solution was adopted with a cutaway in the rear wing flap's trailing edge. The depth of the cutaway was adjusted depending on the level of downforce required and above all the necessary reduction in drag.

Ala anteriore W13: una provocazione ad Austin e il ritorno alla norma in Messico

Ad Austin è stata portata, ma non usata, un'ala caratterizzata da cinque profili di collegamento tra l'ultimo flap e quello mediano. In Messico i supporti sagomati sono poi stati ridotti a solo due elementi, quelli più interni, sempre sagomati come mini profili. Per la FIA, in Texas, la loro funzione primaria era di natura aerodinamica, dunque sono stati considerati illegali. In Messico la loro posizione centrale e il numero ridotto ne ha invece consentito l'utilizzo superando i controlli.

Austin

Mexico

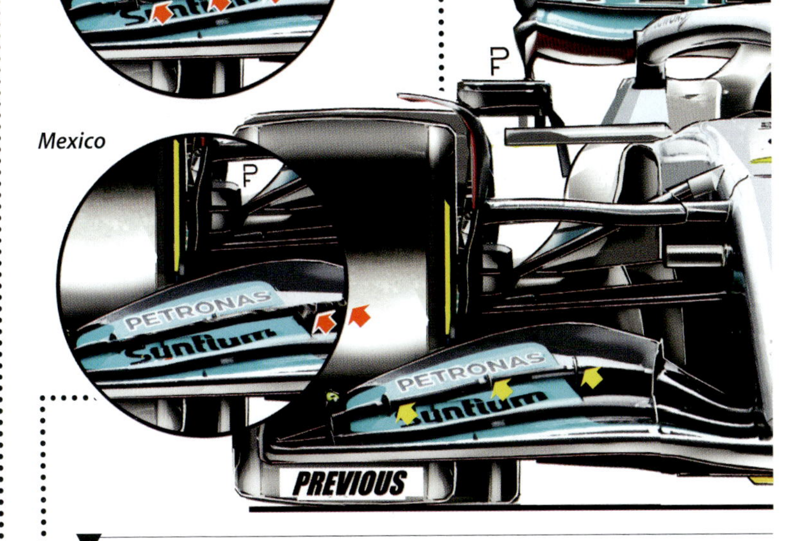

W13 front wing: provocation in Austin and a return to legality in Mexico

Mercedes took a wing characterised by five linking profiles between the final and middle flaps to Austin but never used it. In Mexico, the shaped supports were reduced to just the two innermost elements, both shaped as mini-profiles. In Texas, the FIA had seen their primary function as aerodynamic and they were therefore considered to be illegal. In Mexico, their central position and reduced number instead allowed them to pass scrutineering and be used.

ALPINE RENAULT

A521: vista laterale

La A521 è partita da una buona vettura come la RS20 del 2020, essendone il logico sviluppo, senza estremizzazioni. Ben bilanciata, pulita nelle linee, sebbene dotata nella prima versione di un cofano motore molto voluminoso. Nei test era comparsa già subito una versione più snella. La Power Unit non aveva sfigurato in Bahrain, subito a ridosso di Honda e Ferrari. Sia Ocon, sia Alonso hanno messo in evidenza, senza faticare troppo, come la A521 fosse da subito una vettura molto concreta, sebbene non rivoluzionaria.

A521: side view

The A521 was the logical development of a good car, 2020's RS20, without any extreme features. Well balanced, with clean lines, although the first version was equipped with a particularly voluminous engine cover. A new slimmer version soon appeared in the preseason tests. The Power Unit had held its own in Bahrain, close on the heels of Honda and Ferrari. Both Ocon and Alonso showed comfortably how the A521 was immediately a more concrete car, albeit by no means revolutionary.

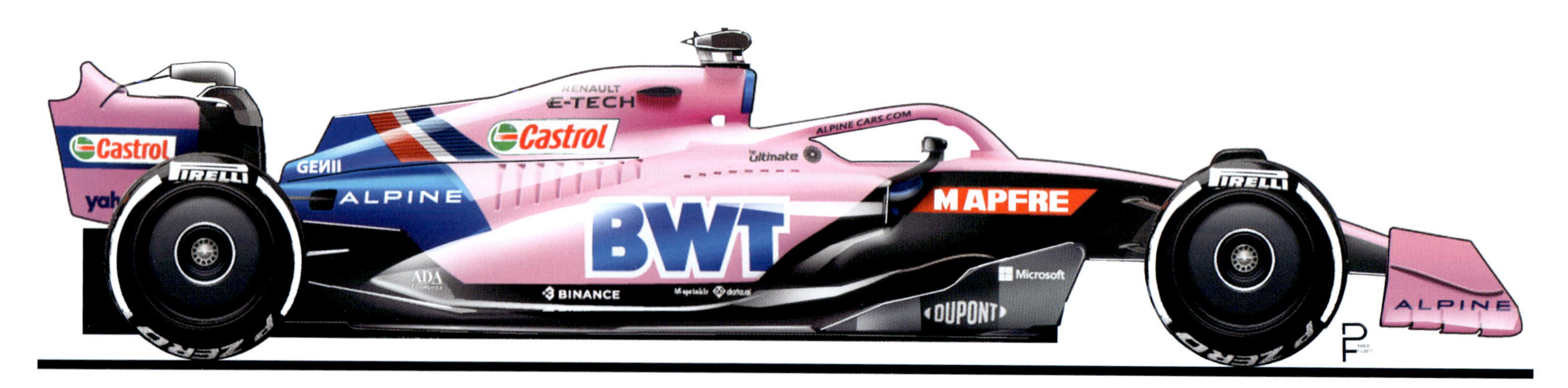

A522: Vista laterale

Con la A522 il team di Enstone ha interpretato le regole adottando una configurazione delle fiancate caratterizzata da imboccature orizzontali, piuttosto strette, e un profilo posteriore che scende ripidamente, per liberare il flusso diretto verso la zona davanti alle ruote posteriori. Le feritoie sulla porzione superiore delle fiancate e sul cofano motore hanno avuto principalmente la funzione di garantire un adeguato scambio di calore alla Power Unit. A prima vista è sembrato un progetto piuttosto convenzionale senza fughe concettuali in avanti.

A522: Side view

With the A522, the team from Enstone interpreted the regulations to adopt a sidepod configuration characterised by horizontal and fairly narrow sidepod mouths and a rear profile that dipped rapidly to free the flow heading towards the area ahead of the rear wheels. The slots on the upper part of the sidepods and on the engine cover were principally designed to guarantee adequate cooling for the Power Unit. At first sight this seemed to be a fairly conventional design without any conceptual leaps.

RS20: ala anteriore e cape

Interessante l'evoluzione nel corso della stagione dell'ala anteriore e del cape della RS20. Nello specifico, questo elemento è stato profilato con un incremento dell'altezza della parete esterna del canale a livello del bordo di entrata.

RS20: front wing and cape

Over the course of the season there was an interesting evolution of the RS20's front wing and cape. Specifically, this element was profiled with an increase in the height of the external wall of the channel in correspondence with the leading edge.

A522: ala posteriore Montréal

Dopo Baku, dove Alpine aveva introdotto come modifica più rilevante una diversa imboccatura delle fiancate, il team di Enstone ha scelto una configurazione che ha privilegiato la scorrevolezza dotando la A522 di un'ala posteriore che replicava quella di Baku.

A522: rear wing Montréal

After Baku, where Alpine had introduced as its most significant modification a new sidepod mouth, here the team from Enstone went with a configuration that privileged penetration, equipping the A522 with a rear wing replicating the one from Baku.

Alpine A522: evoluzione fiancate, confronto Silverstone e Red Bull Ring

In Austria ha debuttato una versione delle fiancate radicalmente modificata nella parte superiore. Ora caratterizzata da un profilo scavato che ricorda il concetto adottato sulla Ferrari da inizio stagione. A causa dell'aria parzialmente rarefatta, si nota la presenza di una serie di branchie aggiuntive nella parte bassa del cofano motore.

Alpine A522: sidepod evolution, Silverstone and Red Bull Ring comparison

Austria saw the debut of a version of the sidepods with a radically modified upper section. It was now characterised by a groove resembling the concept adopted by Ferrari from the start of the season. The particularly rarefied air led to a series of gill-like vents being added to the lower part of the engine cover.

Red Bull Ring

Silverstone

McLAREN

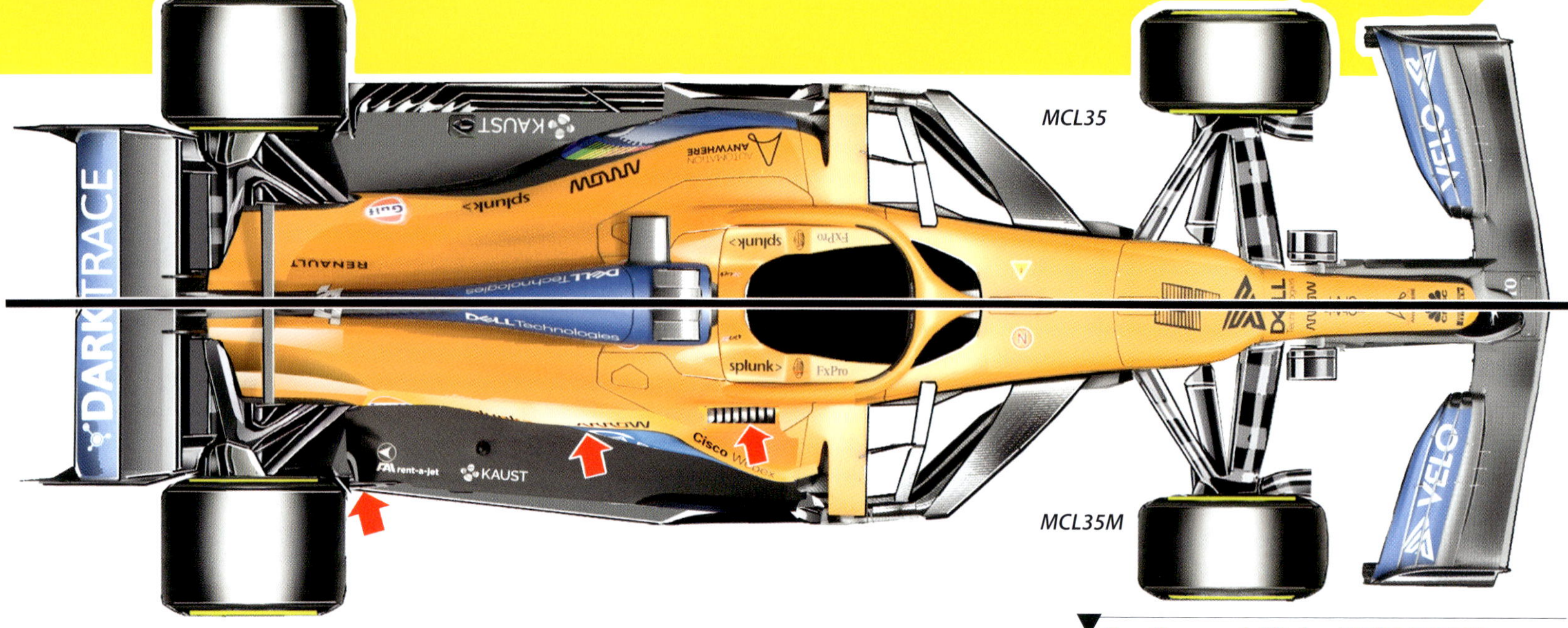

McLaren MCL35M

Seconda McLaren realizzata da James Key, prosegue sui concetti aerodinamici della MCL35. Riuscita l'integrazione della Power Unit Mercedes che ha comportato la modifica della parte posteriore del telaio. Interessante il profilo estrattore, con un'interpretazione ardita delle dimensioni delle paratie verticali che lo suddividono. Nel complesso, una vettura originale e ben costruita. Nel corso della stagione il team di Woking ha schierato due livree celebrative, rispettivamente a Monte Carlo e Abu Dhabi.

McLaren MCL35M

The second McLaren realised by James Key carried forwards the aerodynamic concepts of the MCL35. The Mercedes Power Unit was successfully integrated, with the rear section of the chassis being modified to accommodate it. The extractor profile was interesting, with a bold interpretation of the dimensions of the vertical walls subdividing it. Overall, it was an original and well-built car. Over the course of the season, the team from Woking ran with two celebratory liveries at Monte Carlo and Abu Dhabi.

Confronto dall'alto MCL35/35M

La MCL35 è stata la prima McLaren realizzata sotto la guida di James Key, basata sui concetti aerodinamici della MCL34 e molto ben realizzata anche nei dettagli. Soluzioni interessanti si sono viste a livello di sospensioni e, nel complesso, si è avuto un buon bilanciamento attorno alla Power Unit Renault, nell'ultimo anno di collaborazione con il Costruttore transalpino. Nella vista dall'alto si nota come le differenze con la MCL35M, motorizzata Mercedes, non si limitino alle ovvie modifiche regolamentari al fondo della vettura 2021 ma coinvolgano anche il packaging della Power Unit, consentendo una maggiore sciancratura delle fiancate.

Overhead comparison MCL35/35M

The MCL35 was the first McLaren created under the supervision of James Key and was based on the aerodynamic concepts of the MCL34 and very well detailed. Interesting features were seen in the suspension and good overall balance was achieved around the Renault Power Unit, in the last year of the collaboration with the French constructor. In this overhead view we can see how the differences with respect to the Mercedes-powered MCL35M were not restricted to the obvious regulatory modifications to the floor of the 2021 car, but also involved the packaging of the Power Unit, allowing the sidepods to be more tight-waisted.

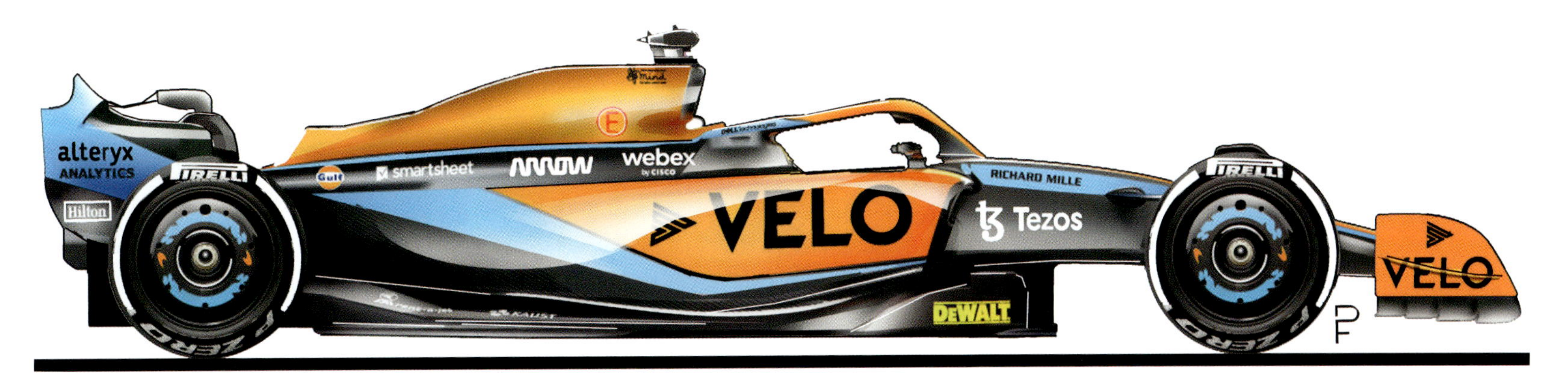

Singapore

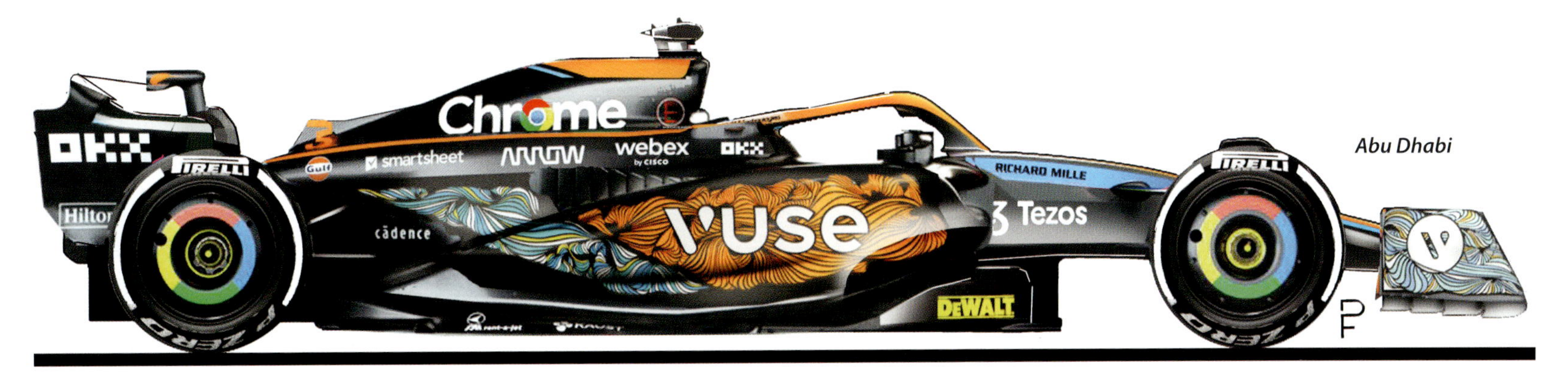

Abu Dhabi

McLaren MCL36

Terza McLaren figlia di James Key, è stata l'unica monoposto sullo schieramento 2022 a condividere con la Red Bull la scelta dello schema pull-rod all'avantreno e push-rod al retrotreno. Ciò non deve stupire se si considera che Key, nei suoi primi anni di carriera, è stato allievo di Adrian Newey, nel periodo in cui alla Toro Rosso condivideva determinate scelte progettuali di Red Bull Technology. A differenza della RB18 però la MCL36 è stata caratterizzata da fiancate lunghe e alte che si restringevano in maniera sensibile al retrotreno. Molto ben realizzata nei dettagli, è una delle vetture che nella prima sessione di test ha meno sofferto del problema del porpoising. Era dotata dalla Power Unit Mercedes M13 che garantiva buone performance. Nel corso della stagione è stata radicalmente modificata a livello delle fiancate seguendo in modo sempre più evidente i concetti aerodinamici Red Bull. Come nel Campionato precedente, sono state realizzate specifiche livree, rispettivamente a Singapore e Abu Dhabi.

McLaren MCL36

The third McLaren from James Key was the only car in the 2022 field to share with Red Bull the adoption of the pull-rod front and push-rear configuration. This should come as no surprise given that early in his career Key had been a protégé of Adrian Newey in the period in which at Toro Rosso he had shared certain design principles with Red Bull technology. In contrast with the RB18, however, the MCL36 was characterised by long, tall sidepods that narrowed noticeably at the rear. A very well detailed car, this was one of those that in the first test session had been least affected by the porpoising phenomenon. It was fitted with the Mercedes M13 Power Unit that guaranteed good performance. During the season it was modified radically in the area of the sidepods, with the influence of the Red Bull aerodynamic concepts increasingly evident. As was the case in the previous season, the cars ran with specific liveries at Singapore and Abu Dhabi.

Confronto frontale Aston Martin AMR21 e MCL35M

Entrambe motorizzate Mercedes, le due monoposto evidenziano altri elementi di similitudine oltre a condividere la stessa Power Unit. Sebbene l'ala anteriore della MCL35M indichi una caratteristica maggiormente incline all'out wash rispetto all'Aston Martin, è altrettanto chiaro come la gestione del flusso diretto verso il fondo e le imboccature delle fiancate seguisse principi simili. Elemento che ha contraddistinto entrambe le monoposto è stato il cape anteriore, di chiara ispirazione Mercedes.

Front view comparison Aston Martin AMR21 and MCL35M

Both powered by Mercedes, the two cars showed other areas of similarity as well as sharing the same Power Unit. While the front wing of the MCL35M indicates a configuration focussing more closely on the outwash effect that the Aston Martin, it is equally clear that the management of the flow towards the floor and the sidepod intakes were based on similar principles. An element that distinguished both cars was the front cape, clearly inspired by Mercedes.

McLaren MCM35M

Aston Martin AMR21

MCL35M: vista frontale e interventi micro di aerodinamica al Paul Ricard

Al Paul Ricard la MCL35M presentava vari elementi di sviluppo a livello di micro aerodinamica. Nello specifico, l'aggiunta di due alette ricurve ad L per ridurre l'up wash del flusso in uscita dall'ala anteriore. Inoltre, le paratie dell'ala posteriore sono state dotate di un serie di soffiature aggiuntive nella parte inferiore per energizzare il flusso a valle del diffusore.

MCL35M: front view and micro-aerodynamic developments at Paul Ricard

At the Paul Ricard, the MCL35M presented various micro-aerodynamic developments. Specifically, the addition of two L-shaped winglets designed to reduce up-wash exiting the front wing. Moreover, the rear wing endplates were equipped with a series of additional vents in the lower part to energize the flow downstream of the diffuser.

MCL35M: evoluzione fondo

Numerosi gli interventi al fondo, nell'area del bordo laterale. A partire dal GP di Spagna, infatti, sono stati aggiunti micro deviatori/generatori di vortici, con l'intento di incrementare il sigillo pneumatico laterale del fondo.

Red Bull Ring

Barcellona

MCL35M: floor evolution

Numerous changes were made to the floor, in the area of the lateral edge. From the Spanish GP, in fact, micro strakes/vortex generators were added to increase the lateral pneumatic seal of the floor.

Ala anteriore Monte Carlo

Interessante lo sviluppo dell'ala anteriore portato a Monaco nel 2021, con il bordo inferiore della paratia laterale caratterizzato da una soffiatura nella parte terminale posteriore.

Monte Carlo front wing

An interesting front wing development was taken to Monaco in 2021, with the lower edge of the endplate characterised by a vent in the rear section.

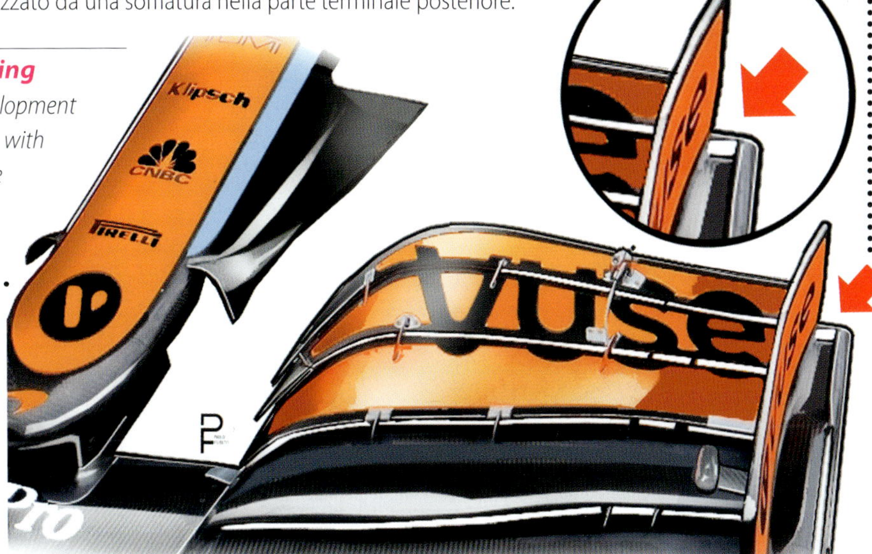

MCL35M: aerodinamica Monza

Si nota come il profilo dell'ala posteriore sia posto molto in alto nella configurazione per il GP d'Italia, controbilanciato da un'incidenza ridotta anche dei flap mobili anteriori.

MCL35M: Monza aerodynamics

Note how the profile of the rear wing was set very high in the configuration for the Italian GP, counterbalanced by a reduced incidence of the mobile front flaps too.

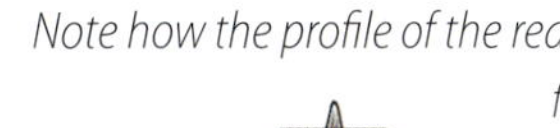

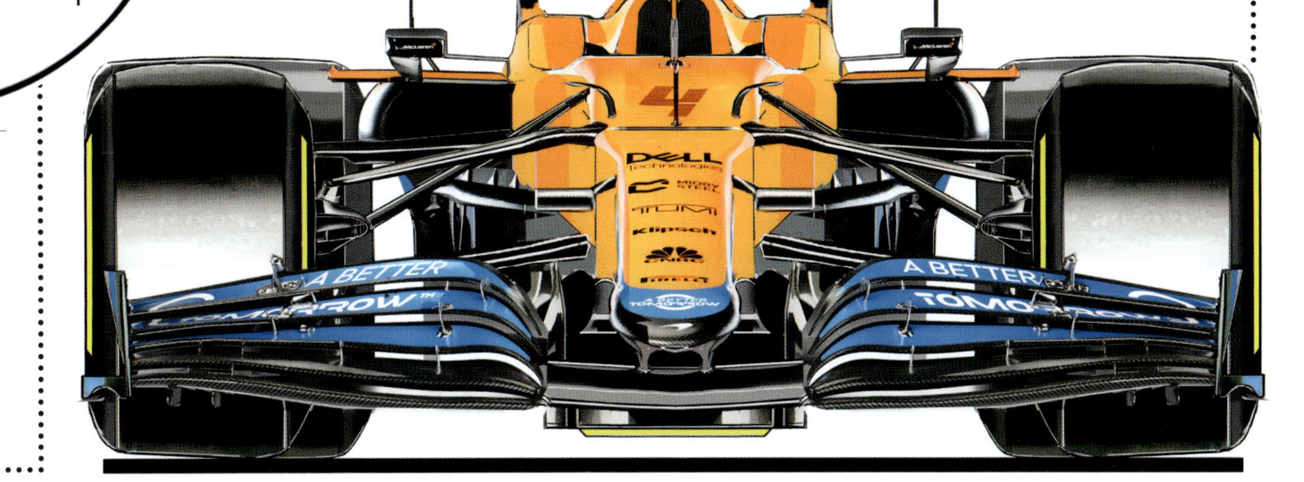

MCL35M MCL36

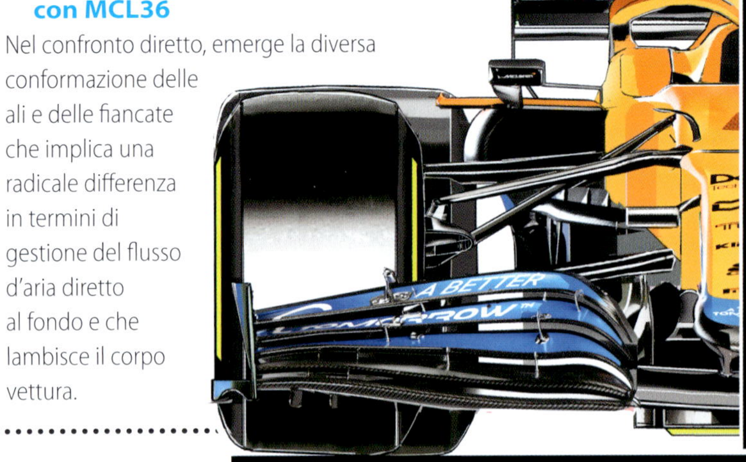

MCL35M: confronto frontale con MCL36

Nel confronto diretto, emerge la diversa conformazione delle ali e delle fiancate che implica una radicale differenza in termini di gestione del flusso d'aria diretto al fondo e che lambisce il corpo vettura.

MCL35M: frontal comparison with MCL36

This direct comparison reveals the different configuration of the wings and sidepods which implies a radical difference in terms of the management of the air flow heading to the floor and lapping the body of the car.

MCL36: dettaglio sospensione posteriore

Interessante l'adozione dello schema push-rod al posteriore, che ha replicato di fatto la scelta operata da Red Bull, unico team, oltre McLaren, ad adottare all'avantreno il pull-rod.

MCL36: rear suspension detail

The adoption of the push-rod layout at the rear was interesting and effectively replicated the choice made by Red Bull, the only team other than McLaren to have adopted pull rods at the front.

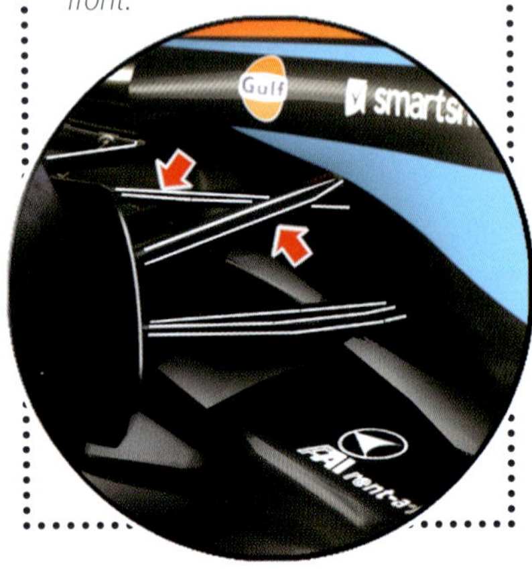

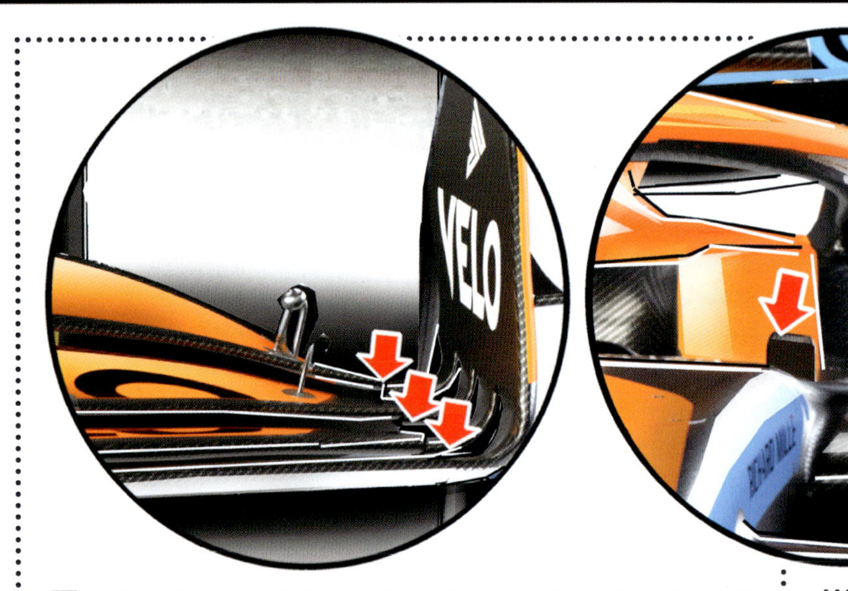

Dettagli micro aerodinamica MCL36

Interessanti i dettagli di questa monoposto sulla quale la gestione dei flussi periferici è stata oggetto di grande attenzione da parte dei progettisti. Ai lati dell'abitacolo si potevano notare alette orizzontali per indirizzare il flusso laminare verso il retrotreno. Estremizzato, invece, l'effetto out wash dell'ala anteriore con un'attenta profilatura dei flap nella zona di giunzione con la paratia laterale, mediante la creazione di un mini gradino.

MCL36 Micro aerodynamics

The details of this car were interesting, with the management of the peripheral flows being closely studied by the designers. Either side of the cockpit could be seen horizontal winglets designed to direct the laminar flow towards the rear end. The outwash effect of the front wing was instead enhanced with careful profiling of the flaps where they joined the ednplates through the creation of a mini-step.

Ala posteriore Montréal

A Montréal è stata introdotta un'ala posteriore da medio/basso carico, con una diversa conformazione del profilo principale allo scopo di ridurre il drag in rettilineo.

MCL36 C Montréal rear wing

McLaren introduce a medium/low downforce rear wing for Montréal with a different main plane configuration designed to reduce drag on the straights.

Evoluzione fondo e fiancate MCL36

Le fiancate e il bordo laterale del fondo hanno rappresentato le aree maggiormente sottoposte a sviluppo. In Austria aveva debuttato una versione del fondo caratterizzata da un'ampia soffiatura orizzontale con un profilo a coltello davanti alle ruote posteriori, poi mantenuta per parecchie gare. In Francia è stata introdotta la nuova configurazione delle fiancate spioventi di ispirazione Red Bull. Ad Abu Dhabi, invece, si è vista brevemente una nuova configurazione del bordo laterale del fondo che prefigurava quello della vettura 2023.

MCL36 floor and sidepods evolution

The sidepods and the lateral edge of the floor represented the areas subjected to the most extensive development. Austria saw the debut of a version of the floor characterised by a large horizontal vent with a knife-edge profile ahead of the rear wheels, a feature retained for several races. In France, instead, a new tapering sidepod configuration was introduced, inspired by the Red Bull design. At Abu Dhabi we briefly saw a new configuration of the lateral edge of the floor that prefigured that of the 2023 car.

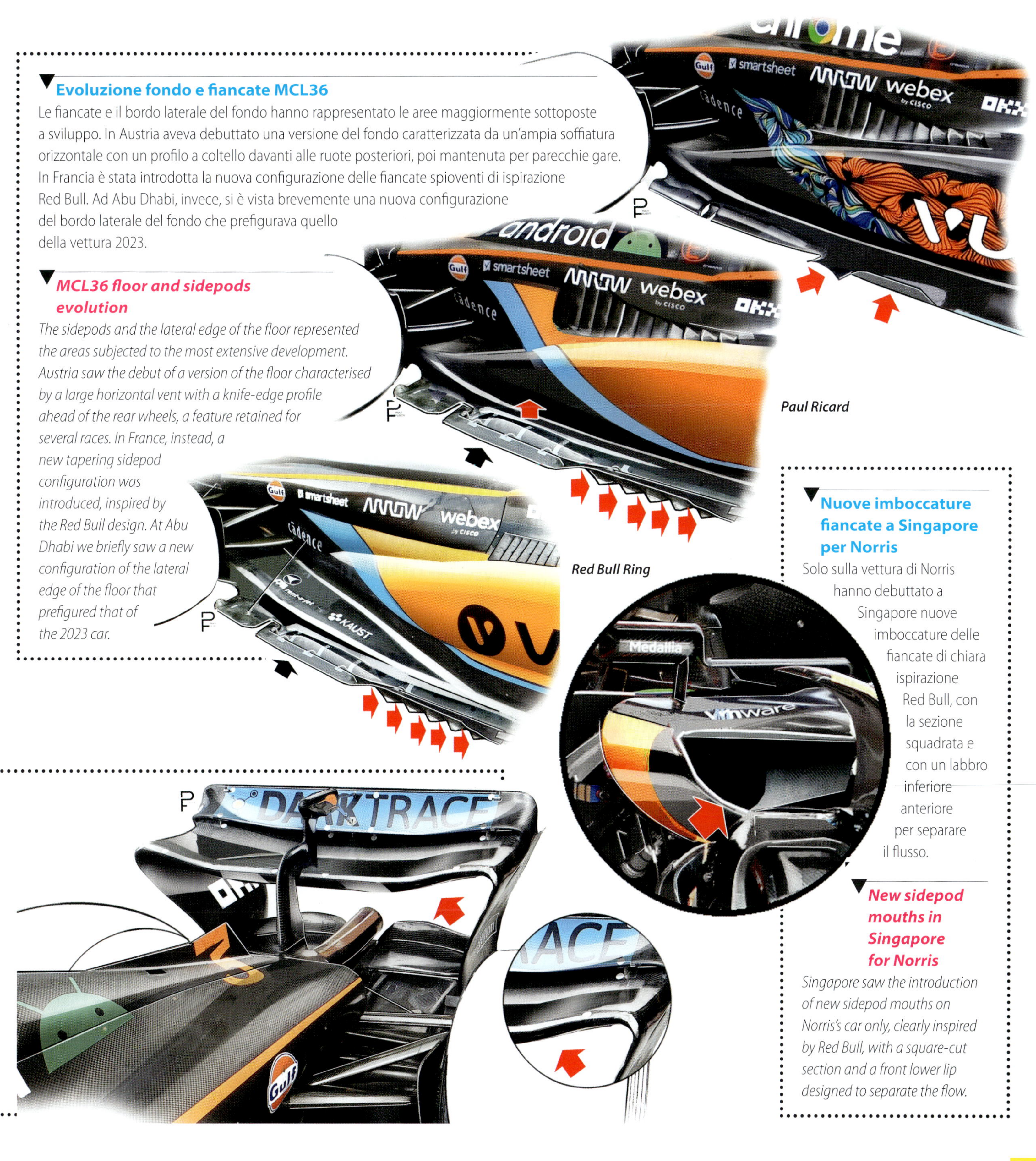

Paul Ricard

Red Bull Ring

Nuove imboccature fiancate a Singapore per Norris

Solo sulla vettura di Norris hanno debuttato a Singapore nuove imboccature delle fiancate di chiara ispirazione Red Bull, con la sezione squadrata e con un labbro inferiore anteriore per separare il flusso.

New sidepod mouths in Singapore for Norris

Singapore saw the introduction of new sidepod mouths on Norris's car only, clearly inspired by Red Bull, with a square-cut section and a front lower lip designed to separate the flow.

ALFA ROMEO SAUBER

C41: vista laterale

La C41 è stato uno sviluppo ragionato della monoposto 2020, con adattamenti a livello di aerodinamica inferiore alle nuove norme per il fondo. Una monoposto in definitiva convenzionale.

C41: side view

The C41 was a deliberate development of the 2020 car, with adaptations to the lower aerodynamics to satisfy the new regulations. In short, a conventional car.

C42: vista laterale

La monoposto realizzata da Jan Moncheaux è stata caratterizzata da fiancate lunghe e ampie feritoie sulla parte superiore con imboccature però ben più ampie rispetto ad altre monoposto concorrenti. Ha mantenuto determinate caratteristiche tipiche di alcune monoposto passate del team elvetico. Nello specifico, la presa dinamica costituita da sezioni separate al centro dalla struttura del roll bar verticale centrale, vista per la prima volta sulla C36 del 2017.

C42: side view

The car created by Jan Moncheaux was characterised by long sidepods and ample slots on the upper part with much larger intake mouths than those of its rival cars. It maintained certain characteristics typical of several of the Swiss team's earlier cars. Specifically, the dynamic air intake composed of separate section in the centre of the central vertical roll bar structure, seen for the first time on the C36 from 2017.

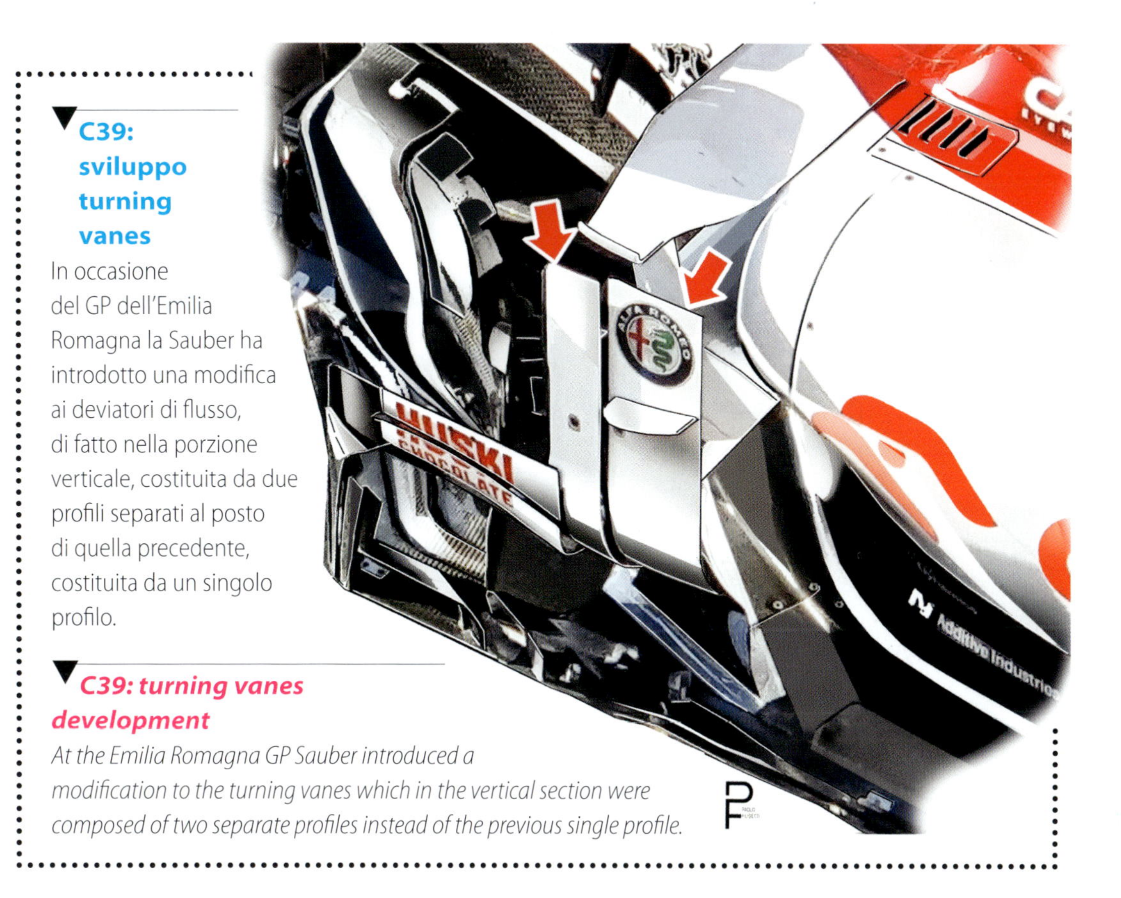

C39: sviluppo turning vanes

In occasione del GP dell'Emilia Romagna la Sauber ha introdotto una modifica ai deviatori di flusso, di fatto nella porzione verticale, costituita da due profili separati al posto di quella precedente, costituita da un singolo profilo.

C39: turning vanes development

At the Emilia Romagna GP Sauber introduced a modification to the turning vanes which in the vertical section were composed of two separate profiles instead of the previous single profile.

C39: dettaglio mantello cape

La C39 ha mantenuto e sviluppato il mantello sotto il muso, già presente nell'ultima versione della precedente monoposto. Rispetto alla C38 era diversa la conformazione dei supporti dell'ala e delle "narici".

C39: cape detail

The C39 retained and developed the cape below the nose, already a feature of the final version of the previous car. With respect to the C38, there wing pylons and the "nostrils" were shaped differently.

RACING POINT - ASTON MARTIN

Racing Point RP20: vista laterale e confronto con RP19 e Mercedes W10

È la copia esatta della Mercedes W10 ma si scoprirà, nel corso della stagione, che non è il suo clone. Fanno eccezione le prese d'aria dei freni anteriori e, più specificamente, le loro canalizzazioni interne. Il suo livello di competitività si è dimostrato subito decisamente superiore alla RP19 che l'aveva preceduta e da cui si differenzia in modo radicale per filosofia costruttiva e veste aerodinamica. La miglior prestazione ha coinciso con la vittoria di Pérez a Sakhir nel penultimo gran premio della stagione.

Racing Point RP20: side view and comparison with RP19 and Mercedes W10

The RP20 was a copy of the Mercedes W10 but, as we were to discover during the season, not a clone. The front brake air intakes and specifically their internal ducting were exceptions to this rule. The RP20 immediately proved to be more competitive than its predecessor, the RP19, and was radically different in terms of its engineering philosophy and aerodynamic package. The car's peak performance coincided with Pérez's victory at Sakhir in the penultimate GP of the season.

Aston Martin AMR21

Deriva da quella che è stata la copia esatta della Mercedes W10: integrando gli sviluppi della W11, già al debutto era allineata all'aerodinamica della W12 da cui si differenziava per minimi dettagli. Ne condivideva l'intero retrotreno, cambio incluso e, a pari della Mercedes, nei test prestagionali in Bahrain, ha patito problemi proprio alla trasmissione. Sembrava inizialmente avere un elevato potenziale, da confermare, ma già nelle prime gare è apparso evidente che, come sulla W12, un suo forte limite sia stato l'assetto rake minimo, che non le ha permesso di integrare senza difficoltà la norma imposta dal regolamento 2021 relativa al taglio del fondo davanti alle ruote posteriori.

Aston Martin AMR21

The AMR21 was derived from what had been a precise copy of the Mercedes W10: integrating the developments of the W11, on its debut it was already aligned with the aerodynamics of the W12, differing only in minimal details. It shared the entire rear end, comprising the gearbox and, like the Mercedes, in pre-season testing in Bahrain, suffered problems with the transmission. While the AMR21 initially seemed to have great potential, from the early races it was immediately clear that, as with the W12, it suffered from the severe limitation of its minimal rake, which did not facilitate the modifications required by the 2021 regulations relating to the cutaway of the floor ahead of the rear wheels.

AMR22: vista laterale/presentazione

La Aston Martin AMR22 è stata presentata il 10 febbraio 2022 e, a tutti gli effetti, è stata la prima monoposto reale della stagione visto che, com'è noto, la Red Bull aveva presentato la RB18 il giorno prima limitandosi di fatto a mostrare una showcar con livrea ufficiale. Molto interessante l'andamento dei volumi della vettura, con le fiancate piuttosto lunghe che iniziano praticamente all'altezza della centina anteriore dell'abitacolo. Si nota la soluzione della loro imboccatura, particolarmente stretta e squadrata con il profilo esterno tagliato a fetta di salame, di sezione estremamente alta. Nella parte superiore le fiancate scendono in modo evidente verso l'esterno abbassando la linea di cintura mentre sopra sono visibili ampie feritoie.

AMR22: side view/presentation

The Aston Martin AMR22 was presented on the 10th of February 2922 and was to all intents and purposes the first real car of the season given that, as is well known, Red Bull's presentation of the RB18 the previous day had been restricted to the display of a show car in the official livery. The configuration of the volumes of the car was very interesting, with fairly long sidepods that began practically in correspondence with the cockpit's front bulkhead. Note the design of the mouths, particularly narrow and square-cut, with a very high scalloped external profile. The upper part of the sidepods sloped down towards the outside, lowering the beltline, while ample cooling slots were visible on the top.

AMR22: vista laterale Spagna

A Barcellona la AMR22 ha abbandonando il concetto delle fiancate lunghe e a tutta larghezza. Il lavoro svolto dagli aerodinamici del team, diretti dal DT Dan Fallows, ha implicato anche una ricollocazione dei pacchi radianti per consentire la complessiva riprofilatura delle fiancate, fortemente spioventi verso il posteriore. Di fatto questa sezione della AMR22 è parsa, a livello visivo, una sorta di clone della RB18, ma in realtà l'evoluzione delle fiancate non è stata ispirata alle forme della RB18. Il progetto AMR22, infatti, ha previsto sin dall'origine lo sviluppo di fiancate spioventi verso il posteriore, questo già prima della presentazione della vettura. Il suo telaio, sin dal debutto, è stato caratterizzato da uno scasso nella parte inferiore, che ha permesso il posizionamento dei radiatori proprio in funzione delle fiancate spioventi. Lo sviluppo aerodinamico condotto sotto la supervisione di Luca Furbatto è stato dunque a tutti gli effetti un processo totalmente originale svolto dai tecnici del team.

AMR22: side view Spain

At Barcelona, the AMR22 abandoned the long, full-width sidepod concept. The work conducted by the team's aerodynamicists led by the technical director Dan Fallows included the repositioning of the radiator packs to allow a comprehensive reshaping of the sidepods, which sloped steeply to the rear. In effect, this section of the AMR22 appeared at least visually to be a clone of the RB18, but the evolution of the sidepods was not actually inspired by the forms of the RB18. In fact, the AMR22 project provided from the outset for development of rear-sloping sidepods even before the car's presentation. From its debut, the AMR22 chassis was characterised by an undercut that permitted the positioning of the radiators in relation to the sloping sidepods. The aerodynamic development conducted under the supervision of Luca Furbatto was therefore a wholly original process undertaken by the team's engineers.

Aston Martin AMR21: vista frontale e confronto con RP20

Scontata la stretta parentela tra la vettura 2020 e quella della stagione seguente, pur con lievi differenze soprattutto a livello del profilo dei flap dell'ala anteriore e per quanto riguarda quello delle prese d'aria delle fiancate caratterizzate, sulla AMR21, da uno sviluppo orizzontale e non più ogivale.

Racing Point RP20

Aston Martin AMR21: front view and comparison with the RP20

There was clearly a close relationship between the 2020 car and that of the following season, albeit with slight differences, especially in the profile of the front wing flaps and the sidepod mouths, which on the AMR21 had a horizontal rather than ogival development.

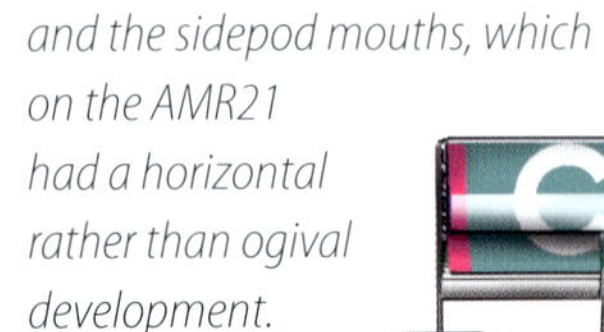

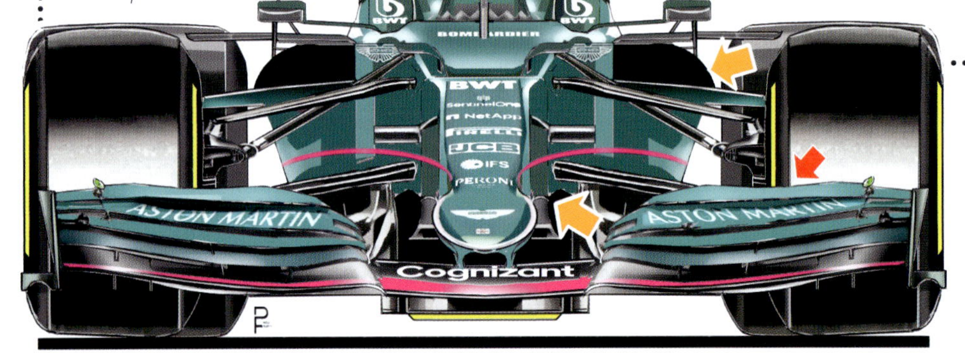

Aston Martin AMR21

RP20

Confronto canalizzazioni interne prese d'aria freni anteriori RP20 e Mercedes W11

Analizzando il complesso layout delle canalizzazioni interne della Mercedes W11 rispetto a quelle della RP20 si può notare la loro precisa corrispondenza. L'unica differenza, tangibile, consiste nelle flange porta disco che la Mercedes ha spesso utilizzato nella versione forata, mentre la Racing Point si è focalizzata maggiormente sull'adozione di quelle piene.

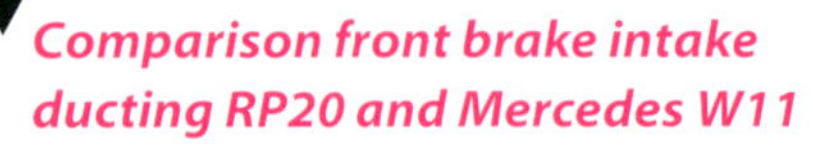

Comparison front brake intake ducting RP20 and Mercedes W11

Analysing the complex layout of the internal ducting of the Mercedes W11 compared with that of the RP20 we can see their precise correspondence. The only tangible difference concerns the perforated flange which was frequently used by Mercedes, while Racing Point focussed on the solid version.

flangia piena
full flange

W11

Confronto deflettori RP20 e W11

Lo sviluppo dei turning vanes della Racing Point, in occasione del GP d'Australia, ha accentuato la somiglianza con la Mercedes W11. Nei test di Barcellona erano caratterizzati da un profilo a ponte continuo con l'elemento verticale, mentre a Melbourne la nuova versione presentava una netta separazione tra la sezione orizzontale e quella verticale. In pratica rispecchiava l'ultima versione adottata sulla W11 nel 2019 da Suzuka in poi.

Comparison of the RP20 and W11 turning vanes

The development of the Racing Point turning vanes seen at the Australian GP, accentuated the similarities to the Mercedes W11. During the Barcelona tests they were characterised by a bridging profile integrated with the vertical element, while in Melbourne the new version presented a clear separation between the horizontal and vertical sections. In practice it reflected the final version adopted on the W11 in 2019 from Suzuka onwards.

Suzuka

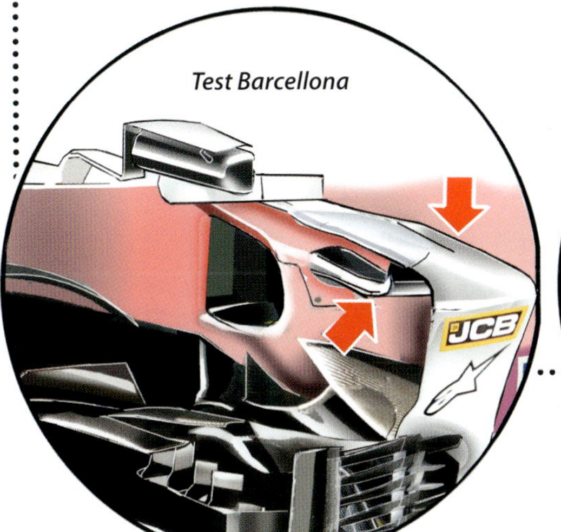

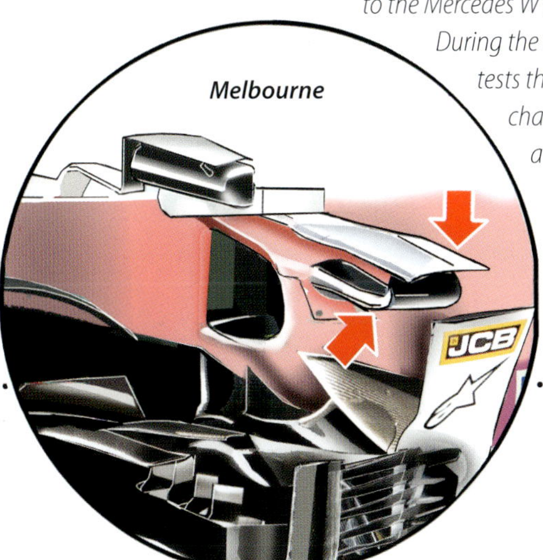

RP20: confronto set up aerodinamico differenziato GP Bahrain e Sakhir

Emblematico il diverso set up aerodinamico adottato da varie vetture nei due appuntamenti rispettivamente sul tracciato standard del GP e sull'anello esterno di Sakhir. L'adozione dell'anello esterno per la seconda gara, con l'eliminazione del tratto più guidato, aveva imposto ai team un assetto maggiormente scarico a favore della scorrevolezza in rettilineo. Il confronto tra l'ala posteriore della RP20 utilizzata per il GP del Bahrain e quella adottata la settimana successiva lo mette chiaramente in evidenza.

RP20: comparison between the Bahrain and Sakhir aerodynamic set-ups

The different aerodynamic set-up adopted by various cars at the two rounds on the standard GP track and the Sakhir Outer Ring respectively was emblematic. The use of the outer ring for the second race, with the elimination of the more technical section, had obliged the teams to adopt a lower downforce configuration that favoured penetration on the straights. The comparison between the rear wing of the RP20 used in the Bahrain GP and the one used the following week highlights this.

Sakhir — *Bahrain*

Raffronto cestelli RP20 e W11

La corrispondenza delle prese d'aria interne dei freni anteriori è evidenziata dalla precisa sovrapposizione dei profili esterni dei cestelli copri disco delle due monoposto, quì nella versione dotata di mini generatori di vortici nell'ampio profilo scavato.

Comparison of RP20 and W11 brake drums

The correspondence of the front brake air intakes was highlighted by the precise overlapping of the external profiles of the brake disc shroud of the two cars, here seen in the version equipped with mini vortex generators on the broad sculpted edge.

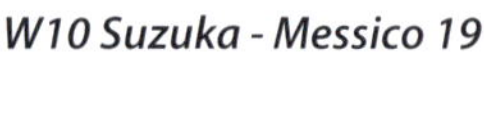
W10 Suzuka - Messico 19

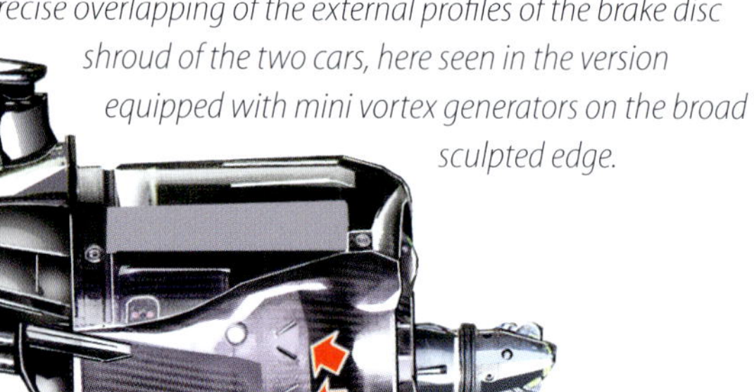
RP20 evo

AMR21: sviluppo fondo e barge boards

Il fondo è i barge boards hanno rappresentato le aree maggiormente sviluppate nel corso della stagione su questa monoposto, con molteplici interventi di micro aerodinamica. Dalla versione vista in Portogallo, terza gara in calendario, si è passati all'evoluzione dell'Austria, dove l'intervento ha riguardato l'estensione del profilo a boomerang posto sotto quello principale, sino all'ultima evoluzione, in Olanda, con l'eliminazione di due mini profili verticali a livello del bordo laterale dietro l'ampio doppio soffiaggio a lato delle fiancate.

AMR21: floor and barge boards development

The floor and the barge board represented the areas subjected to the most extensive development on this car during the season, with multiple micro-aerodynamic modifications. From the version seen at Portugal, the third race of the season, we moved on to the evolution for Austria, where the modification concerned the extension of the boomerang located under the main plane, and on to the final evolution, in Holland, with the elimination of two vertical mini-profiles at the level of the lateral edge behind the wide double vent flanking the sidepods.

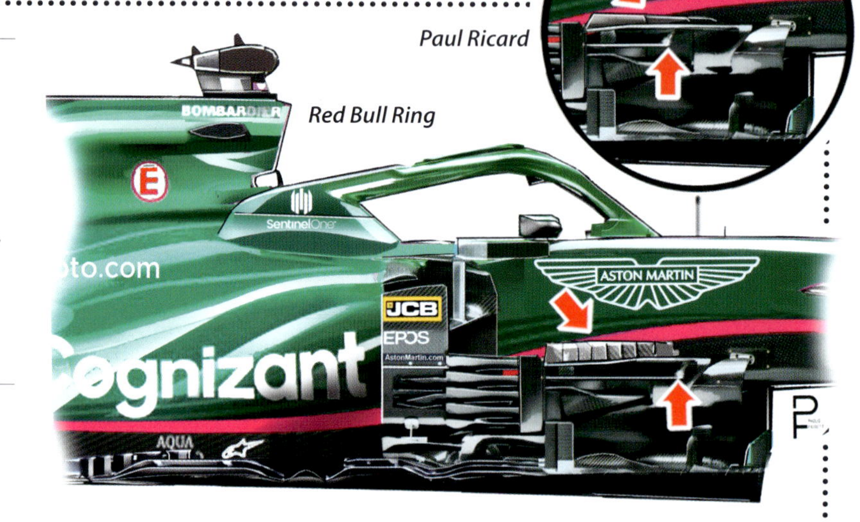
Paul Ricard

Red Bull Ring

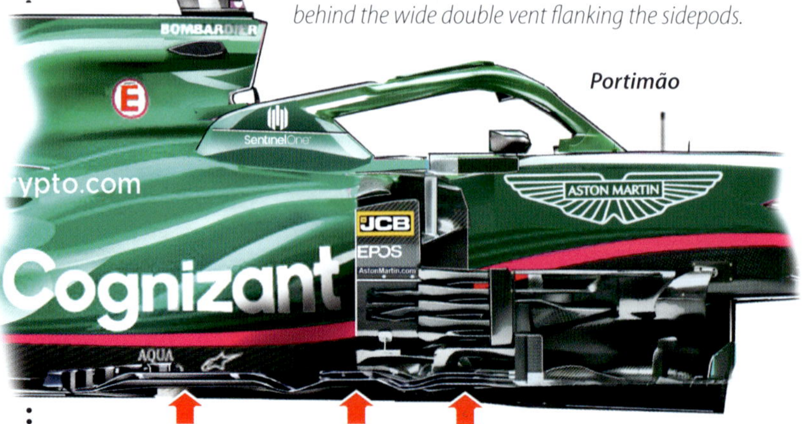
Portimão

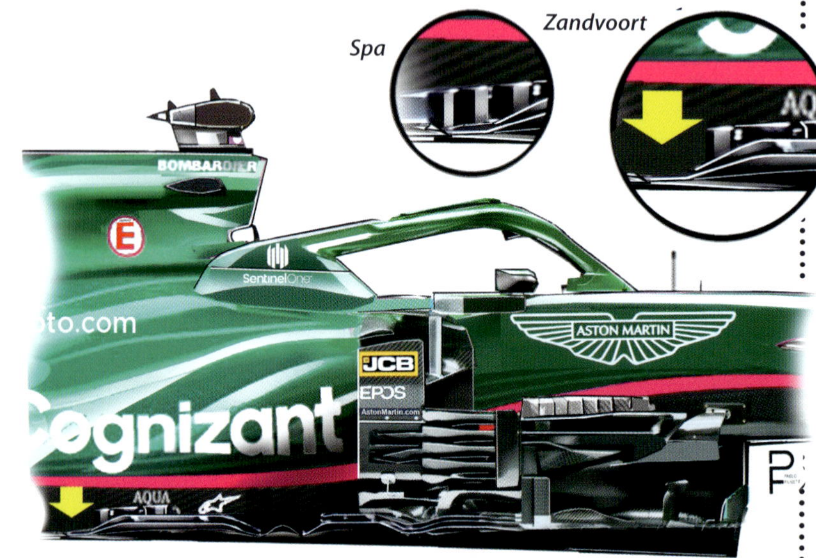
Spa

Zandvoort

Aston Martin AMR22: confronto con Red Bull RB18

Se si raffronta la versione delle fiancate introdotta dalla Spagna, del fondo e del cofano motore della AMR22, spicca la precisa corrispondenza con la RB18 dei volumi e delle linee che li caratterizzano. Anche la stessa posizione e conformazione delle griglie di smaltimento del calore, rendono ancor più palese la somiglianza tra le due monoposto. In gara, in ogni caso, la AMR22 ha adottato una diversa conformazione delle griglie, molto più ampie per contrastare in modo efficace le elevatissime temperature ambientali.

Aston Martin AMR22: Red Bull RB18 comparison

If we compare the version of the sidepods introduced from Spain, the floor and the engine cover of the AMR22, the precise correspondence of volumes and lines with those of the RB18 is clear. The positioning and shape of the heat dispersal grilles also make the similarity between the two cars even more obvious. In any case, in the race the AMR22 adopted a different grille configuration, with the vents enlarged to counter the particularly high ambient temperatures more efficiently.

gara
race

prove
practice

Ala anteriore AMR22

Nel disegno si nota la posizione dell'estremità del musetto a livello del bordo di entrata del secondo elemento dell'ala. L'andamento delle semiali ha un profilo ad ala di gabbiano che ricorda alcune monoposto tra cui la Jordan dei primi anni Novanta. L'obiettivo è quello di canalizzare un flusso, il più ampio possibile, verso i condotti Venturi sul fondo.

AMR22 front wing

In this drawing note the position of the tip of the nose level with the leading edge of the second element of the wing. The gullwing configuration of the profiles resembles those of other cars, including the Jordan from the early Nineties. The objective was to channel as large a flow as possible towards the Venturi tunnels on the floor.

Ala posteriore AMR22

Molto interessante la soluzione introdotta dai tecnici Aston Martin per la transizione tra le paratie laterali e il profilo principale. In sostanza, sono stati estremizzati i riccioli che di fatto hanno ricreato una porzione verticale che racchiude il profilo dell'ala, incrementando il carico generato. Ciò, però, nello stesso tempo, incrementa anche i vortici che sporcano la scia della monoposto.

AMR22 rear wing

The Aston Martin engineers adopted a very interesting transitional element between the endplates and the main plane. In substance, the curls were exaggerated to create a vertical portion enclosing the wing profile, incrementing the downforce generated. This also increased the vortices disturbing the car's wake.

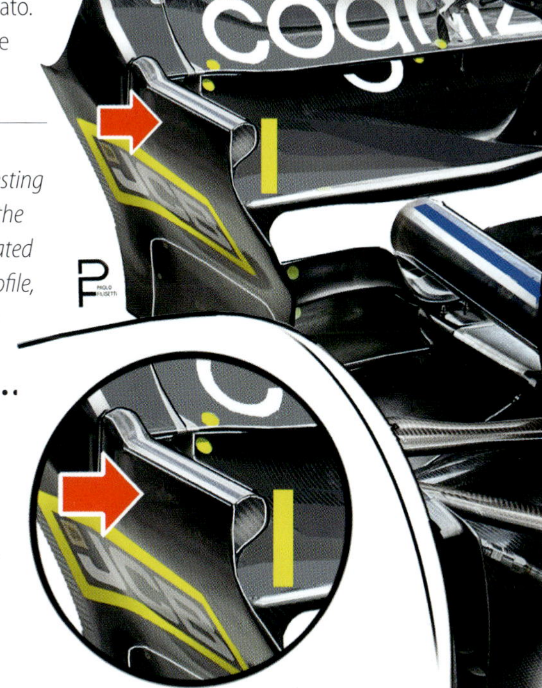

HAAS

VF21: vista laterale
La monoposto del team americano è stata il logico sviluppo della VF20. Nuova l'aerodinamica inferiore anteriore, con un mantello di dimensioni più ampie. Il carico prodotto è parso molto buono sin dai test in Bahrain, ottime le prestazioni, top a livello di velocità massime, viste durante i test con ali poco cariche.

VF21: side view
The American team's car was the logical development of the VF20. New lower aerodynamics with a larger cape. The Bahrain tests immediately showed good downforce was being produced, performance was excellent, with peak maximum speeds seen during the tests with lower downforce wings.

VF22: dettaglio fiancate prima versione
Nel disegno si nota la conformazione rettilinea del profilo superiore delle fiancate con le feritoie di smaltimento del calore poste ai lati dell'abitacolo e del serbatoio.

VF22: first version sidepod detail
The drawing shows the straight configuration of the upper edge of the sidepods, with the heat dispersal slots either side of the cockpit and the fuel tank.

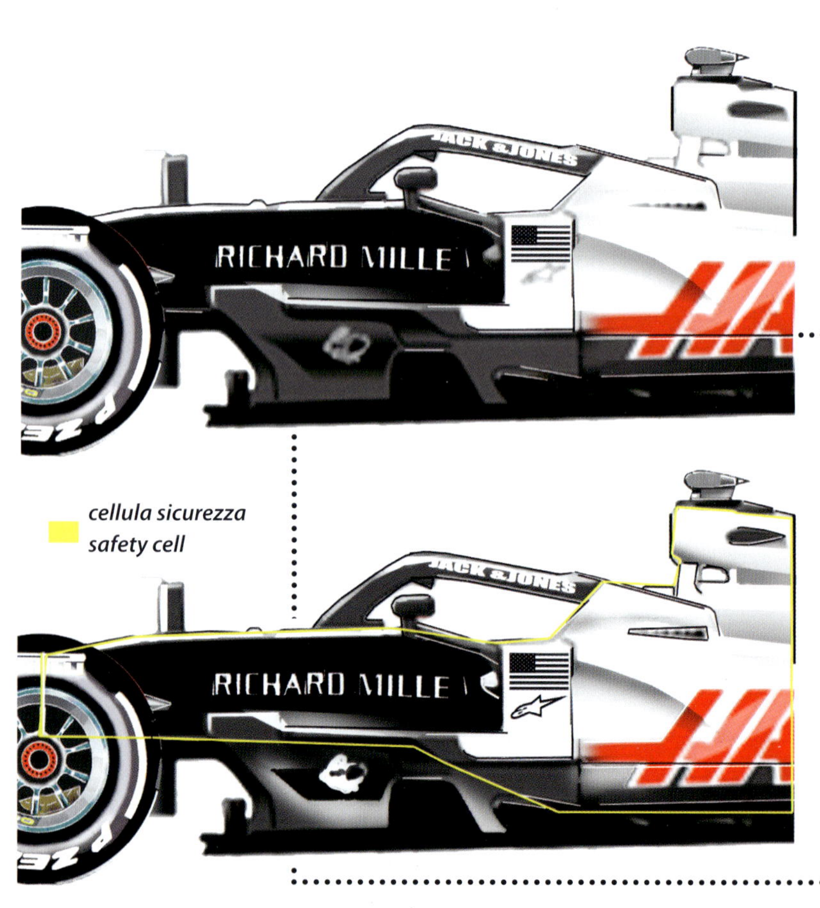

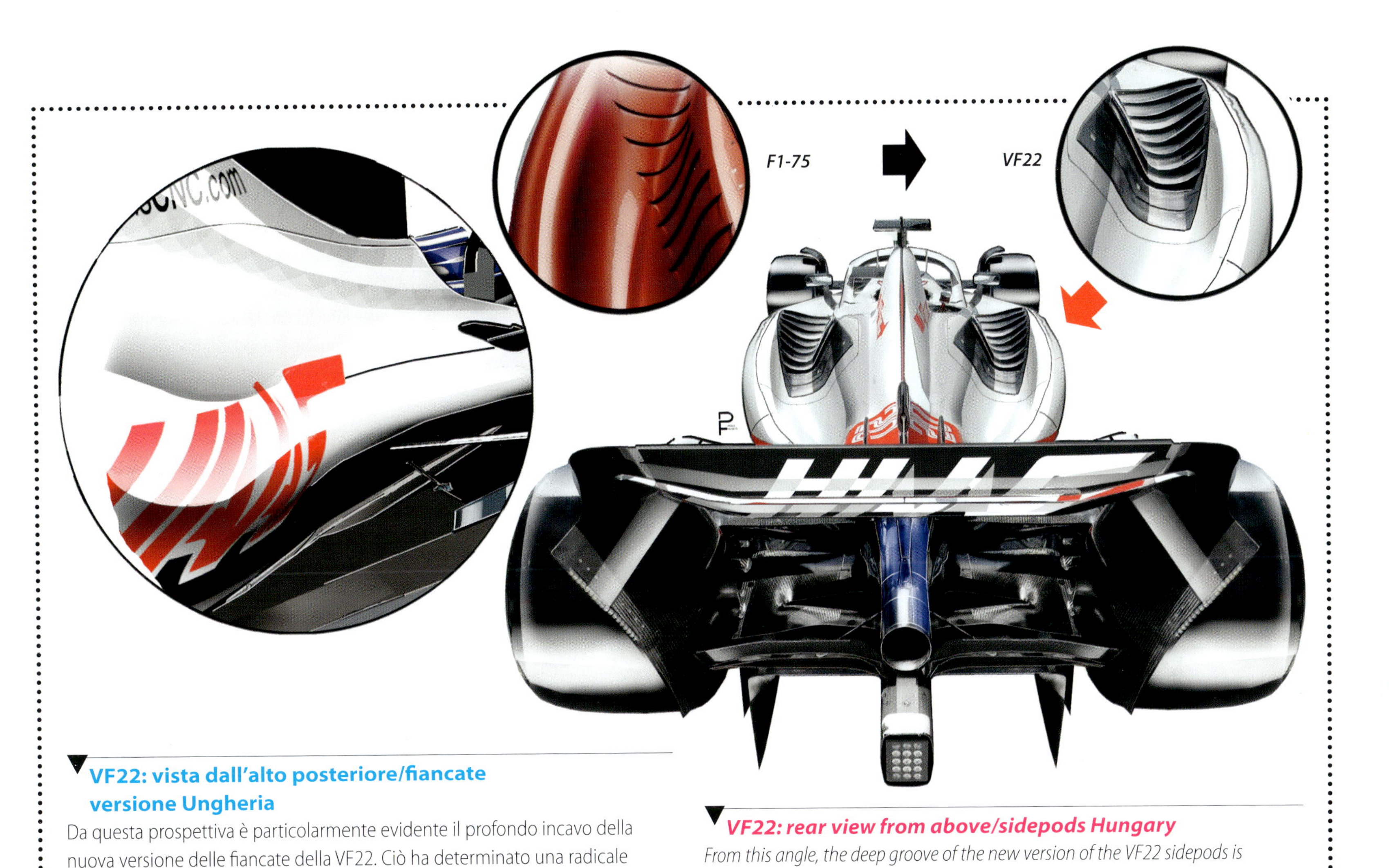

VF22: vista dall'alto posteriore/fiancate versione Ungheria

Da questa prospettiva è particolarmente evidente il profondo incavo della nuova versione delle fiancate della VF22. Ciò ha determinato una radicale modifica del profilo delle feritoie per lo smaltimento del calore, ora sinuose. Nei due tondi è posta in risalto l'ispirazione concettuale rispetto alle fiancate della F1-75.

VF22: rear view from above/sidepods Hungary

From this angle, the deep groove of the new version of the VF22 sidepods is particularly evident. This entailed a radical modification of the heat dispersal slots which were now featured a sinuous configuration. The two circles show the conceptual inspiration with respect to the sidepods of the F1-75.

VF20, dettaglio telaio

Il dettaglio del telaio, e più specificamente della cellula di sopravvivenza della VF20, grazie alla quale le conseguenze dell'incidente subito da Grosjean in Bahrain sono state minime.

VF20, chassis detail

A detail of the chassis, specifically the survival cell of the VF20, thanks to which the consequences of Grosjean's crash in Bahrain were minimal.

Ala posteriore Monte Carlo

A Monte Carlo la configurazione da alto carico ha incluso una T wing a doppio profilo e massima incidenza del flap. Inoltre sono state introdotte nuove paratie laterali dotate di soffiature inferiori ad S.

Monte Carlo rear wing

At Monte Carlo, the high downforce configuration provided for a biplane T-wing and maximum flap incidence. Furthermore, new endplates with lower S-shaped vents were introduced.

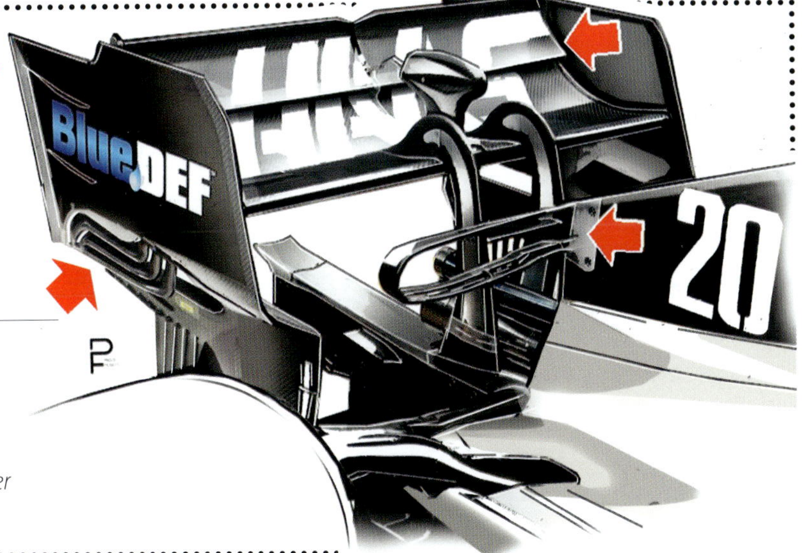

ALPHATAURI

AT01: vista dall'alto con dettaglio multi link

La AT01 è stata una vettura che ha mostrato parecchi elementi raffinati non solo a livello aerodinamico ma anche meccanico. Uno tra questi, la scelta di adottare uno schema multi link, con bracci superiori separati della sospensione anteriore.

AT01: overhead view with multilink detail

The AT01 was a car with several sophisticated aerodynamic and mechanical features, one of which was a multilink front suspension layout with separate upper arms.

AT02: vista laterale

La AT02 non ha integrato il retrotreno 2020 (cambio e sospensione) della Red Bull RB16, proseguendo con quello della AT01. Il concetto aerodinamico è stato il suo logico sviluppo. Il pacchetto telaio, propulsore Honda, era già stato collaudato sin dai test pre Campionato e si era mostrato capace di fornire prestazioni di rilievo, soprattutto a inizio stagione.

AT02: side view

The AT20 did not integrate the 2020 rear end (gearbox and suspension) of the Red Bull RB16, instead staying with that of the AT01. The aerodynamic concept represented a logical development of the earlier car. The chassis and Honda power unit package had already been run from the preseason testing and had shown itself capable of notable performance, early in the season especially.

AT01: vista posteriore e dettaglio retrotreno

Molto interessante la veste aerodinamica, ben rifinita. Nello specifico, merita una menzione l'aerodinamica del retrotreno con una accentuata sezione a T e in particolare il diffusore.

AT01: rear view and rear end detail

The well-finished aerodynamic package was very interesting. Specifically, the rear end aerodynamics are worthy of note, with an accentuated T section and in particular the diffuser.

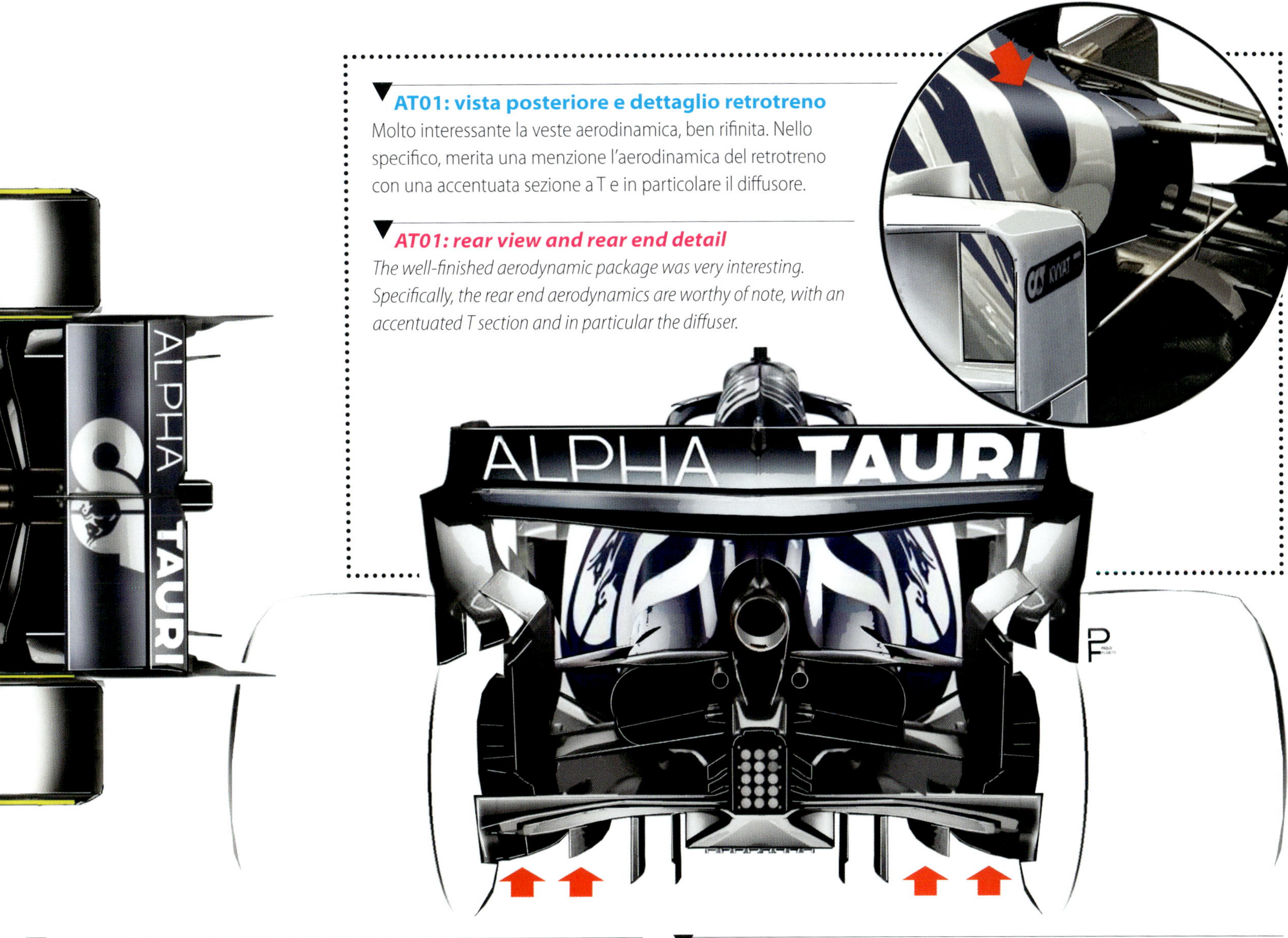

AT03: vista laterale

La AT03 è stata caratterizzata dalla sezione inferiore delle fiancate estremamente scavata, mentre il loro profilo superiore scendeva in modo netto prolungandosi verso il posteriore, con la gestione dei flussi verso il retrotreno che ha mantenuto una sezione a T, radicalmente diversa dalla Red Bull. Diverse anche le sospensioni che hanno conservato, a differenza della RB18, lo schema push rod anteriore e pull rod al retrotreno come sulla monoposto precedente.

AT03: side view

The AT03 was characterised by deeply undercut sidepods, while their upper parts sloped down steeply towards the rear, with the management of the air flows to the rear end, which retained a T section, radically different to that of the Red Bull. The suspension was also different: in contrast with Red Bull, Alpha Tauri retained the push-rod front and pull-rod rear configuration of the earlier car.

WILLIAMS

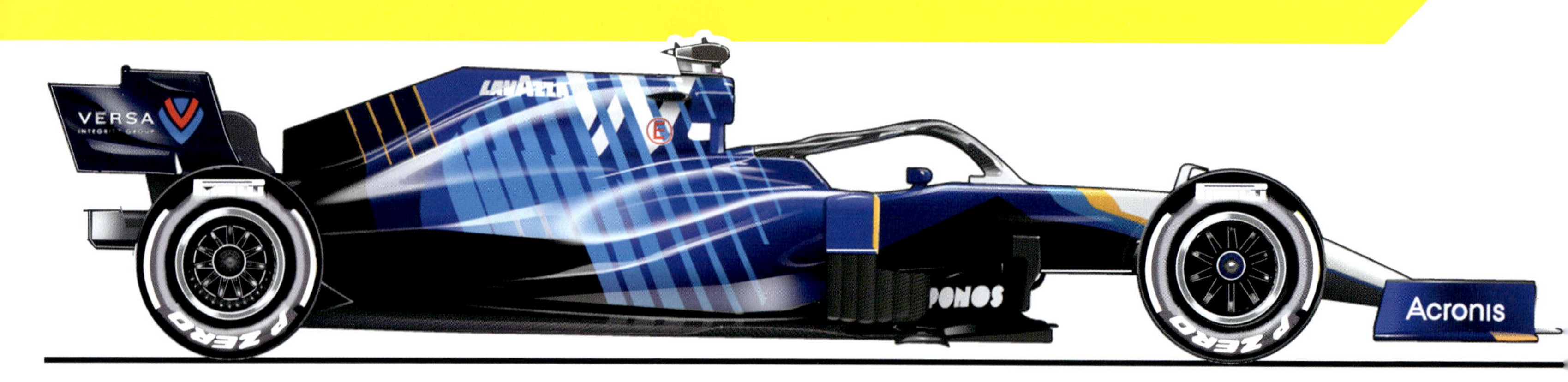

Williams FW43B

È stata un miglioramento della FW43 e non differiva molto dall'ultima versione vista nel 2020. Ha seguito i dettami aerodinamici correnti con fiancate molto ridotte posteriormente. Il punto di forza è stato sicuramente costituito dalla Power Unit Mercedes, ma – per per l'ultimo anno – accoppiata alla trasmissione realizzata in proprio dal team di Grove.

Williams FW43B

This was an improved version of the FW43 and differed only slightly with respect to the final version seen in 2020. It followed the current aerodynamic dictates, with sidepods that were very narrow at the rear. The car's strong suit was without doubt the Mercedes Power Unit that – for a final year – was mated to a transmission built in-house by the team from Grove.

Bahrain

Williams FW44

È stata la monoposto che ha maggiormente ridotto l'ingombro delle fiancate, di fatto quasi annullandone l'estensione longitudinale. Sono infatti cortissime, dotate di una feritoia semicircolare lungo il bordo esterno superiore. Le imboccature, invece, sono state sdoppiate internamente da un setto orizzontale. Il concetto aerodinamico che ha interpretato le nuove regole, pare molto più raffinato rispetto alle monoposto precedenti, segnando un taglio netto con il passato, non solo ovviamente concettuale ma soprattutto di attenzione ai dettagli.

Williams FW44

The FW44 was the car on which the volume of the sidepods was reduced the most, their longitudinal extension being almost annulled. The very short pods were equipped with a semi-circular sot along the upper outside edge. The intakes were instead twinned internally with a horizontal partition. The aerodynamic concept, which interpreted the new regulations, appeared to be much more sophisticated the previous cars, marking a clean break with the past, that as well as being conceptual involved close attention to details.

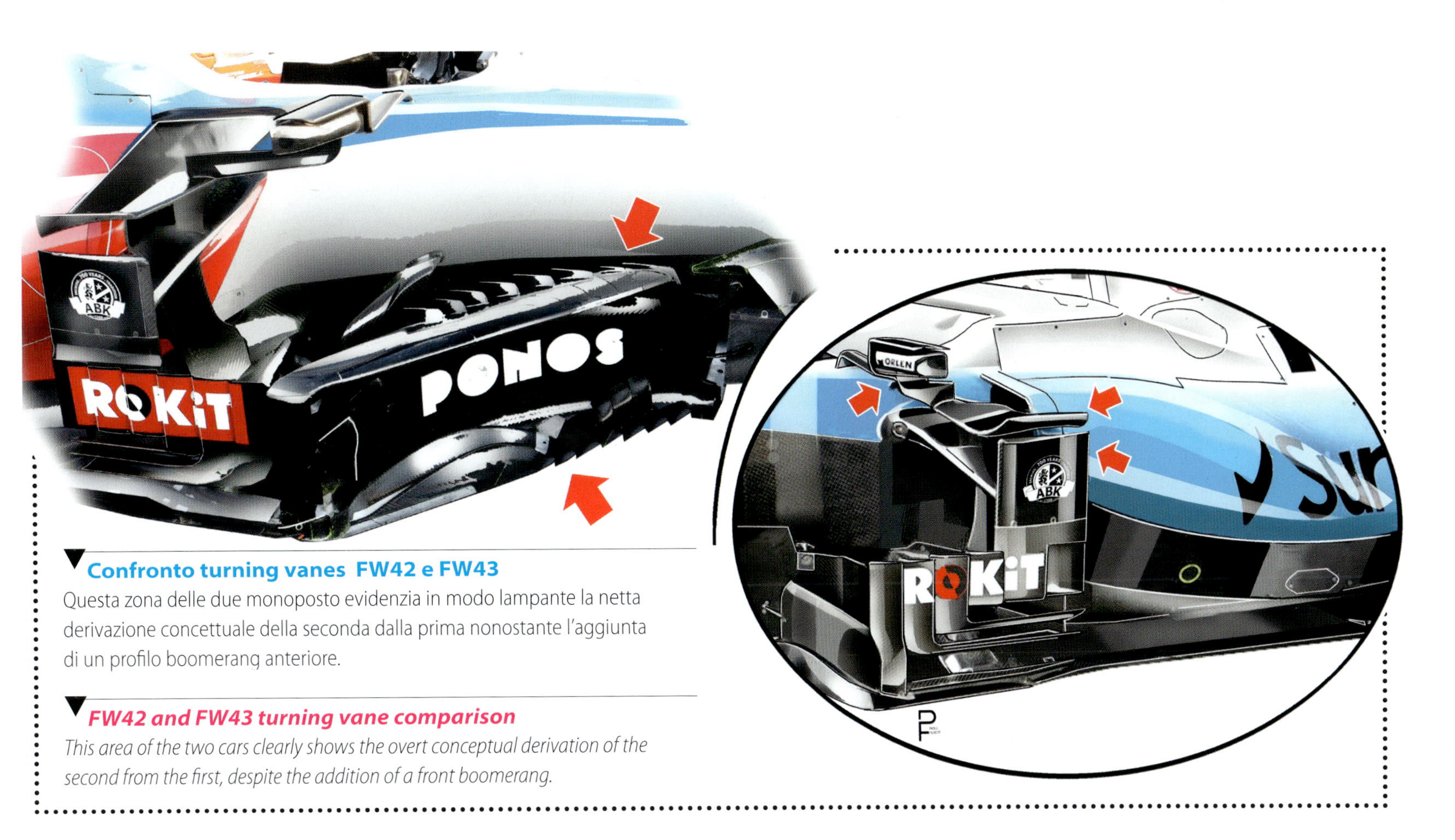

Confronto turning vanes FW42 e FW43

Questa zona delle due monoposto evidenzia in modo lampante la netta derivazione concettuale della seconda dalla prima nonostante l'aggiunta di un profilo boomerang anteriore.

FW42 and FW43 turning vane comparison

This area of the two cars clearly shows the overt conceptual derivation of the second from the first, despite the addition of a front boomerang.

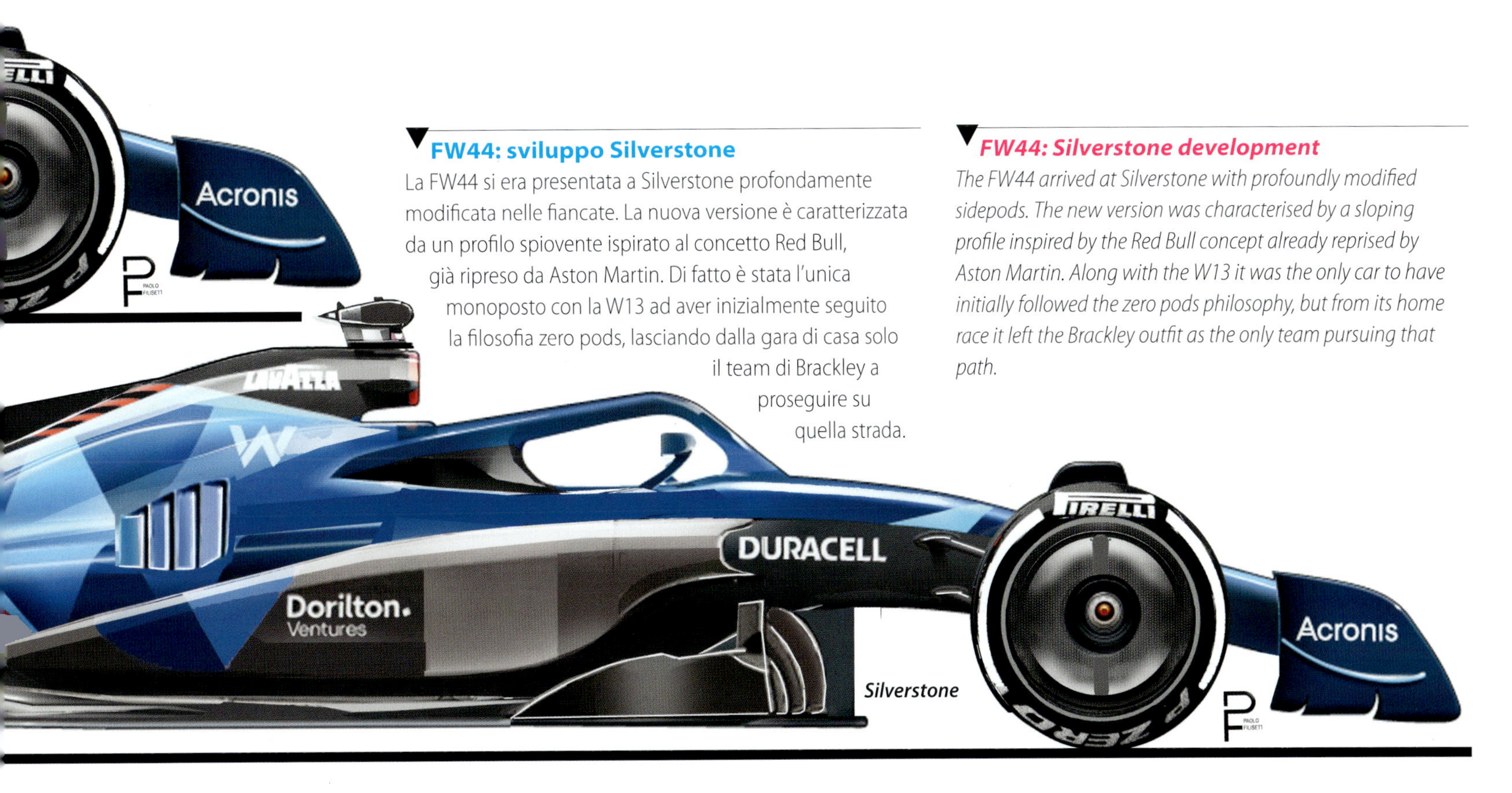

FW44: sviluppo Silverstone

La FW44 si era presentata a Silverstone profondamente modificata nelle fiancate. La nuova versione è caratterizzata da un profilo spiovente ispirato al concetto Red Bull, già ripreso da Aston Martin. Di fatto è stata l'unica monoposto con la W13 ad aver inizialmente seguito la filosofia zero pods, lasciando dalla gara di casa solo il team di Brackley a proseguire su quella strada.

FW44: Silverstone development

The FW44 arrived at Silverstone with profoundly modified sidepods. The new version was characterised by a sloping profile inspired by the Red Bull concept already reprised by Aston Martin. Along with the W13 it was the only car to have initially followed the zero pods philosophy, but from its home race it left the Brackley outfit as the only team pursuing that path.

STAGIONE 2022
2022 SEASON

2022: UNA STAGIONE ALL'INSEGNA DEL PORPOISING

Il 2022 ha segnato il ritorno dell'effetto suolo in Formula 1. Le monoposto, infatti, hanno abbandonato il fondo scalinato che le aveva caratterizzate per quasi tre decenni a favore dei canali Venturi. Oltre a rappresentare una vera e propria rivoluzione del concetto aerodinamico delle vetture, questo ritorno ha determinato una diversa distribuzione percentuale del carico generato, con circa il 75% derivante dal fondo e il resto da ali e corpo vettura, ma anche la ricomparsa di problemi che erano stati propri delle wing cars degli anni Ottanta.

In particolare, l'eredità più evidente è stata rappresentata dal fenomeno del porpoising, ovvero i continui sobbalzi delle vetture, generalmente visibili da velocità attorno ai 250 km/h. Questo fenomeno, causato dalla rottura della struttura del flusso sotto la monoposto, indotta in particolare dalle ridotte altezze da terra, è stato immediatamente visibile sin dai test che hanno preceduto l'inizio del Campionato, secondo un ordine di grandezza, per ampiezza e frequenza delle oscillazioni, diverso tra le varie monoposto. Alcune, infatti, lo hanno accusato in modo rilevante, come nel caso della Mercedes W13, e lo stesso vale per la Ferrari F1-75, seppur con conseguenze per il proprio equilibrio aerodinamico totalmente differenti.

La monoposto di Brackley, infatti, ha visto ridurre drasticamente le performance aerodinamiche dalle contromisure, in termini di maggiori altezze da terra, adottate dai tecnici per contenere il fenomeno. Quasi nulli, invece, gli effetti negativi dei saltellamenti sull'equilibrio aerodinamico della F1-75. Per contro altri team, soprattutto la Red Bull, hanno mostrato come le proprie monoposto siano state quasi immuni dai saltellamenti, indipendentemente dall'assetto aerodinamico e sospensivo adottato. Ciò nonostante la FIA, il mercoledì precedente il GP del Canada, ha informato tutti i team dell'introduzione di verifiche delle oscillazioni ricorrendo a metriche che le limitassero, oltre a consentire l'adozione di un secondo tirante di irrigidimento del fondo, motivandolo con i rischi che il porpoising comporta a lungo andare per la salute dei piloti. Avendo trovato tutti i team contrari per l'intempestività della decisione (solo la Mercedes era di fatto pronta, con la sua W13 che già da giovedì, stranamente, è apparsa dotata del secondo tirante), è stato deciso di procedere per gradi, dapprima misurando per tre gare consecutive la frequenza ed ampiezza delle oscillazioni, per poi introdurre limiti specifici e test di verifica a partire dal GP del Belgio, prima gara dopo la pausa estiva che ha visto l'applicazione della Direttiva Tecnica 039/22.

Direttiva Tecnica 039/22: anti porpoising

Al GP del Belgio è entrata in vigore la Direttiva Tecnica 039/2022, con il preciso scopo di porre limiti rigorosi alla flessibilità e all'usura della tavola (plank) sotto il fondo. I team, da inizio stagione sino al GP di Ungheria, erano riusciti, secondo la FIA, ad aggirare brillantemente il limite di usura della tavola in resina misurato nel dopogara, per aumentare il carico generato dal fondo, adottando altezze da terra molto ridotte. Con l'introduzione delle nuove norme, restano invariate le procedure della verifica dello spessore del plank: la vettura viene sollevata su tre supporti verticali con un diametro di 70 mm, posti in corrispondenza dei fori di misurazione. Lo spessore iniziale resta di 10 mm e quello post gara potrà ridursi sino a 9 mm. Finora sono stati effettuati test in corrispondenza dei sei fori di verifica posti sulla tavola in posizione predeterminata, misurando lo spessore interno del pattino metallico. La deformazione, in ciascun punto del contorno dei fori, non può superare i 2 mm.

Da Spa, è stata integrata una verifica – prima assente – della rigidezza minima della sezione centrale del fondo. Il limite è costituito da una flessione che non deve superare 1 mm ogni 1,5 tonnellata di carico applicato, verticalmente verso l'alto, pari ad un valore minimo di rigidezza di 15 kN/mm.

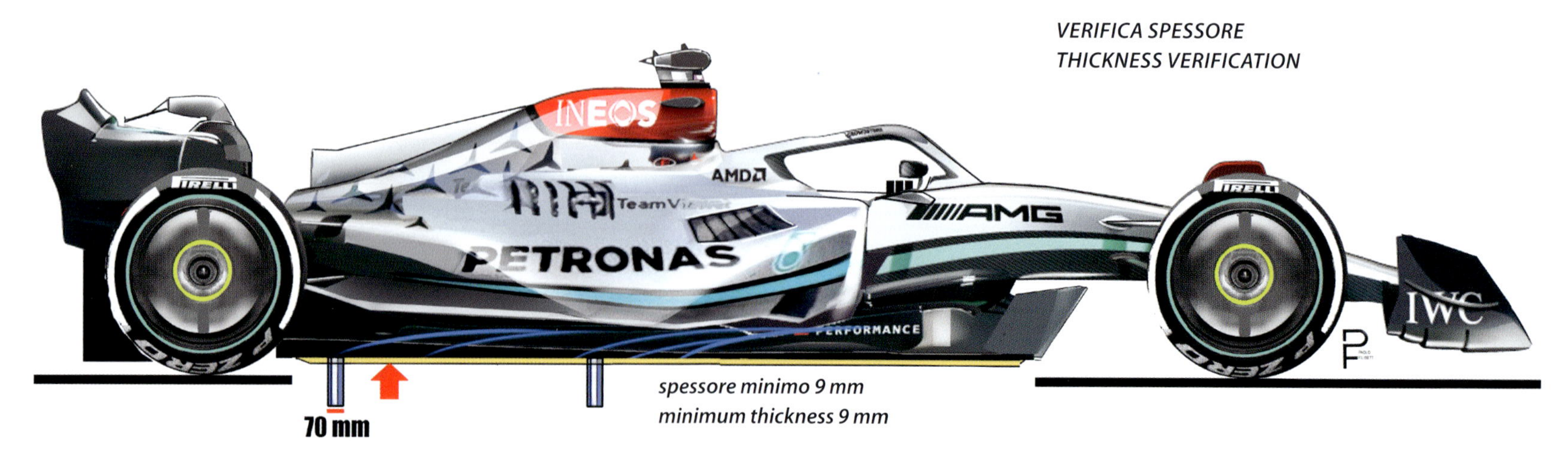

2022: THE PORPOISING SEASON

I nuovi criteri di controllo dell'usura della tavola indicano quindi che dal Belgio è stato rilevante il test che interessa l'area della tavola adiacente i fori. In questo modo la FIA ha inteso arginare una pratica basata sulla rigidità variabile del materiale che costituisce la tavola. La sua densità dovrà essere costante per tutta la sua lunghezza e in ciascuna delle tre porzioni in cui può essere suddivisa.
I test si basano su analisi fisiche, con il supporto dei file di progettazione CAD e analisi (strutturali virtuali) ad Elementi Finiti. Le nuove procedure implementate dalla FIA lasciano intendere che alcune squadre abbiano utilizzato tavole con densità e flessibilità discontinue. Ciò ha permesso l'adozione di altezze da terra molto ridotte che, come noto, rappresentano un parametro molto rilevante soprattutto considerando che il fondo di una vettura 2022 impattava sul suolo con maggiore frequenza ed energia rispetto al passato, soprattutto con i due terzi posteriori.
In Belgio è stato interessante verificare quanto l'applicazione della direttiva tecnica potesse avere un'influenza sulle prestazioni soprattutto di quelle vetture, come Red Bull e Ferrari, che avevano dimostrato nel primo caso una ridottissima tendenza al porpoising, con la F1-75 comunque in grado di esprimere la massima performance nonostante i sobbalzi, poi ridotti con gli ultimi sviluppi aerodinamici.

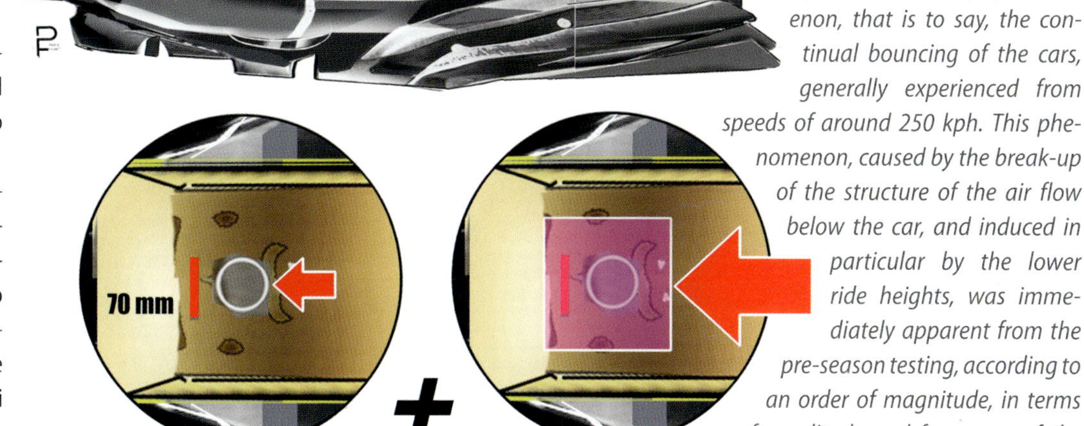

2022 marked a return of ground effects to F1, with cars abandoning the stepped floor that had characterised them for almost three decades in favour of Venturi tunnels. As well as representing a revolution in the sport's aerodynamic concepts, this return led to a diverse distribution of the downforce generated, with around 75% deriving from the floor and the rest from the wings and the bodywork; it also resulted in the reappearance of problems that had been typical of the wing cars of the 1980s.
In particular, the most obvious legacy was represented by the porpoising phenomenon, that is to say, the continual bouncing of the cars, generally experienced from speeds of around 250 kph. This phenomenon, caused by the break-up of the structure of the air flow below the car, and induced in particular by the lower ride heights, was immediately apparent from the pre-season testing, according to an order of magnitude, in terms of amplitude and frequency of the

VERIFICA FLESSIONE
DEFLECTION VERIFICATION

max deformazione 1 mm ogni 1,5 tonn
maximum deflection 1 mm every 1.5 tonne

oscillations, that differed from one car to the next. Some, in fact, suffered severely, as was the case with the Mercedes W13, the same being true of the Ferrari F1-75, albeit with totally different consequences for its aerodynamic balance.

The car from Brackley, in fact, saw its aerodynamic performance drastically compromised by the countermeasures in terms of the greater ride height adopted by the engineers to contain the phenomenon. Instead, there were virtually no negative effects on the aerodynamic balance of the F1-75 caused by the bouncing. Other teams, above all Red Bull, found that their cars were all but immune to the porpoising phenomenon, regardless of the aerodynamic and suspension set-ups adopted. Nonetheless, on the Wednesday preceding the Canadian GP, the FIA informed all the teams that verification of the oscillations would be introduced, using restrictive metrics, while the fitting of a second floor-stiffening tie-rod would be permitted, motivating these measures with the risks for the drivers' long-term wellbeing caused by porpoising. In the face of the team's united opposition to the decision (only Mercedes was ready, with its W13 appearing with a second tie-rod as early as the Thursday), it was decided to proceed gradually, introducing specific limits and testing from the Belgian GP, the first race after the summer break, which saw the application of Directive 39/22.

Technical Directive 039/22 anti-porpoising

The Belgian GP saw the introduction of Technical Directive 039/2022, with the precise aim of placing strict limits on the flexibility and wear of the plank under the floor. From the start of the season and through to the Hungarian GP, the teams had, according to the FIA, succeeded in getting around the wear limit on the plank in resin measured post-race, increasing the downforce generated by the floor by adopting very low ride heights. With the introduction of the new regulations, the plank thickness verification procedures were unchanged: the car was raised on three vertical supports with a diameter of 70 mm, placed in correspondence with the measuring holes. The initial thickness remained 10 mm, while the post-race thickness could be reduced to 9 mm. Up to this point, tests had been conducted in correspondence with the six verification holes in predetermined positions on the plank, measuring the internal thickness of the metal slide. Deformation, at each point around the holes, was restricted to 2 mm.

From Spa onwards, a check was added to measure the minimum stiffness of the central section of the floor. The limit was constituted by flexing that could not exceed 1 mm for every 1.5 tonnes of load applied vertically and upwards, the equivalent of a minimum stiffness value of 15 kN/mm.

The new plank wear control criteria therefore indicate that the test involving the area of the plank adjacent to the holes was significant from Belgium onwards. In this way, the FIA intended to curb a practice based on the variable stiffness of the material of which the plank was made. Its density had to be constant for its full length and in each of the three portions into which it could be divided.

The tests were based on physical analyses, with the support of the CAD and Finite Elements (virtual structures) design files. The new procedures implemented by the FIA suggested that some teams had used planks with variable densities and flexibility. This permitted the adoption of very low ride heights that, as is well known, represent a very significant parameter, especially considering that the floor of a 2022 car grounded with greater frequency and intensity than in the past, above all the rear two thirds.

In Belgium, it was interesting to see how the application of the technical directive might influence the performance, of above all those cars, such as the Red Bulls and the Ferraris, that had initially demonstrated a very low tendency to porpoising, with the F1-75 capable of maximum performance despite the bouncing, which was reduced with the final aerodynamic developments.

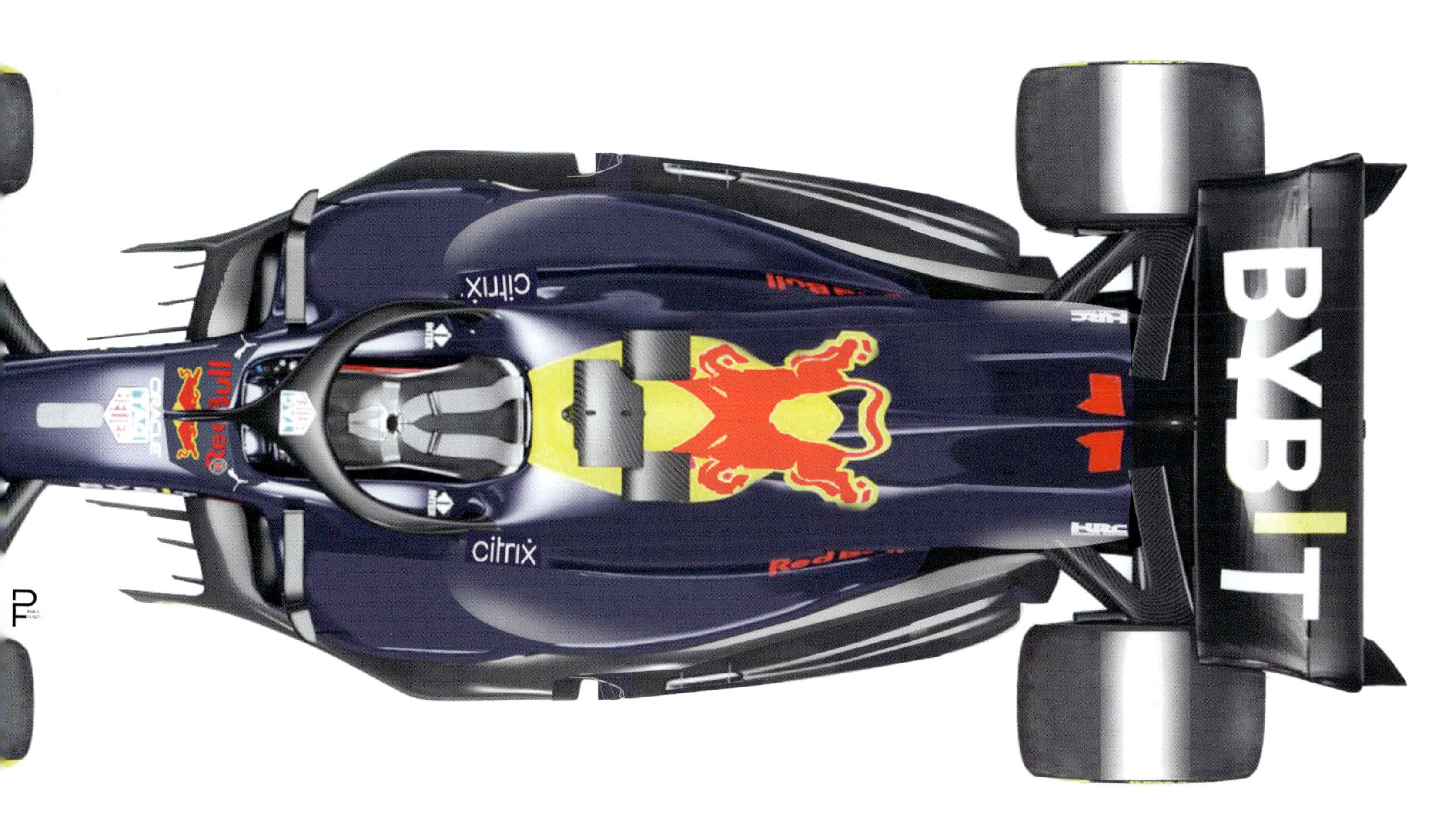

Red Bull RB18

Ferrari F1-75

Mercedes W13

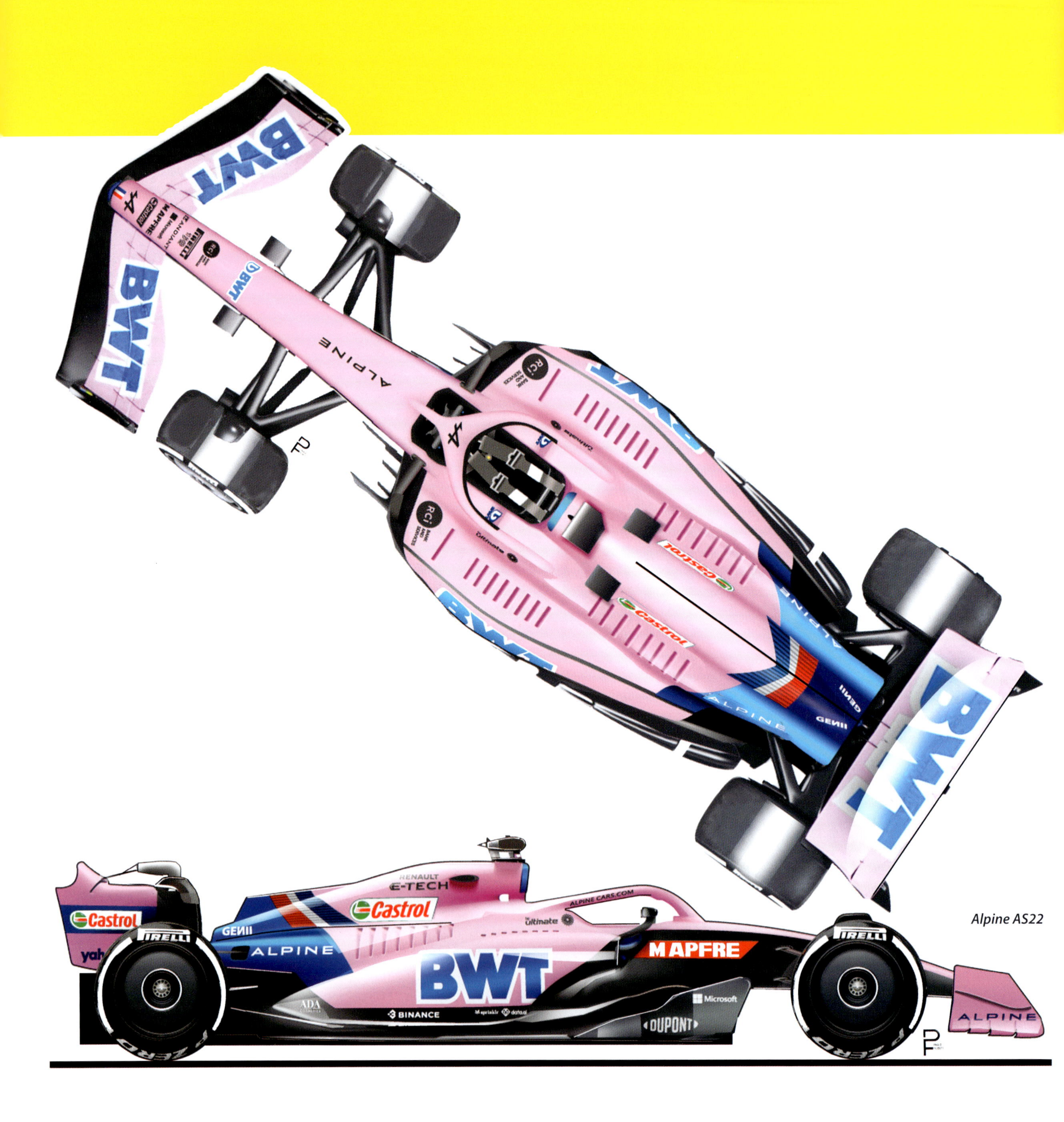
BWT
BWT
ALPINE
BWT
Castrol
Castrol
ALPINE
GENII
BWT
Castrol
PIRELLI
GENII
ALPINE
RENAULT
E-TECH
Castrol
ultimate
ALPINE CARS.COM
MAPFRE
BWT
PIRELLI
BINANCE
Microsoft
DUPONT
ALPINE

Alpine AS22

McLaren MCL36

Alfa Romeo C42

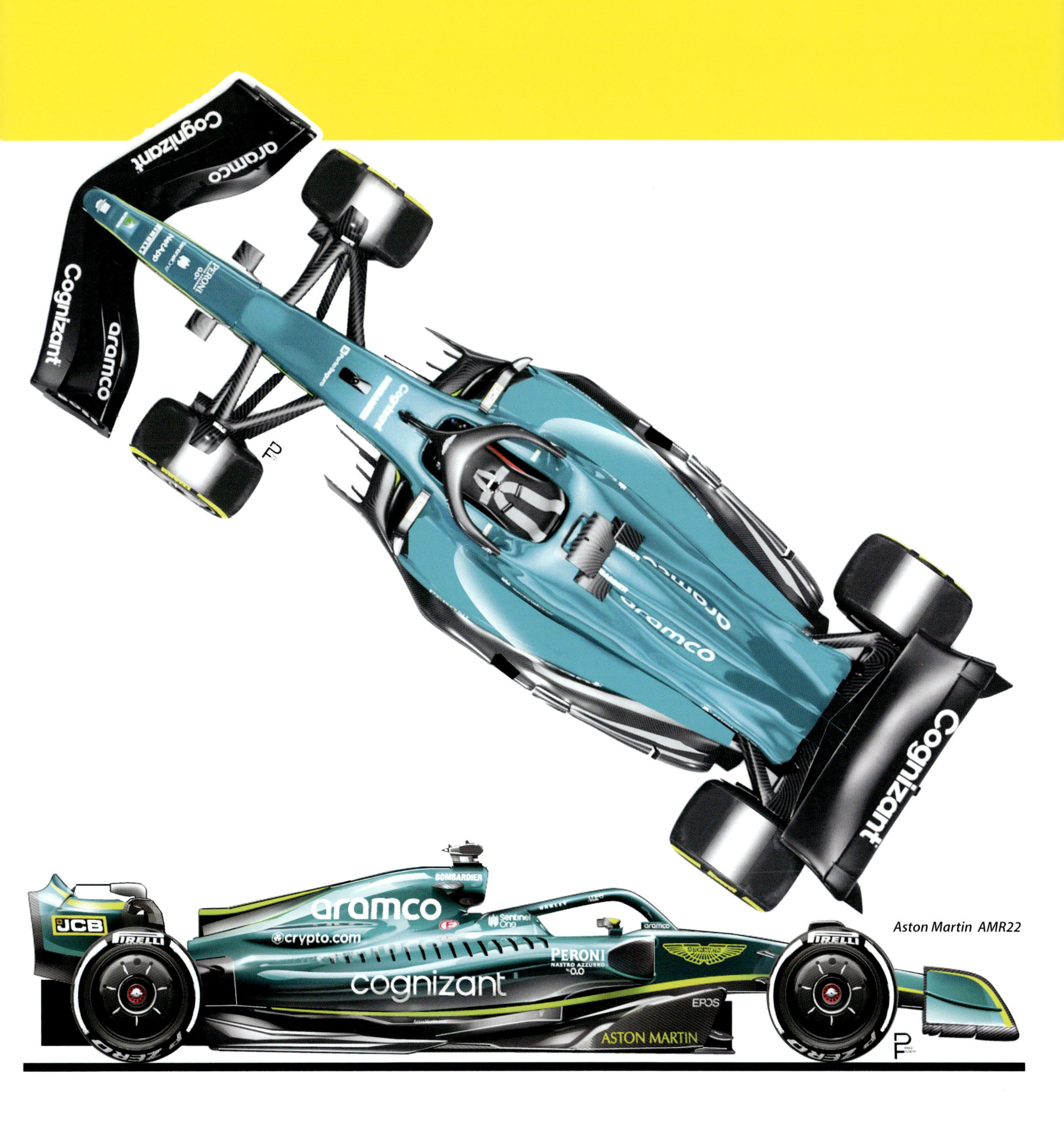

Aston Martin AMR22

Haas VF22

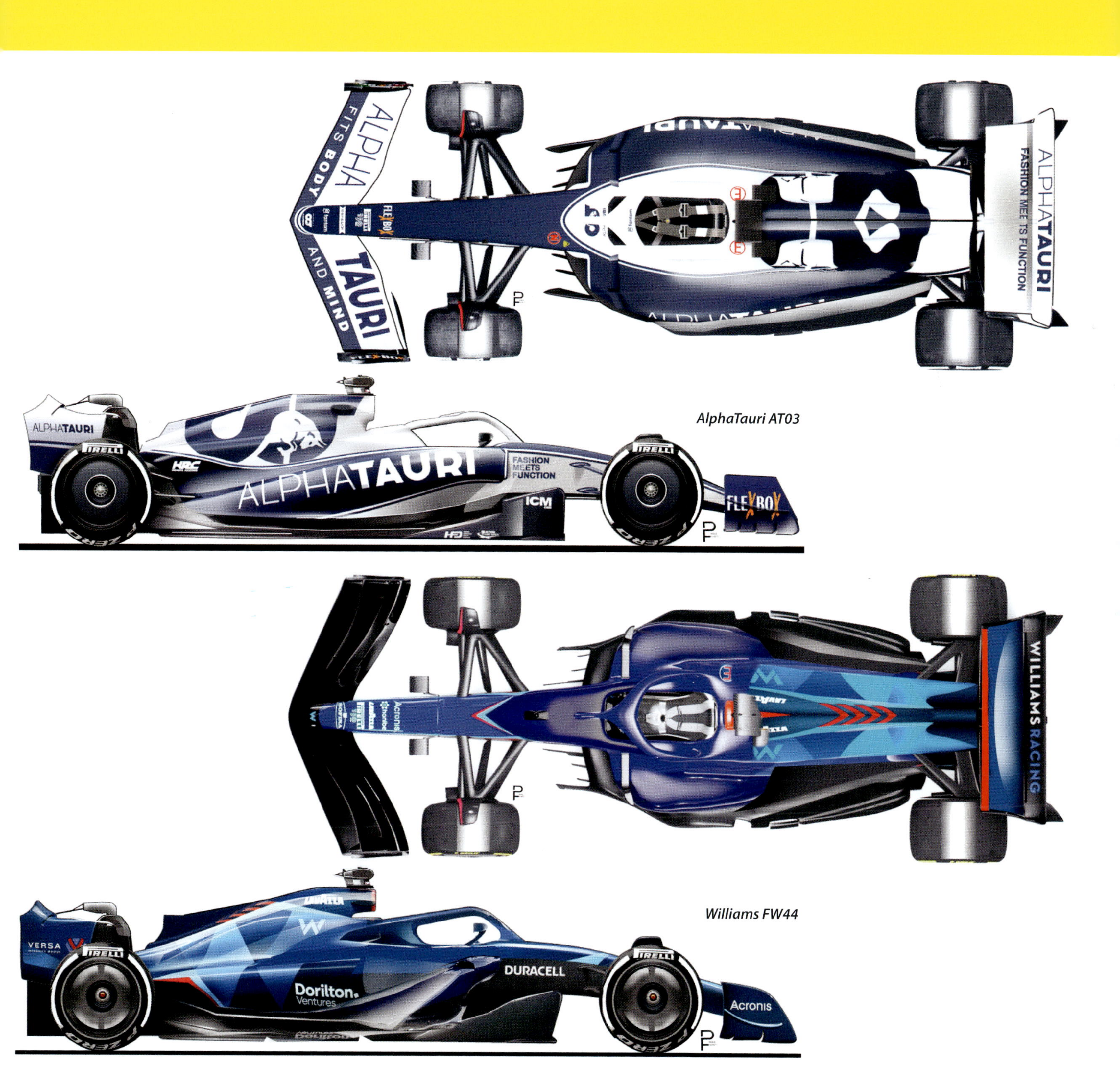

AlphaTauri AT03

Williams FW44

GOMME 2022

Il passaggio epocale dai 13 ai 18 pollici: il lavoro di sviluppo che lo ha preceduto

Nel 2022 il passaggio ai nuovi pneumatici con profilo ribassato ha rappresentato una rivoluzione tecnologica per la Formula 1, dando inizio, di fatto, ad una nuova era; un fattore che ha richiesto un grande lavoro di ricerca e sviluppo e che ha visto alternarsi testing indoor a sessioni in circuito. Rispetto ai precedenti pneumatici da 13 pollici, quelli da 18 hanno rappresentato un progetto completamente nuovo: è stata avviata una riprogettazione completa che ha coinvolto tutti gli elementi del pneumatico, dai profili, alla struttura, alle mescole. Sono state ventotto le giornate di test in pista per i nuovi pneumatici nel 2021, trentasei in totale se sono considerate nel conteggio anche quelle effettuate tra la fine del 2019 e l'inizio del 2020 prima dello stop causato dal COVID-19.

Analizzando i numeri a supporto dell'attività di sviluppo, i nuovi 18 pollici vantano un'attività di sperimentazione decisamente rilevante: oltre diecimila ore di testing indoor, più di cinquemila di simulazione e più di settanta soluzioni sviluppate virtualmente per poi realizzare le trenta specifiche che sono state testate dai piloti.

Sono stati effettuati 4.267 giri di pista e percorsi più di ventimila chilometri, in pratica circa metà della circonferenza della Terra. In totale sono stati utilizzati trecentonovantadue set, ovvero 1.568 pneumatici.

I test in pista hanno visto la partecipazione di quasi tutti i team e di ben diciannove piloti, di cui quindici tra quelli che attualmente gareggiano in Campionato. Il ruolo dei piloti è stato fondamentale: ciascuno ha offerto il proprio contributo, nelle diverse fasi, allo sviluppo del nuovo prodotto e questo ha consentito a Pirelli di progettare, passo dopo passo, il nuovo pneumatico proprio sulla base dei loro feedback e delle loro aspettative.

**Dati forniti da Pirelli*

2022 TYRES

The epochal transition from 13 to 18 inches: the development work that preceded it

The switch to new low-profile tyres represented a technical revolution for Formula 1 racing, requiring an intense research and development programme that featured both indoor and on track testing sessions. Compared to the previous-generation 13-inch covers, the move to 18 inches marked a clean-sheet design, with Pirelli's engineers re-thinking every element of the tyre: from the profile to the structure to the compounds. There were 28 days of track testing for the new 18-inch tyres throughout 2021, making a grand total of 36 including the test days carried out at the end of 2019 and beginning of 2020, before a delay to the programme caused by the COVID-19 pandemic.

The development campaign for the new 18-inch tyres was a comprehensive operation from start to finish, involving more than 10,000 hours of indoor testing, more than 5000 hours of simulation, and more than 70 prototypes developed virtually, which resulted in 30 physical specifications tested on-track by the drivers. A total of 4267 laps were driven, making up more than 20,000 kilometres: equalling about half the earth's circumference. The numbers of sets used was 392, equivalent to 1568 tyres.

Nearly all the teams took part in Pirelli's test programme along with 19 drivers: 15 of whom are regular competitors in the championship. The role of the drivers was crucial, with each one offering his own perspective throughout the different phases of development. This valuable feedback helped Pirelli evolve the new tyres step by step, taking into account the drivers' comments and expectations.

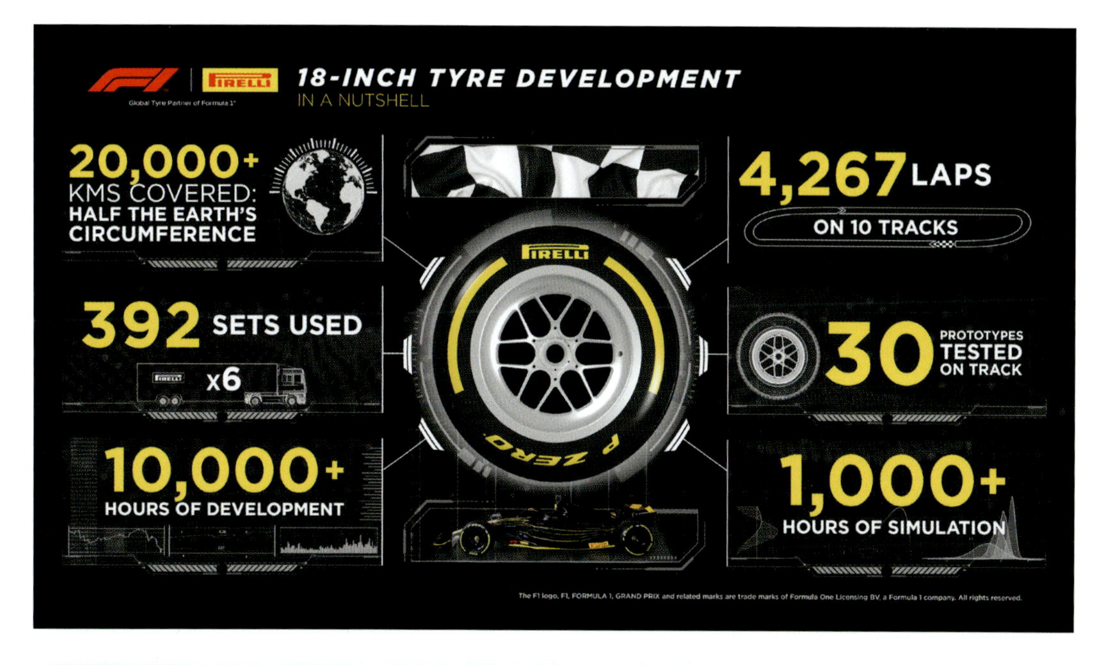

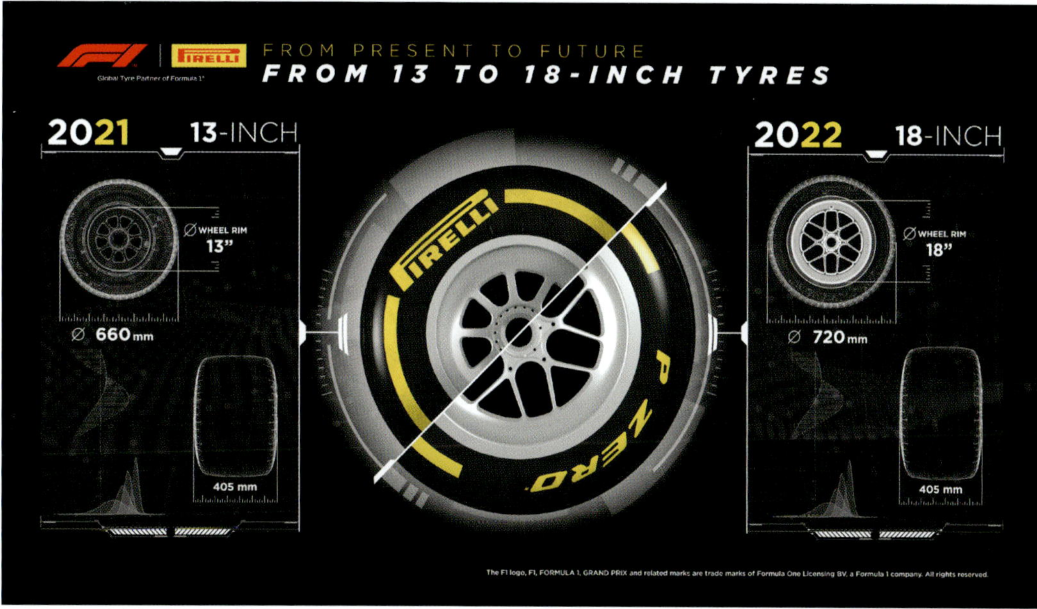

*Information courtesy of Pirelli

FRENI 2022

I nuovi impianti frenanti studiati ad hoc per le monoposto 2022

I freni Brembo hanno avuto un ruolo fondamentale nella stagione 2022: nella fase di studio dei nuovi impianti frenanti per la Formula 1, i progettisti hanno dovuto lavorare su geometrie inedite in virtù dei nuovi regolamenti, con un'attenzione massima alle performance da ricercare nei nuovi limiti imposti dalla FIA.

Il nuovo regolamento consentiva dimensioni maggiori dei dischi freno rispetto al 2021, che hanno riempito lo spazio creatosi grazie all'aumento del diametro dei cerchi da 13" a 18".

Il diametro esterno dei dischi Brembo in carbonio è passato da 278 mm ad un massimo di 328 mm – per l'asse anteriore – con uno spessore massimo invariato che rimane a 32 mm, mentre passa da 266 a 280 mm per quello posteriore, con lo spessore che passa da 28 a 32 mm.

In virtù dell'aumento del raggio efficace i tecnici hanno dovuto rivedere, oltre all'architettura dei dischi, anche le geometrie di pinze e pastiglie.

Un altro cambio importante ha riguardato anche i componenti del corner ruota come le prese d'aria e i cestelli che sono "prescribed components", ossia uguali per tutte le vetture.

Questa scelta ha dunque limitato la possibilità di utilizzare tali componenti per incrementare il carico aerodinamico, (impedendo che sia deviato all'esterno delle ruote il flusso d'aria calda) e rimettendo il raffreddamento dell'impianto frenante al centro della sua funzione.

Anche l'architettura dei dischi freno, a seguito di alcune prescrizioni regolamentari, verrà modificata. Rispetto ai dischi che fino al 2021 avevano un numero massimo di 1.480 fori con diametro pari a 2,5 mm, nel 2022 i dischi possono disporre tra i 1.000 e i 1.100 fori per l'anteriore, mentre al posteriore, rispetto ai 1.050 dei dischi utilizzati nel 2021, si passa a circa 900 fori.

Il nuovo regolamento limita il diametro di foratura, imponendo un diametro minimo di 3 mm, mentre non vi era alcun limite per il 2021. Questo significa che a parità di spessore del disco tra 2021 e 2022 nei secondi vi fossero fori più grandi e in numero inferiore, riducendo così la possibilità di raffreddamento.

Le pastiglie

Per quanto riguarda le pastiglie, nel 2022 Brembo ha offerto ai team una scelta fra due diverse mescole, mentre sono vietate, secondo regolamento, le pastiglie forate.

Con riferimento infine alla massa, l'impianto frenante completo 2022 è aumentato di circa 700 grammi a ruota, portando un incremento di massa delle monoposto di quasi 3 chilogrammi complessivi rispetto al 2021.

Pinze Brembo per tutti i team

Il 2022 ha segnato un traguardo importante per Brembo: per la prima volta in quarantasette Campionati mondiali corsi dal 1975 a oggi, il Gruppo Brembo ha fornito le proprie pinze a tutti i dieci team: nello specifico, nove con pinze Brembo mentre un team è stato fornito con pinze AP Racing, azienda con sede a Coventry ma che appartiene a quella bergamasca.

Brembo ha fornito dunque a tutti e venti i piloti nuove pinze a sei pistoni, che è il valore massimo stabilito dal regolamento, in lega d'alluminio ricavate dal pieno e nichelate.

Quattro team hanno adottato nel 2022 l'unità by-wire sviluppata da Brembo, per la gestione della frenata al posteriore, variando istantaneamente il contributo della frenata dissipativa in funzione del contributo rigenerativo e garantendo il corretto bilancio tra asse anteriore e asse posteriore.

Personalizzazione, telemetria e manutenzione

Ciascun team, in funzione delle esigenze specifiche della vettura, ha definito insieme agli ingegneri Brembo il rapporto ottimale tra peso e rigidezza delle nuove pinze freno. Le sofisticate metodologie di progettazione a disposizione di Brembo hanno consentito di progettare, per ciascun team, un modello di pinza freno che ha permesso di ottimizzare il rapporto peso-rigidezza desiderato. In questo scenario, alcuni team hanno prediletto pinze più leggere ma anche meno rigide, altri hanno scelto soluzioni più rigide, ma più pesanti. Un equilibrio delicato che ha portato la Casa bergamasca a sviluppare soluzioni dedicate per l'impianto frenante di ciascuna monoposto.

Servendosi di sensori presenti nei corner ruota, i team hanno potuto conoscere in ogni istante la temperatura di dischi e pinze. Sulla base dei dati rilevati, gli ingegneri dei team hanno operato la gestione ottimale del bilancio di frenata della monoposto.

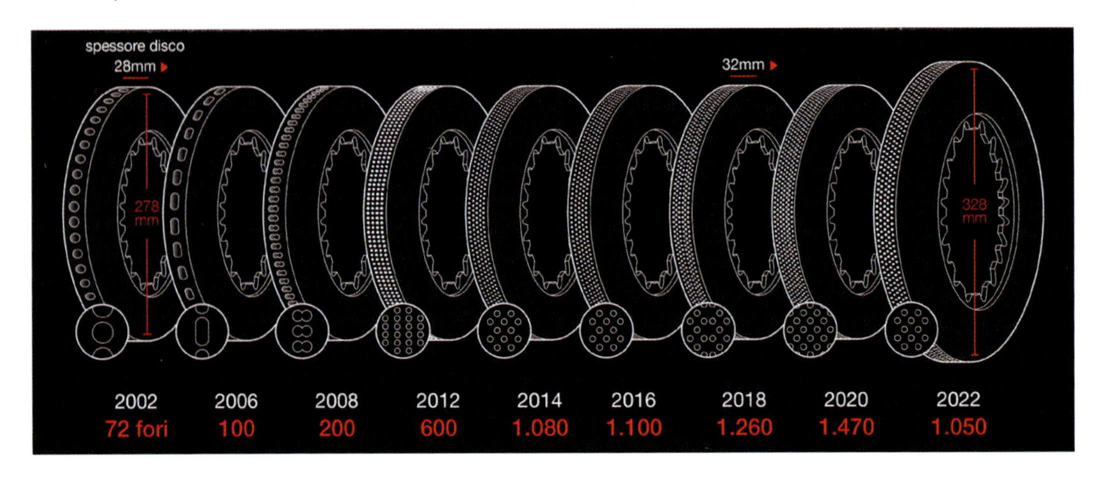

2022 BRAKES

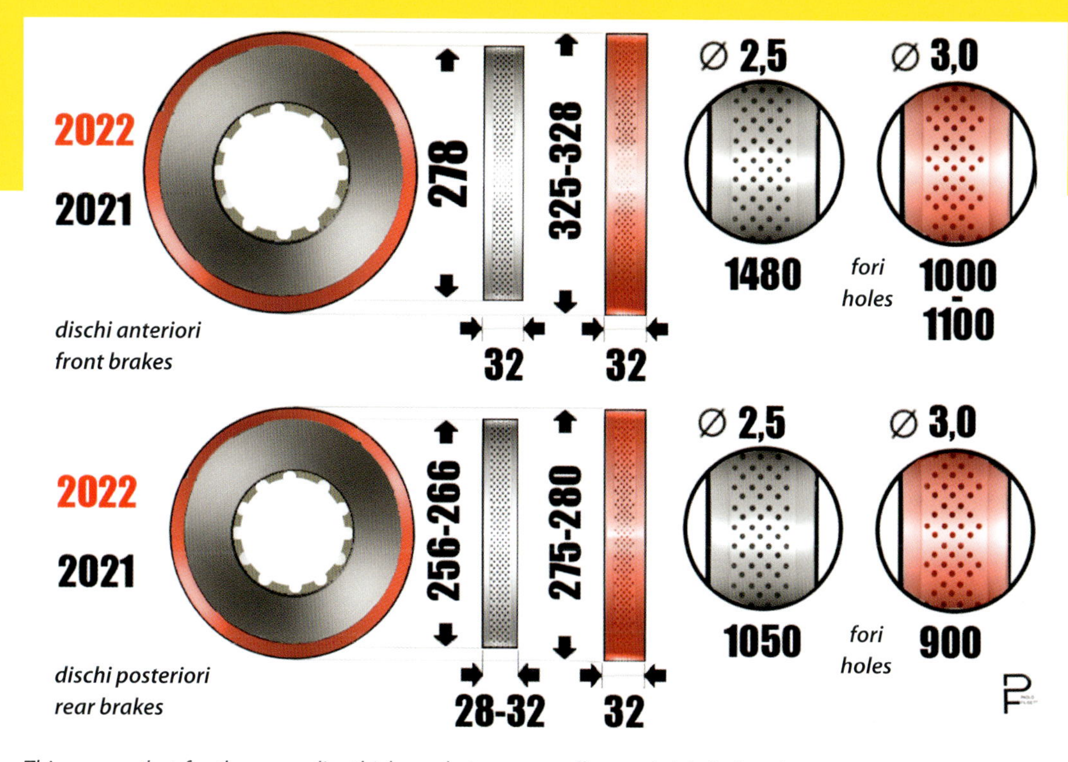

The new braking systems designed ad hoc for the 2022 cars

The Brembo brakes played a fundamental role in 2022: in the design phase for the new Braking systems for Formula 1, the designers had to work on new geometries imposed by the new regulations, with the utmost attention being paid to performance sought within the new FIA limits.

The new regulations permitted larger brake discs with respect to 2021, filling the space provided by the increase in the diameter of the wheels from 13" to 18".

The external diameter of Brembo's carbon discs increased from 278 mm to a maximum of 328 mm – on the front axle – with a maximum thickness unchanged at 32 mm, while the diameter increased from 266 to 280 mm at the rear, with the thickness also increasing from 28 to 32 mm.

Thanks to the increase in the effective radius, the engineer had to revise both the disc architecture and the caliper and pad geometries.

Another important change concerned the "prescribed components" for each corner that were identical for all cars. These included the brake air intakes and the brake drums.

This decision therefore restricted the possibility of using these components to increase downforce (by preventing the flow of hot air from being deviated outside the wheels) and placing the cooling of the braking system at the centre of its function again.

Following several changes to the regulations, the architecture of the brake discs was also to be modified. With respect to the discs that through to 2021 had a maximum of 1,480 holes with a diameter of 2.5 mm, in 2022 the discs could have between 1,000 and 1,100 holes at the front, while at the rear, with respect to the 1,050 holes in the discs used in 2021, the total dropped to around 900 holes.

The new regulation limited the diameter of the drilling, imposing a minimum of 3 mm, while there was no such limit in 2021.

This means that for the same disc thickness between 2021 and 2022 there were larger holes in the second and fewer in number, thereby reducing the potential for cooling.

The pads

With regard to the pads, in 2022 Brembo offered the teams a choice between two different compounds, while the regulations outlawed perforated pads.

Lastly, with reference to mass, the complete 2022 braking system increased by around 700 grammes per wheel, leading to an overall increase in mass for the car of almost 3 kilos with respect to 2021.

Brembo calipers for all teams

2022 was marked by an important achievement for Brembo: for the first time in 47 World Championships from 1975 to the present, the Brembo Group was supplying its calipers to all 10 teams: specifically, nine teams ran with Brembo calipers and one with calipers from AP Racing, a Coventry-based firm belong to the group.

Brembo therefore provided all 20 drivers with new six-pot calipers, the maximum number of pistons permitted by the regulations, machined from billet aluminium alloy, and nickel-plated.

In 2022, four teams adopted the by-wire system developed by Brembo that managed braking on the rear axle, instantly varying the contribution of dissipative braking as a function of the regenerative contribution and guaranteeing optimum balance between the front and rear axles.

Personalization, telemetry, and maintenance

Each team, in relation to the specific demands of its car, has defined together with the Brembo engineers, the optimal ratio of weight to stiffness for the new brake calipers. The sophisticated design methods available to Brembo have permitted the firm to design a brake caliper for each team that optimizes the weight-stiffness ratio. Within this scenario, several teams preferred lighter calipers, others went with components that were less stiff, while still others opted for stiffer but heavier configurations. A delicate balance that led the Bergamo-based company to develop dedicated components for the braking systems of each car.

Utilising sensors on each corner, the teams were able to obtain instantaneous disc and caliper temperature readings. On the basis of the data gathered, the teams' engineers calculated the optimal management of their car's brake bias.

IMPIANTO FRENANTE FORMULA 1 (Brembo)		
	2021	**2022**
Disco Anteriore		
Materiale	Carbonio	Carbonio
Spessore	32 mm	32 mm
Diametro	278 mm	325-328 mm
Fori di ventilazione	fino a un massimo di 1.480	tra 1000 e i 1100
Diametro foro	2,5 mm	3 mm
Peso	1,3 kg	1,6 kg
Disco Posteriore		
Materiale	Carbonio	Carbonio
Spessore	28-32 mm	32 mm
Diametro	256-266 mm	275-280 mm
Fori di ventilazione	fino a un massimo di 1.050	circa 900
Diametro foro	2,5 mm	3 mm
Peso	1 kg	1,3kg
Pinza Anteriore Monoblocco		
Materiale	Lega d'alluminio nichelata ricavata dal pieno	Lega d'alluminio nichelata ricavata dal pieno
Pistoni	6 di diametro compreso tra 30 e 38 mm	6 di diametro compreso tra 30 e 36 mm
Peso Pinza	2 kg	2,3-2,4 Kg
Temperatura di esercizio	120°/210°	120°/210°
Pinza Posteriore Monoblocco		
Materiale	Lega d'alluminio nichelata ricavata dal pieno	Lega d'alluminio nichelata ricavata dal pieno
Pistoni	6 di diametro compreso tra 26 e 34 mm	6 di diametro compreso tra 28 e 34 mm
Peso Pinza	1,5 kg/1,6 kg	circa 1,8 kg/2 kg
Temperatura di esercizio	tra 120° e 210°	tra 120° e 210°
Pastiglie Anteriori		
Materiale	Carbonio	Carbonio
Spessore	20-25 mm	22-23mm
Pastiglie Posteriori		
Materiale	Carbonio	Carbonio
Spessore	fino a 20 mm	fino a 20 mm
Temp. massime dischi	1.200 °C	1.200 °C
Campana		
Materiale	Titanio	Titanio
Montaggio	Spline	Spline
Pompa	Tandem	Tandem
Pedale freno	forza massima di esercizio 160kgp. La decelerazione (fino a 6 G) aiuta il pilota ad imprimere la massima forza sul pedale	forza massima di esercizio 160kgp. La decelerazione (fino a 6 G) aiuta il pilota ad imprimere la massima forza sul pedale
Serbatoi fluido freni	il volume di fluido nei serbatoi varia da 100 a 250 cc in funzione della massima usura di dischi e pastiglie in carbonio. Il fluido freni ha una bassa comprimibilità e un alto punto di ebollizione	il volume di fluido nei serbatoi varia da 100 a 250 cc in funzione della massima usura di dischi e pastiglie in carbonio. Il fluido freni ha una bassa comprimibilità e un alto punto di ebollizione

FORMULA 1 BRAKING SYSTEM (Brembo)		
	2021	2022
Front Disc		
Material	Carbon	Carbon
Thickness	32 mm	32 mm
Diameter	278 mm	325-328 mm
Ventilation holes	up to a maximum of 1,480	between 1000 and 1100
Hole diameter	2,5 mm	3 mm
Weight	1,3 kg	1,6 kg
Rear Disc		
Material	Carbon	Carbon
Thickness	28-32 mm	32 mm
Diameter	256-266 mm	275-280 mm
Ventilation holes	up to a maximum of 1.050	about 900
Hole diameter	2,5 mm	3 mm
Weight	1 kg	1,3kg
Front Monobloc Caliper		
Material	Machined nickel-plated aluminum alloy	Machined nickel-plated aluminum alloy
Pistons	6 (30-38 mm diameter)	6 (30-36 mm diameter)
Weight	2 kg	2,3-2,4 Kg
Temperature	120°/210°	120°/210°
Rear Monobloc Caliper		
Material	Machined nickel-plated aluminum alloy	Machined nickel-plated aluminum alloy
Pistons	6 (26- 34 mm diameter)	6 (28-34 mm diamater)
Weight	1,5 kg/1,6 kg	circa 1,8 kg/2 kg
Temperature	120° e 210°	120° e 210°
Front Pads		
Material	Carbon	Carbon
Thickness	20-25 mm	22-23mm
Rear Pads		
Material	Carbon	Carbon
Thickness	up to 20 mm	up to 20 mm
Temperatures	1.200 °C	1.200 °C
Bells		
Material	Titanium	Titanium
Mounting	Spline	Spline
Pump	Tandem	Tandem
Brake pedal	maximum operating force 40/160kg. The deceleration (up to 6 G) helps the rider to give maximum force on the pedal	the maximum operating force is 160kg. The deceleration (up to 6 G) helps the rider to give maximum force on the pedal
Brake fluid tanks	the volume of fluid in the tanks varies from 100 to 250 cc depending on the maximum wear of carbon discs and pads. The brake fluid has a low compressibility and a high boiling point	the volume of fluid in the tanks varies from 100 to 250 cc depending on the maximum wear of carbon discs and pads. The brake fluid has a low compressibility and a high boiling point

GULF AIR BAHRAIN GRAND PRIX

SAKHIR
BAHRAIN
INTERNATIONAL CIRCUIT
20 MARZO MARCH

STC SAUDI ARABIAN GRAND PRIX

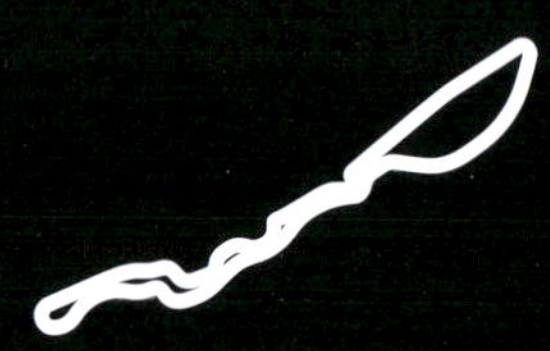

JEDDAH
JEDDAH CORNICHE CIRCUIT
27 MARZO MARCH

HEINEKEN AUSTRALIAN GRAND PRIX

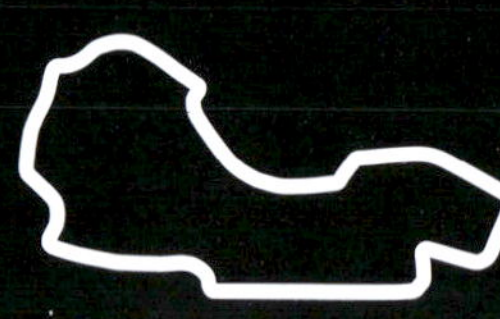

MELBOURNE
ALBERT PARK
10 APRILE APRIL

ROLEX GRAN PREMIO DEL MADE IN ITALY E DELL'EMILIA-ROMAGNA

IMOLA
AUTODROMO
ENZO E DINO FERRARI
24 APRILE APRIL

CRYPTO.COM MIAMI GRAND PRIX

MIAMI GARDENS
MIAMI INTERNATIONAL
AUTODROME
8 MAGGIO MAY

PIRELLI GRAN PREMIO DE ESPAÑA

BARCELONA
MONTMELÒ
22 MAGGIO MAY

GRAND PRIX DE MONACO

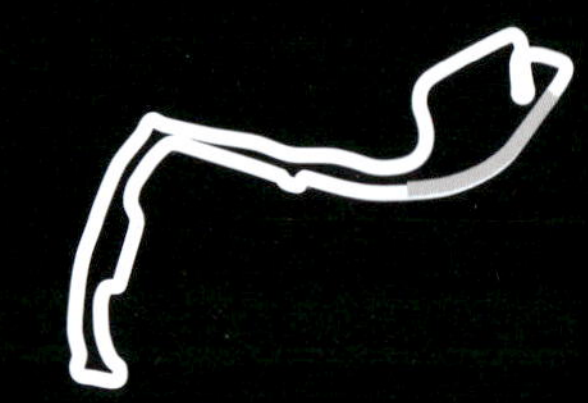

PRINCIPATO DI MONACO
MONTE CARLO
29 MAGGIO MAY

AZERBAIJAN GRAND PRIX

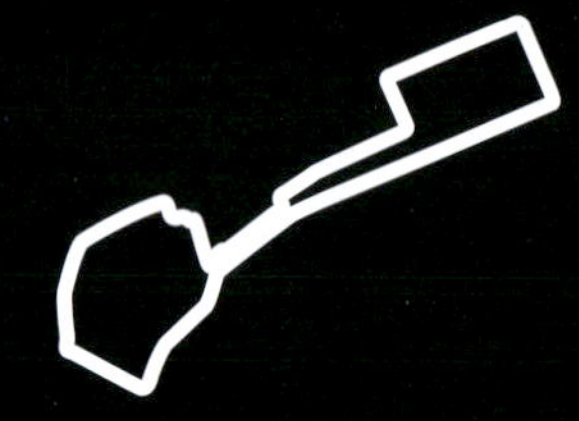

BAKU
BAKU CITY CIRCUIT
24 GIUGNO JUNE

AWS GRAND PRIX DU CANADA

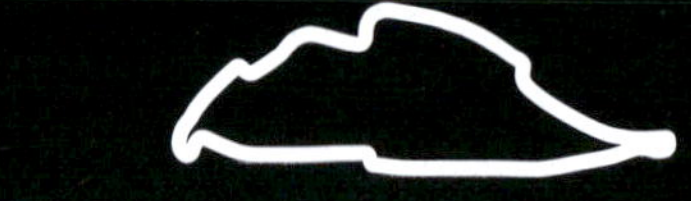

MONTRÉAL
CIRCUIT GILLES VILLENEUVE
19 GIUGNO JUNE

LENOVO BRITISH GRAND PRIX

SILVERSTONE
SILVERSTONE CIRCUIT
3 LUGLIO JULY

ROLEX GROßER PREIS VON ÖSTERREICH

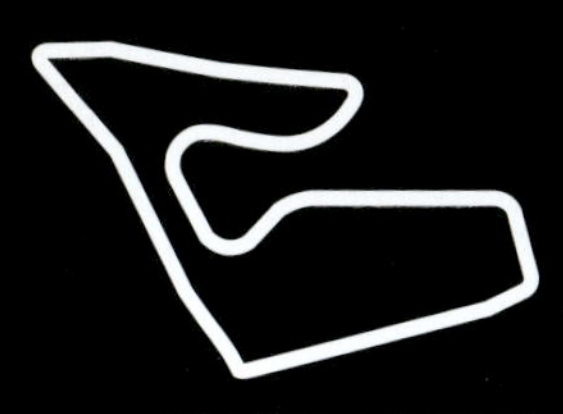

SPIELBERG
RED BULL RING
10 LUGLIO JULY

HEINEKEN DUTCH GRAND PRIX

ZANDVOORT
CIRCUIT ZANDVOORT
4 SETTEMBRE SEPTEMBER

ARAMCO UNITED STATES GRAND PRIX

AUSTIN
CIRCUIT OF AMERICAS
23 OTTOBRE OCTOBER

LENOVO GRAND PRIX DE FRANCE

LE CASTELLET
CIRCUIT PAUL RICARD
24 LUGLIO JULY

PIRELLI GRAN PREMIO D'ITALIA

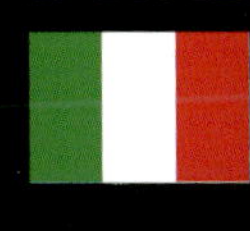

MONZA
AUTODROMO
NAZIONALE MONZA
11 SETTEMBRE SEPTEMBER

GRAN PREMIO DE LA CIUDAD DE MÉXICO

MEXICO CITY
AUTODROMO
HERMANOS RODRÍGUEZ
30 OTTOBRE OCTOBER

ARAMCO MAGYAR NAGYDÍJ

BUDAPEST
HUNGARORING
31 LUGLIO JULY

SINGAPORE AIRLINES GRAND PRIX

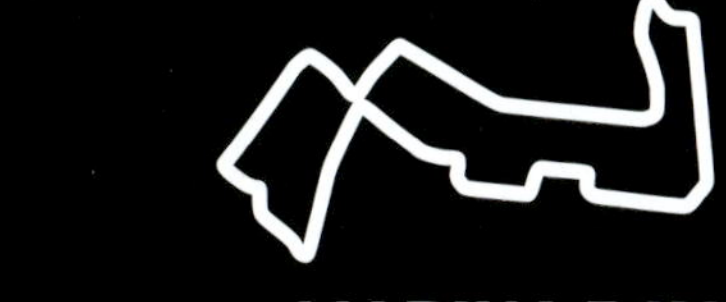

MARINA BAY
SINGAPORE STREET CIRCUIT
2 OTTOBRE OCTOBER

HEINEKEN GRANDE PRÊMIO DE SÃO PAULO

SÃO PAULO
AUTÓDROMO
JOSÉ CARLOS PACE
13 NOVEMBRE NOVEMBER

ROLEX BELGIAN GRAN PRIX

FRANCORCHAMPS
SPA-FRANCORCHAMPS
28 AGOSTO AUGUST

HONDA JAPANESE GRAND PRIX

SUZUKA
SUZUKA CIRCUIT
9 OTTOBRE OCTOBER

ETIHAD AIRWAYS ABU DHABI GRAND PRIX

ABU DHABI
YAS MARINA CIRCUIT
20 NOVEMBRE NOVEMBER

GULF AIR BAHRAIN GRAND PRIX

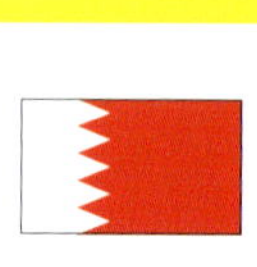

SAKHIR
BAHRAIN
INTERNATIONAL CIRCUIT
20 MARZO MARCH

A Sakhir la F1-75 ha stupito per equilibrio, prestazioni ed affidabilità. Mercedes in difficoltà, Red Bull acerba a livello di affidabilità di dettaglio

La doppietta Ferrari nel GP del Bahrein era stata in parte preannunciata dalle qualifiche che avevano fornito un'istantanea precisa del livello di competitività delle due monoposto rosse. La pole position di Leclerc è stata corroborata dal terzo posto di Sainz, attardato non avendo ancor preso del tutto le misure della F1-75. La Ferrari, per l'intero fine settimana, è stata la monoposto più equilibrata, con qualsiasi tipo di mescola riuscendo a centrare l'esatta finestra delle temperature di esercizio delle gomme. Il fondo ha generato un elevatissimo carico, tale da permettere, nel corso della FP3, di provare varie regolazioni di incidenza dell'ala anteriore, riuscendo a ridurla per favorire la velocità in rettilineo senza, per questo, compromettere le prestazioni nella sezione mista del tracciato. La capacità di giocare con le altezze da terra per trovare la combinazione corretta tra carico generato dal fondo, stabilità e annullamento del porpoising, è stata possibile proprio grazie al concetto aerodinamico, non critico, attorno al quale è stata studiata la F1-75. In poche parole, così come per le gomme c'è una finestra ideale di temperature di utilizzo, anche per l'assetto esiste la possibilità di parametrare le regolazioni, ovvero di variare le altezze da terra, la rigidezza delle sospensioni oltre che l'incidenza delle ali. Per quanto riguarda la Mercedes, la W13, sin dalle prime due sessioni di prove, non è riuscita ad avere un bilanciamento adeguato, soprattutto nel tratto guidato del circuito, con il retrotreno che tendeva costantemente a scomporsi. Il fondo adottato, evoluzione di quello provato nei test, non ha rappresentato una soluzione al saltellamento. Nel corso delle FP3 è stato alzato l'avantreno, con l'aggiunta di spessori, e incrementata l'incidenza dell'ala anteriore, per migliorare la reattività nel misto, a discapito della scorrevolezza in rettilineo. In definitiva, la W13, alla prima verifica prestazionale, è apparsa una monoposto ancora impacciata, con una gestione dell'assetto possibile solo in una finestra molto ristretta di regolazioni e condizioni specifiche del tracciato, ad iniziare dalle temperature dell'asfalto. Molto lavoro di sviluppo attende i tecnici di Brackley per rendere più competitiva la W13, una condizione del tutto insolita per il team ininterrottamente iridato fra i Costruttori dal 2014 al 2021.

At Sakhir the F1-75 displayed impressive balance, performance, and reliability. Mercedes struggled, while Red Bull was still raw in terms of detail reliability

Advance notice of Ferrari's one-two in the Bahrein GP had been given with qualifying providing a precise snapshot of the level of competitiveness of the two rosse. Leclerc's pole position was backed up by a third place for Sainz who had been slowed by the fact that he had not yet had time to familiarize himself completely with the F1-75. Throughout the weekend, the Ferrari proved to be the best-balanced car, succeeding in reaching the optimum tyre temperature window with each compound. The floor generated an enormous amount of downforce, permitting during FP3 various adjustments to the incidence of the front wing to be tested. The angle was able to be reduced to the benefit of straight-line speed without compromising performance through the twistier section of the circuit. The ability to play with the ride height to find the optimum compromise between downforce generated by the floor, stability, and the elimination of porpoising was made possible by the non-critical aerodynamic concept around which the F1-75 had been designed. In short, just as with the tyres there is an ideal operating temperature window, for the set-up there is the possibility of establishing adjustment parameters, varying the ride height, the suspension stiffness, and the incidence of the wings. From the first two practice sessions, Mercedes was unable to find a suitable balance for the W13, above all in the twistier section, with the rear end constantly tending to break away. The floor adopted, an evolution of the one developed in the tests, failed to resolve the bouncing. During FP3, the front end was raised, with the addition of spacers, and the incidence of the front wing was increased to improve response through the corners, to the detriment of penetration on the straight. On its first competitive outing, the W13 proved to be a car still suffering serious problems, with set-up adjustments only possible within a very restricted window and in relation to specific track conditions, including the temperature of the asphalt. The engineers at Brackley had much to do if the W13 was to be made competitive, a novel situation for a team that had dominated the F1 Constructors' title from 2014 to 2021.

F1-75: vista laterale e dettaglio ammortizzatore Tea tray

Non si tratta di un elemento che ha influenza sulla competitività della monoposto, ciò nonostante l'adozione di un ammortizzatore connesso all'estremità anteriore del T Tray, concesso dalla FIA per scongiurare danni a questa parte del fondo causati dal bottoming, testimonia come i tecnici di Maranello, anche a scapito di un minimo incremento di peso, abbiano adottato una soluzione molto efficace per rallentare l'abbassamento dell'estremità anteriore del fondo davanti al divergente, evitando le oscillazioni ripetute che a lungo ne pregiudicherebbero l'integrità.

F1-75: Side view and Tea tray damper detail

While this is not an element that influences the competitiveness of the car, the adoption of a T Tray damper, permitted by the FIA to avoid damage to the floor caused by bottoming, does testify to how the Maranello engineers, even at the expense of a minimal increase in weight, adopted a very efficient solution to slow the dipping of the front of the floor ahead of the splitter, avoiding the repeated oscillations that would in the long term had compromised its integrity.

F1-75: dettaglio fondo evoluto (versione adottata nei test della settimana precedente)

Le modifiche che la Ferrari ha apportato sulla F1-75 non sono state rilevanti. Ciò nonostante, l'area interessata è stata oggetto di più di un intervento di micro aerodinamica. Il più rilevante, a livello puramente estetico, è stato quello relativo all'adozione di un profilo a coltello laterale, nella zona posteriore davanti alle ruote. Questo elemento ha permesso di ridurre drasticamente i saltellamenti (porpoising). Invece è passato quasi inosservato come il profilo inferiore delle fiancate non fosse più esattamente complanare in verticale; ovvero che il bordo del fondo, nel tratto corrispondente alla sezione più larga delle fiancate formasse una sezione scavata simile alla Red Bull.

F1-75: Evolved floor detail (version adopted in the previous week's tests)

Ferrari made no significant modifications to the F1-75. Nonetheless, the area in question was subjected to several micro-aerodynamic interventions. The most obvious, from a visual point of view, was the adoption of a lateral knife-shaped profile in the area ahead of the rear wheels. This element helped to drastically reduce porpoising. It was instead almost unnoticed that the lower profile of the sidepod was not perfectly coplanar in the vertical sense; that is, the edge of the floor, in the area corresponding to the widest section of the sidepod formed a cutaway similar to that of the Red Bull design.

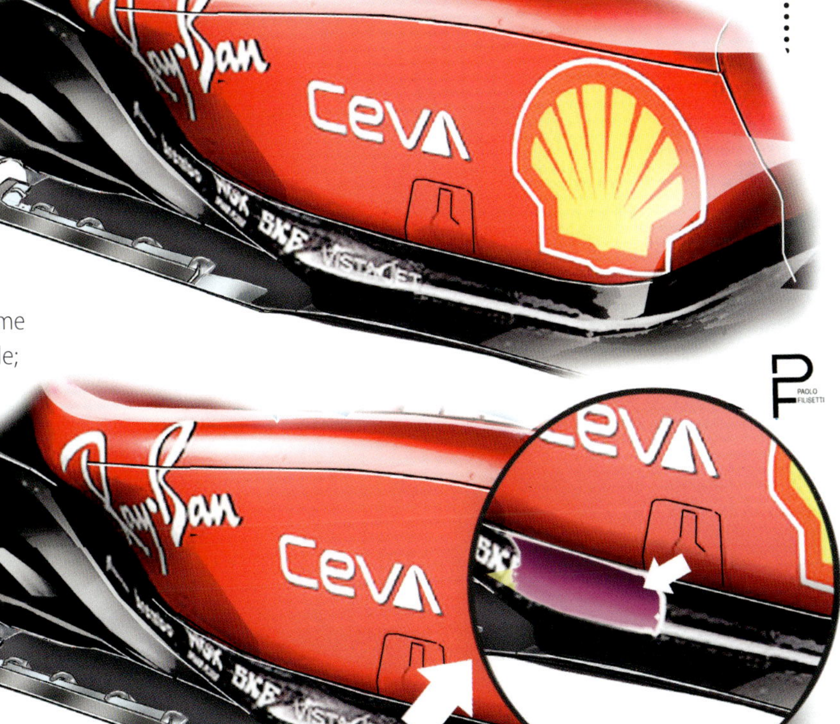

W13: incidenza ala flap ala anteriore

Nel corso della FP3 è stato possibile notare come l'incidenza dei flap regolabili dell'ala anteriore fosse stata incrementata allo scopo di migliorare la reattività della vettura nel misto, a parziale discapito della velocità in rettilineo. Si tratta di una regolazione a cui è stata affiancato l'incremento dell'altezza da terra dell'avantreno per ridurre il bottoming accentuato.

W13: Front wing flap incidence

During of FP3 we were able to see how the incidence of the adjustable front wing flaps was increased to improve the car's response on the twistier section of the circuit, at the expense of ultimate straight-line speed. This was an adjustment that worked in parallel with the increase in ride height at the front designed to reduce accentuated bottoming.

Sequenza innesco porpoising e confronto con assetto rake 2021

Nella sequenza sono evidenziate le macro fasi di innesco del porpoising. Nella fase che precede i saltellamenti è evidenziata la distribuzione del carico sotto la vettura, con la parte più rilevante generata dal fondo. Nella prima fase, invece, si evidenzia la perdita di carico sotto il fondo, causata dalla rottura del flusso sottostante. Nella seconda fase si assiste al sollevamento del retrotreno e ripresa del carico anteriore. Il tutto avviene ciclicamente sino a quando la vettura scende sotto la soglia della velocità di innesco posta in media a 250 km/h.

Porpoising trigger sequence and comparison with 2021 rake set-up

This sequence highlights the macro-phases in the triggering of porpoising. In the phase preceding the bouncing, the distribution of the downforce below the car is highlighted, with the most significant part being generated by the floor. In the first phase instead, there is a loss of downforce below the floor caused by the breaking of the underlying flow. In the second phase we see the rising of the rear end and the regaining of downforce at the front. The sequence repeats until the car drops below the trigger speed threshold which on average is 250 kph.

Mercedes W13: fondo vista laterale e dettaglio (tondo ingrandito)

La W13 ha adottato un fondo evoluzione di quello introdotto nella prima sessione di test. Di fatto ha abbandonato il bordo con le frange a conchiglia in favore di uno con profili ad espansione orizzontale. Ai lati del profilo posto nella sezione anteriore (vedi anche dettaglio nel tondo) è stato possibile notare l'aggiunta di tre profili verticali inferiori che fungevano da generatori di vortici. Questi elementi avrebbero dovuto garantire un miglior sigillo al fondo e ridurre parzialmente il fenomeno del porpoising. La modifica, in realtà, ha avuto un effetto trascurabile.

Mercedes W13: Floor side view and detail (enlarged roundel)

The W13 adopted a floor that was an evolution of the one introduced in the first testing session. It effectively abandoned the scalloped edge in favour of a floor with profiles expanding horizontally. To the side of the profile set in the front section (see the detail in the circle) we can see the addition of three lower vertical profiles acting as vortex generators. These elements were intended to guarantee an improved seal for the floor and partially reduce the porpoising phenomenon. In reality, the modification had a negligible effect.

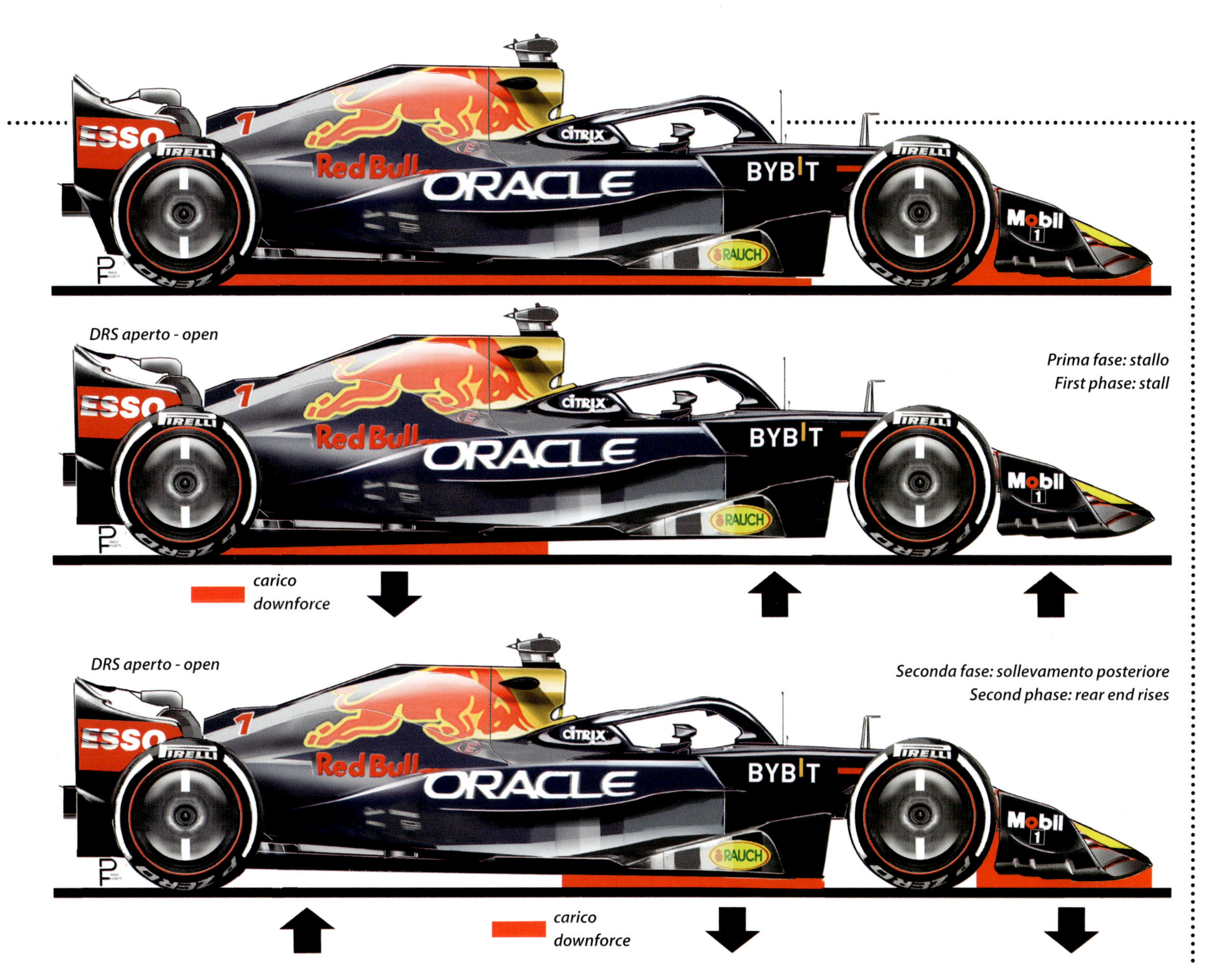

RB16B

Si nota la sostanziale differenza in termini di assetto, rispetto alle monoposto dello scorso anno. Nello specifico la RB16B era caratterizzata da un rake accentuato, ovvero una forte inclinazione verso l'anteriore.

RB16B

Note the substantial difference in terms of set-up with respect to the previous year's car. Specifically, the RB16B was characterised by accentuated rake, that is, a strong slant towards the front.

STC SAUDI ARABIAN GRAND PRIX

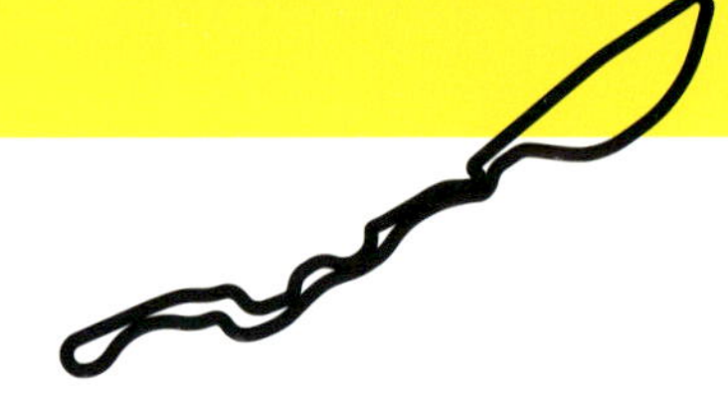

JEDDAH
JEDDAH CORNICHE CIRCUIT
27 MARZO MARCH

Taglio delle ali per la Mercedes mentre Red Bull torna su valori noti

A distanza di una sola settimana dal GP del Bahrain i team non hanno certamente potuto modificare radicalmente le proprie vetture ma alcuni più di altri hanno cercato di mitigare le criticità delle rispettive monoposto, riscontrate in Bahrain. Come noto, la natura del tracciato di Jeddah è del tutto diversa da quella di Sakhir, essendo caratterizzato il primo da una prevalenza di tratti rettilinei e curve veloci in rapida successione che implicano una configurazione aerodinamica decisamente più scarica rispetto al Bahrain. Questa caratteristica, da un lato, ha ridotto il fattore scatenante del porpoising (saltellamento) sofferto in particolar modo dalla Mercedes, anche se la presenza di lunghi tratti veloci porterebbe comunque ad innescarlo una volta superate le velocità soglia, sinora attestata attorno ai 270 km/h.

In Bahrain la W13 aveva adottato altezze da terra molto elevate per ridurre il saltellamento, ciò nonostante il fenomeno non era diminuito in modo evidente, peraltro costringendo ad incrementare l'incidenza delle ali a causa del minore carico generato dal fondo per le altezze troppo elevate. Il risultato aerodinamico ottenuto era stato quello di generare un'eccessiva resistenza all'avanzamento. I tecnici del team di Brackley, a Jeddah, si sono dunque trovati di fronte al dilemma su come deliberare un assetto che non fosse aerodinamicamente troppo penalizzante, (per il drag elevato) e che garantisse nello stesso tempo un carico adeguato. La soluzione scelta è stata drastica: è stato tagliato, con un profondo smusso, il bordo di uscita dell'alla posteriore, sino a livello dello sponsor Petronas, riducendo fortemente la sezione frontale del flap mobile. Il profilo principale dell'ala presentava invece un andamento sinuoso a doppio cucchiaio, non particolarmente marcato, appunto per non generare eccessiva resistenza. In parallelo, anche l'ala anteriore presentava nella parte centrale, nel bordo di uscita dell'ultimo flap, un taglio a mezzaluna che ne riduceva la sezione. Per quanto riguarda invece il fondo è stato mantenuto, seppur meglio rifinito, quello introdotto in Bahrain, caratterizzato dai profili a espansione laterali rettilinei e non più "a greca" come nella prima versione.

È stato molto interessante notare come le RB18 di Pérez e Verstappen, dopo una comparazione tra due diverse configurazioni, abbiano entrambe adottato la versione di ala posteriore meno carica tra le due a disposizione. L'ala impiegata era decisamente più scarica grazie alla posizione più alta del profilo principale che riduceva in modo evidente l'incidenza del flap. Questa situazione ricorda in parte quella dello scorso anno quando la RB16B aveva sempre adottato ali decisamente più scariche rispetto alle vetture rivali. Va certo sottolineato il fatto che Red Bull, risolto il problema legato all'impianto di alimentazione, aveva impedito il corretto pescaggio del carburante in Bahrain.

Reduced wings for the Mercedes while Red Bull falls back on tried and trusted valuesy

Just a week after the Bahrain GP, the teams had hardly had a chance to make radical modifications to their cars, but some more than others tried to mitigate the problem areas that had been apparent in Sakhir. As is well known, the Jeddah circuit is very different to Sakhir as it is characterised by a prevalence of straights and fast curves in rapid succession that demand significantly lighter aerodynamic loading compared with Bahrain. On the one hand, this characteristic reduced the porpoising effect that had affected the Mercedes in particular, even though the presence of long, fast sections would nonethless trigger the phenomenon once the threshold speed of around 270 kph was exceeded. In Bahrain, the W13s had adopted very high ride heights to reduce porpoising, but this had not had any significant effect. The measure in fact had the knock-on effect of obliging the team to increase the incidence of the wings due to the loss of downforce generated by the floor because of the high ground clearance. The aerodynamic result obtained was that of generating excessive drag. At Jeddah, the Brackley engineers were faced with a dilemma over how to achieve a set-up that was not too aerodynamically penalising (due to the high drag) but which would still guarantee adequate downforce. The solution chosen was drastic: the trailing edge of the rear wing was cut away with a deep inset, through to the level of the sponsor Petronas, significantly reducing the frontal section of the mobile flap. The wing's main plane instead had a sinuous double-dished profile, but was not particularly extreme so as not to generate excessive drag. In parallel, the central section of the front wing, specifically the trailing edge of the last flap was cut away in a crescent shape, reducing its section. With regard to the floor instead, a better finished version of the one introduced in Bahrain was retained, characterised by straight rather than "keyed" lateral expansion profiles as on the first version. It was very interesting to note how, after a comparison between the two versions, the RB18s of Pérez and Verstappen both adopted the lower downforce rear wing of the two available. The chosen wing produced much less downforce thanks to the higher position of the main plane which significantly reduced the incidence of the flap. This situation recalled in part that of the previous year when the RB16B had always adopted much lower downforce configurations that its rivals. It certainly should be emphasised that Red Bull, had identified and resolved the problem with the fuel system that had prevented the cars drawing fuel correctly in Bahrain.

Ala posteriore W13

Interessante l'ampio taglio del bordo di uscita del flap mobile dell'ala posteriore per ridurre la resistenza all'avanzamento sui rettilinei, e nelle curve veloci in sequenza. Degno di nota anche il foro semicircolare nel fondo, all'interno delle ruote posteriori, anti porpoising.

W13 Rear Wing

The cutaway in the trailing edge of the rear wing's mobile flap was interesting and was designed to reduce drag on the straights and through the sequence of fast curves. Also worthy of note was the semi-circular anti-porpoising hole in the floor, between the rear wheels.

Confronto configurazioni W13

Nel confronto diretto tra la configurazione adottata in Bahrain e quella di Jeddah, si nota sia l'ampio taglio all'altezza del bordo di uscita del flap mobile dell'ala posteriore, sia un taglio a mezzaluna, posto centralmente sul bordo di uscita dell'ultimo flap dell'ala anteriore.

W13 Aero set-up comparison

In the direct comparison between the configuration adopted in Bahrain and the one from Jeddah, we can see both the large cutaway in the trailing edge of the rear wing's mobile flap and a crescent shaped cutaway located in the centre of the trailing edge of the final flap on the rear wing.

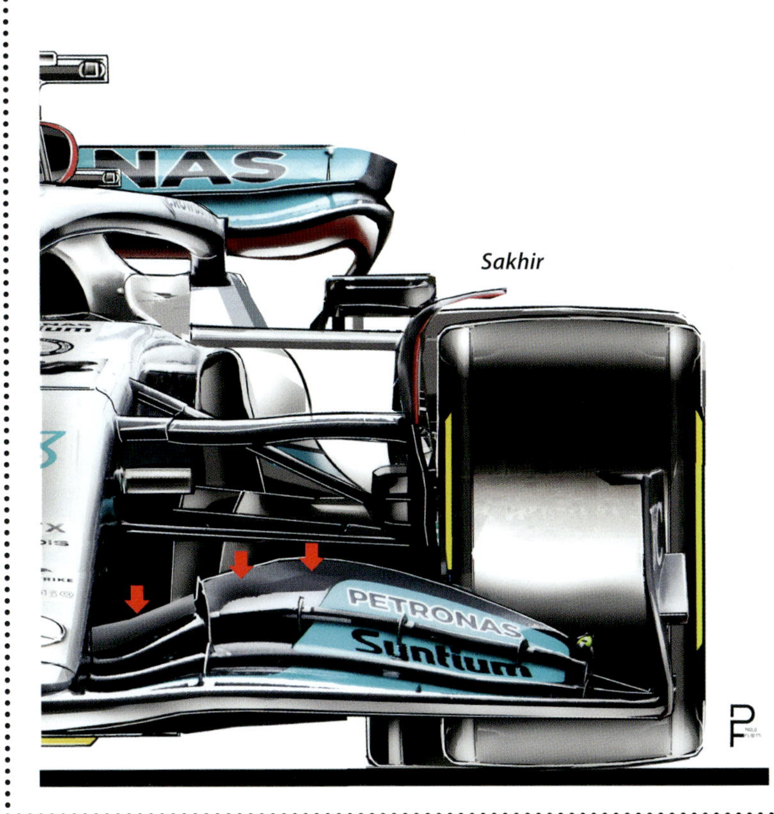

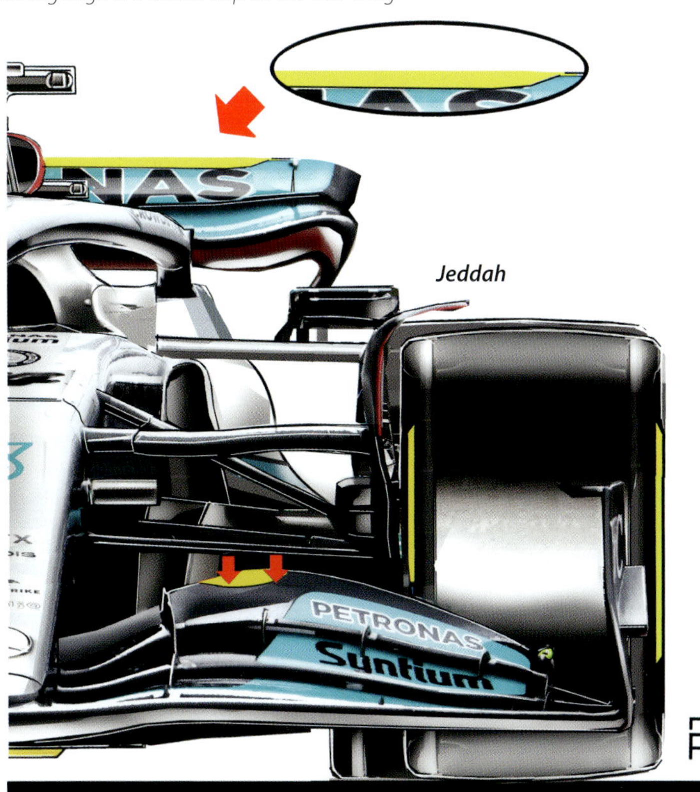

Incidenza ala posteriore RB18

Le RB18 di Pérez e Verstappen hanno adottato una configurazione particolarmente scarica. Nello specifico, evidenziato nel tondo, si nota l'altezza elevata del profilo principale che determinava la ridotta incidenza del flap.

RB18 Rear wing incidence

Pérez and Verstappen's RB18s adopted a particularly light configuration. Specifically, as highlighted in the circle, the elevated height of the main plane determined the reduced incidence of the flap.

Influenza altezze da terra

Sul velocissimo tracciato di Jeddah, la necessità di viaggiare con altezze da terra ridotte, propria della W13 per massimizzare il carico, mal si sposava con l'assetto ideale per quel tracciato ai fini di ridurre il porpoising. La riduzione della superficie dei flap anteriore e posteriore, a favore dell'efficienza ne ha aumentato gli effetti negativi.

Ride height effect

On the very fast Jeddah track, the need to run with reduced ride heights on the W13 in order to maximize downforce was ill-matched to the ideal set-up for that circuit to reduce porpoising. The reduction in the surface area of the front and rear flaps, in favour of efficiency only increased the negative effects.

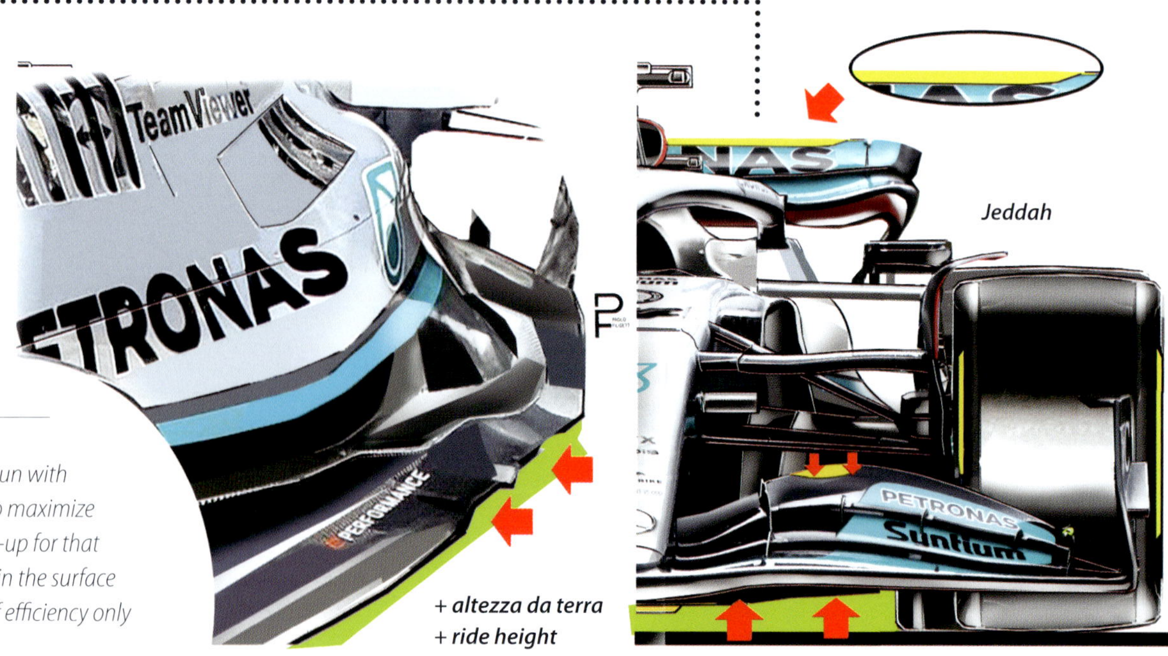

HEINEKEN AUSTRALIAN GRAND PRIX

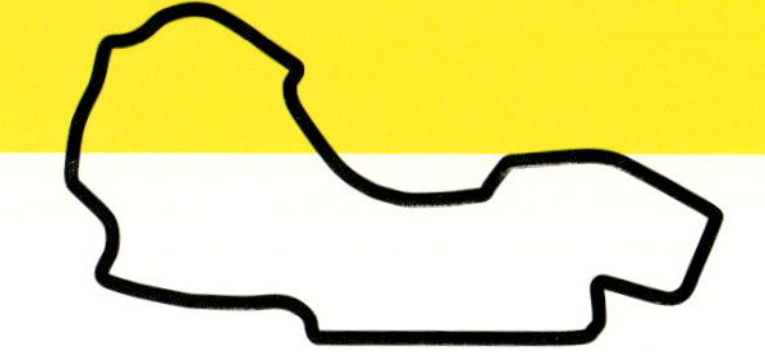

MELBOURNE
ALBERT PARK
10 APRILE APRIL

Nemmeno i saltellamenti (da canguro) rallentano la F1-75

La Ferrari ha mostrato a Melbourne, quanto e più rispetto alle prime due gare, come l'equilibrio della F1-75 potesse essere efficace anche su questo tracciato. Un fatto che alla vigilia non era per nulla scontato, anche in considerazione delle profonde modifiche che la pista dell'Albert Park ha subìto in particolare nel tratto tra le curve 9 e 10, di fatto raccordate in una "S" molto veloce che ha profondamente cambiato il carattere e il ritmo del circuito. Sulla carta, date le premesse, era più prevedibile che la Red Bull potesse trarne vantaggio, essendosi dimostrata nelle due gare precedenti più rapida della F1-75 nei settori veloci. Al contrario, è stato palese, seppur con qualche incertezza in FP1 – si pensi all'escursione nella ghiaia di Leclerc –, che la F1-75 fosse in grado di produrre un carico elevato con il fondo, ma soprattutto fosse ben bilanciata pur adottando una configurazione aerodinamica scarica, che includeva l'ala posteriore di Jeddah sottoposta ad una prima valutazione con il flow viz (paraffina fluorescente per visualizzare i flussi aerodinamici), adottata in FP1 sulla vettura di Leclerc. In FP2 questa caratteristica è stata ulteriormente migliorata, grazie anche alla rapida analisi dei dati raccolti dai sensori montati in FP1 sull'ala anteriore, che rilevavano le altezze da terra. I dati raccolti servivano in particolare per correlare all'abbassamento dell'avantreno l'innesco del porpoising a seconda della velocità, ovvero del carico generato, per poi deliberare lo sviluppo del fondo in vista del prossimo GP a Imola. In Australia I sobbalzi della F1-75 si sono rivelati decisamente più accentuati rispetto a Jeddah, ma a tale peggioramento potrebbe aver contribuito proprio un assetto caratterizzato dall'altezza da terra ridotta della monoposto allo scopo di generare più carico dai canali Venturi e dunque poter adottare un'incidenza inferiore dei flap. Questa scelta, possibile anche grazie all'assenza di ondulazioni del manto stradale rinnovato, ha rappresentato una mossa strategica con l'obiettivo di ridurre il gap velocistico nei tratti rettilinei rispetto alla Red Bull.

Sulla RB18 è stata adottata una nuova ala anteriore caratterizzata da nuovi schermi verticali, contrassegnati da un profilo più arrotondato dello spigolo superiore con una parziale curvatura verso l'esterno per incrementare l'effetto out wash, e l'adozione di una bandella laterale sinuosa posta più in alto rispetto alla versione arcuata precedente.

Merita un capitolo a parte l'analisi delle prestazioni della Mercedes W13. I tecnici diretti in pista da Andrew Shovlin hanno schierato la medesima vettura vista a Jeddah, con variazioni solo a livello di setup, e nel caso dell'ala posteriore, con l'adozione di un nolder lungo il suo bordo di uscita. Proprio mantenendo questo *status quo* è stato possibile, con una discreta efficacia, arginare i saltellamenti della W13, con un minimo incremento dell'altezza da terra, che nei fatti non ne ha compromesso le già non esaltanti prestazioni. Insomma, una Mercedes concreta, che in questa fase affronta le gare come fossero test nel tentativo di avvicinarsi progressivamente ai leader.

Not even kangaroo bouncing can slow the F1-75

In Melbourne, Ferrari showed how effective the F1-75's balance could be on this circuit, even more so than in the first two races of the season. On the eve of the race this was anything but a given, especially considering the major changes that had been made to the Albert Park circuit, particularly the section between corners 9 and 10, effectively lined in a very fast "Esses" that profoundly modified the character and the rhythm of the circuit. Given the situation, it was easy enough to predict that Red Bull might be advantaged, having demonstrated in the previous two races that it was quicker than the F1-75 in fast sectors. In contrast, it was clear, albeit with a few uncertainties in FP1 – take Leclerc's excursion into the gravel – that the F1-75 was capable of producing elevated downforce via the floor and above all was well balanced, despite adopting a low downforce aero configuration, which included the Jeddah rear wing subjected to an initial evaluation with flow-viz (a fluorescent powder mixed with paraffin to make a paint used to visualize air flows), adopted in FP1 on Leclerc's car. In FP2 this feature was further improved thanks in part to rapid analysis of the data gathered by the sensors fitted to the front wing in FP1 to measure ride height. This data served in particular to correlated the lowering of the front end with the triggering of porpoising in relation to speed and therefore the downforce generated, allowing the engineers to develop the floor in view of the nextr GP at Imola. In Australia, the porpoising of the F1-75 was significantly more accentuated than in Jeddah, but this deterioration may have caused in part by a set-up characterised by a reduced ride height intended to generate more downforce from the Venturi channels which would allow a lower flap incidence to be adopted. This choice, which was facilitated by the absence of undulations in the new track surface, represented a strategic move with the objective of reducing the speed gap on the straights with respect to the Red Bull.

On the RB18 a new front wing was adopted, characterised by new endplates that were distinguished by a more rounded profile of the upper corner, with a partial curvature towards the outside to increase the out wash effect, and the adoption of a sinuous lateral dive plane located higher with respect to the previous arched version.

The analysis of the performance of the Mercedes W13 would merit a separate chapter. The team led on track by Andrew Shovlin fielded the same car seen in Jeddah, with only set-up variations and, in the case of the rear wing, the adoption of a Gurney flap along its trailing edge. By maintaining this status quo it proved possible to contain with reasonable efficacy the porpoising of the W13, with a minimum increase in ride height that avoided further compromising the already disappointing performance. In short, a pragmatic Mercedes that in this phase tackled the races as if they were tests designed to bring the car progressively in line with the leaders.

Ala anteriore F1-75: confronto tra versione con sensori e senza

L'ala anteriore della F1-75 con i sensori per il rilevamento delle variazioni delle altezze da terra, montati in FP1. Si noti la loro posizione, con un sensore centrale sotto il profilo e due per ogni paratia. Hanno permesso la raccolta di dati rilevanti anche per la delibera del prossimo sviluppo aerodinamico e per rifinire l'assetto a Melbourne.

F1-75 front wing: comparison between versions with and without sensors

The front wing of the F1-75 with the sensors measuring ride height variations, fitted in FP1. Note their positioning, with a central sensor below the profile and two for each endplate. They permitted the harvesting of useful data for the next aerodynamic steo and for fine-tuning the Melbourne set-up.

Jeddah

Ala anteriore RB18: nuove paratie

Nel confronto l'ala anteriore caratterizzata da nuovi schermi verticali, con un profilo arrotondato dello spigolo superiore con lieve curvatura verso l'esterno per incrementare l'effetto out wash. Si nota la bandella laterale sinuosa posta più in alto rispetto alla versione arcuata precedente.

RB18 front wing: new endplates

In the comparison the front wing presents new end plates with a rounded profile to the upper corner and a slight flare towards the outside to increase the out wash effect. Not the sinuous lateral dive plate located higher than the previous arched version.

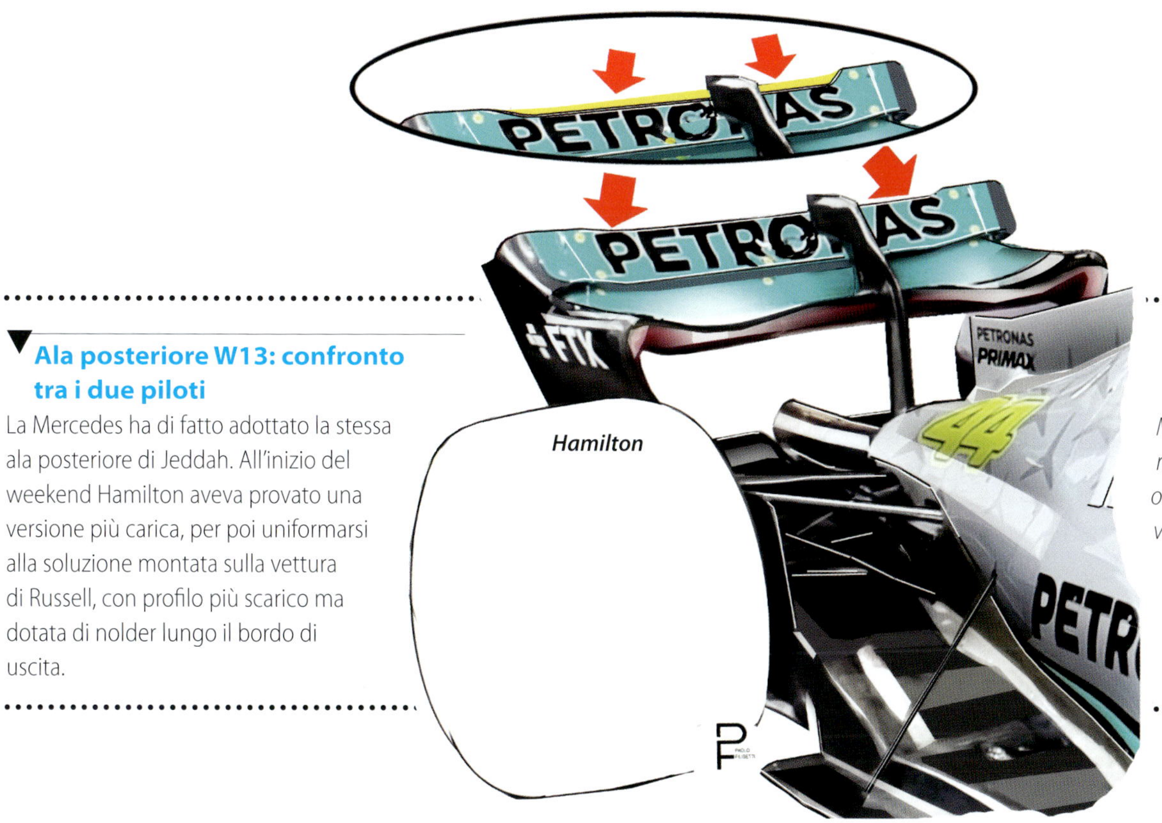

Ala posteriore W13: confronto tra i due piloti

La Mercedes ha di fatto adottato la stessa ala posteriore di Jeddah. All'inizio del weekend Hamilton aveva provato una versione più carica, per poi uniformarsi alla soluzione montata sulla vettura di Russell, con profilo più scarico ma dotata di nolder lungo il bordo di uscita.

W13 rear wing: comparison between the two drivers

Mercedes effectively adopted the same rear wing as in Jeddah. At the start of the weekend, Hamilton had tried a version with higher downforce, but then fell in line with the version fitted to Russell's car, with a lower downforce profile but equipped with a Gurney flap along the trailing edge.

Bilanciamento F1-75

Il bilanciamento mostrato dalla F1-75 a Melbourne è il frutto della perfetta integrazione tra l'aerodinamica inferiore e il lavoro dalle sospensioni. Molto apprezzabile il pull-rod posteriore in grado di generare elevata trazione, mentre all'anteriore la configurazione classica push-rod ha comunque garantito precisione in inserimento.

F1-75 balance

The balance displayed by the F1-75 in Melbourne was the fruit of the perfect integration of the lower aerodynamics and the action of the suspension. The pull-rod layout at the rear capable generating elevated traction was very commendable, while at the front, the classic push-rod configuration guaranteed precise turn-ins.

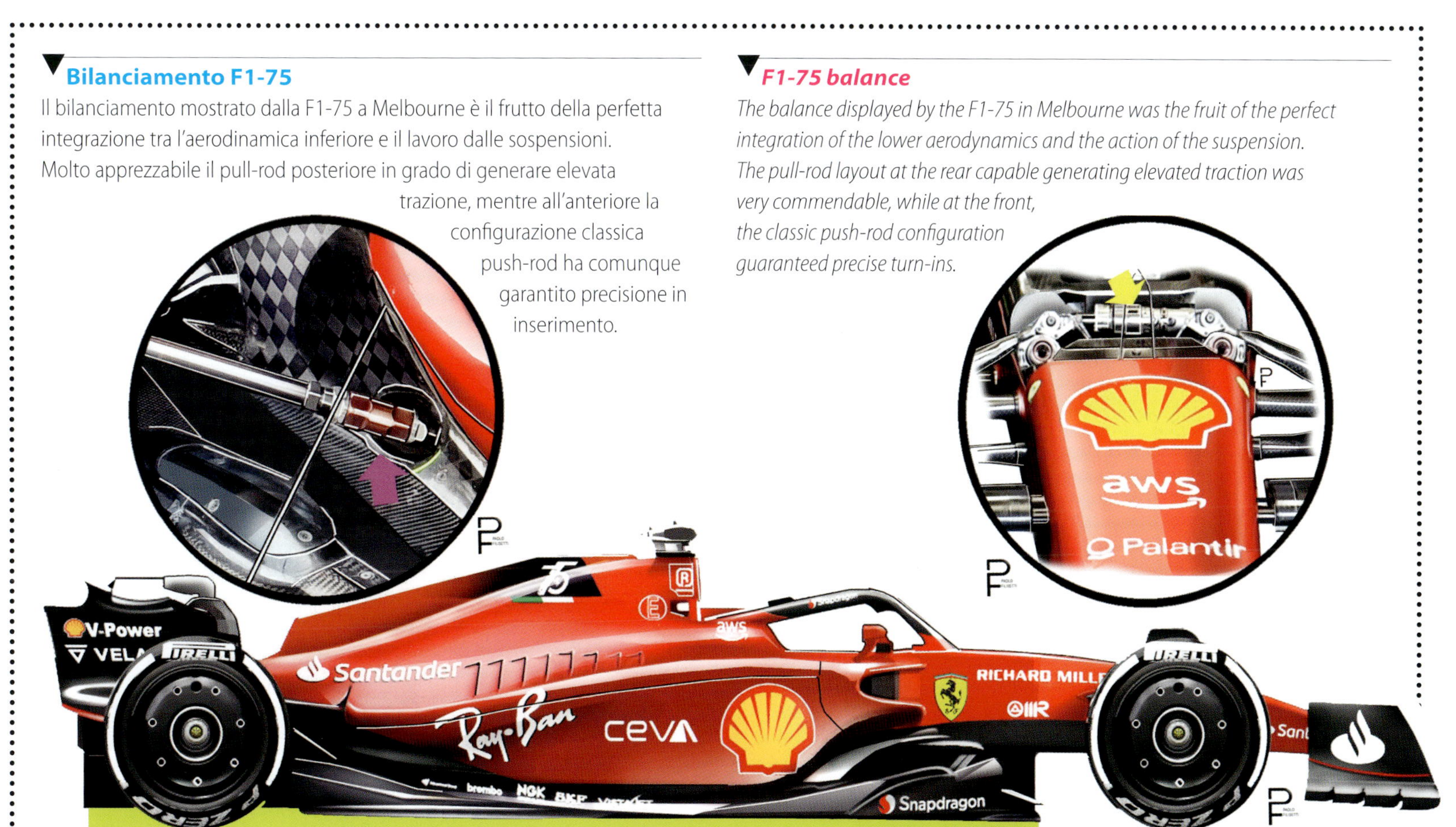

Confronto schema push rod e pull rod anteriore (Mercedes VS McLaren)

Impostazioni totalmente agli antipodi per la W13 e la MCL36. Evidente come le due scelte siano state operate sulla base delle due diverse aerodinamiche adottate a livello di sezione frontale e profilo delle fiancate.

Front push-rod and pull-rod comparison (Mercedes vs McLaren)

Contrasting configurations for the W13 and the MCL36. Clearly the two choices were made on the basis of the two different aerodynamic configurations adopted at the front of the car and the flanks.

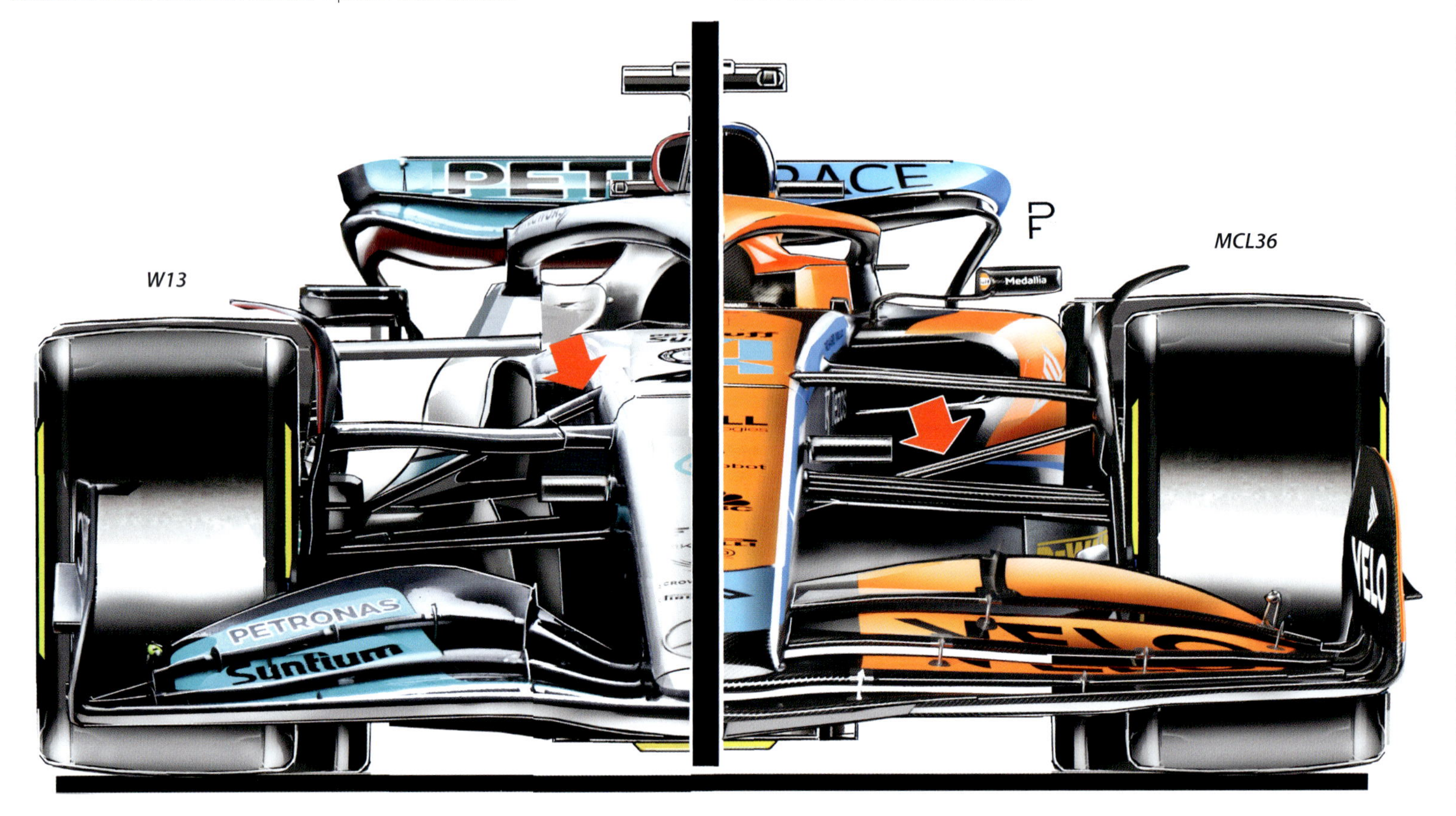

Dettaglio sospensione anteriore Mercedes W13 e RB18

SI nota nell'apparente semplicità dei due schemi come quello Red Bull sia caratterizzato da un unico braccio dei triangoli anteriori, mentre quello della W13 costituisca un'evoluzione di quello della W12 con heave damper molto evidente.

Mercedes W13 and RB18 front suspension detail

Note how in the apparent simplicity of the two layouts the Red Bull was characterised by a single front wishbone arm, while that of the W13 constitutes an evolution of that of the W12 with a very conspicuous heave damper.

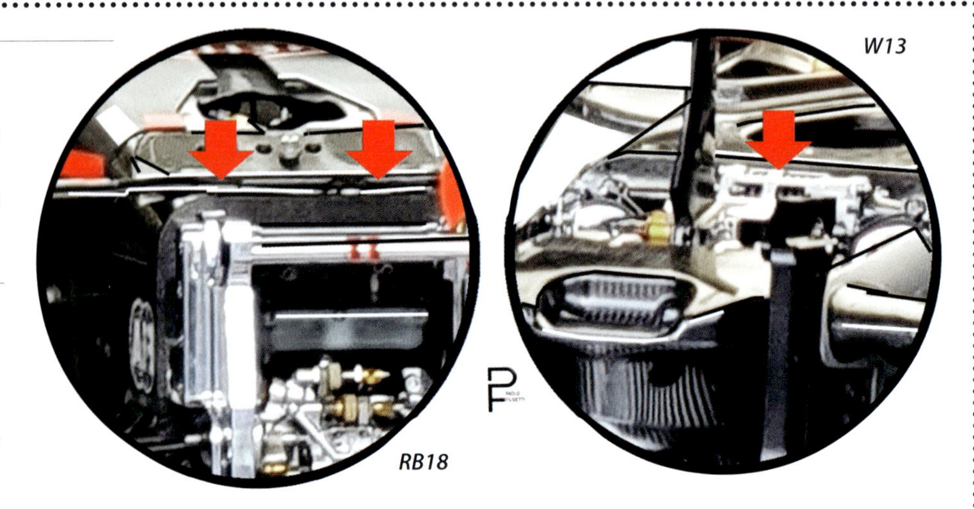

ROLEX GRAN PREMIO DEL MADE IN ITALY E DELL'EMILIA-ROMAGNA

IMOLA
AUTODROMO
ENZO E DINO FERRARI
24 APRILE APRIL

Tra Red Bull e Ferrari è una questione di fondo...

Il format del weekend Sprint di fatto ha ridotto ad una singola sessione di prove libere, prima delle qualifiche, il turno in cui i team possono provare nuove soluzioni. Questo, sulla carta, ha rappresentato un forte disincentivo all'introduzione di ampi aggiornamenti, proprio per l'impossibilità di validarli almeno in una sessione di prove in cui la definizione dell'assetto non sia immediatamente determinante. Ciò nonostante alcuni sviluppi sono comunque stati introdotti, proprio dai top team. Il più significativo è stato quello dalla Red Bull che ha concentrato gli sforzi sul fondo della monoposto. Proprio in quest'area, infatti, riteniamo non possa essere considerato di poca importanza lo sviluppo condotto sulla vettura del team di Milton Keynes, quantomeno per il fatto che si tratta di una evoluzione in due diversi ambiti. A livello aerodinamico, infatti, lo sviluppo si è concentrato nella zona del divergente sotto il telaio, che è stato dotato di un doppio splitter, ovvero di un profilo arcuato aggiuntivo, sul modello di quello introdotto sin dall'inizio sulla F1-75 e sulla Aston Martin AMR22. Come già specificato in merito a queste due vetture, questa soluzione ha lo scopo di incrementare l'efficienza dei canali Venturi sul fondo. Quest'ultimo, per contro, ha subìto una modifica non visibile ma sostanziale, con un alleggerimento complessivo nella sua costruzione, con un risparmio in termini di peso – secondo indiscrezioni – di oltre quattro chili. In pratica, si può affermare che si tratta della prima fase di un complessivo piano di alleggerimento della monoposto, sinora risultata sovrappeso di circa quindici chilogrammi.

Per quanto riguarda invece la Ferrari F1-75, è comparsa una modifica non radicale al fondo, nella zona del gomito del diffusore all'interno delle ruote posteriori. La nuova versione differisce dalla precedente, che era caratterizzata da un taglio semicircolare della parete laterale del diffusore con lo scopo di evitare il bloccaggio aerodinamico in prossimità del fianco del pneumatico ed energizzare il flusso, poiché si mantiene radente alla parete interna del diffusore. In pratica il taglio è ora rettilineo per tutta la lunghezza della parete laterale del diffusore.

Mercedes, invece, a Imola ancora impegnata nella comprensione dei guai della W13, ha adottato modifiche quasi "cosmetiche" con l'eccezione di tre convogliatori posti sul lato del telaio, nella parte bassa, di fronte alle imboccature delle mini-fiancate, a favore dello scambio termico garantito dai pacchi radianti miniaturizzati propri di questa vettura. Un ulteriore micro intervento ha riguardato il fondo davanti alle ruote posteriori, caratterizzato nello spigolo da una curvatura verso l'alto più accentuata rispetto alla versione precedente, con la funzione di ridurre lo schiacciamento del flusso ad opera degli pneumatici e conseguenti vortici nocivi in quest'area della vettura.

Between Red Bull and Ferrari, a question of floors...

The Sprint weekend format effectively reduced free practice to a single session ahead of qualifying, the only time the teams could test new features. On paper, this represented a clear disincentive to the introduction of extensive updates, simply because it would be impossible to validate them in at least one practice session when set-up definition was not immediately crucial. Nonetheless, several developments were introduced, and by the top teams no less. The most significant was that of Red Bull, which focussed its efforts on the car's floor. It was in this area in fact that we believe the development of the car undertaken by the team from Milton Keynes was of most importance, not least because it actually involved development in two different areas. In terms of aerodynamics, in fact, the work focussed on the area of the splitter under the chassis, which was fitted with an additional arched profile, similar to the one introduced from the start on the F1-75 and the Aston Martin AMR22. As already mentioned with respect to these two cars, the feature was designed to increase the efficiency of the Venturi tunnels in the floor. The floor itself was subjected to a substantial, albeit invisible modification with the overall lightening of its structure, resulting in a weight-saving – according to certain indiscretions – of more than four kilos. In effect, it may be said that this was the first phase in an overall plan for lightening the car, which up to this point had proved to be around 15 kg overweight.

With regard instead to the Ferrari F1-75, a by no means radical modification was made to the floor, in the area of the diffuser kink between the rear wheels. The new version differed with respect to the previous one, which was characterised by a semi-circular cutaway in the side wall of the diffuser designed to avoid aerodynamic stalling in the proximity of the tyre sidewall and to energize the flow, as it followed the internal wall of the diffuser. In practice, the cutaway was now straight for the full length of the diffuser's side wall.

At Imola, instead, Mercedes was still trying to get to grips with the problems afflicting the W13 and adopted modifications that were little more than "cosmetic", with the exception of three channels on the lower parr of the side of the chassis, in front of the mini-sidepods mouths. They were designed to favour the thermal exchange offered by the miniaturised radiator packs that were a feature of the car. A further micro-intervention concerned the floor ahead of the rear wheels, characterised in the corner by a more pronounced upwards curvature with respect to the previous version, designed to reduce the flattening of the flow caused by the tyres and consequent toxic turbulence in this area of the car.

RB18: disegno d'insieme aggiornamenti

Nel tondo a sinistra si nota il doppio splitter adottato sulla RB18 seguendo il concetto introdotto da Ferrari e Aston Martin. Evidenziato nell'ovale, il fondo alleggerito nella sua costruzione di circa 4 chilogrammi.

RB18: updates drawing

Note in the circle on the left, the dual splitter adopted on the RB18, replicating the concept introduced by Ferrari and Aston Martin. Highlighted in the oval, the floor was lightened by around 4 kg.

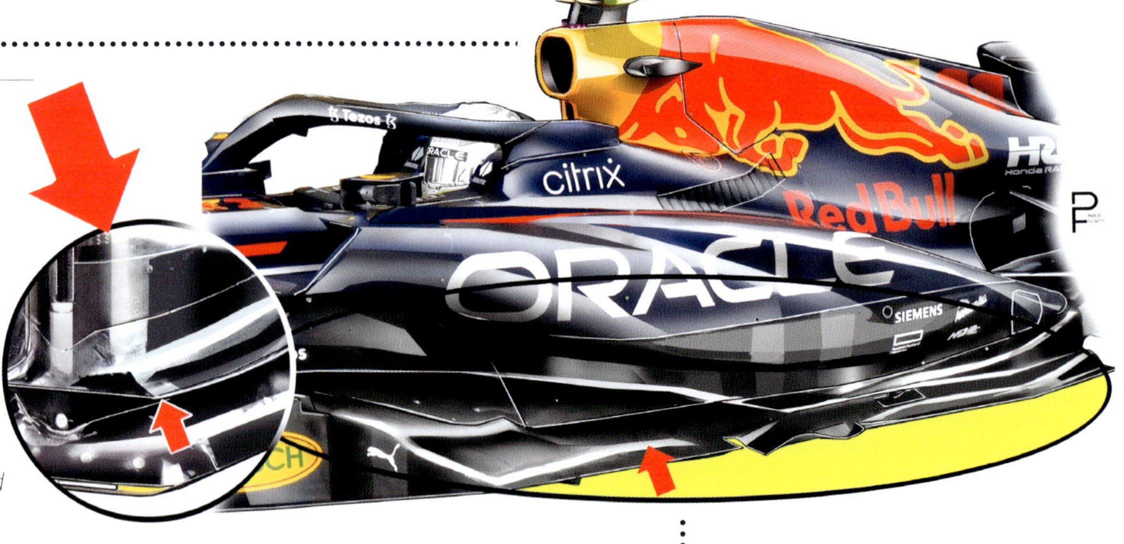

Vista inferiore fondo RB18

Nell'illustrazione è posto in risalto l'andamento dei canali Venturi sul fondo della vettura, con le diverse sezioni al fine di variare la pressione e velocità del flusso passante al disotto. Nell'ovale, il dettaglio dello scalino inferiore che delimita il bordo esterno del canale Venturi.

RB18 floor from below

This drawing highlights the configuration of the Venturi tunnels in the car's floor, with the different sections designed to vary flow pressure and speed as it passes below the car. In the oval, the detail of the lower step delimiting the external edge of the Venturi tunnel.

Dettaglio doppio splitter RB18

Si nota il profilo arcuato posto a circa metà altezza del divergente sotto il telaio, che segue di fatto il concetto introdotto sin dalle rispettive presentazioni sulla F1-75 e sulla AMR22.

RB18 dual splitter detail

Note the arched profile located around the middle of the splitter below the chassis, effectively replicating the concept introduced with the presentations of the F1-75 and the AMR22.

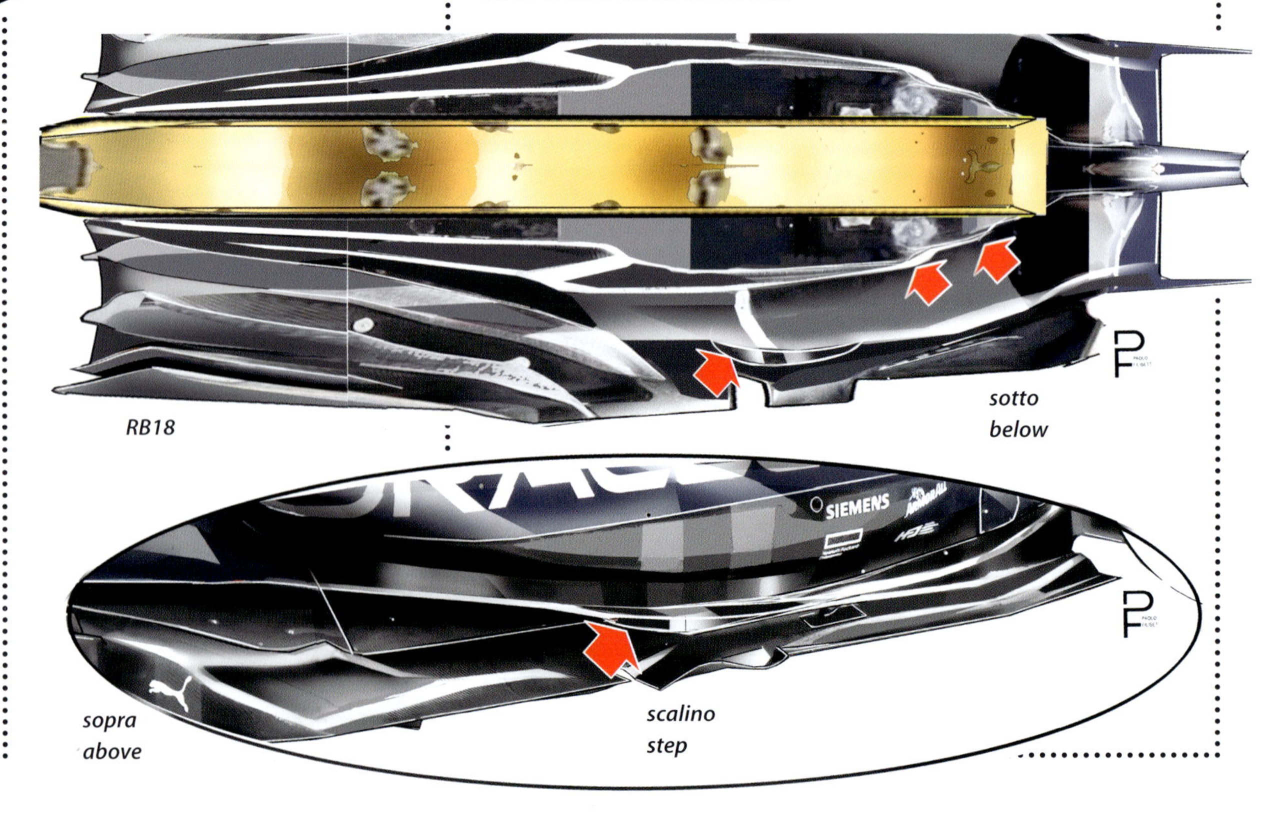

Dettaglio fondo F1-75

Il dettaglio del fondo della F1-75, caratterizzato dall'assenza del taglio semicircolare ai lati del diffusore, evidenziato nel tondo a sinistra, ora sostituito da uno rettilineo per tutta la lunghezza della parete laterale (tondo a destra).

F1-75 floor detail

The F1-75's floor in detail, characterised by the absence of the semi-circulr cutaway either side of the diffuser, highlighted in the circle on the left, now replaced with a straight edge the full length of the side wall (right-hand circle).

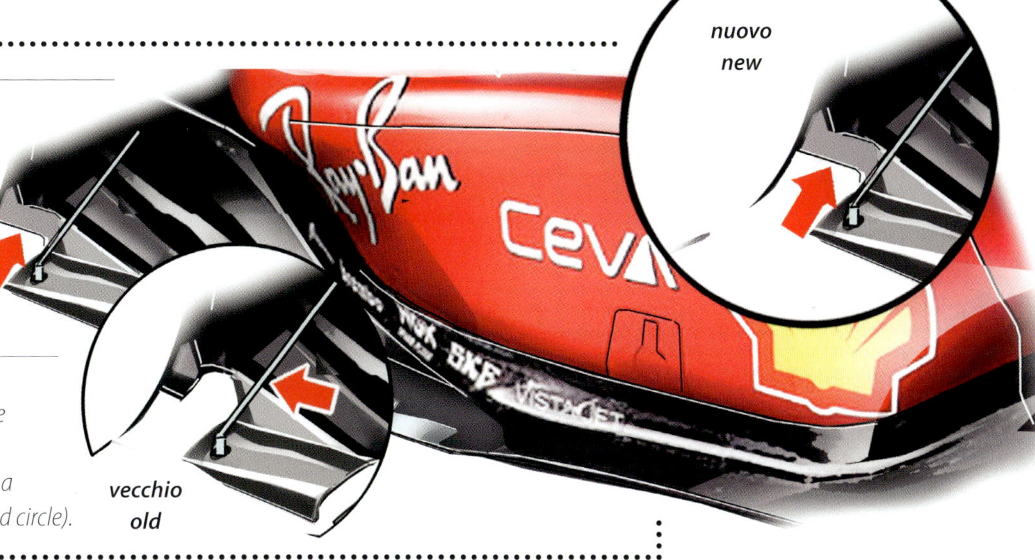

Mercedes W13: convogliatori davanti alle fiancate

Sono stati introdotti tre convogliatori nella parte bassa del telaio, davanti alle imboccature delle fiancate, con lo scopo di deviare verso il basso il flusso per ridurre le turbolenze e il bloccaggio parziale generato dai vortici che si formavano in quest'area. Questo per favorire il riempimento delle imboccature, incrementando lo scambio termico.

Mercedes W13, sidepod winglets

Three winglets were introduced to the lower part of the chassis, ahead of the sidepod mouths, with the aim of deviating the flow downwards to reduced turbulence and the partial blockage generated by the vorticies that formed in this area. This was designed to favour the charging of the sidepod intakes, thereby improving thermal exchange.

Vista inferiore fondo F1-75

Interessante il confronto fra il fondo della F1-75 con quello della RB18. A differenza di quest'ultima, la sezione centrale non presenta spigoli squadrati con la funzione di generatori di vortice. I convogliatori (strakes) sono curvati in modo più accentuato verso l'esterno rispetto alle monoposto di Verstappen e Pérez.

F1-75 floor, view from below

An interesting comparison between the floor of the F1-75 and that of the RB18. In contrast with this last, the central section had no square-cut corners designed to act as vortex generators. The strakes had a more accentuated curvature towards the outside with respect to Verstappen and Pérez's cars.

CRYPTO.COM MIAMI GRAND PRIX

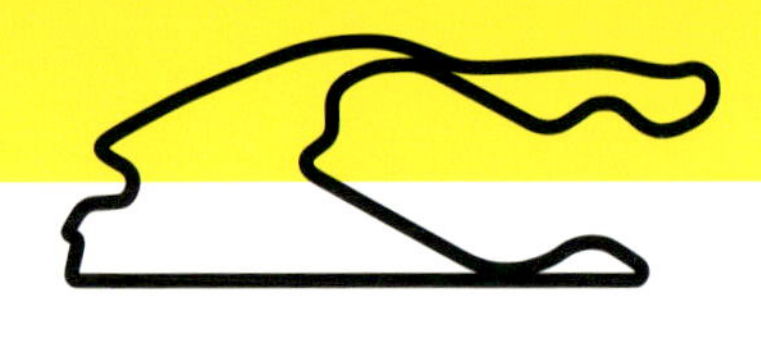

MIAMI GARDENS
MIAMI INTERNATIONAL AUTODROME
8 MAGGIO MAY

Miami, evoluzioni anticipate

Di norma, un nuovo circuito sul quale le F1 non hanno mai corso non rappresenta una sede adatta per introdurre pacchetti evolutivi dal punto di vista aerodinamico. Miami, a quanto pare, ha costituito un'eccezione, non solo perché quest'anno le monoposto sono progetti totalmente nuovi, all'inizio della loro curva di sviluppo, ma anche per il layout stesso del tracciato, particolarmente veloce, e per la sua posizione in calendario. Più di un team, soprattutto tra quelli di vertice, ha cercato, almeno in parte, di anticipare gli sviluppi previsti per la Spagna e in alcuni casi di montare elementi nuovi da testare prima del debutto in pista a Barcellona. Ad esempio era previsto che la Ferrari montasse, almeno in una sessione, il fondo che già si era intravisto nei test Pirelli e in quelli in Bahrain, ma poi non è avvenuto. È stata invece adottata un'ala anteriore caratterizzata da una più evidente profilatura out wash dei flap. In pratica, il profilo degli ultimi due flap è ora decisamente arcuato nella parte che scende verso l'esterno, incrementando in questo modo la deviazione delle turbolenze proprio verso la parte esterna delle ruote; questa ala è controbilanciata da quella posteriore da basso carico, con andamento del profilo principale a cucchiaio, identico a quello visto in Arabia Saudita.

Mercedes ha cercato di anticipare una buona parte del pacchetto di sviluppo aerodinamico previsto per Barcellona. L'ala posteriore racchiudeva vari elementi di novità che nei piani degli uomini di Brackley avrebbero potuto progressivamente liberare il potenziale nascosto della W13. Molto interessante, infatti, la modifica apportata al flap del profilo inferiore dell'ala, ridotto nella sua sezione in corrispondenza delle paratie laterali. Le modifiche riscontrate sulla W13, in ogni caso, non si sono limitate a questo, in quanto una nuova ala anteriore è stata abbinata a quella posteriore. Nello specifico è stato modificato il bordo di uscita dei flap in modo da generare minor drag, riducendo la sezione frontale. La modifica più rilevante ha riguardato la zona di collegamento tra i profili alari e la paratia, con una forte inclinazione in avanti del collegamento tra i profili e lo schermo verticale, in modo da produrre una sorta di taglio a sezione triangolare attraverso cui le turbolenze potessero fluire all'esterno incrementando l'effetto out wash. Pare quindi corretto considerare questa parziale evoluzione come la prima di una serie di interventi sul fondo che porterà all'iniziale introduzione di un fondo profondamente rivisto in Spagna, per poi proseguire con ulteriori modifiche per alcune gare. Quelle introdotte a Miami hanno nei fatti prodotto solo un lieve miglioramento nel bilanciamento della monoposto non risolvendo il problema del porpoising.

Miami, early evolutions

Normally, a circuit on which F1 cars have never previously raced is hardly the ideal setting for the introduction of new aerodynamic evolutions. It would seem that Miami is the exception to this rule, not only because this year the cars were all new designs, at the beginning of their development curve, but also because of the particularly fast layout of the circuit itself and its position in the F1 calendar. More than one team, especially among those at the top, tried, at least in part, to anticipate the developments planned for Spain and in some case to fit new elements to be tested ahead of their race debut in Barcelona. Ferrari, for example, had planned in at least one session to fit the floor that had been spotted in the Pirelli tests and those in Bahrain, but this did not take place. Instead, a front wing was adopted that was characterised by a more overt outwash flap profiling. In practice, the profile of the final two flaps was now clearly arched in the part that descended towards the outside, thereby increasing the deviation of the turbulence towards the external part of the wheels; this wing was balanced by the low downforce rear wing, with its dished main plane, identical to the one seen in Saudi Arabia. Mercedes attempted to anticipate much of the aerodynamic development package planned for Barcelona. The rear wing incorporated various new elements which in the team from Brackley's intentions would have progressivelyt ubnlocked the hidden potential of the W13. There was, in fact, a very interesting modification made to the flap of the wing's lower profile, which had a reduced section in correspondence with the endplates. However, the modifications observed on the W13 did not stop here, as a new front wing was matched the one at the rear. Specifically, the trailing edge of the flap was modified so as to generate less drag, reducing the frontal section. The most significant modification concerned the linking zone between the wing profiles and the endplate, with a sharp forwards inclination of the link between the profiles and the endplate, so as to produce a kind of triangular cutaway through which the turbulence could flow towards the outside, increasing the outwash. It therefore would seem to be correct to consider this partial evolution as the first in a series of interventions on the floor that was to lead firstly to the introduction of a profoundly revised floor in Spain and then proceeded with further modification for other races. Those introduced in Miami effectively produced only a minor improvement in the balance of the ca, without resolving the porpoising issue.

Confronto ala anteriore F1-75

La nuova versione differiva dalla precedente per il profilo del bordo di uscita degli ultimi due flap, inclinato fortemente verso il basso per accentuare l'out wash.

F1-75 front wing comparison

The new version differed from the previous one in the trailing edge of the final two flaps, sharply inclined downwards to accentuate the outwash effect.

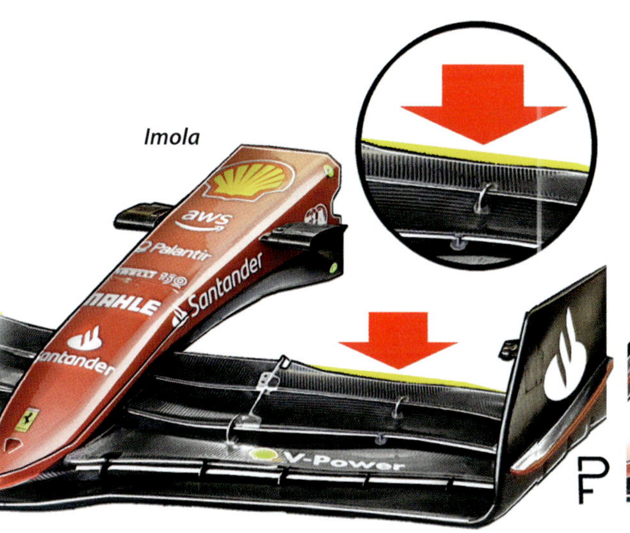

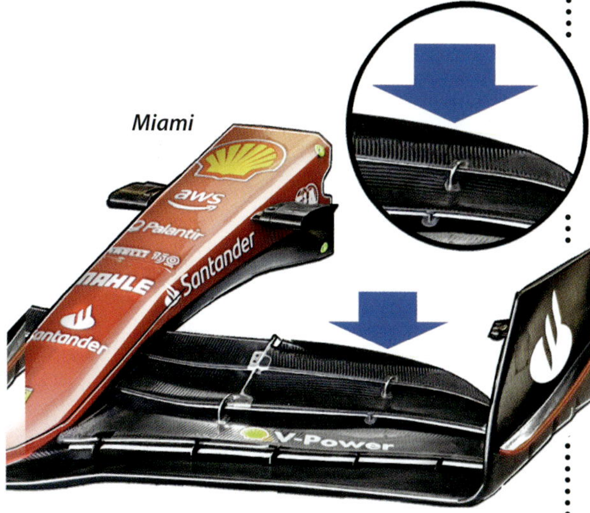

Confronto fondo attuale F1-75 e versione vista nei test Pirelli

A Miami la Ferrari non ha di fatto adottato la versione del fondo vista nei test Pirelli a Imola e in Bahrain. Questa è caratterizzata da una diversa profilatura del bordo laterale con un taglio dal profilo curvo ed è priva dello slot orizzontale che caratterizza l'attuale versione.

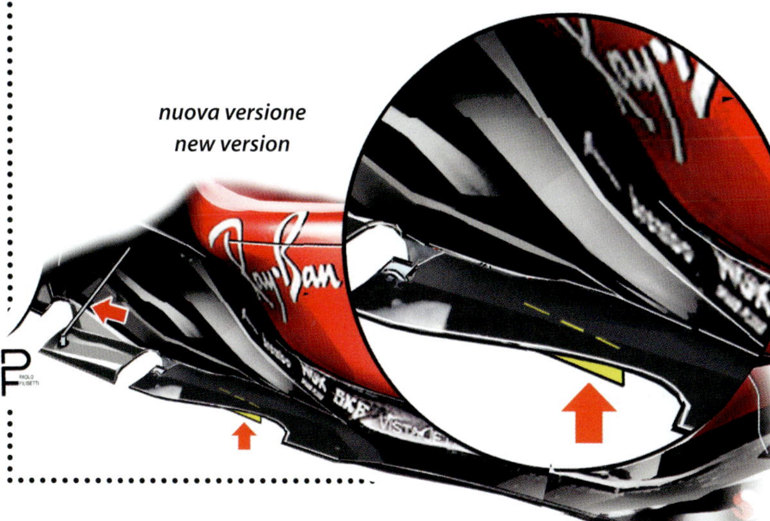

Comparison of the floor of the later F1-75 and the Pirelli test version

In Miami, Ferrari decided not to adopt the version of the floor seen in the Pirelli tests at Imola and in Bahrain. This was characterised by a different profile for the lateral edge, with a curved cutaway and without the horizontal slot characterising the later version.

Dettaglio paratie ala anteriore

Interessante la conformazione della zona a gomito (di collegamento) tra lo schermo verticale delle paratie e i profili, fortemente inclinati verso l'anteriore in modo tale da produrre un taglio triangolare capace di incrementare l'effetto out wash dell'ala.

W13 front wing endplate detail

There was an interesting configuration of the linking zone between the endplate and the wing profiles, sharply inclined forwards to produce a triangular cutaway capable of enhancing the outwash effect.

Confronto ala anteriore W13

Tra le modifiche apportate sulla W13 anche un'ala anteriore caratterizzata dal profilo sinuoso del bordo di uscita, per ridurre la resistenza in rettilineo. Tangibile la differenza con la versione usata a Imola.

W13 front wing comparison

Among the modifications made to the W13 there was also a front wing characterised by a sinuous trailing edge profile designed to reduce drag on the straights. There was a tangible difference to the version used at Imola.

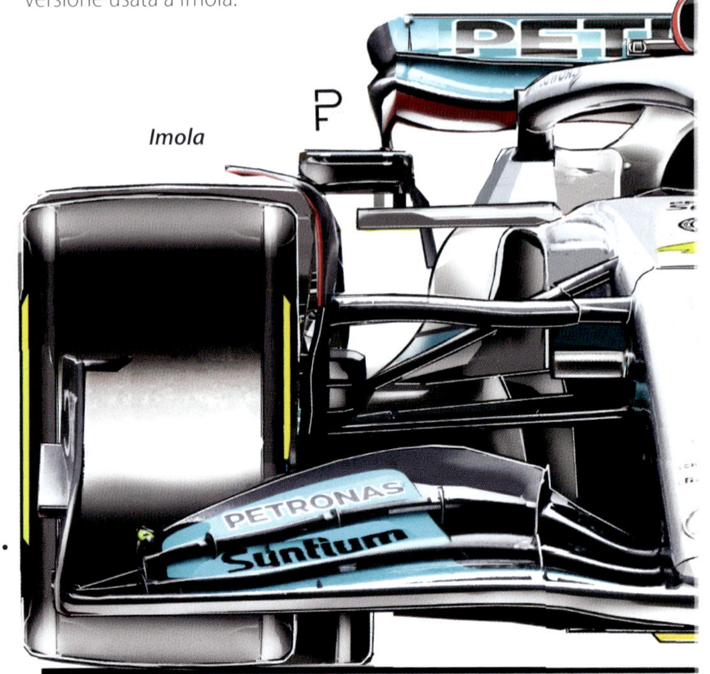

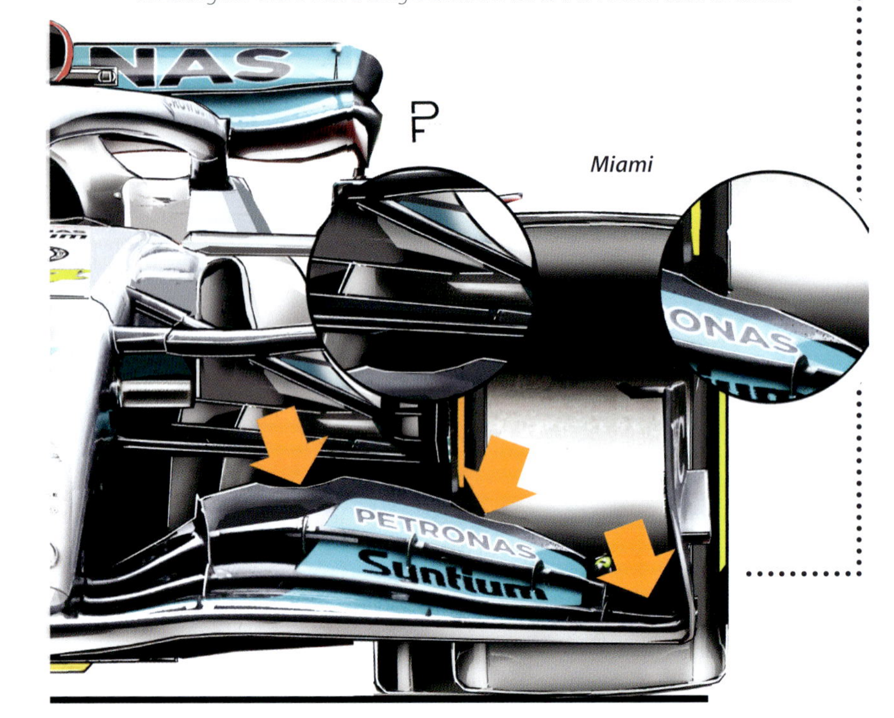

Ala posteriore W13

Nel dettaglio, l'ala posteriore è un concentrato di più modifiche. Non si tratta solo di un'ala "scarica" con profilo rettilineo e non più sinuoso come quella precedente, ma è degno di nota l'intervento al flap del profilo inferiore che migliora la gestione del flusso in uscita dal diffusore.

W13 rear wing

In the detail, the rear wing was a concentrate of modifications. This was not merely a low downforce wing with straight rather than sinuous profiles like the previous one but was notable for the changes to the flap on the lower profile that improved management of the flow exiting the diffuser.

PIRELLI GRAN PREMIO DE ESPAÑA

BARCELONA
MONTMELÒ
22 MAGGIO MAY

Sviluppi: alcuni azzeccati, altri originali, altri meno…

Il pacchetto di sviluppo che la Ferrari ha portato a Barcellona poggiava su tre elementi cardine pur includendone un quarto ma obiettivamente meno rilevante degli altri, per quanto abbia contribuito all'incremento dell'efficienza della vettura. I primi tre sono stati rappresentati, rispettivamente, dal fondo, modificato nel bordo laterale della zona comunemente definita "marciapiede", ora priva della soffiatura che la caratterizzava sin dal Bahrain. La conformazione di questa zona appare dunque semplificata, quasi una sorta di ritorno alle origini, ovvero alla configurazione adottata nei test pre-stagionali, ma in realtà cela una profonda rivisitazione dei canali Venturi sottostanti. Questi, posteriormente, terminano nel diffusore che costituisce la seconda modifica rilevante, con un diverso e più prolungato profilo centrale per incrementare l'estrazione del flusso in uscita. Gli interventi al fondo hanno anche visto l'adozione di nuovi deflettori anteriori caratterizzati da schermi più ampi e con una evidente inclinazione verso l'esterno. Tutte le modifiche che hanno riguardato il fondo, hanno avuto come obiettivo quello di ridurre e gestire efficacemente il porpoising. L'ala da alto carico, inedita per quanto riguarda la conformazione del profilo principale, perseguiva invece il miglioramento dell'efficienza in rettilineo della vettura, abbinata al carico da essa prodotto, rilevante nel terzo settore. Ad una prima analisi prestazionale parrebbe che gli obiettivi di riduzione del porpoising e di miglioramento dell'efficienza in rettilineo a favore di una maggiore velocità della F1-75, siano stati centrati. Tali sviluppi hanno avuto effetti positivi anche per quanto riguarda il degrado degli pneumatici e, fino al ritiro di Leclerc, il passo gara.

Quest'ultimo è stato indubbiamente anche il punto di forza della Red Bull, con la RB18 profondamente modificata nel fondo, soprattutto per quanto riguarda la conformazione dei canali Venturi e il bordo laterale cui è stato aggiunto un mini profilo generatore di vortici.

Per quanto riguarda la Mercedes, lo sviluppo della W13 ha visto l'adozione di un fondo radicalmente diverso lateralmente ed irrigidito nella sua struttura, accanto a diversi convogliatori dei canali Venturi. Ampio lo sviluppo dell'Aston Marin: la AMR22 ha abbandonando il concetto delle fiancate lunghe e a tutta larghezza. Il lavoro svolto dai tecnici aerodinamici del team, diretti dal DT Dan Fallows, ha coinvolto anche una ricollocazione dei pacchi radianti per consentire la complessiva riprofilatura delle fiancate, fortemente spioventi verso la parte posteriore. Di fatto questa sezione della AMR22 è parsa, a livello visivo, una sorta di clone della RB18, ma in realtà l'evoluzione delle fiancate non è si è ispirata alle forme della RB18, come di primo acchito si sarebbe potuto pensare. Il progetto della AMR22, infatti, aveva sin dall'origine previsto l'andamento delle fiancate spioventi al posteriore, già prima della presentazione stessa della vettura. Il suo telaio, sin dal debutto, infatti, è stato caratterizzato da uno scasso inferiore che ha permesso il posizionamento dei radiatori più idoneo alle fiancate spioventi. I concetti introdotti, dunque, solo in modo molto parziale possono essere considerati una sorta di eredità concettuale portata da Dan Fallows, passato alla Aston Martin dalla Red Bull. Lo sviluppo aerodinamico, sotto la supervisione di Luca Furbatto, è stato a tutti gli effetti un processo totalmente originale, svolto dai tecnici del team di Silverstone.

Developments: some successful, some original, others less so…

The development package that Ferrari brought to Barcelona was based on three key elements and a fourth that was objectively less important than the others in terms of its contribution to making the car more efficient. The first three were represented by the floor, with a modification made to the lateral edge in the area commonly known as the "footplate", now stripped of the venting that had characterised it since Bahrain. The configuration of this area therefore seemed to have been simplified, almost a return to the origins, to the configuration adopted in the preseason tests, but in reality, it concealed a thorough revision of the underlying Venturi tunnels. At the rear, they terminated in the diffuser representing the second major modification, with a different and elongated central profile designed to enhance the extraction of the out flow. The modifications to the floor also saw the adoption of new front turning vanes characterised by larger fences and an overt outwards inclination. All the modifications that concerned the floor were designed to reduce and manage effectively the porpoising phenomenon. The high downforce wing, which was new in terms of its main plane configuration, was instead designed to pursue the aim of straight line efficiency combined with the downforce required in the third sector. An initial performance analysis seemed to show that the objectives of reducing porpoising

and improving efficiency on the straights to the benefit of a higher top speed for the F1-75 had been achieved. These developments also had positive effects regarding tyre decay and race pace, at least until Leclerc's retirement.
This last was also indisputably Red Bull's strong suit, with the RB18 boasting a profoundly revised floor, above all with regard to the configuration of the Venturi tunnels and the side edge, to which a mini vortex generator was added.
In the case of Mercedes, the development of the W13 saw the adoption of a floor that was radically different laterally and featured a reinforced structure and different Venturi tunnel ducts. The Aston Martin was subjected to extensive development: the AMR22 abandoned the long, full-width sidepod concept. The work undertaken by the team's aerodynamic engineers, directed by Dan Fallows, also involved the relocation of the radiator packs to allow the comprehensive remodelling of the sidepods which sloped steeply towards the rear. Effectively, this section of the AMR22 appeared, at least visually, to be a kind of clone of the RB18, but in reality, the evolution of the sidepods was not inspired by the shapes of the RB18, as might be presumed at first sight. In fact, the AMR22 project had from the outset provided for sidepods sloping towards the rear, even before the presentation of the car. From its debut, the car's chassis had been characterised by a lower cutaway that permitted a radiator location better suited to the sloping sidepods. The ideas introduced can therefore only partially be considered to be a kind of conceptual inheritance brought with him by Dan Fallows when he moved to Aston Martin from Red Bull. The aerodynamic development, supervised by Luca Furbatto, was a wholly original process undertaken by the Silverstone-based team's engineers.

Diffusore F1-75

La F1-75 ha adottato un fondo radicalmente modificato anche nel diffusore, che ricalca la versione provata in FP1 da Leclerc in Australia, caratterizzata da una diversa profilatura della sezione centrale, efficace anche a livello di gestione del porpoising.

F1-75 diffuser

The F1-75 adopted a floor with radically modifications that also affected the diffuser, which reprised the shape of the version tested in FP1 by Leclerc in Australia, characterised by a different modelling of the central section; the new component also helped management of the porpoising phenomenon.

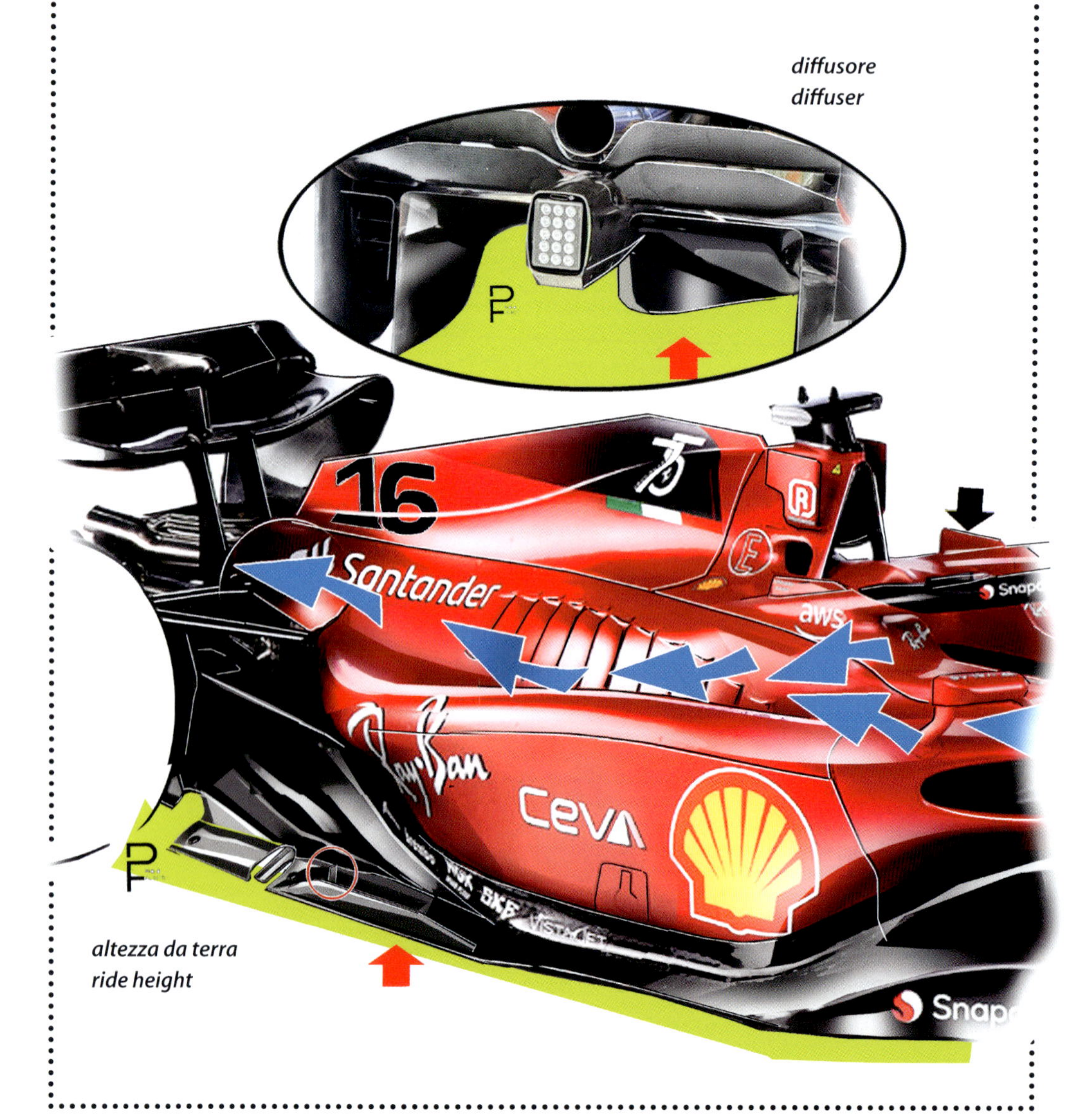

F1-75: tutte le modifiche al fondo

Nella nuova versione (ovale in alto) il bordo laterale del marciapiede è ora privo della soffiatura che lo caratterizzava sin dal Bahrain (ovale in basso). Rivisti anche i deflettori anteriori caratterizzati da uno schermo di maggiore sezione rispetto alla versione iniziale (tondo).

F1-75: all the floor modifications

In the new version (oval, top), the side edge of the footplate was now lacked the vent that had characterised it since Bahrain (oval, bottom). The front turning vanes were also revised with a larger fence section compared to the initial version (circle).

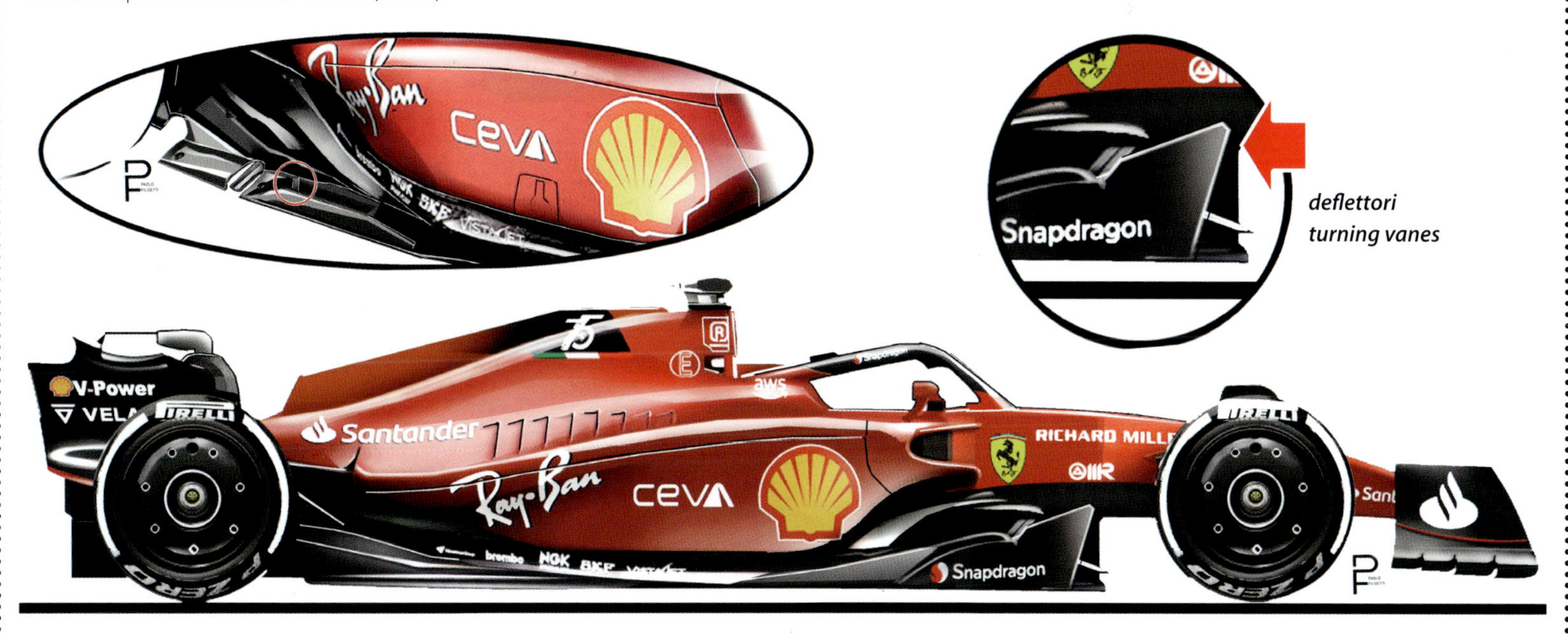

Confronto fondi W13

Nel confronto tra la nuova versione e la vecchia (dettaglio ovale), si nota la presenza degli ampi inserti metallici con la funzione di irrigidimento del bordo laterale, e l'ampia soffiatura per incrementare la "minigonna pneumatica", due elementi correttivi del porpoising.

W13 floor comparison

In the comparison between the new version and the old one (oval detail), we can see the maple metal inserts designed to stiffen the lateral edge and the large vent designed to enhance the effect of the "pneumatic side skirt", two anti-porpoising measures.

Aston Martin AMR22: confronto con la versione di inizio anno e Red Bull RB18

Se si raffronta lateralmente la nuova versione delle fiancate, del fondo e del cofano motore della AMR22, spicca la precisa corrispondenza dei volumi e delle linee che li caratterizzano. Anche la stessa posizione e conformazione delle griglie di smaltimento del calore rende ancora più palese la somiglianza tra le due vetture. In gara, in ogni caso, la AMR22 ha adottato una diversa conformazione delle griglie, incrementata nella sua ampiezza per contrastare efficacemente le elevatissime temperature ambientali.

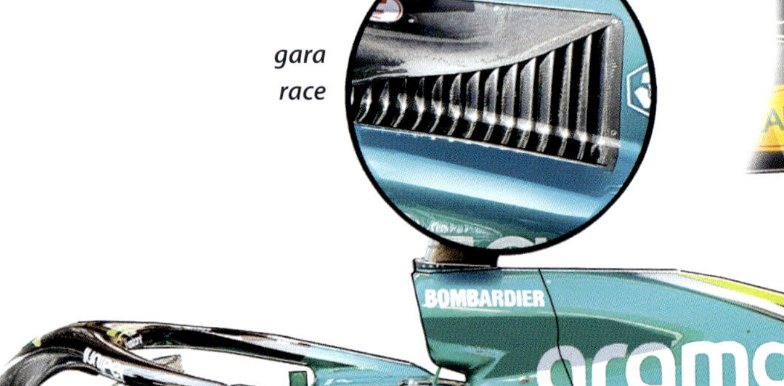

Aston Martin AMR22: comparison between the early version and the Red Bull RB18

If we compare laterally the new version of the sidepods, the floor and the engine cover of the AMR22, there is an evident matching up of the volumes and lines. The same location and configuration of the heat dispersal grilles make the similarity between the two cars even clearer. In any case, in the AMR22 adopted a different grille configuration, with the vents enlarged to take into account the particularly high ambient temperatures.

GRAND PRIX DE MONACO

PRINCIPATO DI MONACO
MONTE CARLO
29 MAGGIO MAY

F1-75: assetto inavvicinabile per i rivali

Il GP di Monaco, ad una sola settimana di distanza da quello di Spagna, era prevedibile non presentasse sostanziali novità tecniche ad eccezione di quelle esclusivamente legate alle caratteristiche specifiche del tracciato del principato. Ciò nonostante, per quanto riguarda la Ferrari, nella giornata di giovedi si è diffusa la voce secondo cui, nella prima sessione di prove libere, solo sulla vettura di Leclerc sarebbe stato montato il fondo nella versione adottata sino al GP di Miami, ovvero dotato di un'ampia soffiatura laterale e con gli schermi dei deviatori di flusso più piccoli rispetto all'evoluzione introdotta a Barcellona la settimana precedente. Lo scopo è stato quello di effettuare una comparazione diretta tra le due versioni per valutare quale delle due adottare nel resto del fine settimana. Invece, ribaltando le previsioni della vigilia, la Ferrari ha da subito mostrato di aver trovato la soluzione ideale per Monaco per quanto riguarda sia l'assetto sia la configurazione aerodinamica della F1-75. La scelta infatti è immediatamente caduta sulla nuova versione per entrambe le vetture, privilegiandola per le caratteristiche ad essa connesse di riduzione sostanziale del porpoising. La ragione alla base di questa scelta, a prima vista inattesa, è legata al fatto che il tracciato del principato, contrariamente a quanto si potrebbe ipotizzare, non è indenne al fenomeno dei sobbalzi aerodinamici. Infatti, l'assetto più morbido delle sospensioni diminuisce la capacità di smorzare le oscillazioni verticali della vettura lungo il suo asse longitudinale. In definitiva, il risultato è quello di oscillazioni addirittura più ampie rispetto a quelle riscontrate su altri circuiti.

Merita una nota a margine la RB18, le cui modifiche più rilevanti hanno riguardato da un lato le prese d'aria dei freni anteriori con una diversa imboccatura, ma soprattutto un'ampia feritoia di sfogo nella parete interna del cestello, accanto alla diversa conformazione degli sfoghi di raffreddamento, sia nella parte superiore sia in quella posteriore delle fiancate. Le feritoie superiori, infatti, sono state parzializzate, quantomeno domenica, mentre è stato interessante notare come lo scambio termico della Power Unit, nonostante le basse velocità sviluppate sul tracciato, sia stato garantito da una sorta di palpebra che ha incrementato la sezione dello sfogo posto a margine della rampa posteriore delle fiancate.

Interessanti anche i fondi di Alpine e McLaren. Il primo dotato di due ampi tagli di sezione ricurva che caratterizzano il marciapiede della A522, col chiaro intento di ridurre il porpoising. Molto complesso il bordo del marciapiede McLaren, con una prima sezione ad espansione caratterizzata da ben cinque convogliatori inferiori, mentre, nella parte posteriore, una lunga soffiatura orizzontale, replica di fatto il fondo Ferrari visto sino a Miami.

F1-75: an unrivalled set-up

It was predictable that the Monaco GP, held just a week after the race in Spain, would not present any substantial technical novelties, except for those exclusively associated with the specific characteristics of the circuit in the principality. Nonetheless, in the case of Ferrari, paddock rumours had it that in the first free practice session, on Leclerc's car alone, the floor that had been used through to the GP in Miami would be fitted, the version equipped with a large lateral vent and smaller turning vanes with respect to the evolution introduced in Barcelona the previous week. The aim was to conduct a direct comparison between the two versions to evaluate which would be adopted for the rest of the weekend. Instead, overturning the early predictions, Ferrari immediately showed that it had found an ideal compromise for Monaco in terms of both the set-up and the aerodynamic configuration of the F1-75. The team in fact immediately opted for the new version on both cars, privileging it for the characteristics that substantially reduced porpoising. The reasoning behind this rather unexpected choice was associated with the fact that the principality's circuit, despite what one might think, is not immune to the porpoising phenomenon. In fact, the softer suspension set-up diminishes the system's ability to dampen the vertical oscillations of the car along its longitudinal axis. In short, the result is the generation of oscillations that are actually longer than those encountered on other circuits. The RB18 is deserving of special mention, with significant modification that involved the front brake air intakes with a different mouth, but above all a large vent in the internal wall of the drum, along with a different shape for the cooling vents, in both the upper and rear parts of the sidepods. The upper slots, in fact, were reduced, at least on the Sunday, while it was interesting to note how despite the low speeds on this circuit, the thermal exchange for the PU was guaranteed by a kind of eyebrow that increased the section of the vent placed on the edge of the sidepods' rear ramp.

Two large curved cutaways characterised the footplate of the A522, clearly designed to reduce porpoising. The edge of the McLaren's footplate was very complex, with an initial expansion section characterised by no less than five lower channels and, in the rear section, a long horizontal slot, effectively replicating the Ferrari floor used through to Miami.

F1-75: floor and rear suspension

The suspension set-up for Monte Carlo is particularly soft to contrast the undulations of the asphalt. Mechanical traction is crucial in the principality and the rear suspension of the F1-75, paired with the floor introduced in Spain, guaranteed elevated traction out of corners.

Dettaglio fondo MCL36

Molto complesso il bordo del marciapiede della MCL36. Nella parte anteriore, caratterizzato da un profilo ad espansione che presenta inferiormente cinque convogliatori ricurvi per energizzare il flusso. Nella sezione posteriore, una lunga soffiatura orizzontale ricorda la versione del fondo Ferrari adottato sino a Miami.

MCL36 floor detail

The edge of the MCL36's footplate was very complex. At the front, it was characterised by an expansion profile featuring five curving lower channels designed to energize the flow. At the rear, a long horizontal slot recalled the version of the Ferrari floor adopted through to Miami.

Fondo Alpine A522

Il bordo laterale del marciapiede della Alpine era caratterizzato da due ampi tagli ricurvi nella sezione centrale. La loro funzione è stata quella di ridurre i sobbalzi aerodinamici.

Alpine A522 floor

The lateral edge of the Alpine's footplate was characterised by two large, curved cutaways in the central section. They were designed to reduce aerodynamic porpoising.

F1-75: fondo e sospensione posteriore

Il set delle sospensioni a Monte Carlo è particolarmente morbido per contrastare le ondulazioni dell'asfalto. La trazione meccanica è cruciale nel principato e la sospensione posteriore della F1-75, accoppiata al fondo introdotto in Spagna, ha garantito un'elevata motricità in uscita di curva.

Sfoghi calore RB18

Lo scambio termico della Power Unit, nonostante le basse velocità sviluppate sul tracciato monegasco, è stato garantito da una sorta di palpebra che ha incrementato la sezione dello sfogo posto, sin dalla presentazione, ma con una sezione inferiore, a margine della rampa posteriore delle fiancate (si veda il dettaglio ingrandito nel tondo).

RB18 heat vents

Despite the slow speeds attained on the Monaco circuit, the thermal exchange of the PU was guaranteed by a kind of eyebrow that increased the section of the vent situated, from the presentation of the car, albeit with a smaller section, at the end of the rear sidepod ramp (see the detail enlarged in the circle).

Mercedes W13 altezze da terra

La necessità di adottare altezze da terra elevate ha imposto alla W13 un assetto che di fatto ha ridotto l'innesco del porpoising della monoposto. Per contro, l'adozione di un assetto più morbido è invece andato nella direzione contraria.

Mercedes W13 ride heights

The need to adopt elevated ride heights imposed a set-up on the W13 that effectively reduced triggering of the porpoising phenomenon. On the other hand, the adoption of a softer set-up instead had the opposite effect.

AZERBAIJAN GRAND PRIX

BAKU
BAKU CITY CIRCUIT
12 GIUGNO JUNE

Ferrari: affidabilità azzerata

Il dato più rilevante, sotto il profilo tecnico, emerso dal GP dell'Azerbaigian non è legato agli sviluppi introdotti quanto all'allarme affidabilità, che dopo il cedimento della Power Unit di Leclerc e il problema all'impianto idraulico che ha fermato Sainz, è suonato forte a Maranello. A inizio stagione i problemi legati all'affidabilità erano sembrati "patrimonio esclusivo" della Red Bull, con una RB18 veloce ma fragile. I ripetuti guasti all'impianto di alimentazione, con difficoltà di pescaggio e Power Unit ammutolita, dimostravano quanto delicata fosse l'affidabilità della monoposto e, in ogni caso, vista la tipologia dei guasti, non li si poteva considerare problemi di gioventù quanto piuttosto guai originati dall'ennesimo progetto estremo di Adrian Newey. La Ferrari sembrava invece esserne immune, anche se nell'arco di una stagione era prevedibile che sporadici problemi avrebbero potuto fermare le "Rosse".
La Power Unit 066/7 è un progetto totalmente nuovo rispetto a quello con cui la Ferrari ha disputato la scorsa stagione, soprattutto a livello di propulsore endotermico, caratterizzato da un disegno del tutto nuovo delle camere di combustione che garantiscono potenza ed efficienza tali da aver recuperato rispetto alla concorrenza circa 25 cavalli e di fatto posizionando la Ferrari, se non al vertice, almeno alla pari con i rivali. La F1-75 sinora si era dimostrata un progetto molto competitivo, tanto da ridurre proprio a Baku il gap velocistico che la separava dalla Red Bull.
Da segnalare, invece, la ricomparsa sulla Red Bull di Verstappen del problema al DRS, presentatosi in Spagna, con il flap che sfarfallava nel lungo rettilineo del tracciato. Il "buffeting", questa la denominazione del fenomeno, pare fosse causato da un problema all'attuatore. Di fatto nell'opera di alleggerimento e miniaturizzazione di numerose componenti, a farne le spese, pare siano stati anche gli attuatori del DRS non del tutto in grado di contrastare la resistenza generata dal flusso d'aria passante con il flap aperto. Interessante, in ogni caso, notare che anche lo scorso anno il buffeting si era ripetutamente manifestato sulla RB16B, in Qatar e in Brasile. A livello di sviluppi, vale la pena citare l'adozione su entrambe le Ferrari di un'ala da basso carico. Venerdì la scuderia ha effettuato una prova comparativa tra un'ala da basso carico, simile a quelle utilizzate a Jeddah e Miami, e la nuova versione, già portata a Miami ma mai utilizzata. Il riscontro ottenuto sulla monoposto di Leclerc nella seconda sessione di prove libere ha convinto i tecnici di Maranello a montarla anche sulla vettura di Sainz. L'ala è caratterizzata dal profilo principale posto molto in alto e con andamento rettilineo per la maggior parte della sua larghezza. In pratica, solo le estremità sono incurvate verso l'alto, creando con la porzione rettilinea un "cucchiaio" appena accennato. Tale configurazione ha di fatto allineato la F1-75 a quella della Red Bull.
Mercedes, invece, ha effettuato un intervento di micro aerodinamica, montando sotto i profili che fungono da supporto degli specchietti, due mini profili verticali inclinati posteriormente. Questi elementi, definiti "additional stays", ossia supporti aggiuntivi (anche se di fatto non reggono nulla) hanno la funzione di far aderire meglio il flusso d'aria che lambisce le mini fiancate della W13. In pratica cercano di indurre il più possibile sulla loro superficie un minimo effetto Coandă, non solo utile a generare carico, ma soprattutto a ridurre la resistenza generata dal repentino distacco del flusso in questa zona della vettura.

Ferrari: reliability out the window

The most significant technical factor to emerge from the Azerbaijan GP was not so much the developments introduced as the reliability alarm that was sounding loud and clear at Ferrari following Charles Leclerc's power unit failure and the problem with the hydraulic system that sidelined Carlos Sainz. Early in the season, reliability issues had seemed to be the exclusive preserve of Red Bull, with its quick but fragile RB18. The repeated fuel system failures, the engines muted by scavenging problems, demonstrated just how delicate the reliability of the car was and, in any case, given the type of problem, they could hardly be considered to be teething troubles but rather issues deriving from the latest extreme design by Adrian Newey. Ferrari, instead, had seemed to be immune, although over the course of the season it was predictable that sporadic problems might have stopped the Rosse.
The 066/7 power unit was a completely new design with respect to the one with which Ferrari disputed the previous season, above all in terms of the internal combustion engine, characterised by an all-new combustion chamber design guaranteeing power and efficiency to the extent that it was estimated the team had made up around 25 hp on its rivals, placing the Ferrari if not at the head of the field, at

on a level footing. The F1-75 had proved to be a very competitive design and in Baku had reduced the speed deficit that separated it from the Red Bull.
It should instead be noted that Verstappen's car suffered a recurrence of the DRS problem that had emerged in Spain, with the flap fluttering on the long main straight. This issue was apparently caused by a problem with the DRS actuator. What seems to have happened is that in the process of lightening and miniaturising of the numerous components, the DRS actuators proved unable to contrast the drag generated by the air flow with the flap open. In any case, it was interesting to note how the previous year too, the buffeting repeatedly occurred on the RB16B in Qatar and Brazil. In terms of developments, it is worth mentioning the adoption of a low downforce wing on both Ferraris. On the Friday, the Scuderia conducted a comparison test between a low downforce wing similar to those used in Jedda and Miami and the new version, taken to Miami but never used. The results obtained with Leclerc's car in the second free practice session convinced Maranello's engineers to fit the wing to Sainz's car too. It was characterised by a main plane located very high and with a straight configuration for the majority of its length. Only the extremities were curved upwards, creating with the straight section only a very shallow dished effect. This configuration brought the F1-75 into line with the Red Bull.
Mercedes instead went with a micro-aerodynamics package, fitting two vertical mini-profiles sloping backwards below the mirror support profiles. These elements, defined as "additional stays" (even though they were not supporting anything) were designed to ensure that the flow of air over the W13's mini-sidepods adhered better. In effect they tried to induce over as much as their surface as possible a minimal Coanda effect, useful not only in generating downforce, but above all in reducing the drag generated by the sudden detachment of the flow in this area of the car.

F1-75: ala posteriore da basso carico
L'ala adottata da Leclerc sin dalle FP2 è caratterizzata da un profilo principale molto alto e rettilineo per quasi tutta la sua larghezza. Solo le estremità laterali sono inclinate verso l'alto formando un cucchiaio solo accennato, simile a quello della Red Bull.

F1-75: low downforce rear wing
The wing adopted by Leclerc from FP2 was characterised by a very high main plane that was straight for almost its full length. Only the extremities are inclined upwards, forming a very shallow dished effect, similar to the Red Bull's wing.

RB18: dettaglio attuatore DRS
Nelle prove libere Verstappen ha accusato il problema di sfarfallamento del flap del DRS. In pratica l'attuatore non riusciva, in piena velocità sul rettilineo, a contrastare la pressione dell'aria che impediva la chiusura del flap.

RB18: DRS actuator detail
In free practice, Verstappen suffered with DRS flap flutter. The actuator proved unable to contrast the air pressure at full speed on the straight, preventing the closure of the flap.

Problema DRS RB16B Qatar 2021

A livello di nota, il disegno illustra il problema al DRS che la Red Bull ha manifestato nel 2021 in Qatar e Brasile. Innescato, in un caso, dai tiranti metallici di collegamento tra il flap e l'attuatore.

DRS problem, RB16B Qatar 2021

This drawing provides an illustrated note regarding the DRS problem suffered by Red Bull in 2021 in Qatar and Brazil. In one case, this had been triggered by the metal stays linking the flap and the actuator.

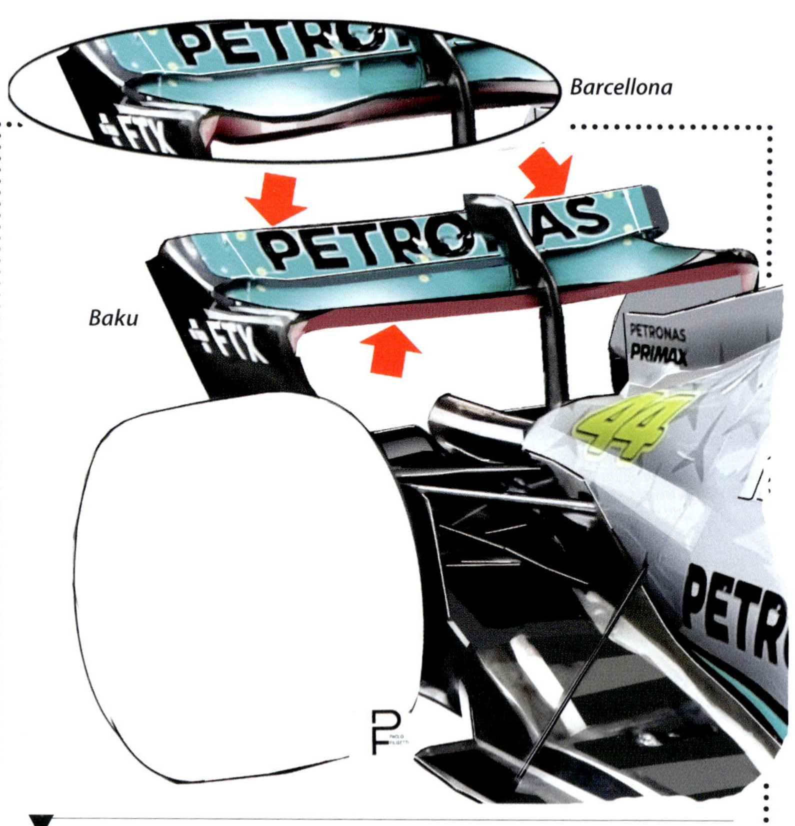

W13: ala posteriore Baku

Nel confronto diretto con la versione adottata in Spagna emerge come il profilo adottato a Baku fosse rettilineo e posto più in alto rispetto alla versione di Barcellona, per favorire la scorrevolezza in rettilineo.

W13: Baku rear wing

The direct comparison with the version adopted in Spain reveals that the profile adopted in Baku was straighter and set higher than the one used in Barcelona in order to favour aerodynamic efficiency on the straights.

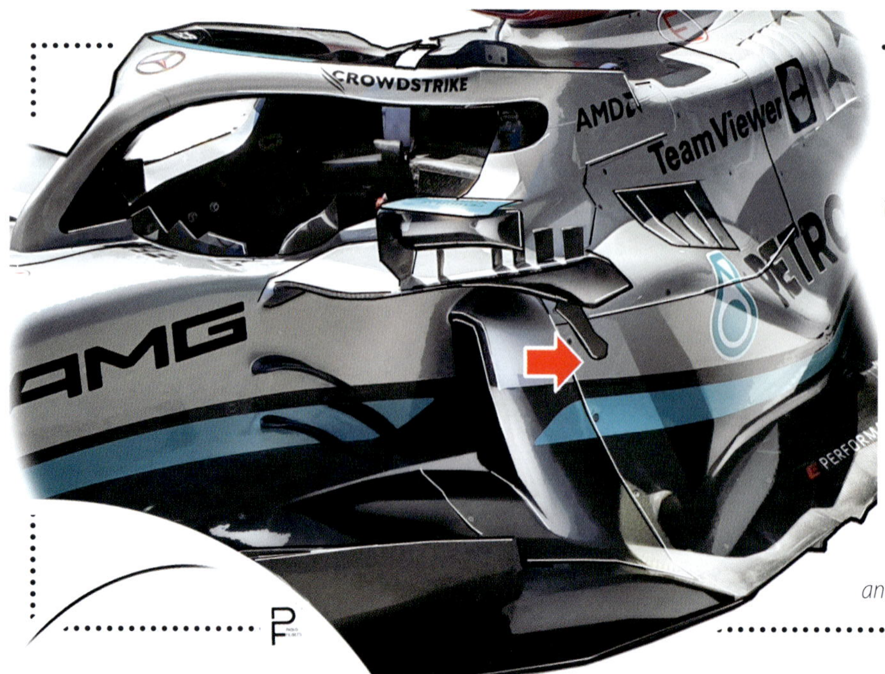

Mercedes W13: mini estensione sotto i supporti degli specchietti

La Mercedes ha introdotto una modifica a livello di micro aerodinamica, introducendo un mini profilo che si estende al di sotto dei supporti degli specchietti retrovisori, con la funzione di indurre/incrementare l'effetto Coandă del flusso che lambisce le fiancate. Il distacco del flusso, infatti, ha sinora generato elevato drag e turbolenze nocive sulla W13.

Mercedes W13: mini-extension below the mirror supports

Mercedes introduced a micro-aerodynamic modification in the form of a mini-profile extending below the rear-view mirror supports, designed to induce/enhance the Coandă effect on the flow over the sidepods. The detachment of the flow had, in fact, hitherto generated elevated drag and toxic turbulence on the W13.

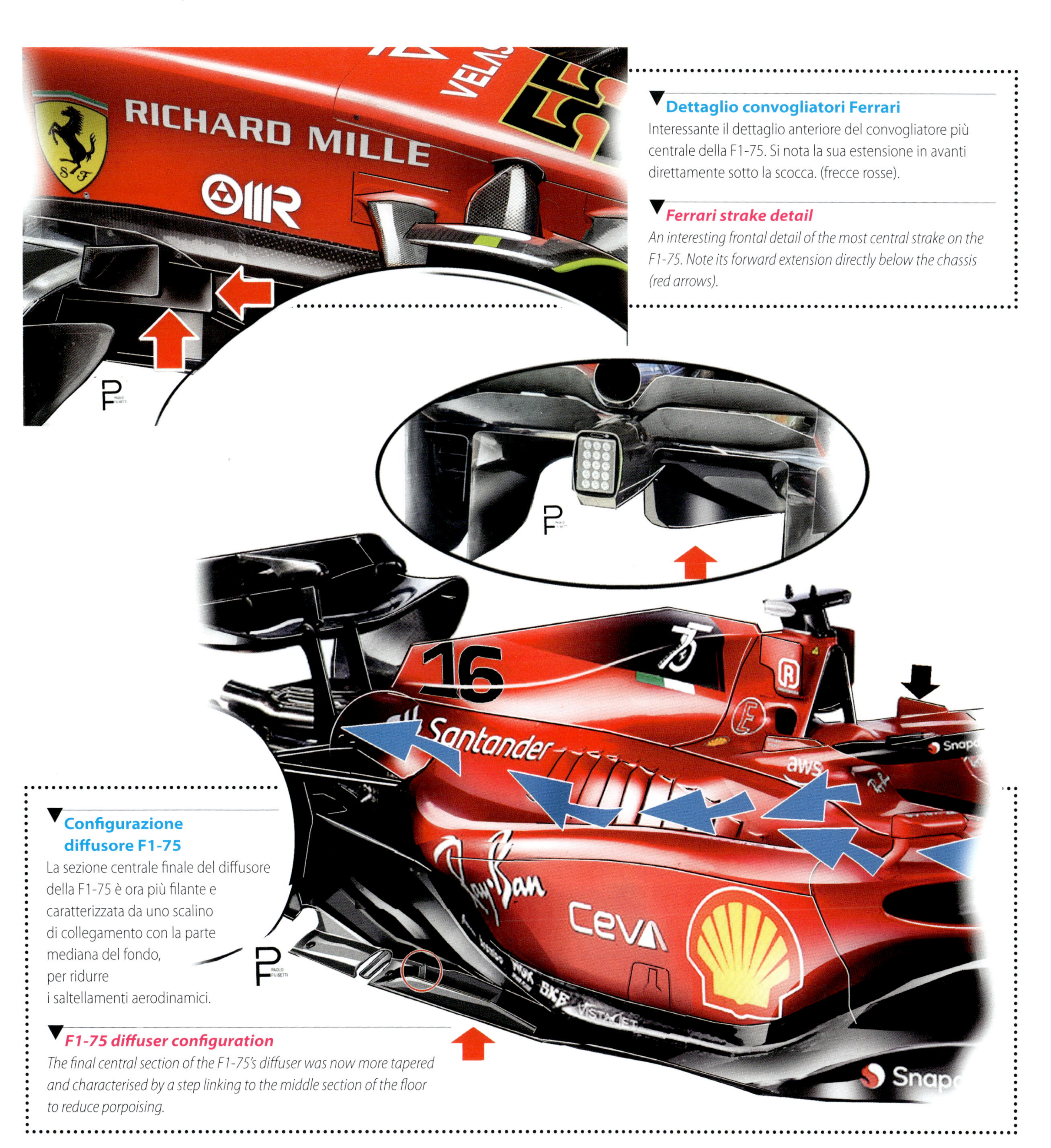

Dettaglio convogliatori Ferrari

Interessante il dettaglio anteriore del convogliatore più centrale della F1-75. Si nota la sua estensione in avanti direttamente sotto la scocca. (frecce rosse).

Ferrari strake detail

An interesting frontal detail of the most central strake on the F1-75. Note its forward extension directly below the chassis (red arrows).

Configurazione diffusore F1-75

La sezione centrale finale del diffusore della F1-75 è ora più filante e caratterizzata da uno scalino di collegamento con la parte mediana del fondo, per ridurre i saltellamenti aerodinamici.

F1-75 diffuser configuration

The final central section of the F1-75's diffuser was now more tapered and characterised by a step linking to the middle section of the floor to reduce porpoising.

AWS GRAND PRIX DU CANADA

MONTRÉAL
CIRCUIT GILLES VILLENEUVE
19 GIUGNO *JUNE*

La lotta al porpoising decisa dalla FIA divide i team

Gli elementi di rilevanza tecnica del GP del Canada non sono stati legati tanto allo sviluppo delle monoposto quanto al fatto che la FIA abbia deciso di muoversi rapidamente per gestire subito il problema del porpoising, emerso in modo eclatante a Baku, per poi trovare una soluzione definitiva allo stesso nel medio periodo. L'azione della FIA nasce per arginare le implicazioni che i frequenti sobbalzi e scuotimenti cui i piloti sono sottoposti a causa di questo fenomeno aerodinamico possono avere a livello fisico. Per questo la Federazione ha deciso di non temporeggiare, emanando una direttiva tecnica (la n° 39) che prevedeva vari passaggi, ad iniziare dalla misurazione delle accelerazioni verticali legate agli scuotimenti su ogni vettura e la loro frequenza. La tempestività d'azione ha colpito molti tecnici nel paddock, scettici sulla possibilità di trovare una soluzione a breve termine. Tra le misure adottate da subito, una sarebbe stata incrementare l'altezza da terra delle monoposto. Pur essendo questa tra le strade più semplici da attuare, in realtà, secondo diversi tecnici, avrebbe rappresentato anche la meno efficace e, al tempo stesso, la più penalizzante sul piano prestazionale. L'obiezione nasceva dal fatto che non è sufficiente incrementare l'altezza da terra del fondo per ottenere una drastica riduzione dei sobbalzi. Alla loro origine, la rottura della struttura del flusso d'aria passante inferiormente, che avviene con modalità diverse per ciascuna vettura a seconda della conformazione del fondo. L'approccio, dunque, avrebbe dovuto essere più sistematico, analizzando a fondo la natura delle vetture a effetto suolo di questa stagione. La Direttiva Tecnica n° 39 ha incluso anche, come eccezione ammessa al regolamento, l'adozione di un secondo tirante di irrigidimento del fondo per ridurne la flessione, ergo l'ampiezza degli scuotimenti generati dal porpoising. Ha fatto scalpore in pit lane che la Mercedes W13 ne fosse già dotata sin dalla prima sessione di prove libere. L'obiezione sollevata dai team rivali è stata relativa alle tempistiche con cui è diventato operativo il secondo tirante da parte dei tecnici del team di Brackley. Ciò poggiava su un solido fondamento tecnico, in quanto la posizione e l'inclinazione del tirante rispetto al fondo si improvvisano. Per avere efficacia il tirante deve essere posizionato dove effettivamente, in condizioni di marcia, quindi con massimo carico generato dal fondo, ne impedisca la flessione. Questo può essere ottenuto solo dopo aver eseguito uno studio con simulazioni al CFD non eseguibile in mezza giornata, circa il tempo intercorso tra la notifica della direttiva ai team e la comparsa del secondo tirante sulla W13 nei box di Montréal. La W13 avrebbe così potuto girare con altezze da terra inferiori a quelle che sinora le consentivano di ridurre in parte i saltellamenti, migliorando le prestazioni. Su queste basi è poi prevalsa la scelta di differire l'entrata in vigore della direttiva, consentendo a tutti di implementare accorgimenti sulle monoposto. Alla luce del malcontento, e soprattutto delle minacce di proteste formali, Mercedes prima della FP3 ha smontato il secondo tirante dalle W13 tornando alla configurazione precedente.

A livello di sviluppi, degna di nota, sotto il profilo tecnico/strategico, è stata l'adozione di un'ala posteriore più scarica sulla F1-75 di Leclerc. La scelta è maturata a seguito della decisione di smarcare una quarta Power Unit per il monegasco, dunque costretto a partire dal fondo dello schieramento per l'accumulo delle penalità. Il bordo del flap mobile e il profilo principale a cucchiaio differivano lievemente rispetto alla versione adottata da Sainz, riducendo la resistenza all'avanzamento a favore dei sorpassi.

Piuttosto variegato, in ogni caso, il panorama a livello di configurazione scelta. Alcuni team, come Alpine, hanno privilegiato la scorrevolezza dotando la A522 di un'ala posteriore che replicava quella di Baku. Diversa la scelta della McLaren, con una versione da medio carico introdotta sulla MCL36.

FIA's fight against porpoising divides the teams

The aspects of the Canadian GP of technical significance were associated not so much with the development of the cars as with the fact that the FIA had decided to move swiftly to handle the problem of porpoising, which had emerged dramatically at Baku, and to find a definitive solution in the medium term. FIA's action came out of a need to curb the implications that the frequent bouncing and shaking to which the drivers were subjected caused by this aerodynamic phenomenon might have had on a physical level. The Federation therefore decided not to waste time and published a technical directive (No. 39) that involved several steps, starting with the measurement of the vertical accelerations associated with the bouncing on every car and its frequency. The promptness of the FIA's intervention struck many of the engineers in the paddock who were sceptical regarding the possibility of finding a solution in the short term. Among the measures adopted immediately, one was to have been to increase the cars' ride height. While this would have been one of the easiest paths to follow according to several engineers, it would also have been the least efficacious and, at the same time, the most detrimental to performance. The objections derived from the fact that altering the ride height was not sufficient to obtain a drastic reduction in porpoising. The phenomenon, which involved the interruption of the lower air flow, occurred in different ways for each car according to the configuration of their floors. The approach therefore needed to be more systematic, analysing in depth the nature of this season's ground effect cars. Directive No. 39 also included, as an exception to regulations, the adoption of a second stiffening stay on the floor to reduce flexing and therefore the amplitude of the shaking generated by the porpoising effect. The fact that the Mercedes W13 was already equipped from the first free practice session caused a stir in the pit lane. The objection raised by the rival teams concerned the timescale with which the second stay had been installed by the engineers at Brackley. This was based on solid technical foundations in that the position and inclination of the stay with respect to the floor had to be improvised. To be effective, the stay had to be positioned where it would prevent flexing when the maximum downforce was generated by the floor. This could only be obtained through a process of CFD simulations that could hardly be executed in half a day, which was approximately the time between the notification of the directive sent to the teams and the appearance of the second stay on the W134 in the Montreal pits. The W13 would therefore be able to run with lower ride heights than those which until then had allowed it to reduce in part the bouncing, thereby improving performance. It was on this basis that it was then decided to postpone the actuation of the directive, allowing everyone to implement the modifications to their cars. In the light of this discontent and above all the threat of formal protests, ahead of FP3 Mercedes removed the second stay from the W13, returning to the previous configuration.

In terms of developments, of note from a technical/strategic point of view was the adoption of a lower downforce rear wing on Leclerc's F1-75. This choice followed the decision to install a fourth power unit for Leclerc who would therefore be obliged to start from the back of the grid due to an accumulation of penalties. The edge of the mobile flap and the dished main plane differed slightly with respect to the version adopted by Carlos Sainz, reducing drag to facilitate overtaking.

In any case, the range of configurations chosen was varied. Several teams, including Alpine, privileged penetration, equipping the A522 with a rear wing replicating the Baku configuration. McLaren took a different approach, with a medium downforce version introduced on the MCL36.

F1-75: dettaglio fondo e diffusore
La variazione dell'altezza da terra potrebbe essere accompagnata ad una revisione del fondo e dei diffusori per modificare la struttura del flusso e diminuire l'effetto porpoising.

F1-75: floor and diffuser detail
The variation of the ride height could be accompanied by a revision of the floor and the diffusers to modify the flow structure and diminish the porpoising effect.

F1-75: ala posteriore Leclerc

Sulla vettura del monegasco è stata adottata un'ala posteriore più scarica rispetto a quella di Sainz, con un diverso profilo degli spigoli del flap mobile e del cucchiaio inferiore. In pratica, una versione evoluta di quella impiegata a Baku. Lo scopo è ridurre la resistenza all'avanzamento per facilitare i sorpassi favorendo il recupero di posizioni, visto l'obbligo di partire dal fondo schieramento per le penalità accumulate per l'adozione della quarta Power Unit.

F1-75: Leclerc rear wing

Leclerc's car featured a lower downforce rear wing compared with that of Sainz, with a different profile to the edges of the mobile flap a lower dished profile. In effect, an evolved version of the one used in Baku. The aim was to reduce drag to facilitate overtaking, with Leclerc being obliged to make up positions after starting from the back of grid due to penalties accumulated with the fitting of a fourth P.U.

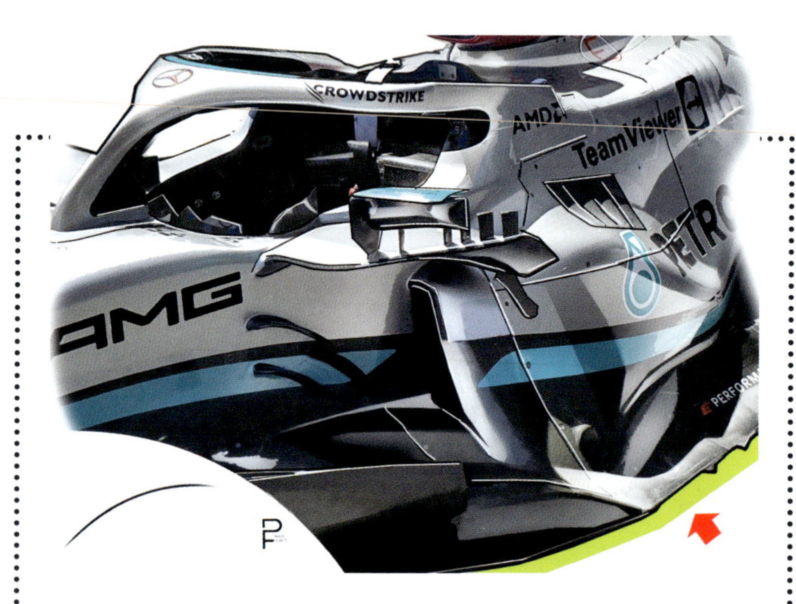

Mercedes W13: doppio tirante sul fondo

Nelle prime due sessioni di prove libere la W13 presentava un tirante aggiuntivo di irrigidimento del fondo. (frecce blu). Si tratta di un nuovo elemento concesso dalla FIA nella direttiva n° 39, in deroga all'attuale regolamento tecnico. La sua comparsa sulle W13 ha suscitato aspre polemiche nel paddock, inducendo il team di Brackley alla sua rimozione prima delle FP3.

Mercedes W13: dual floor stays

In the first two free practice sessions, the W13 featured an additional stay stiffening the floor (blue arrows). This was a new element permitted by FIA directive No. 39, as an exception to the current regulations. Its appearance on the W13s aroused bitter arguments in the paddock, inducing the team from Brackley to remove it ahead of FP3.

Ala posteriore Alpine A522

Dopo Baku, dove Alpine aveva introdotto come modifica più rilevante una diversa imboccatura delle fiancate, qui il team di Enstone ha scelto una configurazione che ha privilegiato la scorrevolezza dotando la A522 di un'ala posteriore che replicava quella di Baku.

Alpine A522 rear wing

After Baku, where Alpine had introduced as its most significant modification a new sidepod mouth, here the team from Enstone went with a configuration that privileged penetration, equipping the A522 with a rear wing replicating the one from Baku.

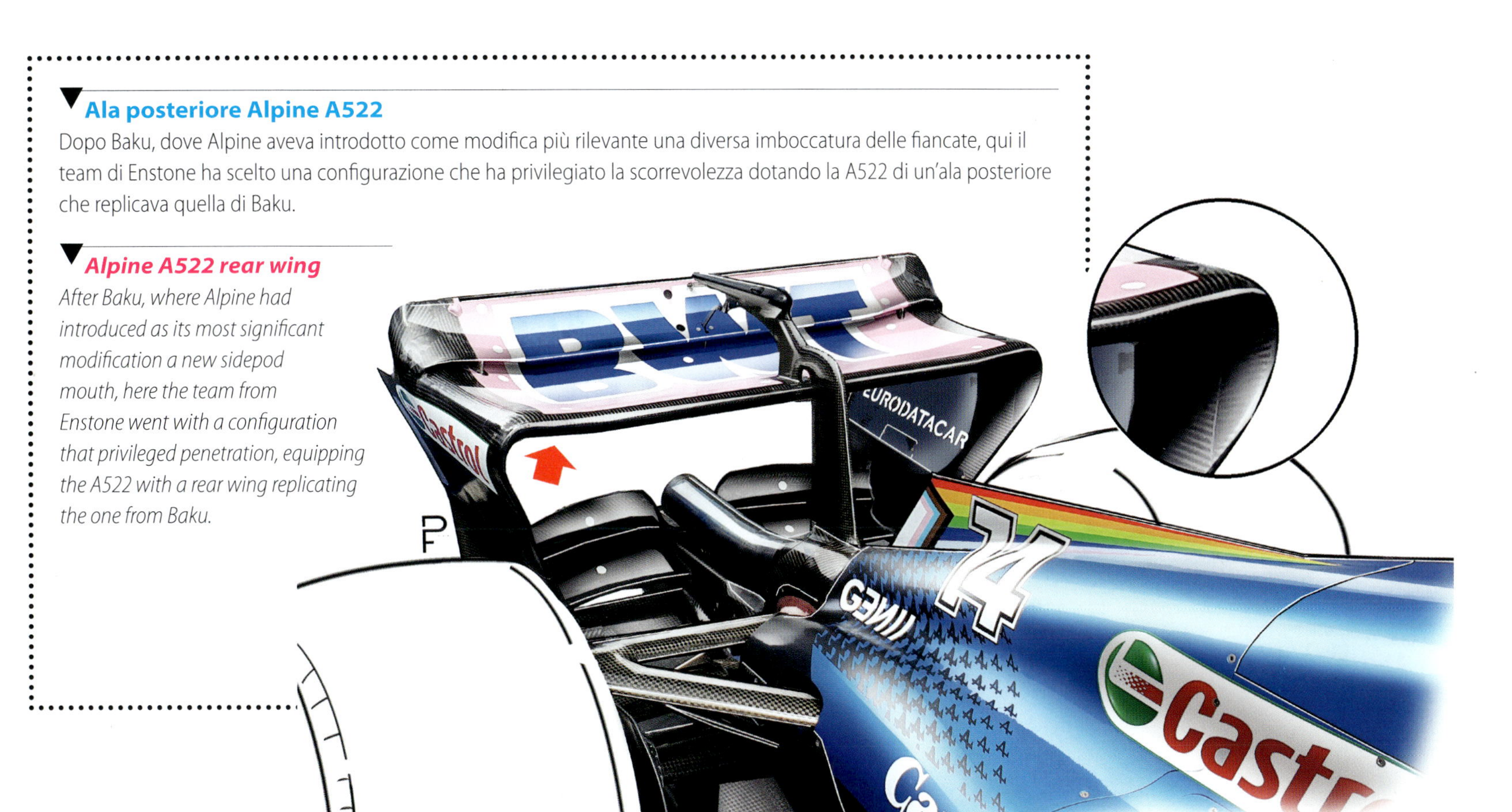

McLaren MCL36: ala posteriore

Diversa la scelta della McLaren che ha utilizzato un'ala posteriore da medio carico funzionale alla sezione centrale del tracciato di Montréal.

McLaren MCL36: rear wing

McLaren took a different approach with a medium downforce wing offering optimum functionality in the central sector of the Montréal circuit.

LENOVO BRITISH GRAND PRIX

SILVERSTONE
SILVERSTONE CIRCUIT
3 LUGLIO *JULY*

I team giocano "all in": ampi e diffusi gli sviluppi introdotti a Silverstone

Il GP di Gran Bretagna ha pienamente rispettato le attese costituendo un punto cruciale nella stagione per l'ampiezza degli sviluppi che tutti i team, e in particolare quelli di vertice, hanno introdotto su questo tracciato. Trattandosi anche della pista di casa per sette team su dieci, tra cui la Red Bull, il team di Milton Keynes ha introdotto un ampio pacchetto di sviluppi sulla RB18, nei fatti decisamente più ampio di quelli precedenti. Se da un lato gli interventi non sono stati solo di natura aerodinamica, se si considera anche un alleggerimento della monoposto valutato nell'ordine dei cinque chilogrammi, è innegabile che la veste aerodinamica di questa vettura sia stata profondamente evoluta. Il fondo è stato l'elemento su cui si è più concentrata l'attenzione dei tecnici diretti da Adrian Newey. Alcune differenze rispetto alla versione precedente si trovavano al di sotto della monoposto, dunque invisibili ad occhio nudo, ma da nostre fonti abbiamo appreso riguardassero una revisione delle sezioni dei canali Venturi. In parallelo, interessante notare come la concorrenza diretta, in particolare della Ferrari, sia stata valida fonte di ispirazione. Una caratteristica peculiare della nuova specifica del fondo è stata infatti l'introduzione di un soffiaggio posteriore e di un "dito" che permetteva di energizzare il flusso nell'area davanti alle ruote posteriori. Questo elemento, come detto di chiara ispirazione Ferrari, è presente sulla F1-75 sin dai test in Bahrain. Si tratta di un elemento che tendeva anche a sfruttare, in aggiunta alla variabilità delle sezioni dei canali Venturi inferiori, una flessibilità del fondo in questa specifica zona, una soluzione che pare essere propria solo di Ferrari e Red Bull. Questa caratteristica ha suscitato il profondo interesse dei rivali poiché permette un'ottimizzazione della gestione dei flussi inferiori, non solo limitando il porpoising ma incrementando le prestazioni. L'ottimizzazione dei flussi passanti nella parte inferiore è stata alla base del progressivo miglioramento delle prestazioni di questa vettura anche nei tratti guidati dei circuiti su cui sinora si è corso. A Silverstone, i tecnici guidati da Newey hanno fatto debuttare anche un nuovo cofano motore, decisamente più stretto rispetto a quello precedente, e caratterizzato da una profonda sciancratura che culmina posteriormente in un profilo a T. In pratica questa versione ricorda molto la carrozzeria posteriore della RB16B del 2021. Questa soluzione permette di ottenere più obiettivi in contemporanea: da un lato, l'aria calda in uscita dalla parte posteriore, con uno sfogo posto lievemente più in alto rispetto alla versione precedente, permette l'incremento dell'efficienza del profilo principale dell'ala; la sezione inferiore della T, invece, migliora la gestione dei flussi diretti alla beam wing.
Per quanto riguarda la Scuderia di Maranello, è stato introdotto un pacchetto di modifiche rilevante, di cui è stata anticipata una parte, con l'adozione dell'ala posteriore più scarica approntata in un singolo esemplare, adottato da Leclerc in Canada. Il fondo e il diffusore sono stati rivisitati, non con la priorità assoluta di generare maggiore carico bensì, a parità di deportanza, di ridurre il drag. La lotta in termini di performance tra la RB18 e la F1-75 è stata quanto mai ravvicinata, dunque gli sviluppi sono stati anche di micro aerodinamica, con una nuova versione dei supporti degli specchietti ora caratterizzati dalla presenza, lungo il profilo inferiore della carenatura, di due generatori di vortici verticali. A destare interesse è stata soprattutto la diversa profilatura posteriore delle fiancate che hanno determinato una zona a Coca Cola più avanzata, riducendo il bloccaggio aerodinamico al retrotreno e soprattutto migliorando l'efficienza della beam wing.
Mercedes non ha lesinato gli sforzi sulla W13, progettata dall'inizio sui parametri di questa pista, con l'introduzione di un fondo radicalmente evoluto nel bordo laterale. Al centro presentava un'ampia soffiatura con profilo interno rinforzato da un bordo metallico, con funzione di irrigidimento, mentre nella parte inferiore era suddivisa da convogliatori che ricordano un'analoga soluzione della McLaren MCL36. Il bordo metallico interno svolge infatti la medesima funzione del tirante aggiuntivo, brevemente visto in Canada.

The teams go "all in": extensive and widespread developments introduced at Silverstone

The British GP lived up to all the expectations and represented a crucial point of the season in terms of the breadth of develops that all the teams, in particular those at the top of the standings, introduced at this circuit. With this the home track for seven of the ten teams, including Red Bull, the outfit from Milton Keynes introduced a broad range of developments on the RB18, effectively far broader than the previous ones. While on the one hand the modifications were not solely aerodynamic considering that there was also a lightening of the car judged to be in the order of five kilos, it is undeniable that the aerodynamic configuration of this car had profoundly evolved. The floor was the focus of attention for the engineers directed by Adrian Newey. A number of differences with respect to the previous version were to be found underneath the car, and therefore invisible to the naked eye, but our sources told us about a revision of the sections of the Venturi tunnels. In parallel, it was interesting to note how the team's direct rivals, in particular Ferrari, were a valid source of inspiration. An interesting feature of the new floor configuration was in fact the introduction of a rear vent and a "finger" that permitted the flow to be energized in the area ahead of the rear wheels. This element, which as mentioned was clearly inspired by the Ferrari had been present on the F1-75 as early as the Bahrain tests. It was a device that also tended to exploit, in addition to the variability of the sections of the lower Venturi tunnels, a flexibility of the floor in this specific area, a feature which appeared to be exclusive to Ferrari and

Red Bull. This characteristic aroused great interest among the rival teams as it permitted an optimization of the lower flow management, not only restricting porpoising but also improving performance. The optimization of the flows in the lower section of the car also underpinned the progressive improvement in its performance on the more technically demanding sections of the circuits on which it had raced. At Silverstone, the engineers led by Newey also introduced a new engine cover, which was much narrower than the previous one and characterised by a very tight waist and a T profile at the rear. In effect, this version closely resembled the rear bodywork of the 2021 RB16B. The feature permitted several objectives to be reached at once:

With regard to the team from Maranello, a packet of significant modifications was introduced, of which a part had been anticipated with the adoption of the lower downforce rear wing produced in a single example and adopted by Leclerc in Canada. The floor and the diffuser were revised, with the priority going not to the generation of greater downforce but rather to reducing drag for the same downforce. The struggle in terms of performance between the RB18 and F1-75 was closer than ever and the developments also included micro-aerodynamics, with a new version of the rear-view mirror supports. They now featured, along the lower edge of the fairing, two vertical vortex generators. What aroused particular interest was the different profiling of the rear part of the side pods which led to a more advanced Coke bottle zone, reducing the aerodynamic blockage at the rear and above all improving the efficiency of the beam wing.

Mercedes spared no efforts with the W13, designed from the outset around the parameters of this circuit, and introduced a floor with a radically modified lateral edge. In the centre it presented a broad vent with an internal profile reinforced with a metal edge designed to provide added stiffness, while in the lower part it was subdivided with ducts that recalled a similar configuration on the McLaren MCL36. The metal internal edge in fact played the same role as the added stay that was briefly seen in Canada.

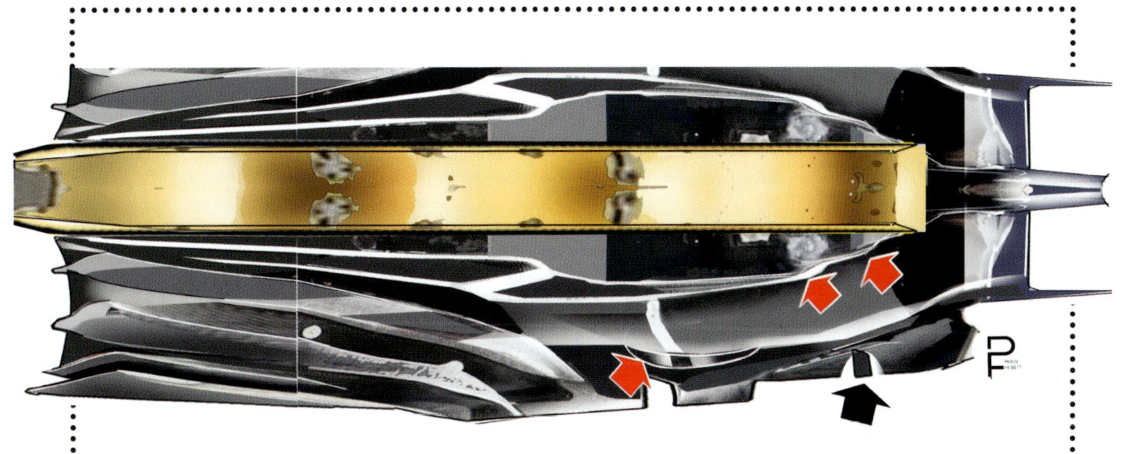

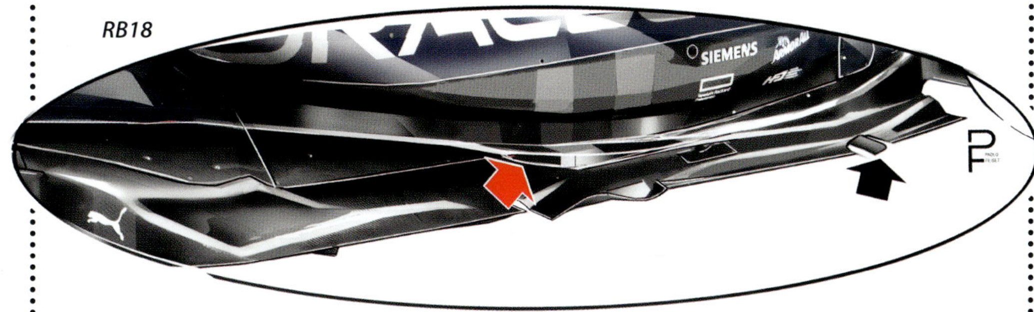

Fondo RB18

Il fondo della vettura del team di Milton Keynes da inizio stagione è stato caratterizzato da una particolare profilatura del bordo interno dei canali Venturi, con evidenti scalini che determinano una specifica gestione dei flussi inferiori. A Silverstone è stata introdotta una versione dotata di un profondo taglio semi circolare, con un profilo a "dito" al centro allo scopo di energizzare il flusso in quest'area, incrementando il sigillo pneumatico davanti alle ruote posteriori. Evidente la chiara derivazione dall'analoga soluzione presente sulla Ferrari sin da inizio stagione.

RB18 floor

From the beginning of the season the floor of the Milton Keynes team's car had been characterised by a particular conformation of the internal edge of the Venturi tunnels, with clear steps that dictated a specific management of the lower air flows. Silverstone saw the introduction of a version equipped with a deep semi-circular cutaway, with a "finger" profile at the centre designed to energize the flow in this area, enhancing the pneumatic seal ahead of the rear wheels. This was clearly dierived from the feature present on the Ferrari since the start of the season.

Cofano motore RB18

Sempre a Silverstone è stato introdotto un nuovo cofano motore, più stretto rispetto alla versione precedente ma soprattutto caratterizzato da una profonda sciancratura posteriore che determina un profilo a T della carrozzeria. In pratica questa versione ricorda molto la strettissima carrozzeria posteriore della RB16B del 2021. Profonde le differenze con la precedente versione.

RB18 engine cover

Silverstone also saw the introduction of a new engine cover that was narrower than the previous version and above all characterised by a tight waist at the rear that created a T-wing in the bodywork. In effect, this version closely resembled the very narrow rear bodywork of the RB16B from 2021. There were profound differences with the previous version.

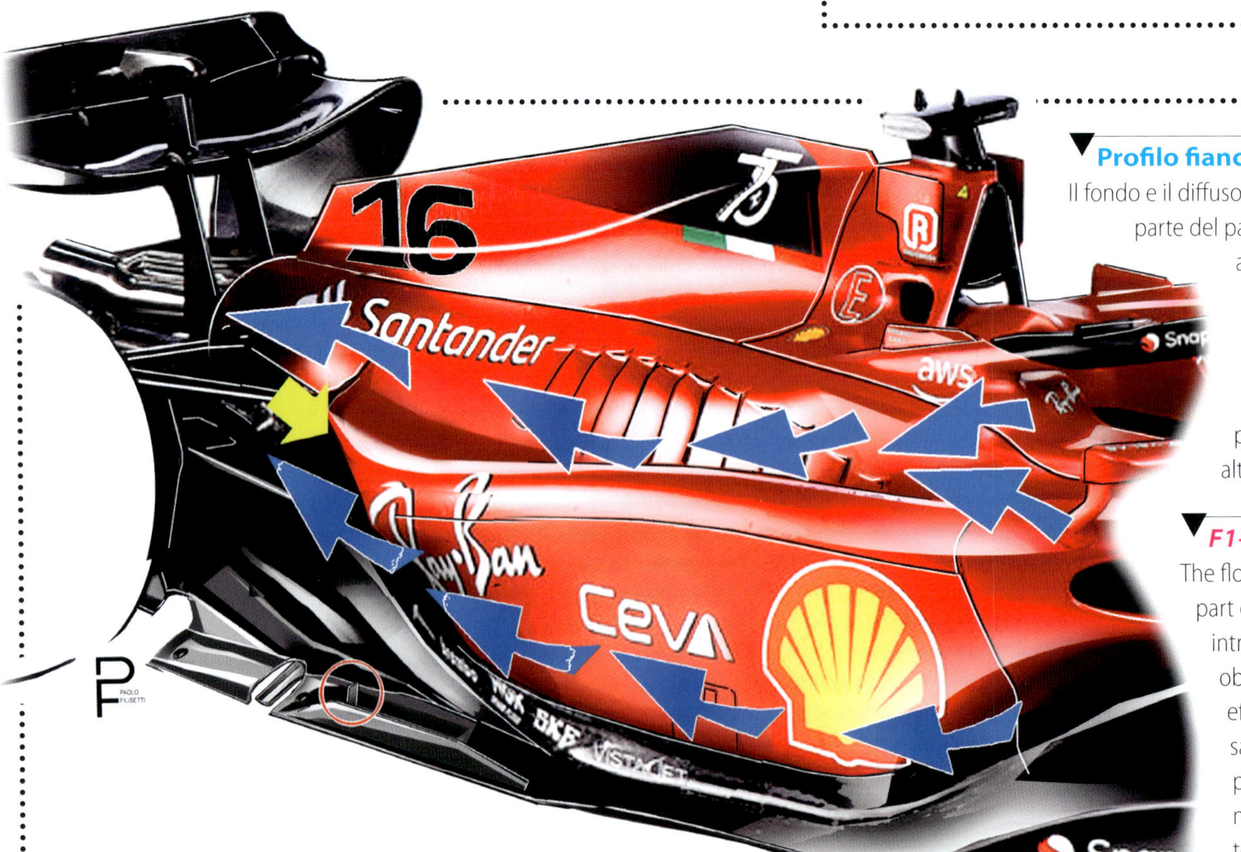

Profilo fiancate F1-75

Il fondo e il diffusore sono due elementi che fanno parte del pacchetto di modifiche introdotte a Silverstone. L'obiettivo è stato quello di incrementare l'efficienza della vettura a parità di carico generato. In parallelo si è puntato ad una gestione del porpoising per poter ridurre ulteriormente le altezze da terra.

F1-75 sidepods profile

The floor and the diffuser were both part of the packet of modifications introduced at Silverstone. The objective was to increase the efficiency of the car for the same downforce generated. In parallel, attention was paid to the management of porpoising so as to able to further reduce the ride height.

Fondo Mercedes W13

Lungo il profilo laterale, il fondo presentava, nella parte centrale, un'ampia soffiatura con il profilo interno rinforzato da un bordo metallico di irrigidimento. Si notano i convogliatori con il bordo di uscita ricurvo, simili a quelli della McLaren MCL36.

Mercedes W13 floor

Along the lateral profile, the central section of the floor presented a broad vent with the internal profile reinforced with a metal stiffening strip. Note the ducts with the curving exit edge, similar to those of the McLaren MCL36.

Sakhir

nuovo fondo
new floor

Confronto fiancate Williams

La FW44 si è presentata a Silverstone profondamente modificata nelle fiancate. La nuova versione è caratterizzata da un profilo spiovente ispirato al concetto Red Bull già ripreso da Aston Martin. Di fatto è stata la sola monoposto, assieme alla W13, ad aver inizialmente seguito la filosofia zero pods, lasciando così solo il team di Brackley a proseguire su questa strada.

Williams sidepod comparison

The FW44 arrived at Silverstone with profoundly modified sidepods. The new version was characterised by a sloping profile inspired by the Red Bull concept already reprised by Aston Martin. Effectively it was the only car, together with the W13, to have initially adopted the zero pods philosophy, leaving the team from Brackley to blaze a lone trail.

Silverstone

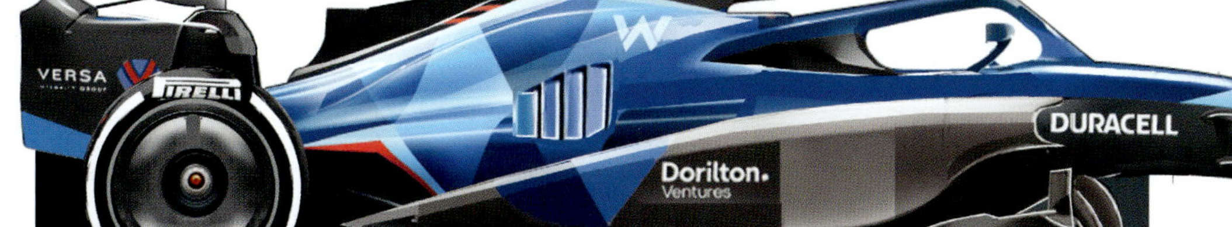

Nuovi supporti retrovisori

Nuova versione dei supporti degli specchietti retrovisori, caratterizzati dalla presenza, lungo il profilo inferiore della carenatura, di due generatori di vortici verticali.

New rear-view mirror supports

A new version of the rear-view mirror supports, characterised by the presence, along the lower edge of the bodywork, of two vortex generators.

vecchio
old

nuovo
new

ROLEX GROßER PREIS VON ÖSTERREICH

SPIELBERG
RED BULL RING
10 LUGLIO JULY

L'aerodinamica della RB18 trae ispirazione dalla F1-75

A Spielberg, ad una sola settimana di distanza dalla gara di Silverstone, non ci si poteva aspettare l'introduzione di ampi sviluppi sulle monoposto. Ciò nonostante non sarebbe corretto definire il fine settimana sul tracciato stiriano scarsamente rilevante dal punto di vista tecnico. Infatti, proseguendo in un *leit motiv* già visto a Silverstone, è chiaramente emerso un significativo dato tecnico. Ci riferiamo ad una progressiva, sebbene parziale, convergenza tra la RB18 e la Ferrari F1-75 a livello di aerodinamica. Va premesso che le caratteristiche di base intrinseche ai due progetti restano assolutamente ben distinte, ma è senza dubbio interessante notare come, dal GP di Gran Bretagna, il team di Milton Keynes abbia tratto forte ispirazione a livello di fondo vettura dalla F1-75. In Inghilterra aveva debuttato il fondo introdotto solo a partire dalla FP3, (soprattutto a causa delle avverse condizioni atmosferiche, in particolare nella prima parte del fine settimana) caratterizzato dal bordo laterale dotato di un profondo taglio semicircolare al cui centro è posto un profilo separatore orizzontale, funzionale ad incrementare il sigillo pneumatico laterale nella zona davanti alle ruote posteriori. Al Red Bull Ring si è visto come anche la sezione anteriore dei canali Venturi della RB18 abbia integrato alcune caratteristiche specifiche della F1-75. Scendendo nei dettagli, il convogliatore di flusso più interno fra quelli posti sotto il fondo (strakes) è ora caratterizzato, nella parte inferiore anteriore, da un taglio ad angolo retto che ricorda l'analogo elemento della Ferrari. In sostanza, il taglio squadrato permette una diversa gestione della porzione inferiore del flusso. Ciò determina anche un diagramma delle pressioni sotto la vettura che tende, come conseguenza, a corrispondere sempre più a quello Ferrari. In sostanza, si può sostenere che i tecnici Red Bull abbiano in parte ridotto una delle peculiarità proprie dell'aerodinamica della RB18, ovvero l'efficienza complessiva, deviando verso un incremento del carico generato dal fondo nei curvoni veloci, elemento invece distintivo della F1-75. A conferma di ciò, la differenza ormai minima di velocità massima tra le due monoposto registrata nel corso della prima sessione di prove libere venerdì e in qualifica. Le prestazioni delle due monoposto si sono quasi sovrapposte ed è interessante notare come sia stata proprio la Red Bull, nel paddock considerata la vettura migliore del 2022, ad integrare soluzioni della Ferrari e non il viceversa.

La gara, caratterizzata soprattutto dall'efficacia del tyre management delle due monoposto, ha messo in risalto quanto l'equilibrio complessivo della F1-75 fosse decisamente migliore rispetto a quello della RB18. In pratica, sulla monoposto del team di Milton Keynes è stato riscontrato un forte degrado degli pneumatici in ciascuno stint. I tecnici diretti da Adrian Newey, dopo la tappa austriaca, hanno poi analizzato con attenzione le cause che hanno portato al manifestarsi di questo problema.

The RB18 draws aerodynamic inspiration from the F1-75

Coming just a week after the Silverstone race, we could hardly expect major developments to be introduced to the cars at Spielberg. Nonetheless, it would not be right to dismiss the Austrian weekend as irrelevant from a technical point of view. In fact, a significant technical trend already seen at Silverstone was confirmed. We are referring to a progressive, albeit partial, convergence between the RB18 and the Ferrari F1-75 in terms of aerodynamics. It should be pointed out that the basic characteristics inherent to the two designs remained absolutely distinct, but it is certainly interesting to note that since the British GP, the Milton Keynes team had drawn considerable inspiration from the F1-75 in terms of the car's underbody. In England the team had fielded the floor introduced only from FP3, (mainly due to the adverse weather conditions, especially early in the weekend) characterised by a lateral edge with a deep semi-circular cutaway, in the middle of which was located a horizontal separating profile, designed to enhance the lateral pneumatic seal in the area ahead of the rear wheel At the Red Bull Ring it was noted that the front section of the Venturi tunnels on the RB18 had adopted certain characteristics specific to the F1-75. In detail, the innermost strake among those on the floor was now characterised at the front by a right-angled cutaway that resembled the same element on the Ferrari. In short, this cutaway permitted different management of the lower portion of the air flow. This also determined a pattern of pressures below the car that tended to correspond ever more closely to that of the Ferrari. It might be said that the Red Bull engineers had in part dialled back one of the characteristics of the RB18's aerodynamic configuration, that is its overall efficiency, deviating towards an increase in the downforce generated by the floor through fast corners, an aspect that instead distinguished the F1-75. This was confirmed by the minimal difference in top speed between the two cars recorded during FP1 on the Friday and in qualifying. The performance of the two was almost identical and it is interesting to note how it was Red Bull, which in the opinion of the paddock had the best car in 2022, adopted Ferrari features rather than vice versa.

The race, characterised by the efficacy of the tyre management with the two cars, highlighted the how the overall balance of the F1-75 was significantly better than that of the RB18. In effect, the Milton Keynes team's car suffered severe tyre decay in each stint. Following the Austrian race, the engineers directed by Adrian Newey carefully analysed the motives that had led to the emergence of this problem.

Confronto profilo convogliatori F1-75 e RB18

Nell'illustrazione si nota la conformazione del profilo di ingresso dei convogliatori più interni della RB18, caratterizzati da un taglio ad angolo retto nella parte inferiore. Corrispondono all'analoga soluzione adottata sugli stessi elementi della Ferrari.

F1-75 and RB18 strakes comparison

The illustration shows the configuration of the leading edges of the innermost strakes on the RB18, characterised by a right-angled cutaway in the lower section. They correspond to the similar solution adopted on the same elements of the Ferrari.

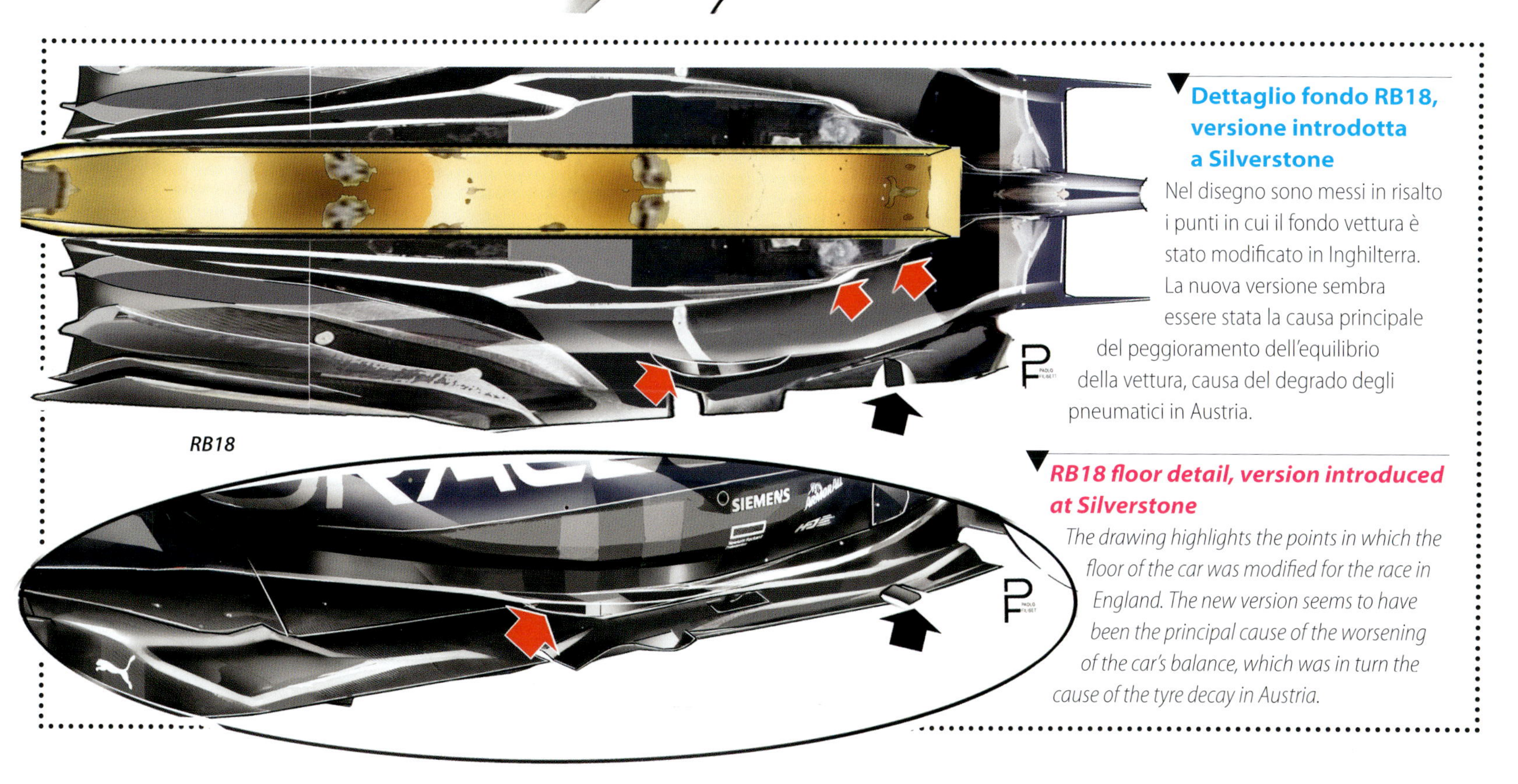

Dettaglio fondo RB18, versione introdotta a Silverstone

Nel disegno sono messi in risalto i punti in cui il fondo vettura è stato modificato in Inghilterra. La nuova versione sembra essere stata la causa principale del peggioramento dell'equilibrio della vettura, causa del degrado degli pneumatici in Austria.

RB18 floor detail, version introduced at Silverstone

The drawing highlights the points in which the floor of the car was modified for the race in England. The new version seems to have been the principal cause of the worsening of the car's balance, which was in turn the cause of the tyre decay in Austria.

Dettaglio bordo di entrata convogliatore

Il bordo di entrata del convogliatore più interno, posto sotto il fondo della RB18, presenta un profilo arrotondato nella parte superiore, mentre in quella inferiore (linea tratteggiata rossa) è evidenziato il taglio ad angolo retto che corrisponde all'analoga soluzione adottata sulla Ferrari F1-75.

RB18 strake leading edge detail

The leading edge of the innermost strake, located under the floor of the RB18, presented a rounded profile in the upper section, while in the lower part (red dashed line) the right-angled cutaway corresponded to the identical feature adopted on the Ferrari F1-75.

L'Halo: le forze applicate nei test statici

L'incidente al primo giro di Zhou a Silverstone una settimana prima, con il cedimento del roll bar della sua C42, ha messo ancora una volta in risalto l'Halo come dispositivo salvavita, rivelatosi già cruciale nell'esito dell'incidente di Grosjean in Bahrain nel 2020. Nel disegno sono indicati i carichi applicati contemporaneamente su specifici punti della struttura nei test statici.

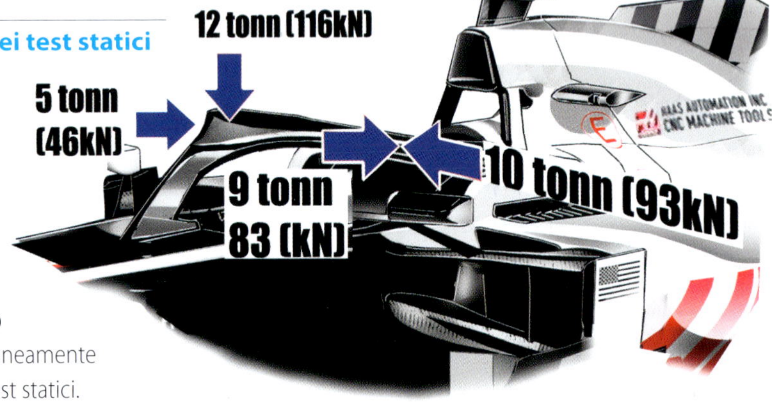

Halo: the forces applied in the static tests

Zhou's accident on the first lap a week earlier at Silverstone, with the failure of the roll bar on his C42 once again drew attention to the role of the Halo as a lifesaver that had already been crucial in Grosjean's crash in Bahrain in 2020. The drawing indicates the loads applied contemporaneously on specific points of the structure during the static tests.

Evoluzione fiancate Alpine A522: confronto Silverstone e Red Bull Ring

In Austria ha debuttato una versione delle fiancate radicalmente modificata nella parte superiore, caratterizzata da un profilo scavato che ricorda il concetto adottato sulla Ferrari da inizio stagione. A causa dell'aria parzialmente rarefatta, si nota la presenza di una serie di branchie aggiuntive nella parte bassa del cofano motore.

Alpine A522 sidepod evolution: Silverstone and Red Bull Ring comparison

Austria saw the debut of the sidepods with radically modified upper sections, characterised by a concave profile that recalled the concept adopted by Ferrari from the start of the season. The particularly rarefied air led to a series of gill-like vents added to the lower part of the engine cover.

Red Bull Ring

Silverstone

LENOVO GRAND PRIX DE FRANCE

LE CASTELLET
CIRCUIT PAUL RICARD
24 LUGLIO JULY

Evoluzione francese per la F1-75 e involuzione (parziale) per la RB18

Quasi tutti i team hanno introdotto modifiche alle vetture, considerando il tracciato del Paul Ricard probante a livello aerodinamico. Fra questi la Ferrari ha mostrato un nuovo fondo e anche un'ala posteriore caratterizzata da un diverso profilo principale più rettilineo seppur sempre inclinato verso il centro, ma con un andamento meno sinuoso. La modifica al fondo ha messo in luce un approccio aggressivo da parte dei tecnici di Maranello nello sviluppo aerodinamico della F1-75. Nel dettaglio, infatti, sono stati modificati i deviatori di flusso dietro le ruote anteriori, ora caratterizzati da un diverso profilo che include un taglio ad angolo retto inferiormente. La modifica più rilevante ha però riguardato il bordo di entrata dei canali Venturi ed una differenziazione dell'altezza tra la loro sezione più interna e le altre. Si è trattato di una modifica che perseguiva un duplice obiettivo: da un lato consentiva una diversa distribuzione delle pressioni sotto la vettura, rendendo meno frequente l'innesco del porpoising; dall'altro venivano deviate verso l'esterno le turbolenze generate dalle ruote, con un effetto positivo anche a livello di resistenza all'avanzamento. Anche l'ala posteriore presentava un profilo principale più rettilineo, diverso rispetto alla versione vista in Austria; una modifica che ha ridotto la resistenza a favore della scorrevolezza in rettilineo. Peraltro interessante è notare che nel corso della prima sessione sia stata effettuata una prova comparativa con la versione precedente. Sul nuovo esemplare, la sera prima, erano stati montati diversi tubi di pitot e vari sensori di pressione per la raccolta dati funzionale alla sua definitiva validazione.

La Red Bull, invece, ha introdotto un nuovo fondo sulla RB18, parzialmente un passo indietro rispetto alla versione vista a Silverstone. Questo fondo, ispirato a quello Ferrari di inizio stagione, aveva lo scopo dichiarato di incrementare la performance in curva, grazie al maggiore carico generato, soprattutto a livello dell'asse posteriore. A Silverstone questo sviluppo aveva dato i risultati sperati e soprattutto previsti nelle simulazioni, con la RB18 che aveva dimostrato di essere la monoposto più rapida nella sezione del tracciato che includeva il trittico di rapidi cambi di direzione delle curve Maggots, Becketts e Chapel. Il paradosso, dunque, verificatosi nuovamente in Austria, era stato di perdere l'equilibrio perfetto che aveva caratterizzato ad inizio stagione questa vettura, proprio a seguito degli ultimi aggiornamenti. Questi riscontri non positivi hanno indotto i tecnici di Milton Keynes a tornare sui propri passi. Qui infatti ha debuttato una versione in cui i doppi deviatori di flusso laterali convergenti sono stati sostituiti da un singolo elemento, mentre la porzione posteriore del bordo laterale ha perso la soffiatura caratteristica della versione di Silverstone, quella ispirata alla Ferrari. È interessante notare come il percorso di convergenza tra il progetto originario e quello della rivale F1-75 sia partito proprio dal team di Milton Keynes dopo l'osservazione di alcuni dettagli della Ferrari nel corso delle prime gare, in particolare dal GP di Miami in poi. Newey e i suoi collaboratori hanno cercato di integrare quella caratteristica propria della F1-75, che ritenevano potesse costituire un vantaggio decisivo. Incrementare il carico sviluppato in curva sembrava in teoria un'operazione di semplice addizione in termini di performance, senza dover sacrificare alcuna peculiarità della vettura. Alla luce di quanto avvenuto in gara in Austria, ma anche di quanto emerso nell'intero fine settimana in Francia, è parso sempre più chiaro che la RB18 avesse di fatto invertito i fattori della sua equazione prestazionale, a discapito del bilanciamento.

Merita un'analisi a parte la McLaren che ha introdotto sulla MCL36 fiancate dal profilo spiovente seguendo il concetto della RB18. Molto ampie le feritoie per lo smaltimento del calore, per contrastare le elevate temperature ambientali.

La Mercedes ha invece presentato modifiche sul fondo, accanto ad altre apparentemente poco significative ma visibili. Una di queste, di fatto l'unica che è stato possibile vedere sulle W13 di Hamilton e Russell, riguardava una lieve evoluzione a livello dell'estremità anteriore del musetto. In pratica, l'indizio che mette in risalto altre differenze, riguarda la presenza di una diversa presa di aerazione dell'abitacolo, che nella nuova versione è caratterizzata da una sezione verticale, opposta a quella orizzontale precedente. In parallelo, la sezione centrale del profilo dell'ala presenta un andamento piatto più esteso.

French evolution for the F1-75 and (partial) involution for the RB18

Almost all the teams introduced modifications to the cars, with the Paul Ricard circuit considered to be a proving ground for aerodynamics. Ferrari presented a new floor and a rear wing characterised by a mainplane that was straighter but still slightly inclined towards the centre and with a less sinuous configuration. The modification to the floor highlighted the Maranello engineers' aggressive approach to the aerodynamic development of the F1-75. Specifically, the flow vanes behind the front wheels were modified and were now characterised by a different profile that included a right-angled lower cutaway. However, the most significant modification concerned the leading edge of the Venturi tunnels and a differentiation in height between their innermost section and the others. This was a modification made with two objectives in mind: on the one hand it permitted a different distribution of the pressures under the car, ensuring porpoising was triggered less frequently; on the other, the turbulence generated by the wheels was deviated towards the outside, which had a positive effect in terms of drag. The rear wing also presented a straighter main plane, different to the one seen in Austria; this modification reduced drag in favour of penetration on the straights. It is interesting to note that during the first session a comparison test was undertaken with the earlier version. The previous evening, several pitot tubes had been fitted to the new component to collect data that would lead to its definitive validation.

Red Bull instead introduced a new floor on the RB18 which was in part a step back with respect to the version seen at Silverstone. This floor, inspired by Ferrari's early season version had the declared objective of increasing cornering performance thanks to the greater downforce generated, above all over the rear axle. At Silverstone, this development had provided the results hope for and above all predicted in the simulations, with the RB18 proving to be the fastest car in the section of the circuit including the trio of rapid changes in direction through the Maggots, Becketts and Chapel corners. The paradox that had re-emerged in Austria was the fact that following these latest updates the car lost that perfect balance that had characterised it at the start of the season. These negative results induced the Milton Keynes engineers to retrace their steps. The French GP in fact saw the debut of a version in which the twin converging lateral turning vanes were replaced with a single element, while the rear portion of the lateral edge lost the vent that had characterised the Silverstone version inspired by the Ferrari configuration. It is interesting to note how the convergence between the original design and that of the rival F1-75 was initiated buy the team from Milton Keynes following the observation of certain details on the Ferrari during the early races, in particular from Miami onwards. Newey and his team tried to integrate the feature from the F1-75 which they believed could provide a decisive advantage. Increasing the downforce developed through corners appeared in theory to be an operation of simple addition in terms of performance, without having to sacrifice any of the car's specific features.

In the light of what happened during the race in Austria, and what emerged over the French weekend, it was increasingly clear that the factors in the RB18's performance equation had been inverted to the detriment of its balance.

It is worth taking a separate look at McLaren, with the team introducing the sloping sidepod concept from the RB18 to the MCL36. The cooling slots were very wide to cope with the elevated ambient temperatures.

Mercedes instead presented modifications to the floor, along with others that were apparently insignificant but visible. One of these, effectively the only one that was possible to see on the W13's of Hamilton and Russell, concerned a minor evolution of the tip of the nose In effect, the clue that actually revealed further variations concerned the presence of a different cockpit ventilation intake, which on the new version was characterised by a vertical configuration rather than the original horizontal form. In parallel, the central part of the wing profile presented a more extensive flat section.

F1-75: sviluppo deviatori di flusso

Il fondo della F1-75 è stato modificato all'altezza del bordo d'ingresso dei canali Venturi, ora differenziata (freccia blu) tra la sezione più centrale e quelle laterali. La modifica tende anche a ridurre l'innesco del porpoising. Diverso il profilo degli schermi laterali di sezione più ampia, con un taglio inferiore ad angolo retto (freccia rossa).

F1-75: strake development

The floor of the F1-75 was modified in the area of the leading edge of the Venturi tunnels, now differentiated (blue arrow) between the more central and the lateral sections. The modification was also designed to reduce the risk of porpoising. The profile of the lateral strakes was different, with a broader section and a right-angled lower cutaway (red arrow).

F1-75: confronto profilo ala posteriore

Rispetto alla versione vista in Austria, l'ala adottata al Paul Ricard presentava un profilo con cucchiaio meno accentuato, a favore della minore resistenza generata in rettilineo.

F1-75: rear wing comparison

With respect to the version seen in Austria, the wing adopted at the Paul Ricard presented a less accentuated dished profile, favouring penetration on the straights.

Fondo RB18: confronto versioni Austria vs Francia

Il fondo adottato in Francia è una novità solo parziale, in particolare nella porzione anteriore, specificamente a livello degli schermi laterali. Quelli doppi, convergenti, sono stati sostituiti da un singolo elemento. Posteriormente, invece, il fondo non presenta più l'ampia soffiatura semicircolare tipica della versione introdotta a Silverstone e ispirata alla Ferrari. Il bordo laterale, infatti, è tornato rettilineo senza alcun profilo aggiunto. La versione introdotta in Inghilterra pare avesse modificato negativamente l'equilibrio della monoposto.

RB18 floor: Austria vs France comparison

The floor adopted in France was only partially new, in particular the front portion and specifically the lateral strakes. The dual, converging strakes were replaced with a single element. At the rear, instead, the floor no longer had the large semi-circular vent that characterised the version introduced at Silverstone and inspired by the Ferrari design. The lateral edge was again straight, with no additional profile. The version introduced in England apparently had a negative effect on the car's balance.

Vista laterale F1-75

Nei due tondi, a confronto, la diversa sezione degli schermi laterali, con la nuova versione caratterizzata da un ampio scalino inferiore.

F1-75 side view

In the two circles, a comparison between the different sections of the lateral strakes, with the new version characterised by a large lower step.

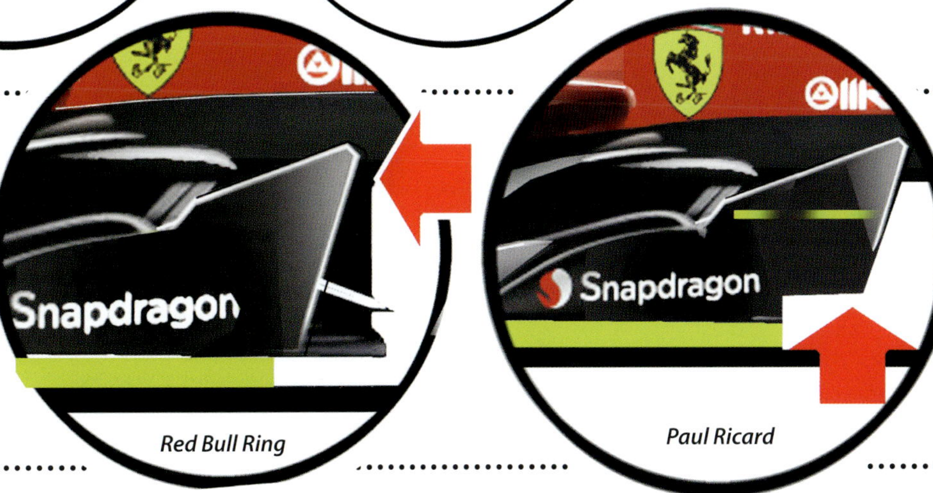

McLaren MCL36: nuove fiancate

Il team di Woking ha introdotto una versione di fiancate spioventi, di chiara ispirazione Red Bull, che sostituisce quella precedente adottata sino al gran premio precedente, caratterizzata da una sezione a "Coca Cola" molto accentuata. Con questo sviluppo i tecnici del team speravano di trovare un migliore equilibrio aerodinamico e maggiore efficienza.

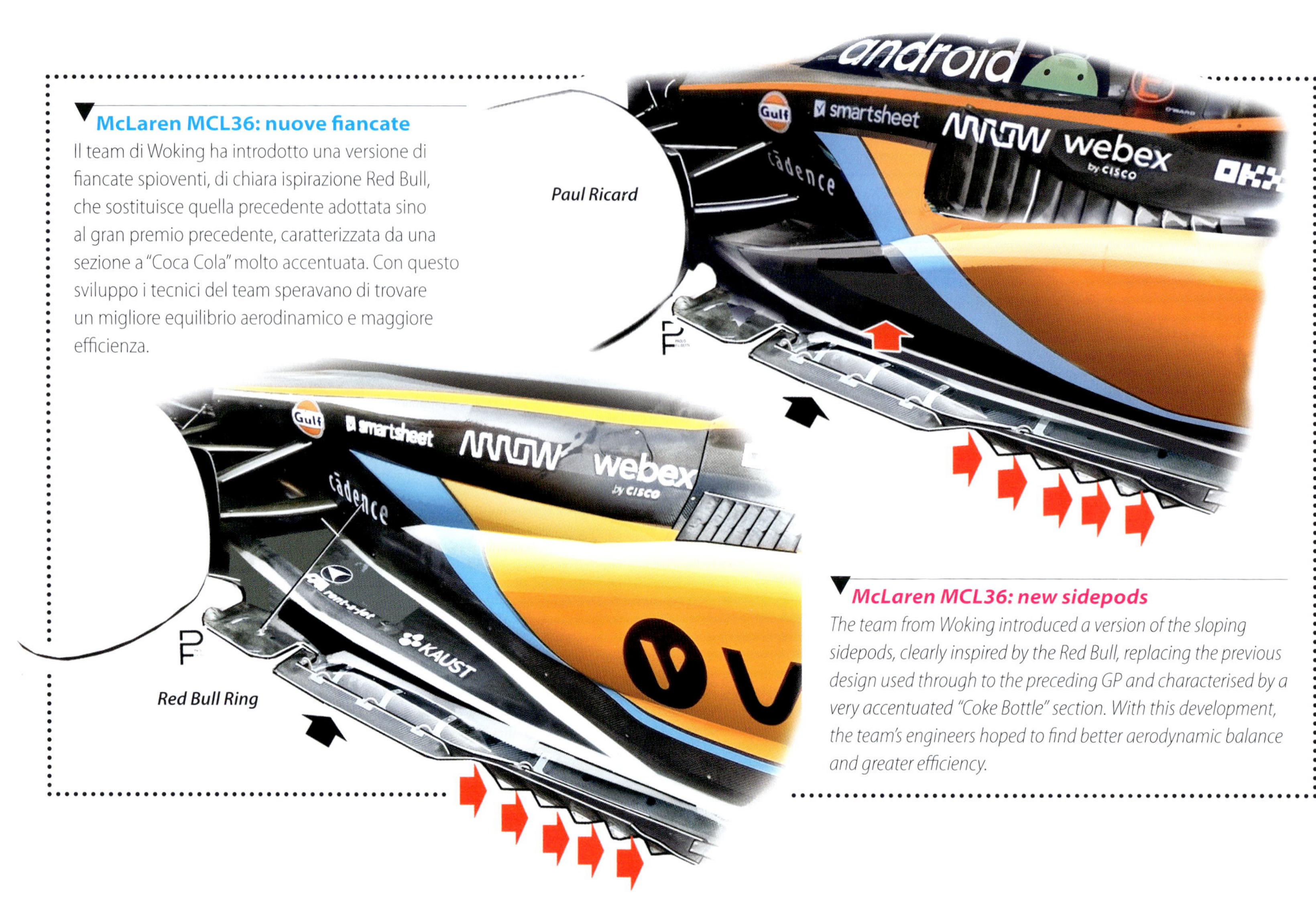

McLaren MCL36: new sidepods

The team from Woking introduced a version of the sloping sidepods, clearly inspired by the Red Bull, replacing the previous design used through to the preceding GP and characterised by a very accentuated "Coke Bottle" section. With this development, the team's engineers hoped to find better aerodynamic balance and greater efficiency.

Evoluzione musetto W13 (confronto versioni)

La Mercedes ha introdotto una lieve evoluzione a livello dell'estremità anteriore del musetto. Nuova la presa di aerazione dell'abitacolo di sezione verticale. La porzione centrale del profilo dell'ala presenta un andamento piatto in apparenza più esteso; il cucchiaio centrale è meno accentuato, con bassa resistenza all'avanzamento.

W13 nose evolution (comparison between versions)

Mercedes introduced a minor evolution at the tip of the W13's nose. There was a new cockpit ventilation intake with a vertical configuration. The central portion of the wing's mainplane presented am apparently more extensive flat section; the central dish was less accentuated, with low drag.

ARAMCO MAGYAR NAGYDÍJ

BUDAPEST
HUNGARORING
31 LUGLIO JULY

Budapest: zero sviluppi, anzi no!

Il GP di Ungheria, ad una sola settimana di distanza da quello di Francia, non è stato significativo per gli sviluppi che si sarebbero potuti introdurre sulle monoposto ma, come sempre, è il suo layout estremamente sinuoso, con pochi, brevi rettilinei che lo rendono interessante e lo pongono, a livello di assetti aerodinamici, in linea con le caratteristiche del tracciato di Monte Carlo. Ai diversi team si richiede una configurazione quasi sovrapponibile a quella adottata per la gara nel principato, ma con una differenza basilare costituita dal fatto che, con il passare delle gare, alcuni elementi chiave del pacchetto aerodinamico delle diverse vetture è profondamente cambiato, ad esempio nel fondo. Ciò può implicare che la configurazione delle ali da alto carico differisca lievemente da quella di Monte Carlo in relazione al fatto che la parallela evoluzione del fondo possa aver incrementato il carico generato in quest'area, rendendo inutile, o meglio superfluo, una configurazione alare identica a quella monegasca.

In questo panorama, una modifica in particolare ha catalizzato l'attenzione degli addetti ai lavori. L'Aston Martin ha introdotto una versione decisamente insolita dell'ala posteriore, caratterizzata da un'arricciatura estremizzata del profilo, nel punto di congiunzione con le paratie laterali. In sostanza, poiché il regolamento 2022 prevede un elemento di transizione curvo tra il profilo dell'ala e gli schermi laterali, è stata estremizzata l'arricciatura verso l'alto in modo tale da ricreare, pur restando all'interno delle prescrizioni regolamentari per quanto riguarda il raggio di curvatura di tale transizione, una porzione verticale delle paratie che ora racchiude alle estremità il profilo dell'ala. In questo modo gli schermi laterali che, nelle intenzioni della FIA, il regolamento attuale metteva fuori legge sono di fatto rientrati di soppiatto. È palese che l'idea adottata dall'Aston Martin costituisca una chiara elusione dei limiti imposti, ma soprattutto possa determinare, come effetto conseguente, non solo un fiorire di soluzioni analoghe sulle altre monoposto ma anche il ritorno degli effetti aerodinamici che la FIA intendeva eliminare. Nello specifico: la creazione di vortici tra le paratie e l'estremità dell'ala che inevitabilmente renderebbero più turbolenta la scia, rendendo di difficile gestione, pur senza tornare alle condizioni estreme degli anni precedenti, il momento in cui una monoposto non riusciva a seguirne un'altra senza degradare gli pneumatici, ad una distanza inferiore a sei monoposto.

La Federazione Internazionale ha comunque considerato legale la soluzione adottata dalla Aston Martin, dunque è altamente probabile che altri team ne trarranno ispirazione, su tracciati da alto carico (gli unici dove tale soluzione possa mostrarsi utile) come nel caso di Singapore. A parte questa novità e un ampio sviluppo della Haas che ha di fatto reso la VF22 molto simile alla F1-75 nella zona delle fiancate, ora scavate nella parte superiore, gli altri team hanno semplicemente adattato le rispettive vetture alle caratteristiche dell'Hungaroring.

Tornando su un paio di elementi già trattati, relativi alla Mercedes W13 e alla Red Bull RB18, entrambe le vetture non erano, almeno sulla carta, favorite a Budapest. Ciò nonostante, le rispettive evoluzioni introdotte due gare prima hanno costituito un indubbio elemento di equilibrio su entrambe le monoposto. Nello specifico, il fondo della W13, introdotto già a Silverstone, ha permesso su questo circuito molto particolare di annullare in modo evidente il porpoising, fenomeno da cui la W13 era profondamente condizionata quantomeno sino alla gara di casa. Potremmo definire di diversa natura, o meglio ottenuto con un parziale passo indietro aerodinamico, l'equilibrio della RB18. Come noto, il fondo che aveva debuttato a Silverstone al pari della Mercedes, caratterizzato da un ampio taglio semicircolare nella zona davanti alle ruote posteriori, di ispirazione Ferrari, era stato accantonato in Francia a favore di una versione dal bordo laterale rettilineo. Questa soluzione ha lavorato egregiamente anche sul tortuoso layout dell'Hungaroring, generando un carico superiore alla versione che era stata introdotta in Gran Bretagna. Ciò, accanto ad un assetto, paradossalmente, appena picchiato (rake), ha permesso di adottare ali da carico elevato meno penalizzanti per il drag prodotto, rispetto alla configurazione adottata a Monte Carlo. La combinazione dei due elementi ha permesso in gara di recuperare in modo quanto mai efficace le posizioni rispetto alla partenza, consentendo addirittura a Verstappen di vincere e di consolidare il proprio vantaggio su Leclerc; questo approfittando anche della strategia errata adottata dalla Ferrari a livello degli pneumatici, aggravata da un'imprevista scarsa competitività della F1-75, non direttamente ascrivibile a nessuna delle mescole utilizzate, ma ad una generalizzata carenza di carico.

Budapest: zero developments, or not!

Coming just a week after the French weekend, the Hungarian GP was not significant in terms of the developments introduced to the cars but, as ever, the particularly twisty layout of the track, with just a few short straights, made it interesting, with characteristics similar to those of the Monaco circuit. The various teams required a configuration that would be almost identical to the one adopted for the race in the principality, but with a fundamental difference constituted by the fact that, with the passing of the races, certain key elements of the various cars' aerodynamic packages were profoundly modified, for example the floor. This might imply that the configuration of the high downforce wings differed slightly to the Monaco version in relation to the fact that the parallel evolution of the floor may have increased the downforce generated in this area, rendering superfluous a wing configuration identical to the one used at Monaco. Within this scenario, one particular modification caught the attention of those in the field. Aston Martin introduced a particularly unusual version of the rear wing, characterised by an extreme curl to the profile at the point where it joined the endplates. In substance, as the 2022 regulations provided for a curved transitional element between the wing profile and the end plates, the upwards curl was exaggerated to create, while respecting the regulations governing the radii of such transitional elements, a vertical portion of the endplate which now enclosed the extremities of the wing profile. In this way, the end plates, which in the intentions of the FIA the current regulations outlawed, were in effect brought back in via the backdoor. It was clear that the idea adopted by Aston Martin constituted the exploitation of a loophole, but above all it could also lead to the flourishing of similar features on other cars and the return of the aerodynamic effects the FIA was trying to eliminate. Specifically: the creation of vortices between the endplates and the extremity of the wing which would inevitably render the wake more turbulent, making management difficult, albeit without returning to the extremes of previous years, when a car was unable to follow another at a distance of less than six car lengths without suffering tyre decay.

The FIA nonetheless considered the configuration adopted by Aston Martin to be legal and it it was therefore highly probable that other teams would draw inspiration from it on high downforce circuits (the only ones where this idea would be useful) as was the case in Singapore. Apart from this novelty and an extensive development by Haas which effectively rendered the VF22 very similar to the F1-75 in the sidepod area, now with cutaway upper sections, the other teams simply adapted their cars to the characteristics of the Hungaroring.

Returning to a couple of elements relating to the Mercedes W13 and the Red Bull RB18 we have already discussed, neither of these cars were favourites in Budapest, at least on paper. Nonetheless, the respective evolutions introduced two races earlier undoubtedly represented a balancing element on the two single-seaters. In detail, on this circuit very specific the floor of the W13 introduced at Silverstone permitted a clear reduction of the porpoising phenomenon that had seriously compromised the W13, at least through to its home race. We might define the balance of the RB18 as being of a different nature, achieved through a partial step backwards in terms of aerodynamics. As is well known, the floor that, like the Mercedes version, had debuted at Silverstone, characterised by a large, Ferrari-inspired semi-circular cutaway in the area ahead of the rear wheels, had been abandoned in France in favour of a version with a straight lateral edge. This solution worked very well on the tortuous Hungaroring too, generating greater downforce than the version introduced in England. This, along with a paradoxically low rake configuration, permitted the adoption of very high downforce wings that were less detrimental in terms of the drag created than the configuration adopted at Monaco. The combination of the two elements permitted the Red Bull to make up ground rapidly in the race, with Verstappen going on to win and consolidate his championship lead over Leclerc. He also took advantage of Ferrari's erroneous tyre strategy which was aggravated by the F1-75's lack of competitiveness, due not so much to the various tyre compounds as to a general lack of downforce.

Ala posteriore AMR22

Molto interessante la soluzione introdotta dai tecnici Aston Martin, riguardante la transizione tra le paratie laterali e il profilo principale. In sostanza, sono stati estremizzati i riccioli che hanno ricreato una porzione verticale che racchiude il profilo dell'ala, incrementando il carico generato.
Ciò incrementa anche i vortici che sporcano la scia della monoposto.

AMR22 rear wing

The Aston Martin engineers adopted a very interesting transitional element between the endplate and the main plane. In substance, the curls were exaggerated to create a vertical portion enclosing the wing profile, incrementing the downforce generated. This also increased the vortices disturbing the car's wake.

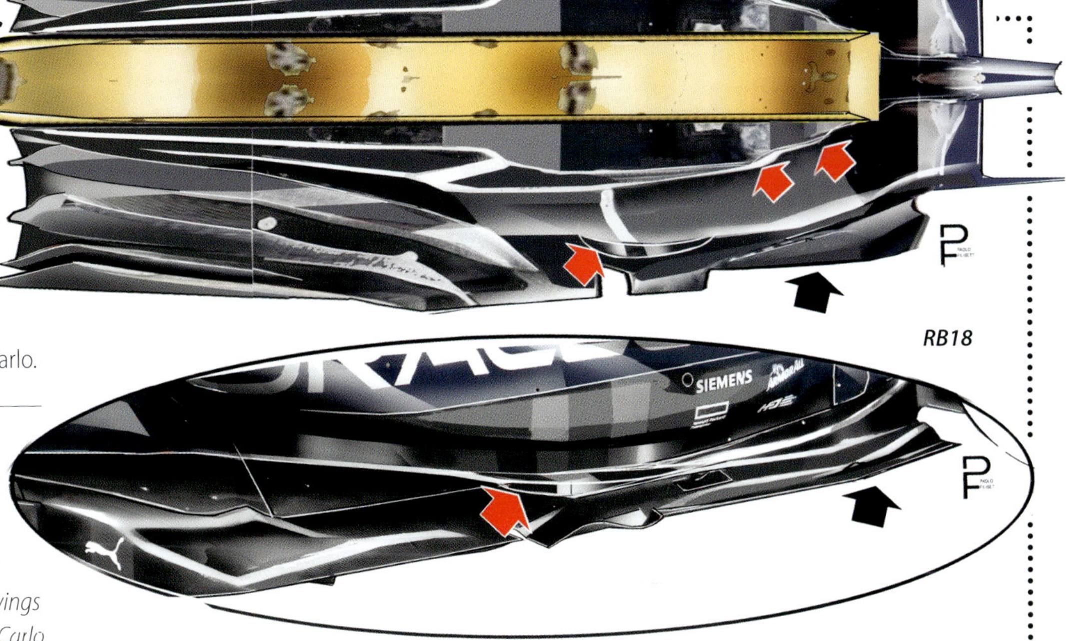

Fondo RB18

Sin dal GP di Francia, la monoposto del team di Milton Keynes ha adottato un fondo caratterizzato da un profilo rettilineo del bordo laterale, privo di soffiature. Questa versione ha funzionato anche a Budapest con un incremento del carico prodotto inferiormente, che ha permesso una configurazione delle ali meno penalizzante, ad esempio, di quella adottata a Monte Carlo.

RB18 floor

Since the French GP, the team form Milton Keynes had been using a floor characterised by a straight lateral edge profile, with no vents. This version also functioned at Budapest with an increase in the downforce generated in the lower section that permitted a configuration with wings causing less drag than, for example, those used at Monte Carlo.

Fondo W13 e altezza da terra
Sospensione anteriore F1-75

L'attuale versione del fondo della W13 risale al GP di Gran Bretagna. Da allora, la monoposto del team di Brackley sembra aver incrementato progressivamente il bilanciamento, a favore della gestione gomme, dimostratosi un vantaggio considerevole, con un incremento delle performance. Importante essere riusciti a gestire l'altezza da terra senza incrementare il porpoising. Per contro la Ferrari, che montava il fondo introdotto in Francia, a Budapest ha mostrato difficolta nella gestione dell'assetto e del carico generato, nonostante diverse tarature dell'heave damper anteriore.

W13 floor and ride height - F1-75 front suspension

The current version of the W13's floor had been introduced at the British GP. Since then, the team from Brackley seemed to have progressively adjusted the balance in favour of tyre management, which proved to be a considerable advantage with an increase in performance. What was important was that the ride height could be adjusted without increasing the porpoising effect. Ferrari, which ran the floor introduced in France, instead had trouble managing the set-up and the downforce generated in Budapest, despite trying various front heave damper ratings.

Haas VF22: vista complessiva

La monoposto nella configurazione originaria, con fiancate lunghe e con profilo rettilineo adottate sino al Paul Ricard.

Haas VF22: overall view

The car in its original configuration, with long sidepods and the straight edge adopted through to the Paul Ricard.

VF22: dettaglio fiancate prima versione

Nel disegno si nota la conformazione rettilinea del profilo superiore delle fiancate con le feritoie di smaltimento del calore poste ai lati dell'abitacolo e del serbatoio.

VF22: first version sidepod detail

The drawing shows the straight configuration of the upper edge of the sidepods, with the heat dispersal slots either side of the cockpit and the fuel tank.

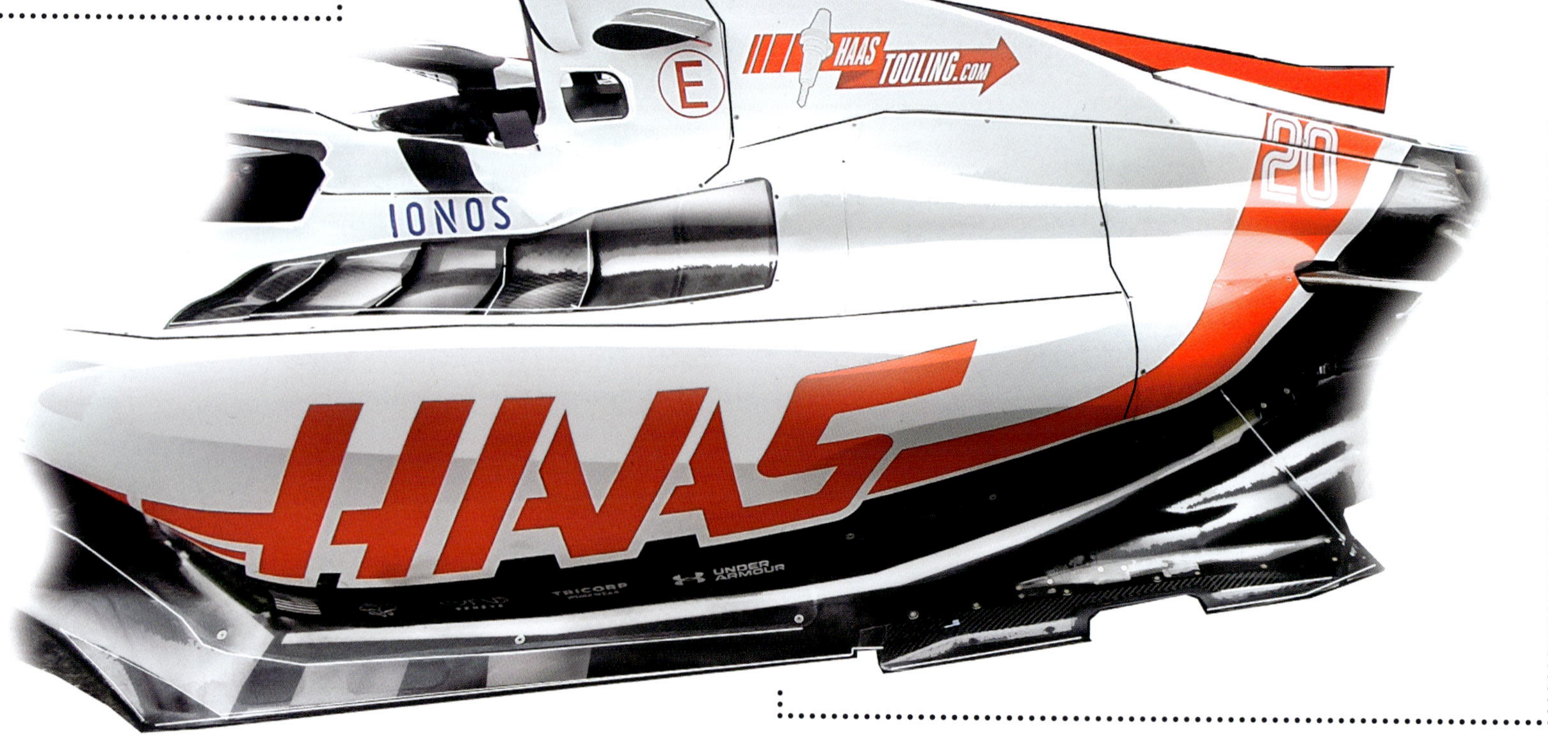

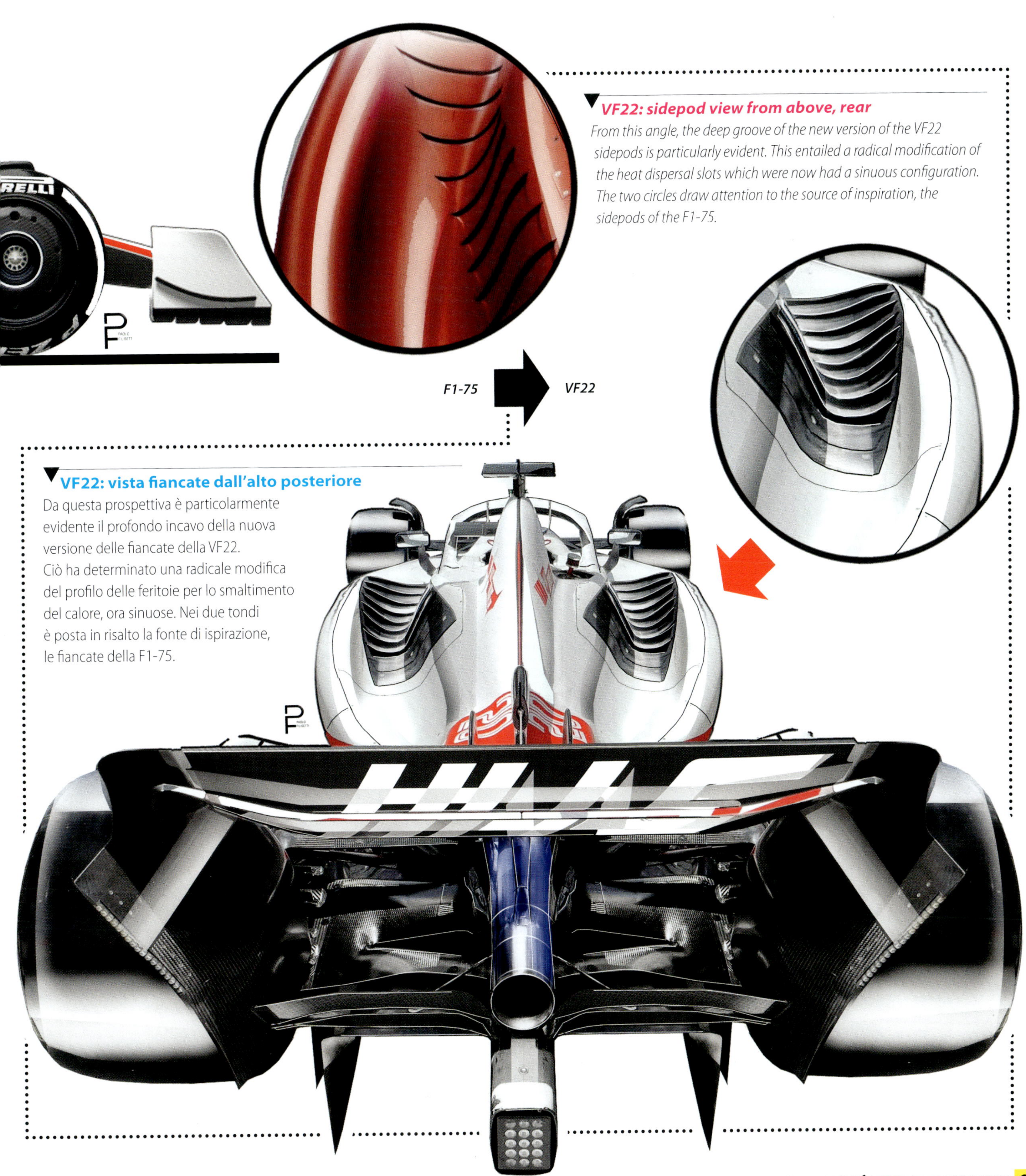

VF22: sidepod view from above, rear

From this angle, the deep groove of the new version of the VF22 sidepods is particularly evident. This entailed a radical modification of the heat dispersal slots which were now had a sinuous configuration. The two circles draw attention to the source of inspiration, the sidepods of the F1-75.

VF22: vista fiancate dall'alto posteriore

Da questa prospettiva è particolarmente evidente il profondo incavo della nuova versione delle fiancate della VF22. Ciò ha determinato una radicale modifica del profilo delle feritoie per lo smaltimento del calore, ora sinuose. Nei due tondi è posta in risalto la fonte di ispirazione, le fiancate della F1-75.

ROLEX BELGIAN GRAN PRIX

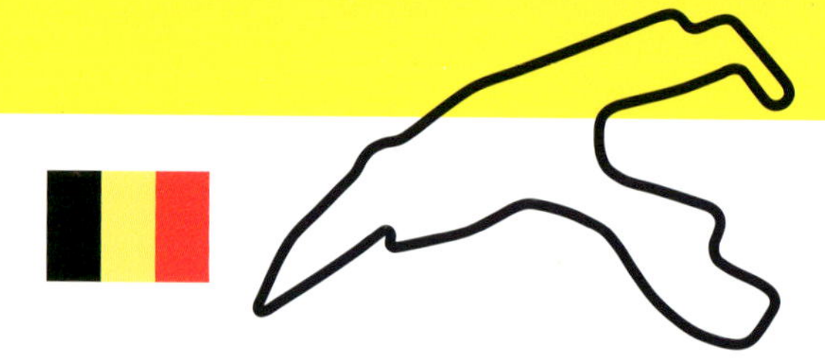

FRANCORCHAMPS
SPA-FRANCORCHAMPS
28 AGOSTO AUGUST

Red Bull domina anche senza il telaio alleggerito

Il GP del Belgio, anche nel 2022, ha aperto come tradizione la seconda fase della stagione e in virtù di questa sua specifica posizione in calendario, ha costituito un appuntamento rilevante sotto il profilo tecnico. Di solito, infatti, i team non solo fanno debuttare pacchetti aerodinamici specifici per piste da basso carico aerodinamico, prefigurando in gran parte la configurazione che sarà poi estremizzata per la gara di Monza, ma quasi sempre, soprattutto i top team, presentano modifiche rilevanti alle monoposto non concentrandosi solo sulla veste aerodinamica. Proprio qui, nel 2019, la Mercedes aveva introdotto un retrotreno profondamente modificato a livello di geometria della sospensione, per contrastare la Ferrari. Nel 2022, invece, indiscrezioni davano inizialmente certo il debutto sulla Red Bull di un telaio di nuova costruzione, destinato al pilota olandese.

La particolarità della nuova monoscocca era legata ad un suo alleggerimento di circa quattro chilogrammi, così che la RB18 di Max si sarebbe avvicinata, nel caso in cui il nuovo telaio fosse stato adottato, al peso limite di 798 chilogrammi, con un vantaggio prestazionale teorico di poco inferiore ai due decimi al giro. La riduzione di peso della nuova scocca (che aveva superato i crash test obbligatori alla vigilia del gran premio belga) pare sia stata raggiunta mediante una diversa costruzione, non a livello di progetto, rimasto invariato, bensì studiando attentamente l'incrocio dei vari strati in fibra di carbonio. In sostanza, posizionando con un orientamento diverso le fibre, è stato possibile ottenere gli stessi valori di rigidezza e resistenza della versione precedente ma con spessori ridotti in molteplici punti. Alla base di questo intervento c'è stato un profondo lavoro di analisi strutturale ad Elementi Finiti, ovvero con programmi che scomponendo la scocca in molteplici sezioni valutano virtualmente le sollecitazioni cui queste sono sottoposte, e permettono di simulare resistenza e rigidezza della struttura al variare dell'orientamento delle fibre dei vari strati di carbonio. Chiaramente si tratta di un impegno quanto mai gravoso a livello di costi, sia nella fase progettuale analitica, sia a livello di produzione del nuovo telaio. Le risorse economiche utilizzate dalla Red Bull fanno parte del bonus che la FIA ha concesso ai team per l'incremento dei costi legato all'inflazione, pari a quattro milioni di euro. Da indiscrezioni, sembra ne sia stata utilizzata circa la metà, dunque un paio di milioni. Si tratta indubbiamente di un impiego rilevante di risorse, in una prima fase non previste nel budget, che testimonia quanto il team di Milton Keynes non considerasse già acquisiti i titoli in palio.

Ciò detto, nell'intero fine settimana è stata palese la superiorità dimostrata della RB18 che, pur senza la scocca di nuova costruzione, ha mostrato prestazioni sia sul giro secco sia sul passo gara non avvicinabili dai rivali. Corretto porsi l'interrogativo se il gap prestazionale rispetto alla Ferrari non sia stato incrementato anche da una minore competitività di quest'ultima. Infatti, a livello di sviluppi aerodinamici, la Red Bull non ha introdotto novità di particolare rilevanza, tali da giustificare il salto prestazionale mostrato. Pérez addirittura ha optato per il fondo che era stato introdotto a Silverstone e poi accantonato dopo due gare, mentre Verstappen ha utilizzato la versione impiegata in Francia e Ungheria. Va inoltre segnalato che solo l'olandese ha sostituito la Power Unit mentre Pérez ha mantenuto un'unità già utilizzata.

Merita dunque un'attenta analisi la prestazione opaca della F1-75 su questo tracciato. È indubbio che Spa abbia caratteristiche totalmente agli antipodi rispetto all'Hungaroring, dove la Ferrari si era dimostrata in forte difficoltà, al di la delle strategie di gara non ottimali. Parlando con alcuni tecnici nel dopogara, abbiamo raccolto un'indiscrezione secondo cui l'ultimo ampio sviluppo della F1-75, introdotto in Francia, potesse essere stato la causa della débacle delle due ultime gare. Ci si riferisce al fondo introdotto al Paul Ricard con la principale funzione di incremento dell'efficienza della F1-75, e la corrispettiva riduzione del drag generato. Plausibile per alcuni tecnici che proprio questo elemento, che ha permesso di avvicinare la Red Bull in termini di velocità sul dritto possa, per contro, essere costato una riduzione del carico generato. Analizzando quanto accaduto in Ungheria, dove le basse temperature di sabato e domenica avevano reso scarsamente competitive entrambe le F1-75, su un tracciato di solito adatto alle caratteristiche della Ferrari, pare possibile trovare un filo conduttore con le performance mostrate in Belgio. A Budapest, nonostante le configurazioni da elevato carico generalizzate fra tutte le vetture, proprio la Ferrari aveva maggiormente sofferto del brusco abbassamento delle temperature rispetto a tutti gli altri. Il parallelismo con quanto emerso in Belgio potrebbe trovare ulteriore conferma analizzando i diversi settori del tracciato di Spa. Infatti, dove la F1-75 ha accusato maggior ritardo rispetto alla RB18 non è stato nel primo e nel terzo settore, i due tratti più veloci, ma nel T2, dove la trazione costituisce la variabile prestazionale più rilevante. A Spa, come noto, la configurazione richiesta è da basso carico, e la Ferrari nel corso della FP2 aveva provato una versione decisamente scarica di ala posteriore, di fatto estremizzando quella che era stata utilizzata in FP1 (che corrispondeva a quella di Baku). La versione più scarica era stata accantonata a favore di quella adottata in Azerbaigian, pare, per favorire un migliore utilizzo (warming up) degli pneumatici garantito da questa versione.

Red Bull dominates even without the lightened chassis

In the best F1 traditions, the Belgian Grand Prix once again opened the second phase of the season and by virtue of its position in the calendar represented a major date in terms of technical development. Usually, in fact, the teams not only debut specific aerodynamic packages for low downforce tracks, largely foreshadowing the configuration that will then be taken to the extreme for the race at Monza, but almost always, especially the top teams, present significant modifications to their cars rather than just concentrating on the aerodynamic configuration. It was here in 2019 that Mercedes had introduced a rear end featuring profoundly modified suspension geometry in a bid to counter the Ferraris. In 2022, instead, rumours initially had it that a new chassis would definitely be introduced on the Dutch driver's Red Bull.

The key aspect of the new monocoque was that it would be around four kilograms lighter, meaning that if the new chassis were to be adopted, Max's car would be close to the 798kg weight limit, with a theoretical performance advantage of just under two tenths per lap. The weight reduction of the new bodywork (which had passed the mandatory crash tests on the eve of the Belgian GP) seems to have been achieved through a different construction method, rather than a different design, with carefully study of the the intersection of the various carbonfibre layers. Essentially, by orienting the fibres differently, it was possible to achieve the same stiffness and strength values as the previous version but with reduced thicknesses in several places. Underlying this intervention was an in-depth Finite Elements structural analysis, using programmes that break down the body into multiple sections, evaluating virtually the stresses to which they are subjected, and allowing the strength and stiffness of the structure to be simulated as the orientation of the fibres of the various carbon layers changes. Clearly, this involved considerable economic investments, both during the design analysis phase and in terms of production of the new chassis. The resources used by Red Bull were drawn from the four million Euro bonus the FIA paid to the teams to cover the increase in costs due to inflation. Certain discretions suggest that around half were used in this way, that is, a couple of million. Without doubt this was a significant use of resources, one not initially budgeted for, and which testifies to the extent to which the Milton Keynes team never considered the titles to have already been won.

That said, throughout the weekend, the superiority of the RB18 was clear; despite not having the new chassis, the car showed both single lap qualifying performance and race pace that rivals simply could not match. It is only right to ask whether the Ferrari's lack of competitiveness did not contribute to the performance gap with respect to the RB18. In fact, in terms of aerodynamic developments, Red Bull did not introduce anything of particular significance that would justify that improvement in performance. Perez opted to use the floor that had been introduced at Silverstone and then put to one side after two races, while Verstappen went with the version used in France and Hungary. It should also be point out that the only the Dutchman replaced the power unit, with Perez retaining one that had already raced.

The F1-75's dull performance on this circuit is therefore worthy of close analysis. Clearly, Spa has completely different characteristics to the Hungaroring, where the Ferrari had struggled, quite apart for its questionable race strategies. Talking to several engineers after the race, we picked up an indiscretion whereby the extensive development of the F1-75 introduced in France might have been the cause of the debacle of the last two races. This was in reference to the floor introduced at the Paul Ricard with the principal aim of increasing the efficiency of the F1-75, reducing the amount of drag generated. For some engineers it was plausible that this element, which had allowed the Ferraris to close the gap on Red Bull in terms of straight line speed, may on the other hand haver cost a reduction in the downforce generated. Analysing what happened in Hungary, where low temperatures on the Saturday and Sunday rendered both F1-75s uncompetitive on a track usually suited to Ferrari's characteristics, it seems possible to find a common thread with the cars' performance in Belgium. At Budapest, despite the high load configurations common to all the single-seaters, Ferrari had in fact suffered more from the sudden drop in ambient temperatures than any of the other cars. The parallels between what emerged in the Belgian weekend and then at Zandvoort were further confirmed by the analysis of the various sectors of the Spa circuit. In fact, where the F1-75 was slowest with respect to the RB18 was not in the first or third sectors, the two fastest sections, but in the second, where traction constitutes the most relevant variable in terms of performance. As is well known, a low downforce configuration is required at Spa and in FP2 Ferrari tested a very low downforce rear wing, taking to an extreme the one used in FP1 (identical to the one used at Baku). The lowest downforce version was discarded, apparently, due to the better tyre warm up qualities guaranteed by this configuration.

Procedure test verifica spessore tavola e flessibilità fondo

Nelle due illustrazioni sono evidenziate le rispettive procedure di verifica dello spessore della tavola e della flessibilità nelle zone limitrofe ai fori di misurazione.

Plank thickness verification and floor deflection test procedure

The two illustrations highlight the respective procedures for the plank thickness verification and the floor deflection test in the area around the measurement holes.

Aree applicazione dei test

Indicato dalla freccia rossa uno dei fori di verifica. Nel primo tondo, il dettaglio ingrandito del foro di 70 mm di diametro. Nel secondo dettaglio tondo, evidenziata in violetto, l'area interessata dal test di flessione, intorno ai fori di verifica.

Areas of application of the tests

The red arrow indicates one of the inspection holes. In the first circle, an enlarged detail of the 70 mm diameter hole. In second circle, highlighted in violet, the area of the deflection test, around the inspection holes.

70 mm

verifica spessore tavola nei fori
verification of plank thickness in the holes

verifica deformazione area limitrofa
verification of deflection in peripheral area

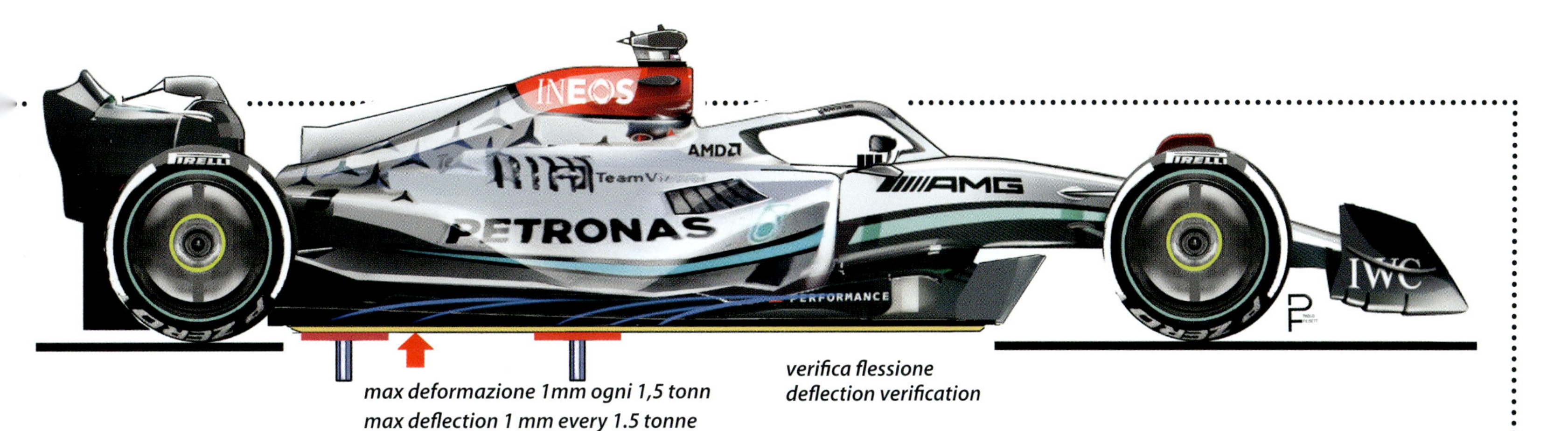

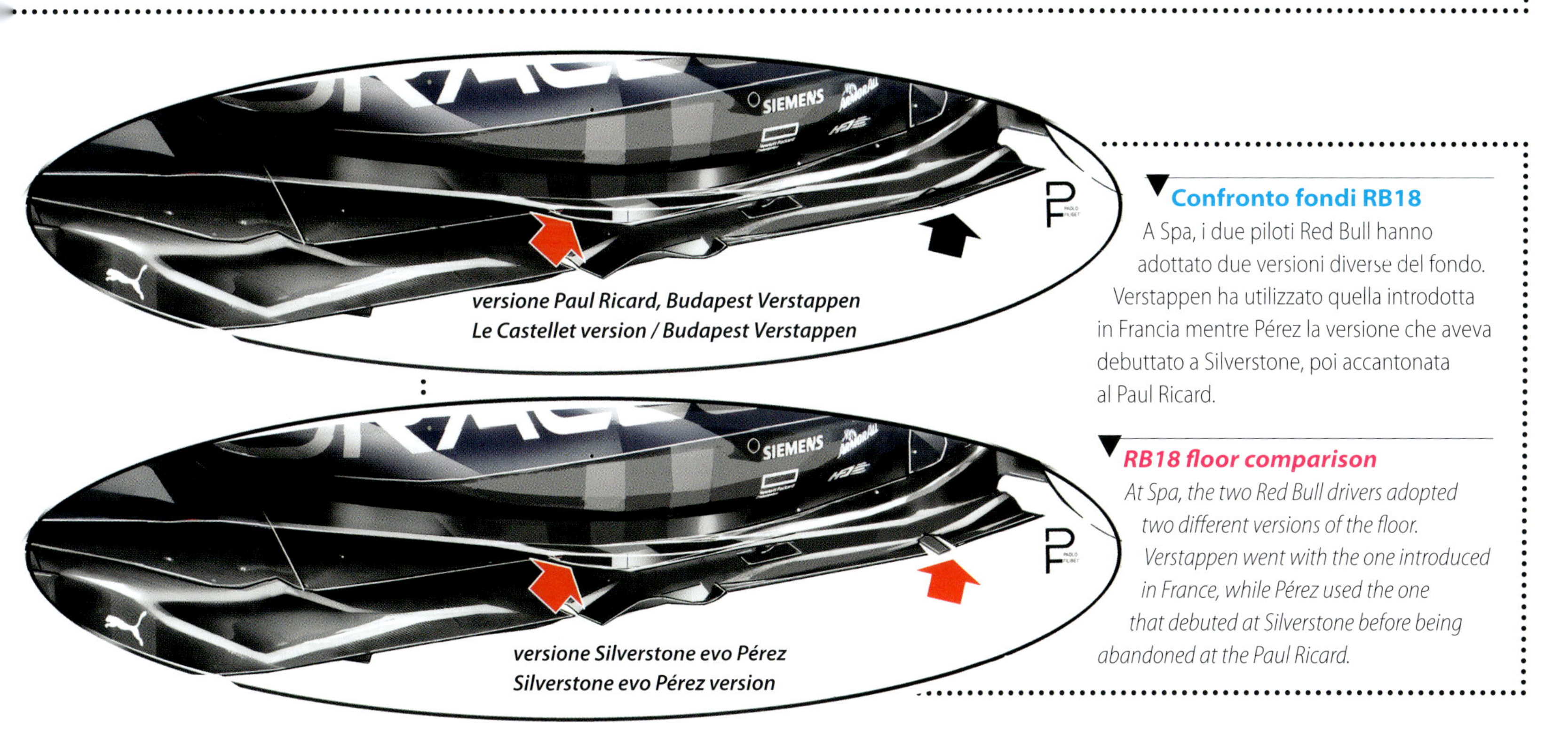

Confronto fondi RB18

A Spa, i due piloti Red Bull hanno adottato due versioni diverse del fondo. Verstappen ha utilizzato quella introdotta in Francia mentre Pérez la versione che aveva debuttato a Silverstone, poi accantonata al Paul Ricard.

RB18 floor comparison

At Spa, the two Red Bull drivers adopted two different versions of the floor. Verstappen went with the one introduced in France, while Pérez used the one that debuted at Silverstone before being abandoned at the Paul Ricard.

Fondo F1-75 evo Francia

Il fondo della F1-75, introdotto in Francia, era stato modificato all'altezza del bordo d'ingresso dei canali Venturi, ora differenziata (freccia blu) tra la sezione più centrale e quelle laterali. La modifica tende anche a ridurre l'innesco del porpoising, con uno scalino molto definito. Diverso il profilo degli schermi laterali di sezione più ampia con un taglio inferiore ad angolo retto (freccia rossa).

F1-75 floor evo France

The floor of the F1-75 was modified in the area of the leading edge of the Venturi tunnels, now differentiated (blue arrow) between the more central and the lateral sections. The modification was also designed to reduce the triggering of porpoising. The profile of the turning vanes was different with a broader section and a right-angled lower cutaway (red arrow).

HEINEKEN DUTCH GRAND PRIX

Red Bull domina su ogni pista mentre la F1-75 è in crisi di identità

Ad una sola settimana di distanza da Spa, tutti i team a Zandvoort hanno ovviamente presentato solo adattamenti alle caratteristiche del tracciato olandese, senza di fatto introdurre nessuno sviluppo più significativo. In sostanza tutte le squadre hanno portato configurazioni da alto carico con l'aggiunta di alcune soluzioni legate allo smaltimento del calore, considerate le velocità medie meno elevate rispetto al Belgio, unite a temperature ambientali superiori. Questa gara, dunque, a livello squisitamente tecnico ha assunto un valore importante per poter valutare, su un layout del tutto diverso da quello di Spa, se i valori espressi in Belgio sarebbero stati mantenuti o sovvertiti.

La Red Bull ha presentato oltre ad una configurazione da alto carico una carrozzeria con fori di ventilazione aumentati nella parte posteriore inferiore, e una feritoia meno parzializzata in quella superiore, per garantire un efficace smaltimento del calore. L'ala posteriore da alto carico non ha modificato l'equilibrio della RB18 che, di fatto, su un tracciato almeno sulla carta a lei meno congeniale rispetto a quello belga, ha mostrato in particolare con Verstappen una prestazione da primato anche sul giro singolo in qualifica, come visto poi nel ritmo di gara. In sostanza, la vettura disegnata da Adrian Newey ha confermato di essere progressivamente diventata una monoposto all round, nonostante le sue caratteristiche di base siano rimaste immutate, quelle di una vettura che ha fatto della massima efficienza il proprio punto di forza.

Per contro, non è arrivata una conferma in termini di competitività da parte della Ferrari, nonostante a Zandvoort non ci siano stati dubbi o incertezze sulle scelte di assetto e configurazione aerodinamica come invece era accaduto in Belgio. Infatti, se a Spa il dubbio tra l'ala posteriore da basso carico, evoluzione di quella adottata a Baku e usata in Azerbaigian – non estremizzata da un profilo principale rettilineo – era giustificato dall'esigenza di mantenere un carico adeguato nel secondo settore, il più guidato di Spa, in Olanda non si sono visti tentennamenti, con entrambe le F1-75 che hanno adottato sin dalla prima sessione una configurazione molto carica, con l'ala posteriore dotata di un profilo a cucchiaio molto accentuato. Si è trattato di una versione rivista rispetto a quella impiegata in Ungheria ma con la sezione centrale lievemente sollevata, non perfettamente complanare in tutti i suoi punti. L'equilibrio mostrato con questa configurazione ha permesso alle due rosse di svettare in FP2, mostrando nel long run un passo gara a favore di Leclerc, rispetto a quello di Verstappen, solo ottavo a fine sessione dopo aver utilizzato un treno di pneumatici soft già usati. Ciò ha indicato come si fosse trovata da subito una precisa correlazione tra i dati delle simulazioni effettuate a Maranello e la pista. In pratica, l'assetto base è stato subito deliberato in FP1 senza subire sostanziali variazioni nelle regolazioni, facendo sperare che la F1-75 potesse aver ritrovato quella competitività del tutto assente a Spa. Già in occasione dell'analisi del GP del Belgio avevamo espresso, alla luce dei risultati e dell'andamento dell'intero fine settimana, che la F1-75 potesse aver perso sin dall'Ungheria parte del DNA che l'aveva contraddistinta a inizio stagione. A Budapest, nonostante le configurazioni da elevato carico generalizzate su tutte le monoposto, proprio la Ferrari aveva sofferto di più il brusco abbassamento delle temperature ambientali rispetto a tutte le altre vetture. Il parallelismo con quanto emerso nel fine settimana di Spa e poi a Zandvoort ha trovato ulteriore conferma nell'analisi dei diversi settori del tracciato belga. Infatti, dove la F1-75 ha accusato maggior ritardo rispetto alla RB18 non è stato nel primo e nel terzo settore, i due tratti più veloci, ma nel secondo settore, dove la trazione costituisce la variabile più rilevante in termini di prestazioni. A Spa, come noto, la configurazione richiesta è da basso carico e la Ferrari, nel corso della FP2, ha provato una versione decisamente scarica di ala posteriore, di fatto estremizzando quella che era stata utilizzata in FP1 (analoga a quella di Baku). La versione più scarica è stata accantonata, pare, per favorire un migliore utilizzo (warming up) degli pneumatici garantito proprio da questa soluzione. Innegabile come nel corso della gara, proprio i pneumatici montati sulla F1-75 abbiano subito un degrado elevato, soprattutto a livello termico ovvero con un incremento fuori dalla finestra ideale delle temperature del battistrada.

Non pare, per contro, almeno stando alle opinioni raccolte nel paddock di Spa, sia stato rilevante l'effetto della Direttiva Tecnica 39 entrata in vigore proprio in Belgio. Se è infatti vero che la Red Bull non è stata minimamente sfiorata dai limiti delle oscillazioni verticali, imposti dalle nuove norme, anche la F1-75, proprio grazie al fondo introdotto in Francia, è parsa gestire in modo molto efficace il porpoising così da poter rientrare senza alcun mutamento di assetto (leggi incremento altezza da terra) nei nuovi limiti regolamentari. Diverso, anzi diametralmente opposto, il giudizio che su questo argomento ha riguardato la Mercedes. Innegabile, e la gara di Zandvoort lo ha chiaramente dimostrato, che la W13, dall'entrata in vigore della Direttiva Tecnica 39, abbia consolidato i progressi che già si erano visti nelle ultime gare precedenti la pausa estiva.

Red Bull dominates on every circuit while the F1-75 suffers an identity crisis

Just a week after Spa, the teams understandably arrived at Zandvoort having simply adapted their cars to the characteristics of the Dutch circuit, with no more significant developments having been introduced. Essentially, all the team brought high downforce configurations with the addition of several features associated with the dispersal of heat, considering the lower average speeds with respect to Belgium, combined with higher ambient temperatures. On a purely technical level therefore, this race became an important opportunity to evaluate, on a layout very different to Spa, whether the values expressed in Belgium would be maintained or overturned. Along with a high downforce configuration, Red Bull presented bodywork with enlarged ventilation apertures in the lower rear section and a less partialized slot in the upper part to guarantee efficient heat dispersal. The high downforce rear wing did not modify the balance of the RB18 which, in fact, on a circuit at least on paper less congenial to it than Spa, displayed first rate performance in terms of both the single qualifying lap and race pace, especially with Verstappen. In short, the car designed by Adrian Newey provided confirmation of its progressive transformation into an all-round single-seater, even though its fundamental characteristics as a car whose strong suit was maximum efficiency had remained unchanged.

On the other hand, there was no confirmation of competitiveness from Ferrari, despite the fact that at Zandvoort there were no doubts or uncertainties over the set-up and aerodynamic configuration choices as had been the case in Belgium. In fact, while at Spa the doubts over the low downforce rear wing, an evolution of the one adopted at Baku and used in Azerbaijan – without an extreme straight main plane - were justified by the need to maintain adequate downforce in the second sector, the most technical section at Spa, in Holland there was no hesitation, with both F1-75s adopting a very high downforce configuration from the first session, with the rear wing equipped with a very accentuated dished profile. This was a revised version of the wing used in Hungary, with the central section lifted slightly and not perfectly coplanar at all points. The balance displayed with this configuration allowed the two Reds to top the field in FP2, with Charles Leclerc showing a race pace in the long run superior to that of Verstappen, only eighth at the end of the session after fitting a set of soft tyres that had already been used. This was evidence that a precise correlation between the data from the simulations conducted at Maranello and the circuit had been found from the off. In effect, the basic set-up was immediately signed off in FP1 with no substantial changes to the settings being made, raising hopes that the F1-75 might have rediscovered the competitiveness that was completely absent at Spa.

In our analysis of the Belgian GP we had expressed, in light of the results and the course of the entire weekend, that from Hungary the F1-75 might have lost part of the DNA that had distinguished it at the start of the season. At Budapest, despite the high load configurations common to all the single-seaters, Ferrari had in fact suffered more from the sudden drop in ambient temperatures than any of the other cars. The parallels between what emerged in the Belgian weekend and then at Zandvoort were further confirmed by the analysis of the various sectors of the Spa circuit. In fact, where the F1-75 was slowest with respect to the RB18 was not in the first or third sectors, the two fastest sections, but in the second, where traction constitutes the most relevant variable in terms of performance. As is well known, a low downforce configuration is required at Spa and in FP2 Ferrari tested a very low downforce rear wing, taking to an extreme the one used in FP1 (identical to the one used at Baku). The lowest downforce version was discarded, apparently, due to the better tyre warm up qualities guaranteed by this configuration. Undeniably, during the race, the tyres fitted to the F1-75 that suffered severe decay, especially at the thermal level, that is to say, an increase beyond the ideal tread temperature window.

On the other hand. it does not appear, at least according to the opinions gathered in the paddock at Spa, that the effect of the 39 directive, which came into force in Belgium, was significant. If it is in fact true that the Red Bull was not affected in the slightest by the limits on vertical oscillations imposed by the new rules, even the F1-75, thanks to the floor introduced in France, seemed to manage the porpoising phenomenon very effectively and was able to meet the new regulatory limits without any change in set-up (read increased ground clearance).

It was a very different matter, diametrically opposite in fact, in the case of Mercedes. The Zandvoort race undeniably demonstrated that since the adoption of technical directive 39, the W13 had consolidated the progress that had already been seen in the final races before the summer break.

Red Bull: incremento sfoghi calore e confronto con versione Spa

La RB18 presentava a Zandvoort una carrozzeria caratterizzata da un ampio sfogo semi circolare nella parte bassa posteriore, accoppiato ad una diversa parzializzazione della griglia orizzontale alla base del cofano motore.

Red Bull: increased cooling vents with respect to the Spa version

At Zandvoort the RB18 presented bodywork characterised by a large semi-circular vent in the rear lower section, coupled with a different division of the horizontal grille at the base of the engine cover.

Confronto ala posteriore Spa-Zandvoort

Le diverse esigenze di carico tra Spa e Zandvoort sono evidenziate dalle rispettive configurazioni aerodinamiche. L'ala posteriore adottata da Leclerc e Sainz è una rivisitazione di quella impiegata a Budapest, con un profilo principale caratterizzato da un cucchiaio molto accentuato.

Spa-Zandvoort rear wing comparison

The differing downforce requirements at Spa and Zandvoort are highighted by the respective aerodynamic configurations. The rear wing adopted by Leclerc and Sainz was a revised version of the one used in Budapest, with a main plane characterised by a very accentuated dish.

versione Spa FP1-FP3-gara
Spa version FP1-FP3 race

Olanda: versione da alto carico
Dutch GP: high downforce version

Mercedes W13 e DT 039

Innegabile che con l'entrata in vigore a Spa della Direttiva Tecnica 39 che ha imposto un'accurata gestione delle altezze da terra per ridurre gli scuotimenti verticali, la W13 non solo non sia stata più afflitta, se non marginalmente, dal porpoising, ma abbia ritrovato competitività sia a livello di prestazione pura in qualifica, sia nel passo gara in relazione alla gestione degli pneumatici.

Mercedes W13 and DT 039

Undeniably, with the adoption of DT 39 at Spa that imposed careful ride height management to reduce porpoising, not only was the W13 no longer afflicted, if not marginally, by the bouncing effect, but also rediscovered competitiveness both in terms of pure qualifying performance and race pace in relation to tyre management.

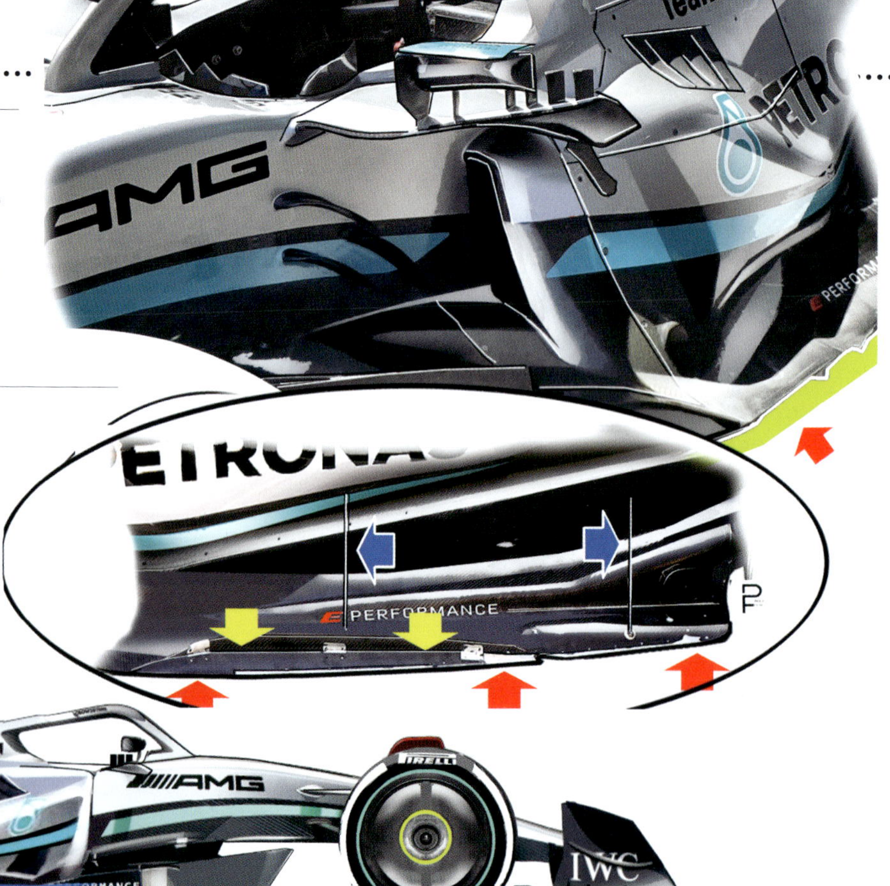

PIRELLI GRAN PREMIO D'ITALIA

MONZA
AUTODROMO NAZIONALE MONZA
11 SETTEMBRE *SEPTEMBER*

Monza, prove di carico (minimo) e di fondo

Si sa, l'Autodromo Nazionale di Monza rappresenta un unicum nel calendario della Formula 1. In effetti è la pista che richiede meno carico rispetto a qualsiasi altro tracciato del Mondiale. I lunghi rettilinei raccordati dalle varianti, che caratterizzano il layout di questo tracciato, privilegiano la massima efficienza aerodinamica anche a discapito del carico prodotto. È dunque prassi tra i team dotare le monoposto di ali di corda estremamente ridotta e flap con incidenza minima, a favore della massima scorrevolezza sul dritto. La configurazione delle diverse vetture risulta quindi abbastanza analoga per tutti, eppure si è rivelata di particolare interesse la soluzione adottata dalla Red Bull per l'ala posteriore della RB18. Per il fine settimana monzese nulla è stato infatti lasciato al caso dai tecnici guidati da Adrian Newey e, nello specifico, il bordo di uscita dell'ala posteriore è stato tagliato a mezzaluna seguendo la stessa modalità adottata dalla Mercedes in Arabia Saudita, (riproposta anche a Monza ma con il profilo principale identico a quello impiegato in Azerbaigian). In questo modo la resistenza prodotta dal flap chiuso risulta ridotta in maniera sostanziale, ma altrettanto è l'efficacia del DRS che su questo tracciato svolge una funzione marginale. La soluzione studiata dalla Red Bull è stata dettata dal timore che l'efficienza della RB18, nella configurazione vista prima a Baku e poi a Spa, non garantisse il completamento dei sorpassi sui diretti rivali (Ferrari in primis), come già aveva dimostrato la pista azera nonostante il lungo rettilineo. In Red Bull, infatti, malgrado il cospicuo vantaggio accumulato sulle rosse c'era preoccupazione per le prestazioni della Power Unit 066/7 di Maranello, introdotta a Spa ed evoluta nella parte ibrida, le cui potenzialità erano state limitate dai problemi di aerodinamica patiti in Belgio e in Olanda.

Sul fronte aerodinamico la Ferrari si è presentata a Monza con un'ala posteriore da basso carico, (provata solo in FP2 a Spa), con un profilo principale quasi rettilineo e ridotta incidenza. Ha dunque assunto particolare rilievo la conferma, prima dell'inizio del weekend, che sarebbe stata effettuata una prova comparativa nelle prove libere tra l'ultima versione di fondo adottata a partire dal GP di Francia e quella precedente, per valutare, a parità di efficienza, quale inducesse maggior energia sugli pneumatici velocizzando il warming up e riducendone il degrado. Si è così scelto di dotare entrambe le F1-75, in qualifica e gara, del fondo che aveva debuttato in Francia, dopo aver effettuato nella giornata di venerdì una prova comparativa con la versione precedente, quella adottata sino al GP d'Austria. Dopo le prestazioni opache viste in Belgio e In Olanda, i tecnici della Scuderia hanno deciso di effettuare un test per confrontare l'efficacia di entrambe le versioni, un'operazione che, date le caratteristiche del tracciato brianzolo, aveva lo scopo ben preciso non solo di valutare le performance ottenute con i due diversi fondi, ma anche di considerare la possibilità di disporre, per specifiche gare, di un'alternativa che avesse determinate caratteristiche in termini di massimo carico generato. Come noto, la scelta per il GP d'Italia è poi caduta sull'ultima versione, soprattutto per il minor drag prodotto ma anche per il maggior contenimento del porpoising che, di fatto, ne costituisce dal suo debutto la caratteristica principale.

Monza, downforce (minimal) and floor tests

We all know that the "Autodromo Nazionale Monza" represents a unique challenge in the Formula 1 season. In effect, this is the circuit that requires less downforce than any other World Championship track. The long straights linked by chicanes which characterise the layout of the circuit privilege maximum aerodynamic efficiency even at the expense of the downforce produced. It is therefore the practice among the various teams to equip their cars with wings with an extremely short chord and flaps with minimal incidence, in favour of maximum penetration on the straights. The configurations of the various cars therefore proved to be fairly similar to one another, although the rear wing adopted by Red Bull for the RB18 did attract particular interest. For the Monza weekend, in fact, nothing was left to chance by the engineers led by Adrian Newey and, specifically, the trailing edge of the rear wing featured a crescent moon cutaway, like the one adopted by Mercedes in Saudi Arabia (presented again at Monza, but with the main plane identical to the one used in Azerbaijan). In this way the drag produced by the closed flap was substantially reduced, as was the efficacy of the DRS which plays a marginal role on this circuit. The solution devised by Red Bull was dictated by concerns that the efficiency of the RB18, in the configuration first seen at Baku and then at Spa, could not guarantee the completion of overtakes of its direct rivals (first and foremost Ferrari), as the Azerbaijan circuit had already demonstrated, despite its long straight. At Red Bull, in fact, despite the team's considerable lead over the Rosse, there was concern about the performance of the Maranello 066/7 power unit, introduced at Spa and evolved in its hybrid section, the potential of which had been limited by the aerodynamic problems suffered in Belgium and Holland.

On the aerodynamic front, Ferrari had arrived at Monza with a low downforce rear wing (tested only in FP2 at Spa), with an almost straight main plane and a reduced incidence. Confirmation that ahead of the weekend, a comparison test between the latest version of the rear wing adopted from the French GP and the previous one would be carried out in free practice was therefore of great significance The test would assess which one, with efficiency remaining equal, would transmit more energy to the tyres, accelerating the warm-up time and reducing decay. It was then decided to equip both F1-75s, in qualifying and in the race, with the floor that had been adopted in France, after having carried out a comparison test on the Friday with the previous version, the one adopted up to the Austrian GP. After the flat performances seen in Belgium and Holland, the Scuderia's engineers decided to conduct a test to compare the aerodynamic efficiency of both versions, an operation that, given the characteristics of the Brianza track, had the precise aim not only of assessing the performance obtained with the two different floors, but also to consider the possibility for specific races of having an alternative floor with certain characteristics in terms of the maximum downforce generated. As is well known, for the Italian GP the choice fell on the latest version, above all to the lower drag produced, but also due to the more effective control over the porpoising phenomenon that effectively had been its principal characteristic on its debut.

Ala posteriore RB18 "minimal"

La monoposto del team di Milton Keynes presentava un'ala posteriore caratterizzata dal bordo di uscita tagliato a mezzaluna, come quello della Mercedes a Jeddah, in modo da ridurre la resistenza all'avanzamento.

RB18 "minimal" rear wing

The car entered by the team from Milton Keynes presented a rear wing characterised by a crescent moon cutaway in the trailing edge, like the Mercedes wing at Jeddah, designed to reduced drag.

Ala posteriore F1-75

A Monza, la Ferrari, ha di fatto riproposto la versione brevemente provata in Belgio, caratterizzata da un profilo principale rettilineo a favore della scorrevolezza sul dritto.

F1-75 rear wing

At Monza effectively represented the version briefly tested in Belgium, characterised by a straight main plane which privileged penetration on the straights.

versione usata solo in FP2 a Spa

version used in FP2 at Spa only

versione Le Castellet
Le Castellet version

F1-75: comparazione fondi

A sinistra la versione provata nel confronto effettuato il venerdì. Si nota il profilo continuo piatto inclinato del bordo d'ingresso dei canali Venturi. Nella versione introdotta in Francia, invece, è palese il "gradino" che sottolinea la diversa altezza del canale più interno rispetto agli altri.

F1-75: floor comparison

On the left, the version tested in the comparison on the Friday. Note the continuous flat and inclined profile at the leading edge of the Venturi tunnels. Instead, on the version introduced in France, there was a conspicuous "step" which underlined the different height of the innermost tunnel with respect to the others.

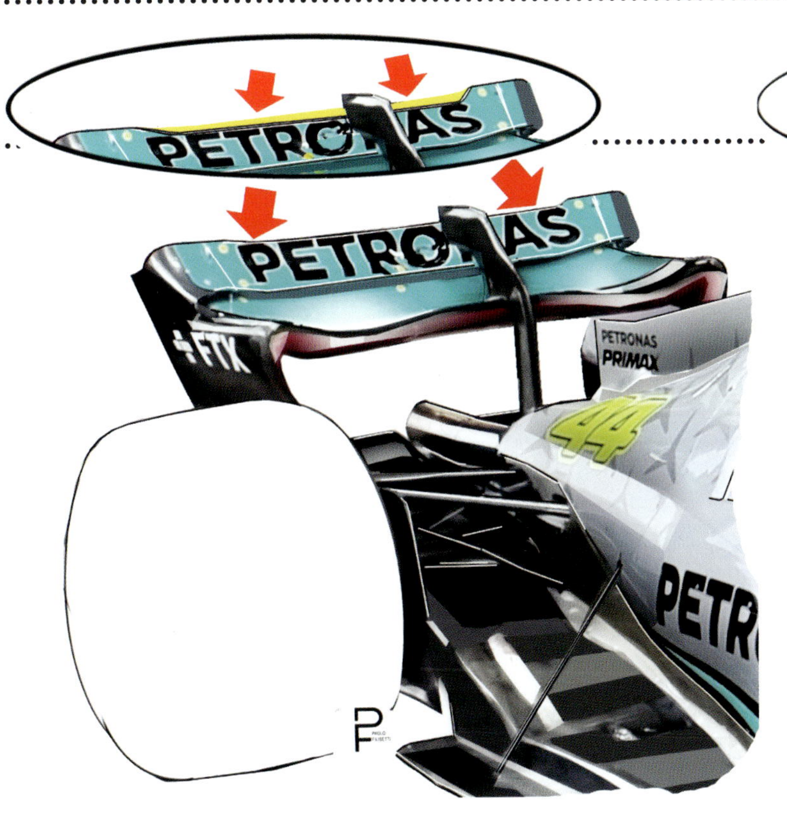

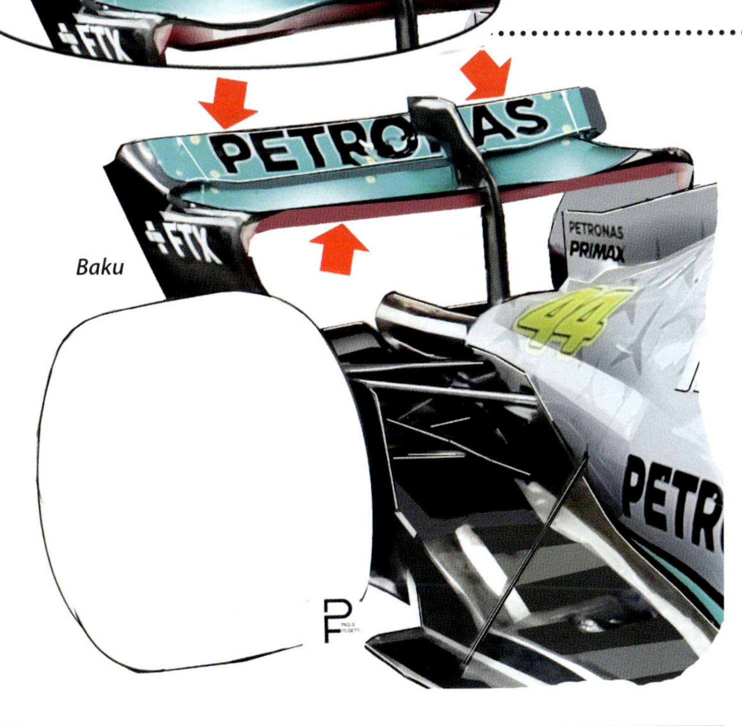

Ala posteriore Mercedes W13: versione Jeddah e Baku

Nei disegni si nota rispettivamente la versione con il flap tagliato nel bordo di uscita, introdotta a Jeddah, e quella dotata di profilo principale rettilineo adottata a Miami e Baku. L'unione di queste caratteristiche ha determinato la versione adottata a Monza.

Mercedes W13 rear wing: Jeddah and Baku version

The drawings show, respectively, the version with the flap cutaway on the trailing edge, introduced in Jeddah, and the one equipped with a straight main plane, adopted at Miami and Baku. The union of these characteristics led to the version adopted at Monza.

SINGAPORE AIRLINES GRAND PRIX

MARINA BAY SINGAPORE STREET CIRCUIT

2 OTTOBRE OCTOBER

Ferrari posticipa a Suzuka il nuovo fondo, non la Red Bull. La McLaren pensa già al 2023

Il tracciato di Marina Bay costituisce un unicum anche tra i circuiti cittadini, non solo per il suo particolare layout ma anche, per non dire soprattutto, per le irregolarità del manto di asfalto che generano vibrazioni e sobbalzi sulle monoposto. Questa caratteristica ha indotto la FIA ad allentare per questa gara, o per meglio dire sospendere "de facto", la direttiva tecnica TD 39. Le sconnessioni del tracciato di Marina Bay, infatti, hanno spinto la Federazione a non adottare le metriche introdotte a Spa per la misurazione delle accelerazioni verticali dovute al porpoising. La natura di questo tracciato non avrebbe infatti permesso di restare all'interno dei valori stabiliti, con accelerazioni verticali massime previste anche oltre i 7G. In pratica, per la maggior parte delle monoposto sarebbe stato molto difficile rispettare i limiti regolamentari se non sacrificando in modo rilevante le prestazioni. Si potrebbe dire che la non applicazione della norma abbia permesso, in generale, l'adozione di set up delle sospensioni meno rigidi rispetto a quelli adottati dal Belgio.

A livello di novità tecniche c'è stata molta attesa alla vigilia per l'introduzione, da parte della Ferrari, di un nuovo fondo per la F1-75, che era stato brevemente testato da Sainz a Fiorano la settimana precedente. Poi, i tecnici della Scuderia hanno deciso di soprassedere ritenendo poco probante Marina Bay, un tracciato dove i vantaggi di questo sviluppo non si sarebbero fatti sentire in modo tangibile. Ciò nonostante la F1-75 è parsa ben bilanciata e reattiva nel corso delle prime due sessioni di prove libere in cui sono state effettuate diverse variazioni di assetto per trovare l'equilibrio ottimale che, nonostante i tempi siglati da entrambi i piloti, avrebbe potuto essere ancora affinato nella terza sessione se questa non fosse stata flagellata dalla pioggia. Per giustificare la prestazione della Ferrari si sarebbe potuto pensare che la F1-75 si fosse di fatto ritrovata nella condizione di inizio stagione, quando le oscillazioni della monoposto erano ampie ma quasi ininfluenti sulle prestazioni; analizzando però l'insieme più in profondità – e anche grazie a varie indiscrezioni –, non è così. Le oscillazioni verticali sono infatti parse contenute, sempre considerando l'irregolarità del manto stradale che ha imposto altezze da terra maggiori (seppur di poco grazie anche alla sospensione della DT 39) riducendo parzialmente l'innesco del porpoising.

Se sulla F1-75 non sono state introdotte novità, per quanto riguarda i diretti rivali, ovvero la Red Bull, la RB18 presentava un fondo modificato nei convogliatori inferiori e nel bordo laterale, all'altezza della soffiatura centrale. In pratica, nella parte centrale del fondo sono stati posti due nolder verticali con spigoli ad angolo retto lungo il profilo per contenere le perdite di downforce causate dalle brusche variazioni di altezze da terra tipiche di questo tracciato. Da rilevare che nel corso della seconda sessione di prove libere sono state operate parecchie variazioni di assetto per trovare il bilanciamento ideale, senza cercare in primis la prestazione ma considerando prioritaria la gestione della dinamica della vettura.

Il team che ha però portato lo sviluppo più rilevante a Singapore è stato la McLaren che solo sulla MCL36 di Lando Norris ha radicalmente modificato le imboccature delle fiancate. A tutti gli effetti si tratta di uno sviluppo che prefigura il concetto della monoposto 2023. Nello specifico, la nuova versione è caratterizzata da un labbro inferiore che di fatto rende diagonale il profilo della presa d'aria, sul modello di quello della Red Bull RB18. Nuovo anche il profilo inferiore anteriore delle fiancate, più sciancrato che crea di fatto un andamento molto simile, seppur meno estremo, rispetto alla monoposto del team di Milton Keynes. In questo caso la differenza è motivata dalla diversa collocazione e dai volumi interni dell'impianto di raffreddamento della Power Unit Mercedes.

Ferrari postpones its new floor until Suzuka, Red Bull doesn't. McLaren thinking ahead to 2023

Marina Bay is unique even among city circuits, not only because of its particular layout but also, not to say above all, because of the irregularities of the asphalt surface that generate vibrations and jolt the cars. This characteristic led the FIA to relax, or rather de facto suspend, Technical Directive TD 39 for this race. The unevenness of the Marina Bay track in fact prompted the Federation not to adopt the metrics introduced at Spa for measuring vertical acceleration due to porpoising. The nature of the circuit would not in fact have allowed the cars to remain with the permitted limits, with the vertical accelerations predicted to exceed 7G. In practice, it would have been very difficult for most of the cars to comply with the regulatory limits without significant performance sacrifices. It might be said that the non-application of this regulation allowed, in general, the adoption of less rigid suspension set-ups than those adopted from Belgium.

In terms of technical novelties, there was much interest on the eve of the race in Ferrari's introduction of a new floor for the F1-75, briefly tested by Sainz at Fiorano the previous week. The Scuderia's engineers then decided to postpone its introduction, feeling that Marina Bay would not be a circuit where this development would offer tangible benefits. Nonetheless, the F1-75 seemed well balanced and responsive during the first two free practice sessions in which several set-up changes were made in a search for optimum balance which, despite the times set by both drivers, could still have been refined in the third session had it not been plagued by rain. To justify Ferrari's performance, one might have thought that the F1-75 had in fact returned to its early-season specification, when the car suffered severe oscillations that were actually

virtually irrelevant in terms of performance; however, a more in-depth overall analysis – along with various indiscretions - shows that this was not the case. The vertical oscillations in fact appeared to be well contained, especially given the irregularities in the track surface which demanded greater ride heights (albeit only slightly higher thanks in part to the DT 39 suspension), with the triggering of porpoising reduced. While no major changes were introduced on the F1-75, things were different for its direct rivals, that is, Red Bull, with the RB18 presenting a floor with modifications to the lower channels and the lateral edge, in correspondence with the central vent. In practice, the central part of the floor was equipped with two vertical Gurney flaps with right-angled corners along the profile to contain the losses in downforce caused by the brusque variations in ride height typical of this circuit. It should be noted that during the second free practice session several set-up changes were made to find the ideal balance, with the management of the car's dynamics as a priority rather than performance.
The team that brought the most significant development to Singapore, however, was McLaren, which radically altered the sidepods on Lando Norris' MCL36 only. To all intents and purposes, this was a development that foreshadowed the concept to be introduced to the 2023 single-seater. Specifically, the new version featured a lower lip that effectively made the air intake profile diagonal, taking a lead from the Red Bull RB18. Also new was the lower front profile of the sidepods, which was narrower, creating a very similar, if less extreme, configuration with respect to the Milton Keynes team's car. In this case the difference was motivated by the different arrangement of the internal volumes of the Mercedes power unit's cooling system.

Red Bull: fondo RB18
La Red Bull ha introdotto un fondo caratterizzato da nuovi convogliatori inferiori e, a livello del bordo laterale. di due nuovi nolder in corrispondenza della soffiatura centrale. Questi elementi sono stati studiati per contenere le perdite di carico causate dalle frequenti variazioni di altezza da terra sul tracciato di Marina Bay.

Red Bull: RB18 floor
Red Bull introduced a floor characterised by new lower channels and, on the side edges, two new Gurney flaps in correspondence with the central vent. These elements were designed to contain the loss of downforce caused by the frequent variations in ride height on the Marina Bay circuit.

Confronto dettagli fondo McLaren e Alpine
Nei due tondi, l'uscita laterale in corrispondenza dei convogliatori sotto il fondo della McLaren MCL36 e della A522. Si nota come queste due versioni, rispetto alla Red Bull, costituiscano altrettante interpretazioni di questa zona molto sensibile del fondo.

McLaren and Alpine floor comparison
In the two circles, the lateral exit in correspondence with the tunnels under the floor of the McLaren MCL36 and A522. We can see how these two designs, with respect to the Red Bull, constituted further interpretations of this very sensitive area of the floor.

McLaren: nuove imboccature fiancate

Solo sulla MCL36 di Norris sono state introdotte nuove imboccature delle prese d'aria di raffreddamento, caratterizzate da un ampio labbro inferiore. Si tratta di una soluzione che ha tratto chiara ispirazione dalla Red Bull (vedi dettaglio RB18) e prefigura in quest'area la monoposto 2023.

McLaren: new sidepods mouths

New cooling air intakes were introduced on Norris' MCL36 alone, characterised by a large lower lip. This was a feature that was clearly inspired by the Red Bull (see the RB18 detail) and foreshadowed in this area the 2023 car.

AlphaTauri: evoluzione musetto

Sino a questa gara l'AlphaTauri aveva adottato un musetto con una conformazione totalmente diversa dalla concorrenza. La su punta infatti era posta al di sotto del profilo dell'ala con un andamento centrale ad ala di gabbiano. A Marina Bay, invece, ha debuttato la versione caratterizzata dall'intero volume del musetto posto sopra il profilo dell'ala, con il vantaggio di poter avvicinare maggiormente al suolo la sezione centrale del profilo stesso.

AlphaTauri: nose evolution

Through to this race, the AlphaTauri had used a nose of a totally different chape to all its rivals. The tip was in fact set lower than the front wing profile which had a central gullwing configuration. At Marina Bay, instead, a version debuted that was characterised by the entire volume of the nose set above the wing, with the advantage that the central section of the wing could be closer to the ground.

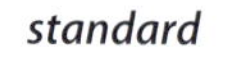

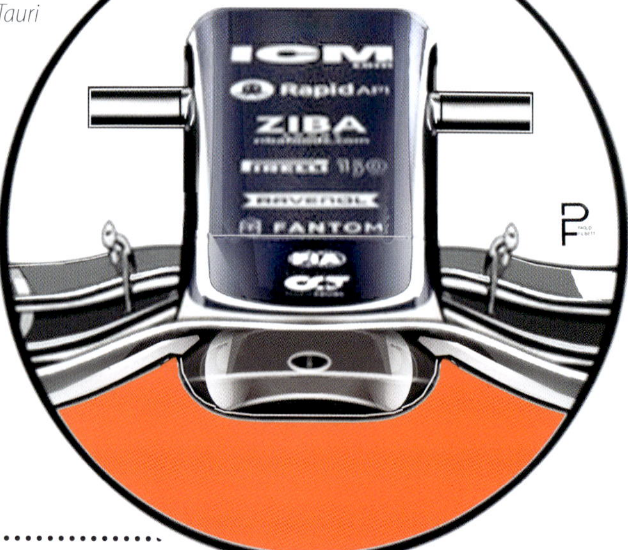

evoluzione
evolution

HONDA JAPANESE GRAND PRIX

Nuovi fondi per Ferrari e Aston Martin

Non molte le novità tecniche viste in Giappone ma sicuramente più significative rispetto ad una settimana prima a Singapore. Una su tutte, il nuovo fondo della F1-75, brevemente testato a Fiorano da Sainz la settimana precedente la gara di Marina Bay, atteso proprio su quel tracciato ma poi montato su entrambe le monoposto rosse solo a Suzuka, dove non vi sono state esitazioni di sorta in merito al suo utilizzo. Infatti è stato impiegato sin dal venerdì in entrambe le sessioni di prove libere nonostante le condizioni atmosferiche e l'asfalto bagnato non fossero il contesto ideale per poterne valutare l'efficacia. Ciò nonostante, entrambi i piloti hanno avuto sensazioni immediatamente positive. Nello specifico, la nuova versione ha garantito un bilanciamento aerodinamico più costante rispetto a quella che l'aveva preceduta e la prova definitiva si è avuta proprio in qualifica, con Leclerc a solo un decimo di distacco da Verstappen, seguito a ruota da Sainz. Scendendo nel dettaglio, le modifiche hanno riguardato gli schermi laterali anteriori e il "gomito" del diffusore, (per intenderci, lo sviluppo in altezza e inclinazione dei canali Venturi). In parallelo il tirante di irrigidimento è stato spostato dal bordo esterno del fondo davanti alle ruote posteriori, in posizione più interna, proprio sul canale Venturi. Lo scopo delle modifiche nel loro insieme è stato quello di evitare le improvvise perdite di carico che la F1-75 ha patito dal GP di Francia in poi, cioè da quando era stata introdotta la precedente specifica del fondo. In condizioni di pista asciutta è stato possibile affinare l'assetto e spingere verso una configurazione aerodinamica piuttosto scarica a livello di incidenza delle ali. In vista della gara, c'era dunque grande fiducia per il sostanziale miglioramento dell'equilibrio e per il recupero di carico dal fondo vettura, fattori che hanno permesso un set up senza compromessi, ad hoc per questo tracciato, anche grazie ad una base line emersa dal simulatore che ha poi trovato precisa correlazione con i dati raccolti in pista nell'unica sessione asciutta di prove libere prima delle qualifiche. Proprio il fondo ha continuato ad essere l'elemento soggetto ai maggiori sviluppi anche nelle gare successive, sul quale provare alcune soluzioni che prefigurano quelle che verranno trasferite sulle monoposto 2023.

Sotto questo aspetto, infatti, non stupisce che in Giappone anche la Aston Martin abbia introdotto alcune modifiche concentrate in quest'area, specificamente lungo il bordo laterale. Per quanto era visibile, infatti, è stato modificato in alcuni tratti il profilo esterno. In dettaglio, come già visto a Singapore sulla Red Bull ma anche a Spa, è stato introdotto un nolder verticale davanti alla prima soffiatura, e in modo analogo è stato posto anche nel tratto sinuoso, ora chiuso lateralmente, per garantire una maggiore energizzazione del flusso. Interessante anche l'adozione di una soffiatura aggiuntiva nella sezione del marciapiede davanti alle ruote posteriori, al cui interno è posto un profilo separatore orizzontale. In sostanza, si tratta di caratteristiche proprie della versione del fondo introdotto a Silverstone dalla Red Bull ma che, ad onor del vero, non aveva prodotto i risultati sperati dal team di Milton Keynes. Verstappen, infatti, lo aveva giubilato già in Francia, dopo le scarse performance all'elevato degrado degli pneumatici sofferto in Austria. Dunque, in modo sommario, si potrebbe concludere che l'Aston Martin si sia dunque ispirata ad una soluzione di fatto scartata dalla Red Bull, ma ciò non corrisponde a verità in quanto la AMR22 ha seguito uno sviluppo aerodinamico assolutamente originale. L'evoluzione delle fiancate ha costituito una delle modifiche più evidenti di questa monoposto, avvenuta al GP di Spagna, e non ispirata alle forme della RB18. Il progetto della AMR22, infatti, aveva sin dall'origine previsto l'evoluzione delle fiancate a favore di quelle spioventi al posteriore, quindi già prima della presentazione stessa della vettura. Il telaio della AMR22, infatti, sin dal debutto è stato caratterizzato da uno scasso inferiore che ha permesso il posizionamento dei radiatori in funzione alle fiancate spioventi. I concetti introdotti, dunque, solo in modo molto parziale possono essere

considerati una sorta di eredità concettuale portata da Dan Fallows, passato dalla Red Bull all'Aston Martin. Lo sviluppo aerodinamico, come detto, ha seguito un iter concettuale interno al team di Silverstone, cui ha dato in ogni fase un apporto decisivo anche Luca Furbatto.

New floors for Ferrari and Aston Martin

There were few technical innovations to be seen in Japan, but they were certainly more significant than those seen a week earlier in Singapore. First and foremost, there was a new floor for the F1-75, briefly tested at Fiorano by Sainz the week before the Marina Bay race, expected on that very track but then fitted to both red single-seaters only at Suzuka where there was no hesitation whatsoever about its use. In fact, it was used from the Friday in both free practice sessions even though the weather conditions and the wet asphalt were not the ideal context in which to assess its effectiveness. Nonetheless, both drivers had immediately positive sensations. Specifically, the new version ensured a more constant aerodynamic balance compared to its predecessor with definitive proof coming in qualifying, when Leclerc was just a tenth adrift of Verstappen, closely followed by Sainz. Going into detail, the changes concerned the front turning vanes and the diffuser "elbow", (in other words, the development in height and inclination of the Venturi tunnels). In parallel, the stiffening tie rod was shifted from the external edge of the floor, ahead of the rear wheels, to a more inboard position over the Venturi tunnel. The aim of the modifications in general was to avoid the sudden downforce losses suffered by the F1-75 from the French GP onwards, that is, since the previous floor specification had been introduced. In dry conditions it was possible to further refine the set-up and push towards a fairly light aerodynamic configuration in terms of the incidence of the wings. Ahead of the race, there was therefore great confidence in the substantial improvement made to the balance and the recovery of downforce from the car's underbody. These factors allowed for a set-up without compromise, tailor-made for this track, thanks in part to a base line that emerged from the simulator, which then found precise correlation with the data harvested on track in the only dry free practice session before qualifying. It was precisely the floor that continued to be the element subject to the most development over subsequent races, as features were tested that prefigured those that were be transferred to the 2023 cars.

In this respect, in fact, it is not surprising that in Japan Aston Martin also introduced some several modifications concentrated in this area, specifically along the lateral edge. As far as could be seen, in fact, several sections of the external profile were modified. In detail, as had been seen already in Singapore on the Red Bulls, but also at Spa, a vertical Gurney flap was introduced in front of the first vent, and similarly one was also placed in the sinuous section, now closed laterally, to ensure greater energization of the flow. Also of interest was the adoption of an additional vent in the section of the footplate ahead of the rear wheels, inside which was placed a horizontal splitter. Essentially, these were features of the version of the floor introduced at Silverstone by Red Bull but which, had not actually produced the results hoped for by the team from Milton Keynes. Verstappen, in fact, had already rejected this version in France following the poor performance and elevated tyre decay suffered in Austria. In short, we might conclude that Aston Martin in any case drew inspiration from a feature that had to all intents and purposes been rejected by Red Bull, but this was not really the case in that the AMR22 had been subjected to wholly original aerodynamic development. The evolution of the sidepods introduced at the Spanish GP constituted one of the most noticeable changes to this car and was not inspired by the shape of the RB18. The design of the AMR22, in fact, had from the outset envisaged the evolution of the sidepods in favour of those sloping to the rear, even before the presentation of the car itself. From its debut, the AMR22 chassis was characterised by a lower recess that permitted the positioning of the radiators in relation to the sloping sidepods. The ideas introduced, therefore, could only in part be considered to have been a form of conceptual legacy brought by Dan Fallows when he moved from Red Bull to Aston Martin. As mentioned, the aerodynamic development followed the Silverstone team's in-house conceptual process, to which Luca Furbatto also made a decisive contribution.

Confronto profilo laterale fondo Aston Martin AMR22

Nel confronto diretto tra la versione del fondo adottata a Singapore e quella introdotta a Suzuka, sono evidenti i punti in cui i tecnici aerodinamici del team di Silverstone sono intervenuti. Nello specifico si nota la presenza di un nolder verticale, con andamento ad L, che chiude la sezione che precede la prima soffiatura centrale. Anche il profilo sinuoso che segue è ora dotato di nolder verticale ad angolo retto, mentre la sezione posteriore, caratterizzata peraltro da un taglio semicircolare con un profilo separatore centrale, ricorda la versione del fondo della RB18 adottato a Silverstone.

Aston Martin AMR22 floor edge profile comparison

In the direct comparison between the version of the floor adopted at Singapore and the one introduced at Suzuka, there are clear areas in which the Silverstone team's aero engineers intervened. Specifically, note the presence of a vertical, L-shaped Gurney flap, which closed the section ahead of the first central vent. The sinuous profile that followed was now equipped with a right-angled vertical Gurney flap, while the rear section, characterised moreover by a semi-circular cutaway with a central splitter.

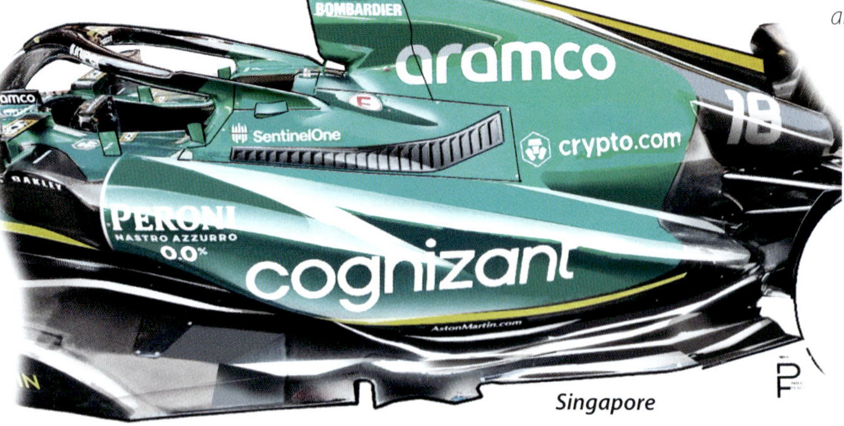

Singapore

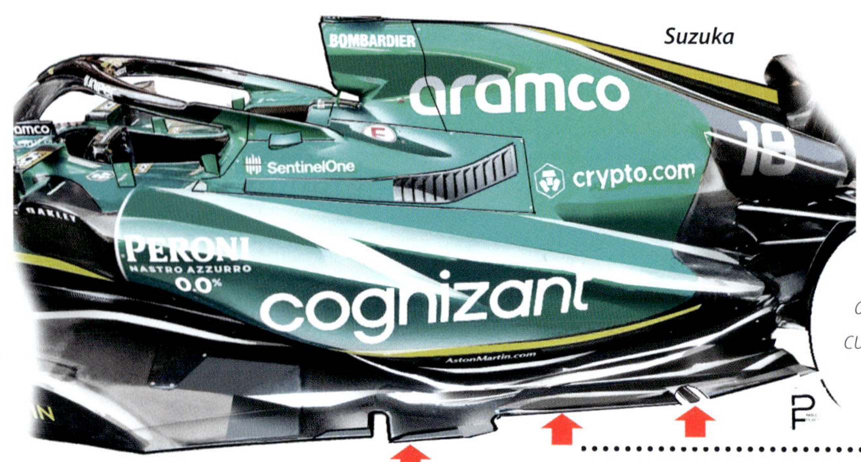

Suzuka

Evoluzione fondo F1-75

La nuova versione differisce dalla precedente per interventi in due aree precise. Gli schermi anteriori di nuovo disegno (sopra), caratterizzati da un diverso profilo inferiore, e nel complesso da una minore superficie esposta. In parallelo, è significativa la diversa volumetria dei canali Venturi al retrotreno (in basso). Nuova anche la posizione del tirante di irrigidimento, non più ancorato alla porzione del marciapiede davanti alle ruote posteriori ma direttamente sul profilo dei canali Venturi.

F1-75 floor evolution

The new version differed from the previous one in two specific points. The new turning vanes (above), characterised by a different lower profile, and overall a smaller exposed surface area. In parallel there were significantly different volumes to the Venturi tunnels at the rear (bottom). The location of the stiffening tie rod was also new, no longer anchored to the portion of the footplate ahead of the rear wheels, but directly on the Venturi tunnel profile.

RB18 Silverstone floor detail

This is an interesting comparison with the RB18 floor introduced at Silverstone. Note how the characteristics of this element were reinterpreted in the final development of the Aston Martin.

Dettaglio fondo RB18 Silverstone

Interessante il confronto con il fondo della RB18 introdotto a Silverstone. Si nota come le caratteristiche di questo elemento siano state reinterpretate nell'ultimo sviluppo della Aston Martin.

ARAMCO UNITED STATES GRAND PRIX

AUSTIN
CIRCUIT OF AMERICAS
23 OTTOBRE OCTOBER

Sanzioni apparenti alla Red Bull e il mistero dell'ala Mercedes

Ad Austin lo sviluppo delle monoposto a livello tecnico, ad eccezione della Mercedes, in termini di attenzione mediatica ha ceduto il posto alla saga sullo sforamento del Budget cap da parte della Red Bull, per le implicazioni tecniche che eventuali sanzioni avrebbero potuto comportare. Fra queste, una decurtazione del budget utilizzabile per la stagione 2023, ma anche un taglio sostanziale delle ore in galleria del vento/teraflops al CFD.

Tornando alla tecnica vista ad Austin, la Ferrari non ha introdotto modifiche perché, come anticipato da Mattia Binotto alla vigilia del GP del Giappone, l'ultimo pacchetto evolutivo per la F1-75 corrispondeva al fondo portato al debutto proprio a Suzuka. Ciò nonostante, ha avuto indubbia rilevanza tecnica per la Scuderia la valutazione dell'ultimo sviluppo, resa impossibile in Giappone dalle pessime condizioni atmosferiche. Il tracciato del COTA, caratterizzato da numerose sconnessioni del manto di asfalto, ha promosso l'ultima versione del fondo. La F1-75 è parsa ben bilanciata nella sezione mista dello "snake" del primo settore, ma altrettanto efficiente si è rivelata nel tratto più veloce. I riscontri ottenuti utilizzati dagli aerodinamici di Maranello sono serviti per la validazione di dettaglio del progetto relativo al fondo vettura 2023, strettamente derivato da questa versione.

La Mercedes, per contro, ha introdotto in Texas l'ultimo sviluppo stagionale, caratterizzato da un fondo modificato nel bordo laterale del marciapiede e nella sua costruzione, a favore del suo alleggerimento. Ciò che ha però catalizzato l'interesse è stata l'ala anteriore della W13, diversa nelle paratie laterali, ma soprattutto provvista di cinque supporti di collegamento tra l'ultimo flap e quello intermedio. Questi cinque elementi sono sagomati e inclinati verso l'esterno, fungono da deviatori di flusso e incrementano l'effetto out wash, ovvero la deviazione all'esterno delle ruote del flusso in uscita. I commissari hanno però giudicato illegale tale soluzione per almeno due motivi. Dal 2019, infatti, sono vietati profili aggiuntivi posti sopra quello principale; inoltre, l'attuale regolamento tecnico impedisce la realizzazione di soluzioni che causino l'incremento di turbolenze all'esterno delle ruote, peggiorando la scia. Ciò, infatti, pregiudicherebbe la possibilità di avere lotte ravvicinate in pista. Non si capisce quindi perché i tecnici Mercedes non abbiano tenuto conto di questi aspetti.

Tra i team rivali si è pensato che Mercedes possa aver cercato di proposito di creare un precedente, nel caso in cui l'ala fosse stata giudicata regolare. Alcuni hanno anche interpretato questo fatto come una provocazione in risposta alla saga che vede coinvolta Red Bull in relazione allo sforamento del Budget cap. Pare però difficile dare credito a quest'ultima tesi, se si considera che di ali anteriori la Mercedes ne ha costruite ben quattro esemplari (due per pilota) la cui produzione, secondo la prassi, può essere iniziata solo dopo il benestare del progetto da parte della FIA.

Interessante infine notare come l'Alpine anche in Texas abbia portato una nuova versione del fondo della A522 di chiara ispirazione Red Bull ma soprattutto Ferrari, almeno nella zona davanti alle ruote posteriori, caratterizzata da una soffiatura semicircolare e un profilo orizzontale con la funzione di generatore di vortice. Molto diversa, nel suo complesso, la configurazione del marciapiede.

Sanctions incoming at Red Bull and the mystery of the Mercedes wing

At Austin, with the exception of Mercedes, in terms of media attention the technological development of the cars gave way to the saga over Red Bull's breach of the budget cap. This was due to the technical implications that any applicable sanctions might have entailed. These included a reduction of the usable budget for the 2023 season, but also a substantial cut in wind tunnel hours and/or CFD teraflops.

Returning to the technology seen at Austin, Ferrari did not introduce any modifications because, as Mattia Binotto announced on the eve of the Japanese GP, the final evolutionary package for the F1-75 corresponded to the floor that was debuted at Suzuka. Nonetheless, the race was undoubtedly of technical importance for the Scuderia to evaluate the latest development, which had been made impossible in Japan by the poor weather conditions. The COTA circuit, characterised by numerous irregularities in the asphalt surface, promoted the final version of the floor. The F1-75 appeared to be well balanced in the mixed "snake" section of the first sector, while also proving to be equally efficient in the fastest section. The results obtained and used by Maranello's aerodynamic engineers served for a detailed validation of the design of the floor for the 2023 car, closely derived from this version.

Mercedes, on the other hand, introduced its last development of the season in Texas, characterised by a floor with a modification to the lateral edge of the footplate and a lighter structure. What actually catalysed interest was the W13's front wing with its different endplates and above all the five supporting links between the final and the intermediate flaps. These five elements were shapes and inclined towards the outside, acting as turning vanes and enhancing the out-wash effect, that is, the deviation of the exit flow outside the wheels. However, the scrutineers judged this feature to be illegal for at least two reasons. From 2019, in fact, additional profiles placed above the main plane had been banned; furthermore, the current technical regulations prevented the implementation of features that would cause increased turbulence outside the wheels, disturbing the car's wake. This would, in fact, compromised the possibility of close racing on track. It is hard to understand why the Mercedes engineers failed to consider these aspects.

Among the rival teams, the thinking was that Mercedes may have deliberately tried to create a precedent, had the wing been judged to be legal. Some also interpreted the episode as a provocation in response to the saga in which Red Bull was involved in relation to its breach of the budget cap. However, it would be difficult to give credence to this last theory, given that Mercedes built no less than four front wings (two per driver), production of which would normally only be undertaken following approval of the design by the FIA. Lastly, it is interesting to note that in Texas too Alpine brought a new version of the A522 floor, clearly inspired by Red Bull and especially by Ferrari, at least in the area ahead of the rear wheels, characterised by a semi-circular vent and a horizontal profile designed to act as a vortex generator. The overall configuration of the footplate was very different.

Evoluzione fondo Mercedes W13

Si vede, evidenziata nell'ovale superiore, la nuova versione del fondo caratterizzata da una diversa conformazione del bordo del marciapiede. Nello specifico, presenta un bordo incurvato verso l'alto che si estende sino alla soffiatura posteriore. Si nota come nella parte inferiore siano spariti i convogliatori ricurvi che caratterizzavano la versione precedente, introdotta a Silverstone.

Mercedes W13 floor evolution

Highlighted in the upper oval is the new version of the floor characterised by a different shape to the edge of the footplate. Specifically, it featured an edge that curved upwards and extended through to the rear vent. Note how, in the lower part the curved channels that distinguished the previous version, introduced at Silverstone, had been abandoned.

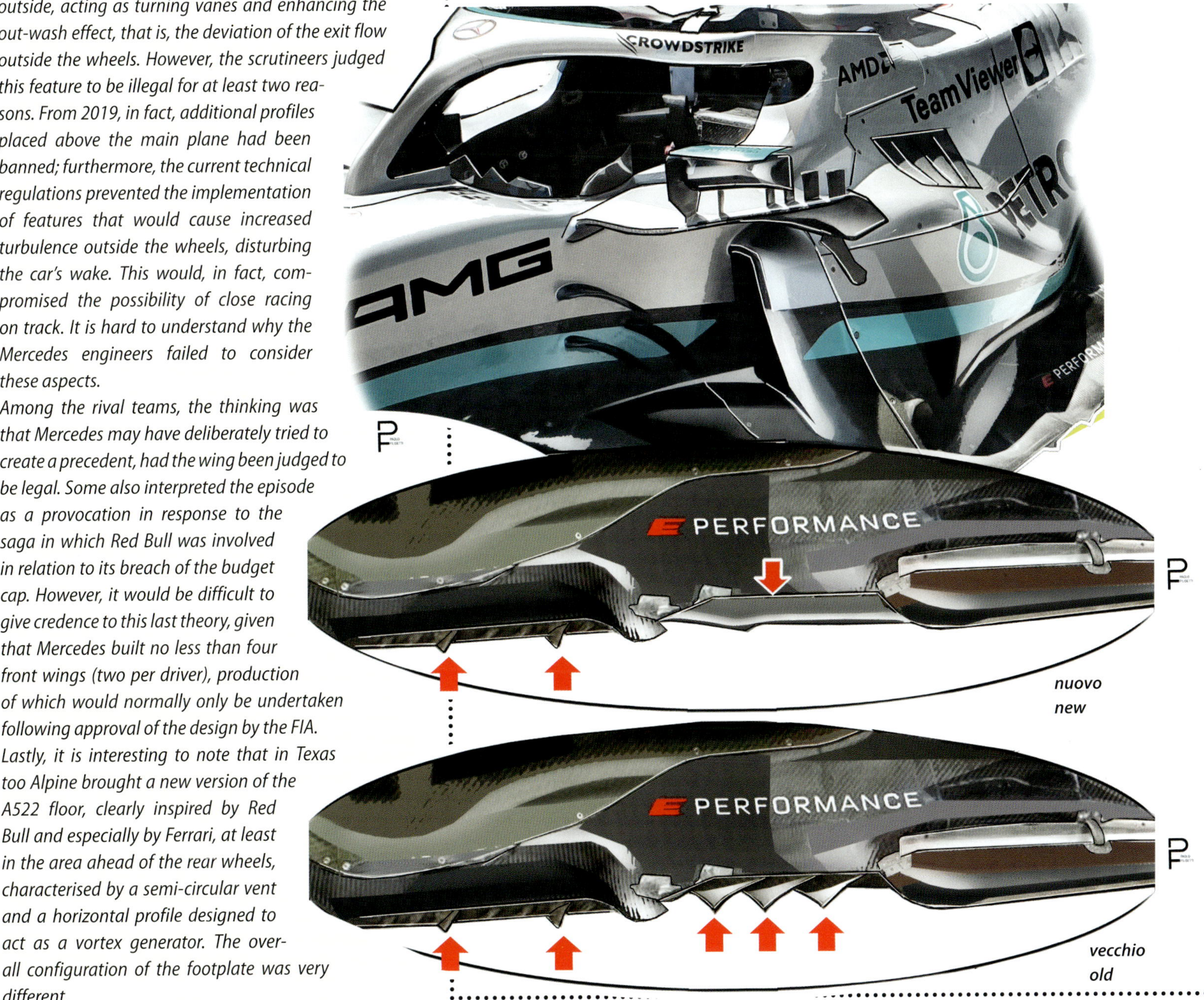

Ala anteriore W13

La nuova versione dell'ala, oltre ad essere caratterizzata da una diversa conformazione del collegamento tra l'ultimo flap e la paratia, è caratterizzata da una serie di cinque profili di collegamento tra l'ultimo flap e quello mediano. Questi sono stati sagomati come mini profili alari con la funzione di deviatori di flusso verso l'esterno. Per la FIA questa è la loro funzione primaria, dunque sono stati considerati illegali. Nella versione precedente, utilizzata nell'intero fine settimana i profili sono tre e costituiti da archetti metallici.

W13 front wing

The new version of the wing, as well as featuring a different shape to the link between the final flap and the endplate, was distinguished by a series of five lining profiles between the final and middle flaps. These were shaped as mini aerodynamic profiles and were designed to deviate the flow towards the outside. For the FIA, this was their primary function and they were therefore deemed illegal. In the previous version, used throughout the weekend, there were three profiles composed of metal arches.

vecchia
old

nuova
new

Austin

Suzuka

Alpine A522: fondo Austin (e confronto di dettaglio con la versione precedente)

L'Alpine ha continuato lo sviluppo della monoposto e in Texas è stato introdotto un nuovo fondo, diverso nella zona davanti alle ruote posteriori. Nello specifico è dotato di una soffiatura semicircolare al cui centro è posto un profilo orizzontale con la funzione di generatore di vortice (nel tondo in basso a sinistra). Tutta la zona del marciapiede è caratterizzata da una forte inclinazione e da uno scalino accentuato che separa la porzione più esterna da quella interna (tondo a destra). Interessante il confronto con la versione precedente utilizzata sino a Suzuka (dettaglio nel tondo).

Alpine A522: Austin floor (detail comparison with the previous version)

Alpine continued to develop its car and in Texas the team introduced a new floor, which differed in the area ahead of the rear wheels. Specifically, it was fitted with a semi-circular vent at the centre of which was placed a horizontal profile designed to act as a vortex generator (circle, bottom left). The whole footplate area was characterised by a sharp inclination and an accentuated step that separated the outmost part from the inner portion (circle, right). There is an interesting comparison between the version used through to Suzuka (detail in the circle).

GRAN PREMIO DE LA CIUDAD DE MÉXICO

MÉXICO CITY
AUTODROMO HERMANOS RODRÍGUEZ
30 OTTOBRE *OCTOBER*

La rarefazione dell'aria, un vero "game changer" in Messico

Mai come in Messico si può dire che le condizioni di contorno alla gara costituiscano davvero un game changer. Come noto, infatti, Il tracciato di Città del Messico ha come peculiarità principale l'altitudine. Sorge infatti a 2.240 metri e ciò comporta un'elevata rarefazione dell'aria che ha una densità inferiore di circa il trenta per cento rispetto a quella a livello del mare. L'impatto è rilevante per molteplici aspetti che toccano la performance dei propulsori, il raffreddamento della Power Unit e dei freni e, non ultimo, il carico aerodinamico. I team, conseguentemente, adottano una configurazione che di fatto replica quella di Monaco, ottenendo però come livello di carico verticale poco più della metà di quella generata nel principato. In queste condizioni, assume dunque un'importanza rilevante la valutazione dell'efficacia di alcune soluzioni. Nello specifico, pur non costituendo una novità poiché aveva debuttato a Suzuka, è interessante valutare la prestazione, in termini di carico effettivo prodotto, dal fondo della F1-75.

Ad Austin le prestazioni della Ferrari in prova e in qualifica lo hanno promosso a pieni voti. Ciò nonostante, in gara, l'equilibrio mostrato non è stato altrettanto efficace, con il palesarsi di un eccessivo e rapido degrado degli pneumatici nuovi, dopo pochi giri. Da indiscrezioni raccolte, sembra però che questa situazione non fosse del tutto ascrivibile ad un deficit di bilanciamento aerodinamico, quanto piuttosto ad un fattore peggiorativo come può essere stato il set up delle sospensioni più rigido rispetto a quello adottato sino a metà stagione. In pratica, da quando è stata introdotta la direttiva Direttiva Tecnica 39, questa non ha certo inciso direttamente sulla performance della F1-75 ma può aver peggiorato la gestione degli pneumatici. Se dunque si è trattato di un problema di assetto sospensivo, ha avuto ancora più senso valutare il livello di efficacia dell'ultima evoluzione aerodinamica in prospettiva. Aver deliberato il concetto aerodinamico base del fondo della vettura 2023 può, a ragione, essere considerato un passo cruciale nella definizione di dettaglio del progetto.

Le condizioni di contorno descritte in precedenza, legate alla bassa densità dell'aria, hanno infatti permesso di considerare quanto rilevante, a livello percentuale, fosse il carico generato dal fondo, soprattutto nel secondo settore della pista, quello misto veloce. È in questo tratto, infatti, dove la precisione in inserimento e uscita di curva, la velocità di percorrenza e, non ultima, la trazione indotta dalla deportanza costituiscono i fattori determinanti nella prestazione della vettura. Insomma, un autentico banco prova nell'economia del nuovo progetto.

Quanto la rarefazione dell'aria in Messico abbia di fatto modificato alcuni valori in campo è stato altrettanto evidente. Nel caso della Mercedes, la W13, dotata dell'ala anteriore modificata rispetto alla versione portata ad Austin ma poi dichiarata illegale – per la presenza di cinque deviatori di flusso – ne ha beneficiato notevolmente. Il drag, tallone di Achille di questa vettura, è stato automaticamente ridotto dalla scarsa densità dell'aria mentre, in parallelo, il basso carico verticale ottenuto ha ridotto le condizioni di innesco del porpoising consentendo di viaggiare con altezze da terra inferiori alla norma e potendo dunque sfruttare appieno le caratteristiche su cui poggia dall'origine questo progetto. La competitività emersa è quindi stata in gran parte generata dalle specifiche condizioni, più che costituire una vera e propria dimostrazione dei miglioramenti visti in alcune gare.

Nella prima sessione di prove libere, inoltre, è stata effettuata una prova sulla vettura guidata da Nick de Vries, una sorta di prefigurazione del fondo 2023, con una modifica nella sezione iniziale dei canali Venturi e nel bordo di uscita laterale del fondo.

Per contro è interessante rilevare come su altre monoposto gli effetti siano stati negativi. In modo eclatante ciò è apparso sulla Aston Martin che ad Austin, con Vettel, aveva evidenziato quanto la AMR22 fosse competitiva sul layout di quel tracciato. In Messico, la rarefazione dell'aria ha di fatto sovvertito i valori di questa vettura che ha mostrato un equilibrio precario e scarsa competitività in ogni tratto del tracciato. Insomma, nonostante la ricetta comune sia stata quella ovvia di incremento dell'incidenza delle ali, con le attuali vetture ad effetto suolo, la performance di ciascuna monoposto in Messico è dipesa essenzialmente dall'equilibrio che si creava o meno tra la parte superiore della vettura e il fondo. Solo in pochi, come detto, ne hanno tratto vantaggio; paradossalmente neppure la Red Bull, con una monoposto, nonostante le performance ottenute, non al massimo dell'efficienza nei diversi settori della pista.

Rarefied air: a true "game changer" in Mexico

Never before could it be said that the conditions surrounding a race had been a true game changer as they were in Mexico. As is well known, in fact, principal characteristic of the Mexico City circuit is its altitude. Its location at 2,240 metres means that the air is particularly rarefied, with a density about thirty percent lower than that at sea level. The impact is significant in multiple ways that affect engine performance, the cooling of the power unit and brakes, and, last but not least, aerodynamic loading. The teams consequently adopted a configuration that effectively replicated the one from Monaco, resulting in vertical loading that was just a little over half of that generated in the principality. Under these conditions, an evaluation of the efficacy of certain feature becomes particularly important. Specifically, while not constituting a novelty as it had already debuted at Suzuka, it is interesting to evaluate the performance, in terms of the effective downforce produced, of the F1-75's floor.

At Austin, the performance of the Ferrari in practice and qualifying had met with full approval. Nonetheless, in the race, the balance displayed was not so effective, with the appearance of excessive and rapid decay of the new tyres after just a few laps. From the rumours we heard, however, it seems that this situation was not entirely attributable to a lack of aerodynamic balance but rather to a pejorative factor such as the stiffer suspension set-up compared to the one adopted until mid-season. In practice, since the TD 39 had been introduced, this had certainly not directly affected the F1-75's performance but may have worsened tyre management. If therefore it was a problem with the suspension set-up, it was even more important to evaluate the efficacy of the latest aerodynamic evolution on the horizon. Having signed off on the basic aerodynamic concept of the 2023 car's floor may, rightly, be considered to have been a crucial step in the detail definition of the design.

The ambient conditions described above, associated with the low density of the air, in fact made it possible to consider how relevant, at a percentage level, was the downforce generated by floor bottom, especially in the second sector of the track, the fast mixed sector. It is in this section, in fact, where precision in turning into and exiting corners, the speed at which they are taken and, last but not least, the traction induced by downforce, are the determining factors in the car's performance. In short, a true test bench within the economy of the new design.

The degree to which the rarefaction of the air in Mexico had modified the values in play was equally clear. In the case of Mercedes, the W13, equipped with a modified front wing compared to the version taken to Austin only to be declared illegal - due to the presence of turning vanes - benefited considerably. Drag, the Achilles' heel of this car, was automatically reduced by the low air density while, in parallel, the low downforce generated reduced the triggering of porpoising, which allowed the car to run lower ride heights than normal and to take full advantage of the characteristics on which this design had rested from the outset. The competitiveness that emerged was therefore largely generated by the specific conditions, rather than being a true demonstration of the improvements seen in certain races.

In the first free practice session, moreover, a test was conducted with the car driven by Nick de Vries, a sort of preview of the 2023 floor, with modifications to the initial section of the Venturi tunnels and the lateral trailing edge of the floor.

Then again, it was interesting to note that the effects were negative on other cars. This was seen most strikingly on the Aston Martin, which in Austin, with Vettel, had shown how competitive the AMR22 was on that track layout. In Mexico, the rarefied air actually subverted the values of this car, which displayed precarious balance and a lack of competitiveness on every section of the track. In short, although the obvious recipe was to increase the incidence of the wings, with the current ground effect cars, the performance of each individual car in Mexico depended essentially on the balance that was created or not created between the upper section and the floor. Only a few, as mentioned, took advantage of this; paradoxically Red Bull was not one of them, and despite the performance obtained, its car was not at its most efficient in the various sectors of the circuit.

Austin

México

anteprima
previous

Ala anteriore W13

L'ala portata ad Austin era caratterizzata da una serie di cinque profili di collegamento tra l'ultimo flap e quello mediano. In Messico i supporti sono stati ridotti a solo due elementi, quelli più interni, sempre sagomati come mini profili. Per la FIA in Texas la loro funzione primaria era stata aerodinamica, dunque erano stati considerati illegali.
In Messico, la loro posizione centrale e il numero ridotto ne ha consentito l'utilizzo superando i controlli.

W13: fondo sperimentale

La Mercedes ha provato con Nick de Vries solo in FP1 un fondo sperimentale in vista del 2023, modificato nella conformazione di ingresso dei canali Venturi e nel bordo di uscita del marciapiede.

W13: experimental floor

Mercedes tested an experimental floor in view of the 2023 season, with Nick de Vries driving in FP1 only. The floor featured modifications to the initial section of the Venturi channels and trailing edge of the footplate.

W13 front wing

The wing taken to Austin was featured a series of five linking profiles between the last and the middle flaps. In Mexico, the supports were reduced to just two elements, the innermost one, again shaped like mini profiles. For the FIA, in Texas their primary function had been aerodynamic and they were therefore deemed illegal. In Mexico, their central position and reduced number allowed the checks to be passed and the use of the wing.

A522 e McLaren: griglie smaltimento calore

Per contrastare la rarefazione dell'aria, tutti i team hanno cercato di garantire un adeguato scambio termico, chi con uno sfogo posteriore di sezione più ampia, chi con l'incremento delle griglie di smaltimento del calore. Quest'ultimo è stato anche il caso della Alpine. Nei due tondi, il confronto con le feritoie adottate in Austria. Anche la McLaren ha impiegato la versione più estesa degli sfoghi ai lati della scocca.

A522 and McLaren: venting gills

In order to contrast the rarefaction of the air, all the teams tried to guarantee an adequate thermal exchange, some using a wider rear vent, others with enlarged venting gills. This last was the case with the Alpine. In the two circles, the comparison with the gills adopted in Austria. McLaren also used the most extensive version of the vents either side of the chassis.

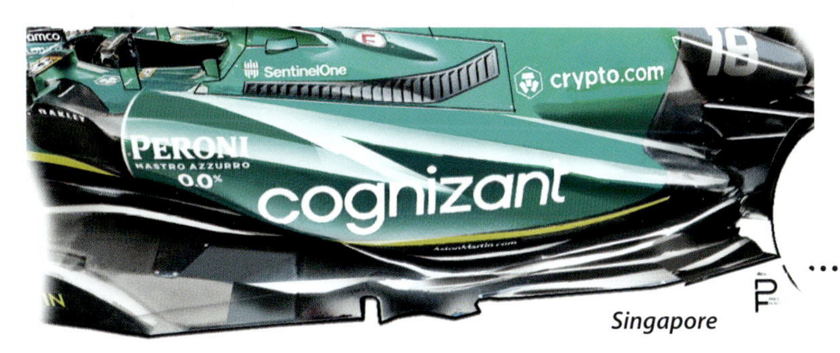

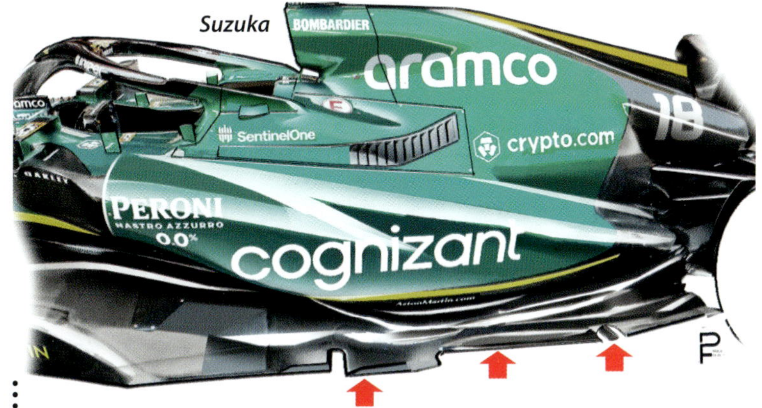

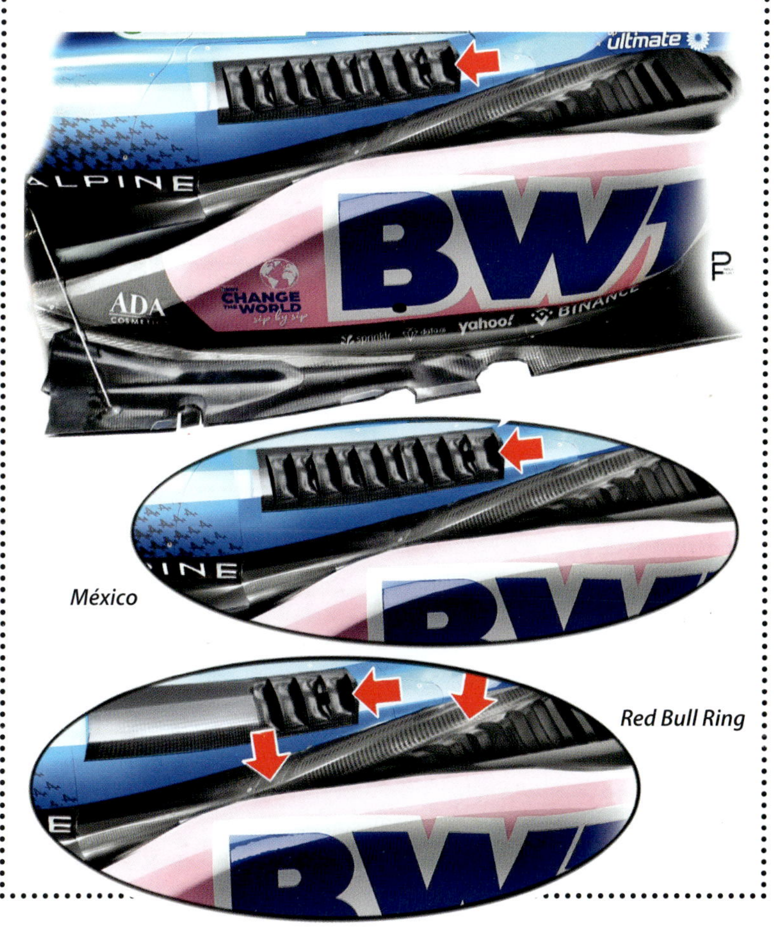

Fondo Aston Martin AMR22

Nell'illustrazione, l'ultima versione di fondo introdotta a Suzuka che ha poi dato riscontri molto positivi in Texas. Si tratta dell'ultimo sviluppo di questa vettura. In Messico la AMR22 ha invece mostrato un'elevata track sensitivity, acuita dalla rarefazione dell'aria. Nel confronto diretto tra la versione del fondo adottata a Singapore e quella introdotta a Suzuka, sono evidenti i punti in cui sono intervenuti i tecnici aerodinamici del team.

Aston Martin AMR22 floor

In the illustration, the final version of the floor introduced at Suzuka which then provided very positive results in Texas. This was the last development of this car. In Mexico, the AMR22 instead displayed a high degree of track sensitivity, accentuated by the rarefied air. In the direct comparison between the version of the floor adopted at Singapore and the one introduced at Suzuka, there are clear areas in which the Silverstone team's aero engineers intervened.

HEINEKEN GRANDE PRÊMIO DE SÃO PAULO

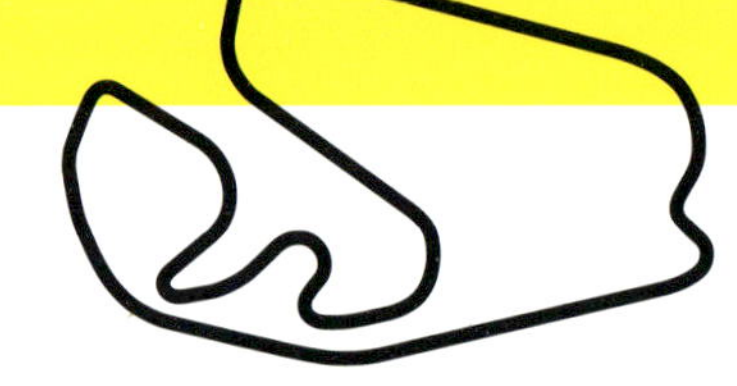

SÃO PAULO
AUTÓDROMO JOSÉ CARLOS PACE
13 NOVEMBRE *NOVEMBER*

W13 evoluzione infinita

Il GP del Brasile ha fatto emergere come dato inconfutabile il miglioramento prestazionale della Mercedes. Si tratta, a onor del vero, di un trend iniziato da diverse gare, ma che in prima battuta aveva più che altro fatto pensare ad un fenomeno track related, ovvero alla maggiore adattabilità della monoposto alle caratteristiche di specifici tracciati, piuttosto che ad un miglioramento oggettivo del comportamento all round della vettura. Interlagos ha smentito queste impressioni consolidando i progressi della W13, un progetto dimostratosi nell'arco della stagione troppo complesso a livello di messa a punto o, per meglio dire, capace di esprime il massimo in termini prestazionali in una ristrettissima finestra di condizioni. In Brasile, lo sviluppo della vettura è proseguito sulla falsariga di quanto si era visto ad Austin e Città del Messico. In pratica, sia le modifiche al flap superiore dell'ala, a livello di supporti separatori, sia la diversa conformazione del bordo di ingresso dei canali Venturi è stata mantenuta, con l'aggiunta di un ulteriore elemento di micro aerodinamica, atto ad incrementare l'effetto out wash di deviazione verso l'esterno, ma in questo caso anche down wash, ovvero verso il basso, delle turbolenze in uscita dall'ala anteriore. Si è trattato dell'aggiunta di una piccola winglet inclinata verso il basso, posta sullo spigolo superiore della presa d'aria dei freni anteriori. Molto interessante, oltre alla sua conformazione, la presenza di micro tagli trasversali per generare specifici vortici destinati ad allontanare dal profilo interno degli schermi anteriori le turbolenze in uscita dall'ala anteriore. Non sarebbe corretto definire questi sviluppi determinanti nell'economia prestazionale della W13, ma indubbiamente testimoniano un'attenzione al dettaglio che sarà di certo mantenuta anche sulla monoposto 2023.

Questi, però, sono stati solo gli ultimi sviluppi, di una lunga serie, che ha visto il team di Brackley impegnato sin dall'inizio stagione nella ricerca, ancor prima delle prestazioni, della comprensione della monoposto, colpita più di tutte le altre da un elevatissimo porpoising. L'evoluzione della W13, infatti, ha visto interventi concentrati quasi esclusivamente sul fondo vettura, sia a favore di un suo irrigidimento, come nel caso della versione introdotta a Silverstone, sia di gestione dei flussi periferici a livello del bordo laterale, con l'obbiettivo di generare un più efficace sigillo pneumatico che impedisse le repentine variazioni del centro di pressione sotto la vettura, come nel caso dell'ultima versione vista ad Austin. Tutti questi interventi hanno permesso di migliorare il comportamento e la prevedibilità della W13 che ha tratto, va ribadito, un sostanziale vantaggio dall'introduzione della Direttiva Tecnica 39, a partire dal GP del Belgio. Ciò non si è tradotto in un sostanziale e costante miglioramento in qualifica, quanto a livello di passo gara, grazie ad una più efficace gestione degli pneumatici.

Ad Abu Dhabi, dopo la doppietta di Interlagos, il team di Brackley è giunto determinato a tentare il bis, ma soprattutto ad azzerare i 19 punti di distacco dalla Ferrari, seconda nella classifica Costruttori.

W13 infinite evolution

The Brazilian GP highlighted the Mercedes' undeniable improvement in performance. For the record, this was a trend that had started several races earlier, but which at first had suggested more of a track related phenomenon, that is to say, the greater adaptability of the car to the characteristics of specific tracks, rather than an objective improvement in its all-round behaviour. Interlagos disproved these impressions by consolidating the progress made by the W13, a design that over the course of the season had proved to be too complex in terms of set-up, or rather, capable of expressing its utmost in terms of performance within a very narrow window of conditions. In Brazil, development of the car continued along the lines of what had already been seen in Austin and Mexico City. In practice, the modifications to the upper flap, at the level of the separating supports, and the different shape of the leading edge of the Venturi tunnels were maintained, with the addition of a further example of micro aerodynamics, designed to increase both the outwash effect, deflecting the flow to the outside, and in this case the down-wash, that is to say, the downward deviation of the turbulence exiting the front wing. This involved the addition of a small winglet inclined downwards, located on the upper corner of the front brake air intake. As well as its shape what was also very interesting was the presence of transverse micro cuts designed to generate vortexes that would distance that turbulence exiting the front wing from the internal profile of the front turning vanes. It would be incorrect to define these developments as determinant with regard to the performance of the W13, but they undoubtedly testified to the attention to detail that would certainly be maintained on the 2023 car.

However, these were only the latest developments in a long series that since the start of the season had seen the Brackley team seeking not so much ultimate performance but rather an understanding of the car, affected more than any other by a very severe porpoising. The evolution of the W13, in fact, had seen work focussing almost exclusively on the car's floor, both with regard to its stiffening, as in the case of the version introduced at Silverstone, and the management of peripheral flows at the lateral edge. This aimed to generate a more effective pneumatic seal that would prevent sudden variations in the centre of pressure under the car, as in the case of the last version seen in Austin. These modifications as a whole led to an improvement in the handling and predictability of the W13 that, in should be reiterated, benefitted significantly from the introduction of Directive 39 from the Belgian GP onwards. This did not translate into a

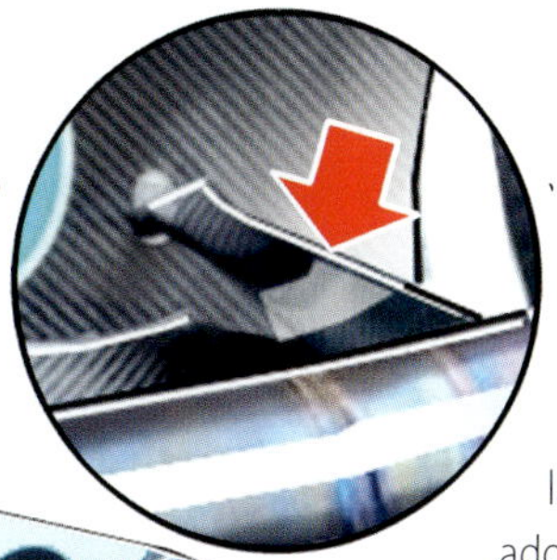

substantial and constant improvement in qualifying, as much as greater race pace, thanks to more effective tyre management.
At Ad Abu Dhabi, following the Interlagos one-two, the team from Brackley was determined to repeat the feat, but above all to wipe out the 19-point gap to Ferrari, lying second in the Constructors' standings.

Ali versione Miami

La W13 ha lamentato per la sua conformazione delle fiancate un elevato drag causato dalle forti turbolenze innescate a lato del marciapiede. A Miami, per ridurre la resistenza, è stata adottata un'ala con un profilo principale molto alto e rettilineo e una beam wing con profilo svasato. Ha inoltre debuttato l'ala anteriore modificata sia nel bordo d'uscita dell'ultimo flap, sia nel collegamento dei flap alla paratia, per creare una soffiatura triangolare capace di incrementare l'out wash.

Miami version wings

Due to the shape of its sidepods, the W13 suffered from elevated drag caused by the severe turbulence generated to the side of the footplate. At Miami, to reduce drag a wing was adopted that had a very high and straight main plane and a beam wing with a flared profile This race also saw the debut of the front wing with modifications to the trailing edge of the last flap, and in the connection of the flap to endplate, designed to create a triangular vent that would increase outwash.

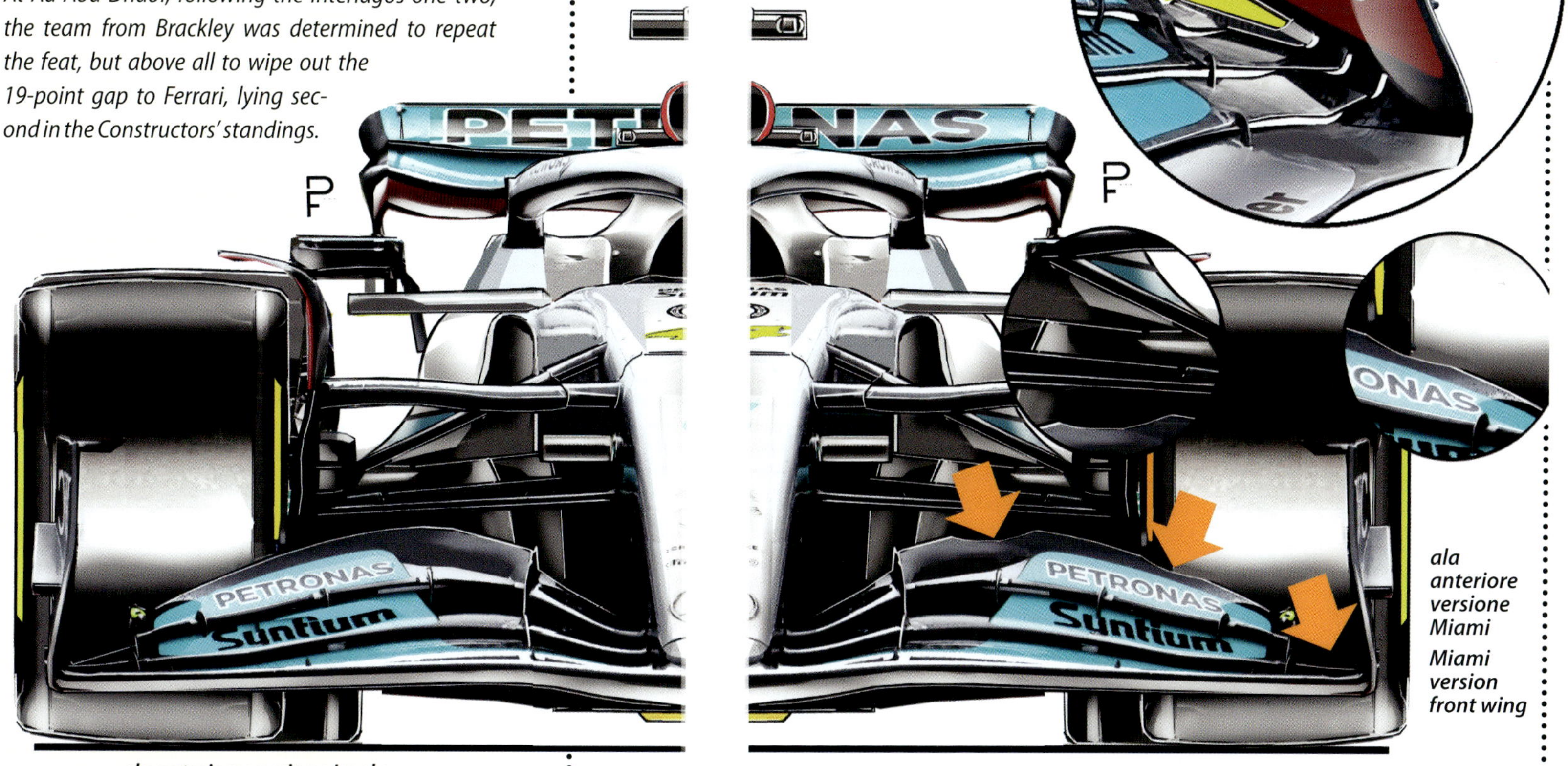

ala anteriore versione Miami
Miami version front wing

ala anteriore versione Imola
Imola version front wing

W13: winglets prese d'aria freni anteriori

Evidenziata nel circolo, l'aletta ricurva posta sullo spigolo superiore della presa di raffreddamento dei freni anteriori. La sua funzione è quella di incrementare l'effetto out wash di deviazione delle turbolenze in uscita dall'ala anteriore. Sono stati introdotti due nuovi separatori dei flap sempre dell'ala anteriore posti nella porzione più centrale.

W13: front brake intake winglets

Highlighted in the circle is the curved winglet located on the upper corner of the front brake cooling air intake. It was designed to enhance the outwash effect deviating the turbulence exiting the front wing. Two new flap separators were introduced to the central portion of the front wing.

micro-aero Interlagos

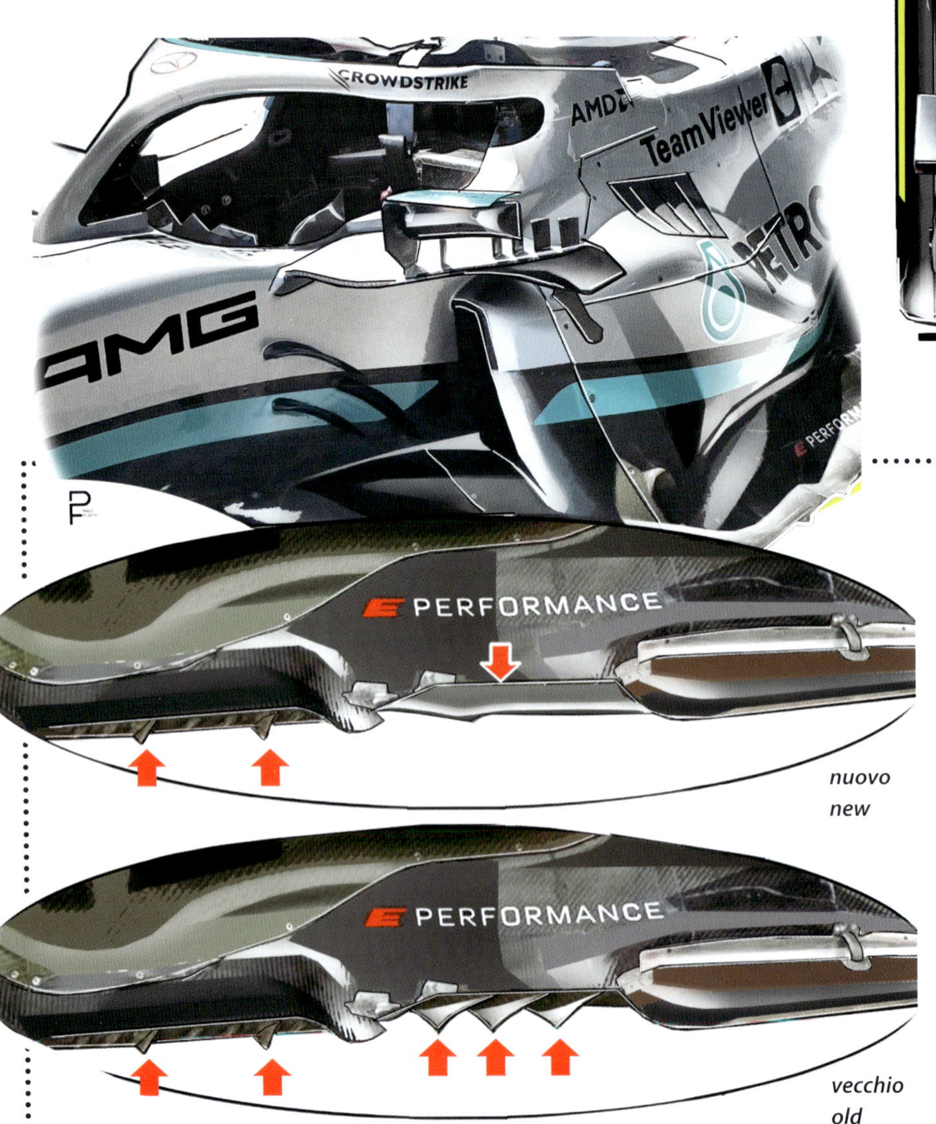

nuovo
new

vecchio
old

W13: fondo Austin

L'ultima evoluzione di questo elemento risale ad Austin. Questo sarà mantenuto anche ad Abu Dhabi, dopo aver ridotto sostanzialmente la pitch sensitivity della vettura rispetto alle variazioni di altezza dal suolo. L'ovale più in basso riguarda la versione precedente, in pratica quella introdotta a Silverstone con la soffiatura laterale dotata di separatori verticali nel tentativo di incrementare il carico generato e ridurre le turbolenze lateralmente.

W13: Austin floor

The final evolution of this element was first seen at Austin. It was to be retained at Abu Dhabi, after having substantially reduced the car's pitch sensitivity with respect to variations in ride height. The lower oval concerns the previous version, in practice the one introduced at Silverstone with the lateral vent equipped with vertical separators in an attempt to increase the downforce generated and reduce lateral turbulence.

ETIHAD AIRWAYS ABU DHABI GRAND PRIX

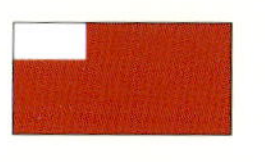

ABU DHABI
YAS MARINA CIRCUIT
20 NOVEMBRE *NOVEMBER*

Una F1-75 laboratorio per il 2023

Abu Dhabi, ultima tappa del Mondiale, non può ovviamente essere considerata a livello tecnico interessante per gli sviluppi introdotti sulle diverse monoposto, del tutto assenti. In realtà, il tracciato di Yas Marina, oltre a ospitare gli ultimi test prima della pausa invernale, proprio nel fine settimana del GP diventa a tutti gli effetti un banco prova piuttosto attendibile per deliberare i dettagli aerodinamici delle vetture della nuova stagione.

Quasi tutti i team hanno approfittato per raccogliere dati aerodinamici, ma indubbiamente le squadre che si sono addirittura spinte nel test di nuove componenti sono state due, Ferrari e McLaren. Scendendo più in dettaglio, la Scuderia di Maranello è stata impegnata in un test aerodinamico con la monoposto carica di strumenti, molto più di quanto, ad esempio, ha fatto la Red Bull per verificare la qualità del flusso d'aria diretto verso l'ala posteriore. La ricerca della Ferrari, di fatto, si è concentrata sul fondo, area oggetto anche dell'analisi condotta dalla McLaren nel primo turno di prove libere. La Ferrari ha posto sotto la lente di ingrandimento soprattutto la zona del marciapiede davanti alle ruote posteriori, nonostante, all'apparenza, la modifica introdotta fosse davvero di micro aerodinamica. Nella FP1 è stata infatti compiuta un'ampia raccolta dati sulla F1-75 di Sainz, utilizzata come vero e proprio laboratorio viaggiante, grazie ad un'intricata rete di sensori, montati su voluminosi rastrelli dietro le ruote posteriori, connessi alla base dell'ala e ai suoi schermi laterali, sensori che sempre in occasione dell'ultimo gran premio stagionale, avevamo visto utilizzare già in passato dai tecnici di Maranello. La loro specifica funzione è quella di misurare la pressione del flusso d'aria in uscita dal diffusore e dietro le ruote posteriori. Il fondo, infatti, è stato modificato nella zona davanti ad esse, con l'obiettivo di gestire in modo differente da quanto avvenuto durante l'intera stagione, le turbolenze nell'area particolarmente critica tra l'interno delle ruote posteriori e lo schermo laterale del diffusore. Si tratta, come detto, di modifiche non radicali ma in grado di incrementare, se ben interpretate, l'efficacia del fondo vettura a livello di carico generato e riduzione del drag. La soluzione è stata montata anche sulla vettura di Leclerc fornendo validi riscontri anche nell'incrocio con i dati relativi all'analisi dei flussi passanti sotto l'ala posteriore, mediante l'applicazione del flow viz.

La definizione in dettaglio del progetto 2023 ha assunto particolare importanza in quanto ha costituito un tassello fondamentale prima della messa in produzione di un elemento molto importante per l'aerodinamica della prossima monoposto. Si tratta di un indizio non secondario che consente di valutare come la programmazione delle fasi progettuali della vettura 2023 abbia seguito un timing quanto mai preciso, frutto forse anche della decisione di abbandonare piuttosto precocemente l'evoluzione della F1-75.

Per quanto riguarda la McLaren, il team di Woking, sempre nel corso della prima sessione, ha provato un fondo profondamente modificato a livello del bordo laterale del marciapiede. In pratica la versione testata era caratterizzata da una radicale semplificazione di quest'area. Di fatto è stata eliminata la lunga soffiatura longitudinale posteriore, che caratterizzava il bordo sin dalle prime gare stagionali, ma soprattutto la porzione anteriore del bordo del marciapiede presentava un nolder verticale, al posto dell'ampia area di espansione del flusso, caratterizzata dalla presenza di ben cinque deviatori di flusso inferiori. La nuova versione tendeva a garantire una maggiore stabilità del centro di pressione aerodinamica, grazie ad una complessiva riorganizzazione del flusso passante nella parte inferiore. Questo con l'intento, nei fatti, di ridurre l'innesco del porpoising che tende a crescere al diminuire dell'altezza da terra.

An F1-75 rolling laboratory for 2023

The last round of the World Championship at Abu Dhabi could hardly be considered to be of interest in terms of the technical developments introduced to the various cars. In reality, the Yas Marina circuit, as well as hosting the final tests ahead of the winter break, to all intents and purposes becomes a fairly reliable test bench during the GP weekend, allowing aerodynamic details of the cars for the new season to be signed off.

The majority of the teams took advantage to harvest aerodynamic data, but without doubt the two teams that went furthest s, were Ferrari and McLaren who actually tested new components. Going into more detail, the Maranello outfit was engaged in an aerodynamic test with the car laden with instruments, and went much further than, for example, Red Bull did to verify the quality of the airflow directed towards the rear wing. Ferrari's research effectively focussed on the floor, an area that was also the object of the analysis conducted by McLaren in the first free practice session. Ferrari's magnifying glass was trained on the footplate area ahead of the rear wheels, although it has to be said that, on first sight at least, the modification introduced was truly micro-aerodynamic. In FP1, extensive data harvesting was carried out on Carlos Sainz's F1-75, which was in effect used as a rolling laboratory, thanks to an intricate network of sensors, mounted on voluminous rakes behind the rear wheels, connected to the base of the wing and its endplates. We had already seen these sensors being used by the Maranello engineers at the last Grand Prix of the season in previous years. Their specific function was to measure the pressure of the air flow exiting the diffuser and behind the rear wheels. The floor had, in fact, been modified in the area ahead of the wheels, with the aim of managing differently with respect to what had been done previously during the season, the turbulence in the particularly sensitive area between the rear wheels and the lateral edge of the diffuser. As mentioned, these were hardly radical modifications, but when done well they

were capable of enhancing the efficacy of the car's floor in terms of the downforce generation and the reduction of drag. The feature was also fitted to Leclerc's car, providing useful cross-referenced data relating to the analysis of the flows passing below the rear wing through the application of flow viz.

The detail definition of the 2023 design was particularly important as it constituted a fundamental step before the production of a very important element for the aerodynamics of the next car. This is a by no means insignificant clue that allows us to assess how the planning of the design phases of the 2023 car followed a particularly precise schedule, perhaps in part the result of the decision to abandon the evolution of the F1-75 rather early on.

As far as McLaren was concerned, during the same first session, the team from Woking tested a floor that had been profoundly modified in the area of the lateral edge of the footplate. In practice, the version tested was characterised by a radical simplification of the area. In fact, the elongated longitudinal rear vent, which had characterised the edge since the early races of the season, had been eliminated. Above all, the front portion of the footplate featured a vertical Gurney flap instead of the wide flow expansion area, characterised by the presence of no less than five lower turning vanes. The new version was designed to guarantee greater stability to the centre of aerodynamic pressure, thanks to a general reorganization of the flow passing through the lower part of the floor. All this had the ultimate aim of reducing the triggering of the porpoising phenomenon that tended to increase as the ride height diminished.

vecchio
old

F1-75: confronto fondi

Nel confronto l'ultima versione del fondo della F1-75, modificato nell'estremità davanti alle ruote anteriori, ora dotate di un ricciolo che determina una deviazione del flusso passante tra il diffusore e le ruote. Nei tondi, l'ingrandimento dei due dettagli.

F1-75: floor comparison

In the comparison drawing, the final version of the F1-75 floor, modified in the area ahead of the front wheels, now equipped with a curl that determined a deviation of the flow passing between the diffuser and the wheels. In the circles, the enlargement of the two details.

MCL36: fondo sperimentale Abu Dhabi a confronto con quello standard

Ponendo a confronto diretto le due illustrazioni si nota la profonda semplificazione della versione provata ad Abu Dhabi in FP1. Si può vedere l'assenza della lunga soffiatura longitudinale posteriore, così come del profilo ad espansione inferiore che dalla prima parte della stagione è stato caratterizzato da cinque profili verticali con la funzione di separatori.

MCL36: experimental Abu Dhabi floor compared with the standard version

Directly comparing the two illustrations, note the profound simplification of the version tested at Abu Dhabi in FP1. We can see the absence of the elongated rear longitudinal vent, as well as the lower expansion profile that from the first races had been characterised by five vertical profiles acting as separators.

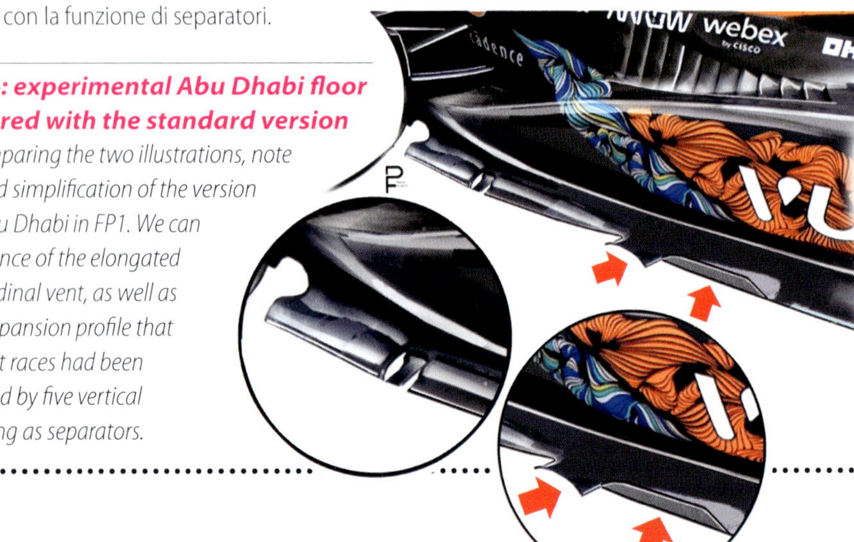

STAGIONE 2023
2023 SEASON

LE MONOPOSTO 2023 TEAM PER TEAM

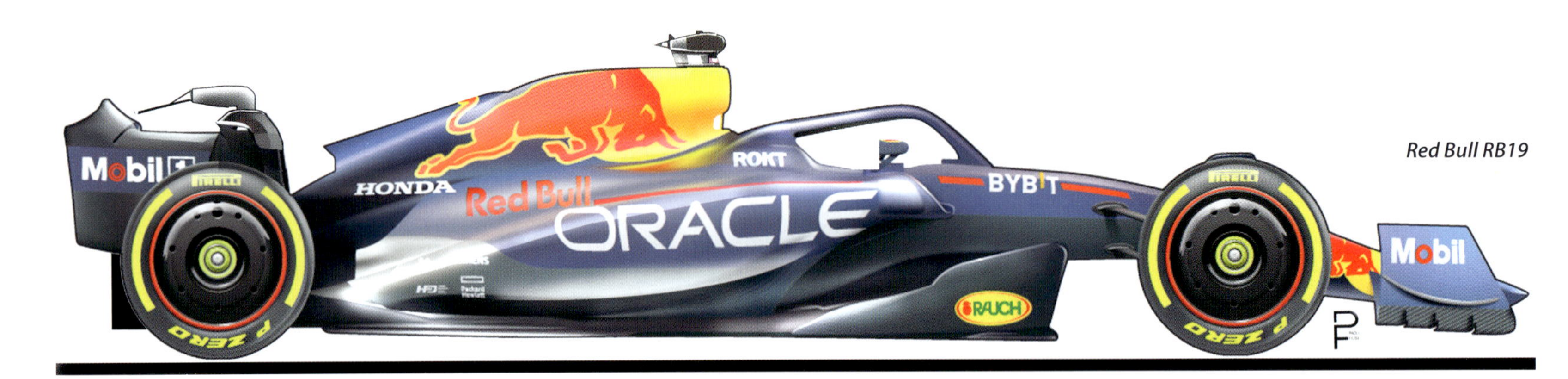

Red Bull RB19

RED BULL RB19

A Milton Keynes hanno atteso fino alla sessione di test in Bahrain per svelare le forme reali della monoposto. Comprensibile la strategia adottata con la RB19 non solo a livello di forme esterne, caratterizzate da fiancate profondamente scavate nella parte inferiore in modo ancor più accentuato che sulla RB18, per sfruttare l'effetto Coandă che permette al flusso d'aria di restare aderente alla loro superficie per tutta la lunghezza. Identico schema di sospensione rispetto al passato con la soluzione pull-rod all'anteriore e push-rod al posteriore. L'inclinazione dei bracci del triangolo superiore anteriore rappresenta l'esempio più lampante di come la dinamica del veicolo sia stata asservita alla massima efficienza aerodinamica del fondo vettura. La ricerca di una gestione precisa delle variazioni delle altezze da terra resta, come sulla RB18, l'obiettivo assoluto che Adrian Newey si è posto in questo progetto.

RED BULL RB19

At Milton Keynes they waited until the Bahrain test session to unveil the real shapes of the new car. The strategy adopted with the RB19 was understandable, not only in terms of external forms, characterised by sidepods with even deeper undercuts than on the RB18 to exploit the Coandă effect that allows the airflow to remain attached to the entire length of their surface. The suspension layout was identical to the past with a pull-rod scheme at the front and push-rod at the rear. The inclination of the arms of the front upper wishbone is the clearest example of how vehicle dynamics has been subjugated to the maximum aerodynamic efficiency of the car's underbody. As with the RB18, the search for precise management of ride height variations remains the primary objective that Adrian Newey has set himself with this project.

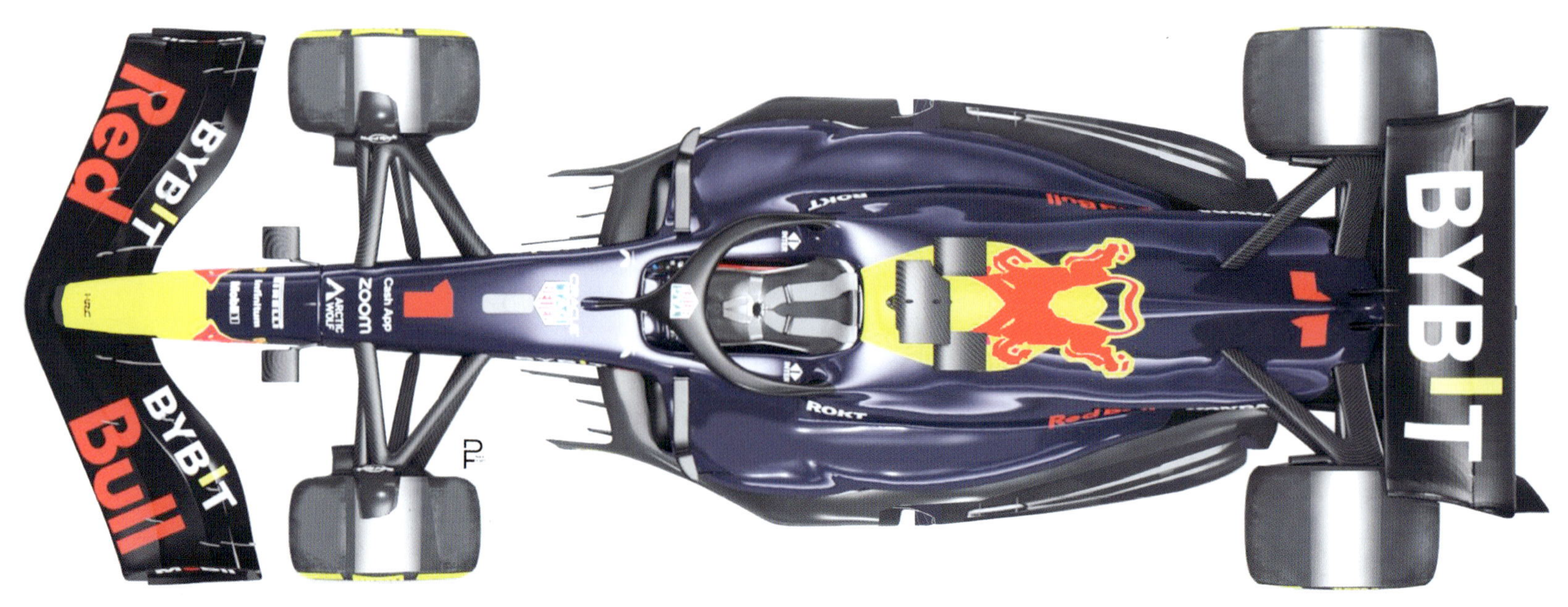

THE 2023 CARS TEAM BY TEAM

Ferrari SF-23

FERRARI SF-23

La nuova monoposto ha colpito sin dalla presentazione per l'originalità delle forme del profilo superiore delle fiancate, quest'anno ancor più accentuata dalla presenza della bypass duct. Una soluzione osservata dai tecnici rivali in Bahrain e di complessa imitazione, che è stata progettata cercando di ottenere il migliore packaging della Power Unit, rivista e corretta a livello di affidabilità. La collocazione degli elementi accessori e dell'impianto di raffreddamento è stata estremizzata per poterne sfruttare pienamente le performance. Il concetto aerodinamico inferiore pare molto pulito ed efficace.

FERRARI SF-23

The new car impressed ever since its presentation thanks to the originality of sculpted upper profile of the sidepods, this year even more accentuated by the presence of the bypass duct. A feature observed by rival engineers in Bahrain and very difficult to imitate, which was designed with an eye to obtaining optimum packaging of the power unit, which had been revised and corrected in terms of reliability. The positioning of the ancillary elements and the cooling system has been taken to extremes so as to fully exploit its performance. The lower aerodynamic concept appears to be very clean and effective.

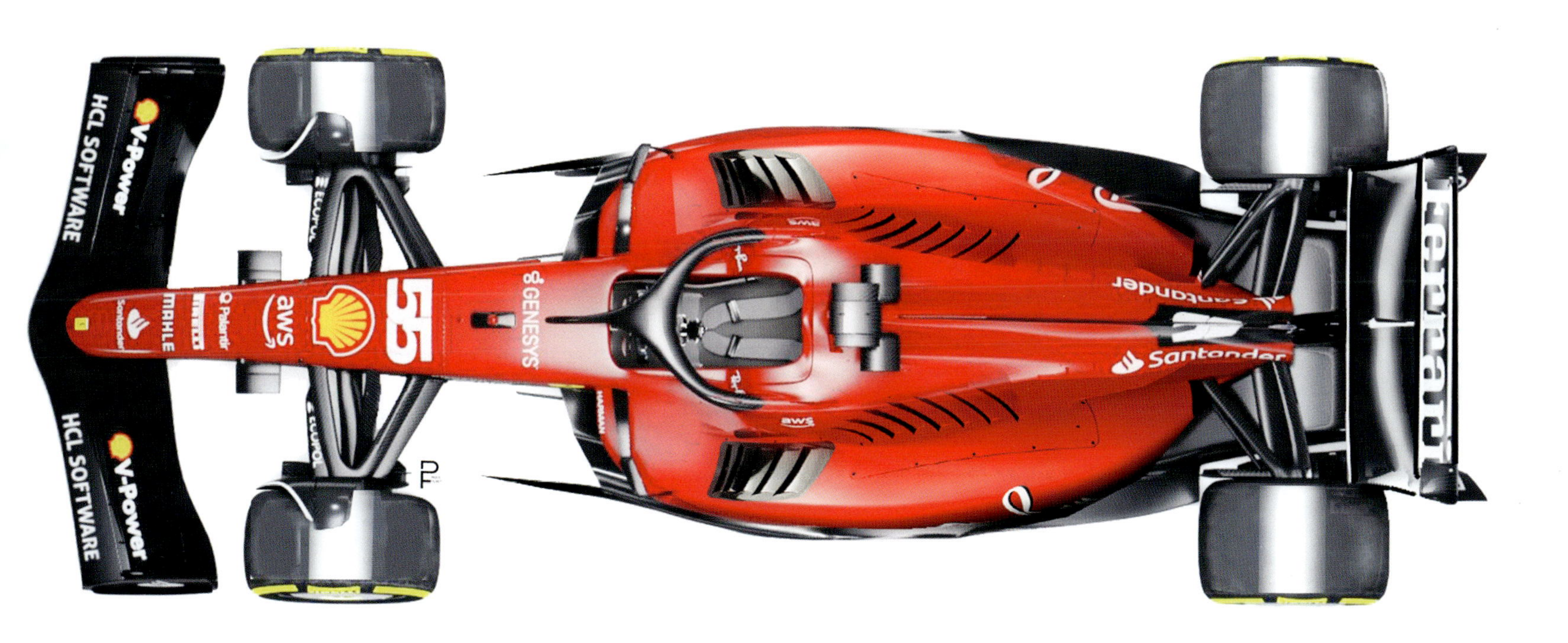

Mercedes W14

Mercedes F1W14

La W14 costituisce un'evoluzione della W13 di cui ha mantenuto inalterato il concetto aerodinamico. A livello di carrozzeria conserva la sezione ridotta delle fiancate. Insomma, resta un progetto estremo e nei test si sono puntualmente presentati gli stessi problemi che avevano caratterizzato la vettura dello scorso anno. Notevole la complessità del fondo, con il suo lato superiore che lascia intravvedere la complessità dei canali Venturi sottostanti, evidenziando una progettazione di dettaglio molto raffinata. I limiti di questa monoposto paiono legati, comunque, allo scarso carico che il fondo vettura genera e lo scarso bilanciamento visibile nel comportamento in curva.

Mercedes F1W14

The W14 was an evolution of the W13, of which the aerodynamic concept remained unchanged. In terms of the bodywork, it retains the reduced section of the sidepods. In short, this is again an extreme project and in testing suffered the same problems that afflicted last year's car. The complexity of the underbody is remarkable, with its upper side revealing the intricacy of the underlying Venturi tunnels, highlighting painstaking detail design. The limits of this car seem to be linked, however, to the lack of downforce generated by the floor of the car and the poor balance visible in its handling in corners.

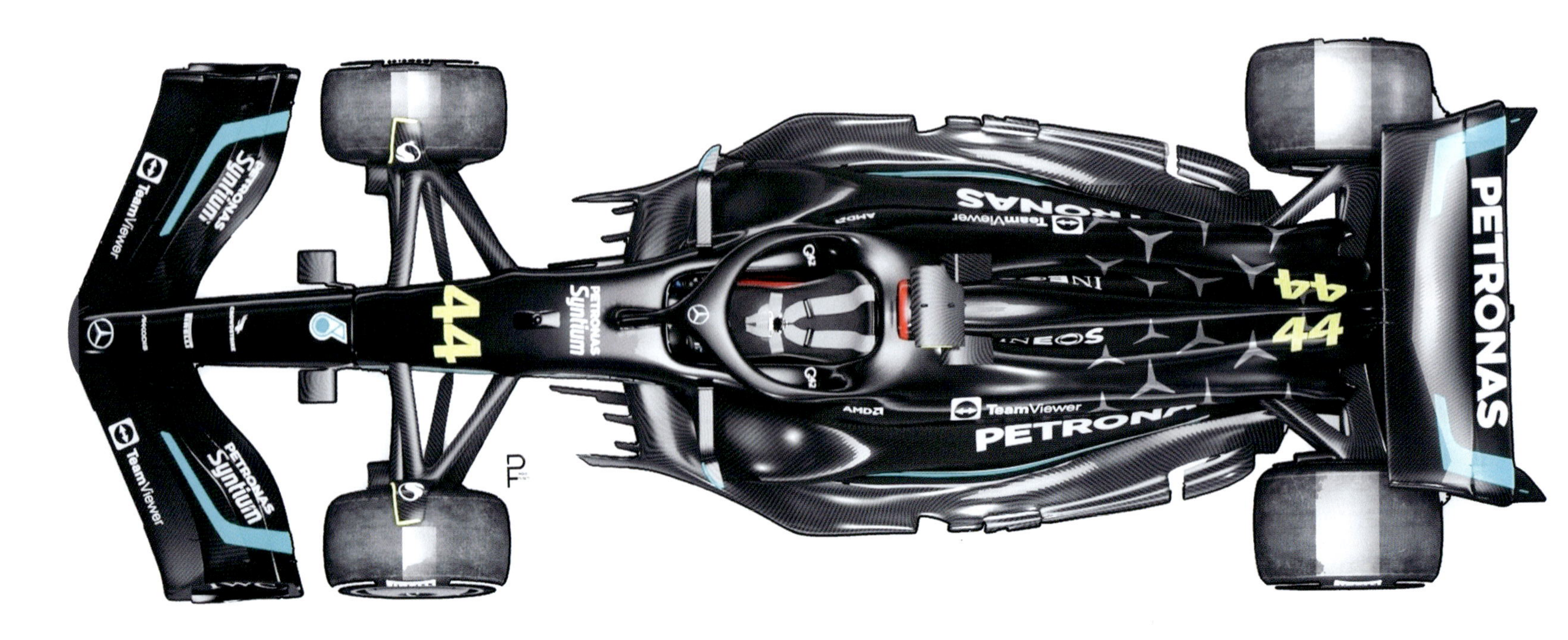

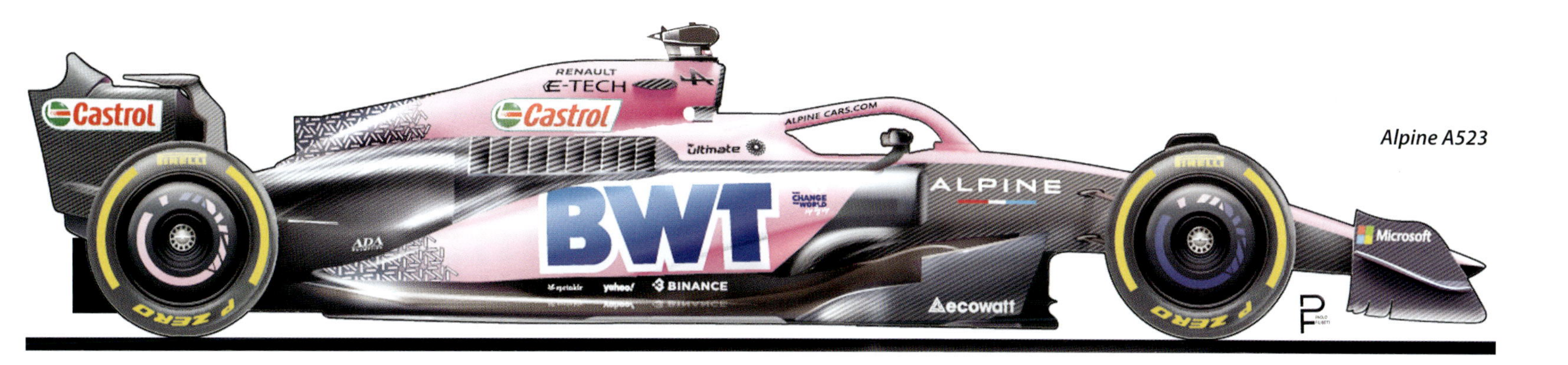

Alpine A523

ALPINE A523

L'Alpine nel 2022 aveva dimostrato di essere una monoposto in crescita, a livello di telaio e aerodinamica, palesando però, rispetto alle rivali, una minore competitività della Power Unit. Con la A523 il team di Enstone ha proseguito nel solco della A522 adottando una configurazione delle fiancate caratterizzata da imboccature orizzontali, piuttosto strette, e un profilo posteriore che scende ripidamente, per liberare il flusso diretto verso la zona davanti alle ruote posteriori. Le feritoie sulla porzione superiore delle fiancate e sul cofano motore hanno la funzione di garantire un adeguato scambio di calore alla Power Unit.

ALPINE A523

In 2022, Alpine had shown that it was a growing force in terms of chassis and aerodynamics, while also revealing with respect to its rivals a lack of competitiveness in terms of the power unit. With the A523, the team from Enstone has continued in the vein of the A522, adopting a sidepod configuration characterised by fairly narrow horizontal mouths and an upper profile that falls away steeply to free the air flow directed towards the area ahead of the rear wheels. The slots on the upper portion of the sidepods and the engine cover are designed to guarantee adequate heat exchange for the power unit.

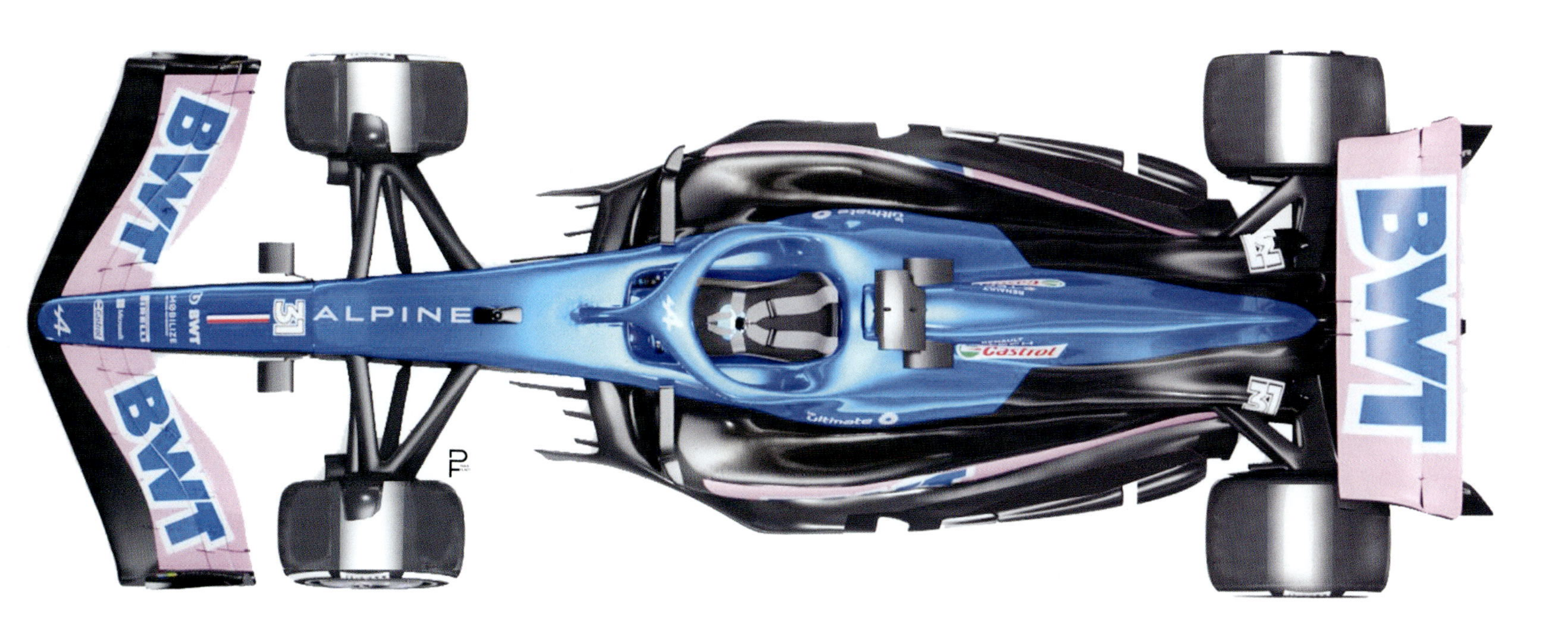

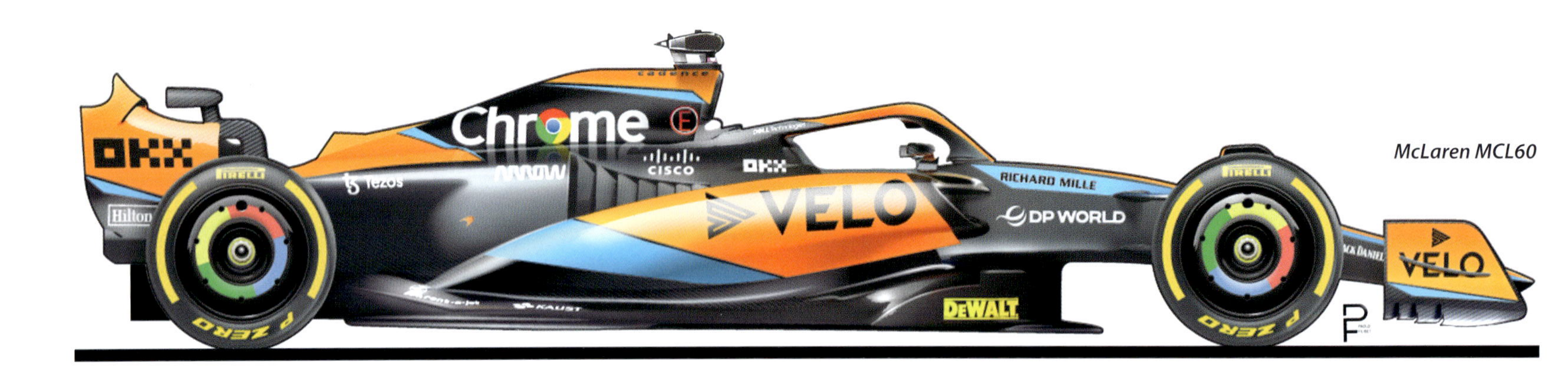

McLaren MCL60

McLaren MCL60

È stata la quarta McLaren realizzata da James Key e continua a condividere con la Red Bull la scelta dello schema pull-rod all'avantreno e push-rod al retrotreno. Ciò non deve stupire se consideriamo Key, nei suoi primi anni di carriera, allievo di Adrian Newey, nel periodo in cui alla Toro Rosso condivideva determinate scelte progettuali di Red Bull Technology. La MC60, sviluppo molto aderente alla MCL36, è caratterizzata da fiancate spioventi come sulla Red Bull.

McLaren MCL60

The MCL60 is the third McLaren designed by James Key and continues to share with Red Bull the pull-rod front and push-rod rear suspension layout. This should come as no surprise given that in the early years of his career Key Key was a disciple of Adrian Newey, in the period in which at Toro Rosso he shared certain Red Bull Technology design concepts. The MCL60, a close evolution of the MCL36, is characterised by sloping sidepods like the Red Bull.

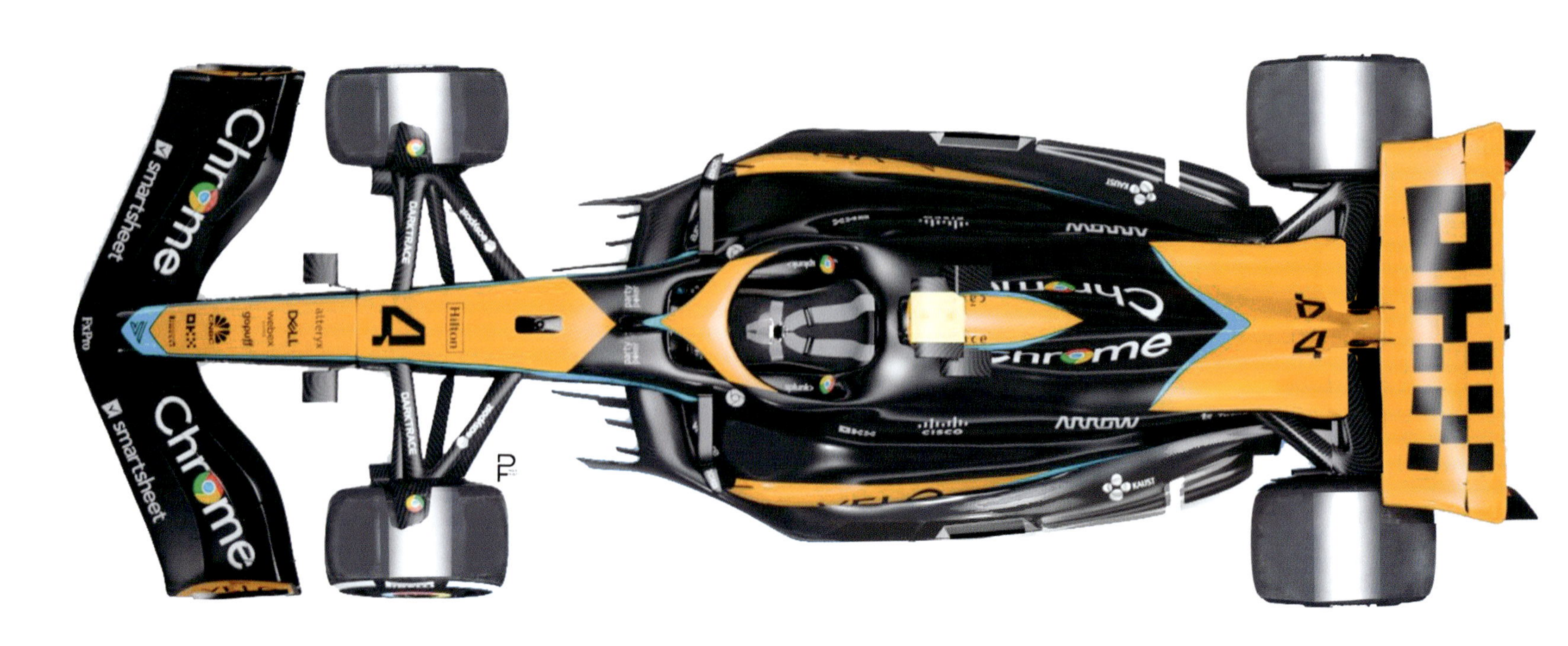

Alfa Romeo C43

La monoposto realizzata da Jan Monchaux è caratterizzata da fiancate spioventi che hanno di fatto imposto una diversa collocazione delle feritoie di smaltimento del calore alla base del cofano motore. Ha mantenuto determinate caratteristiche tipiche di alcune monoposto del passato del team elvetico. Nello specifico, la presa dinamica costituita da sezioni separate al centro dalla struttura del roll bar verticale centrale, viste per la prima volta sulla C36 del 2017. Motorizzata dalla Power Unit Ferrari, si distingue dalla monoposto di Maranello non adottandone né la trasmissione né la sospensione posteriore.

Alfa Romeo C43

The car designed by Jan Monchaux is characterised by sloping sidepods that have determined a different location for the heat-disposal slots at the base of the engine cover. It has retained certain features typical of some of the Swiss team's previous single-seaters. Specifically, the dynamic intake consisting of sections separated by the central vertical roll bar structure, first seen on the 2017 C36. Powered by the Ferrari power unit, it differs from the Maranello car by adopting neither its transmission nor the rear suspension.

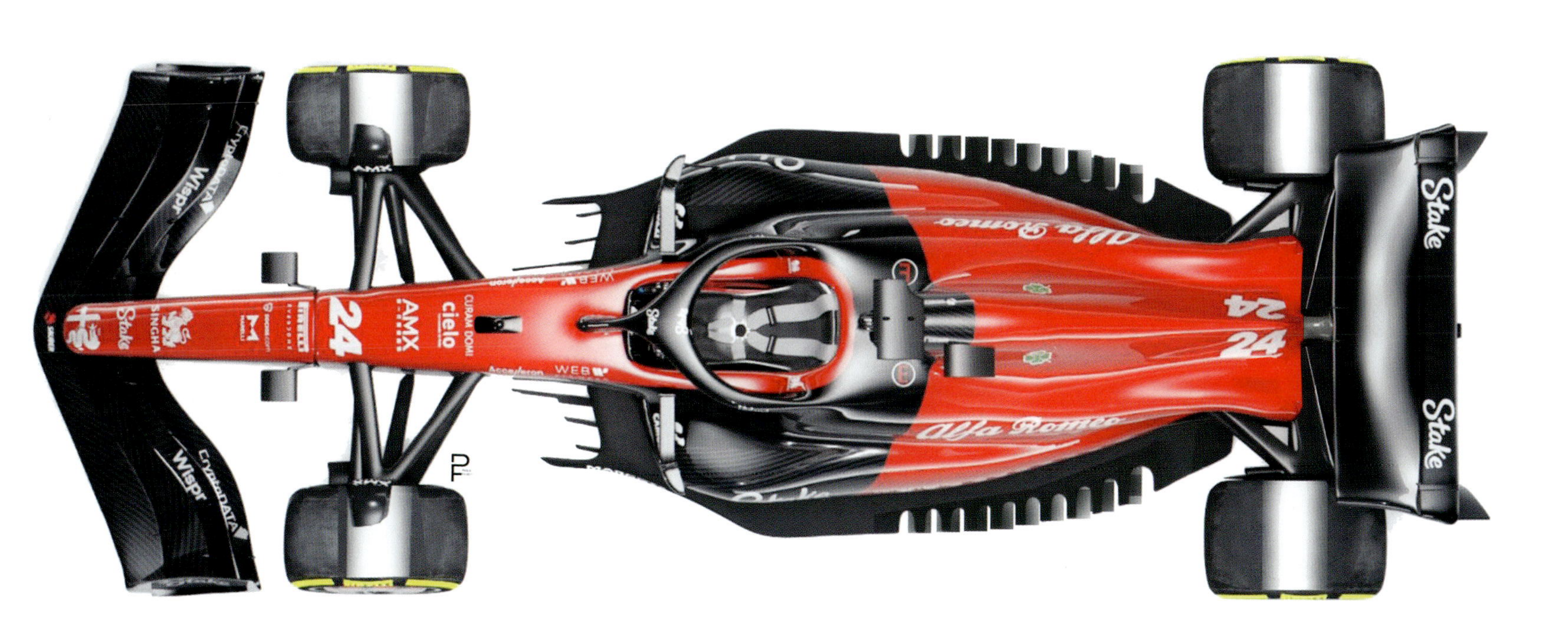

Aston Martin AMR23

ASTON MARTIN AMR23

La AMR23 è un'evoluzione della AMR22 ma pare un progetto molto più raffinato rispetto alla monoposto precedente. Nei fatti è la prima Aston Martin a non aver attinto profondamente dal progetto Mercedes dell'anno precedente. La vettura, disegnata da Andrew Green, infatti, pur condividendo con la W14 l'intero retrotreno a livello di sospensione posteriore, cambio, oltre che la Power Unit, come la AMR22 non ha seguito il concetto della Mercedes, adottando, invece, e sviluppando in modo originale, quello delle fiancate spioventi.

ASTON MARTIN AMR23

The AMR23 is an evolution of the AMR22 but appears to be a much more sophisticated design than the previous car. It is, in fact, the first Aston Martin not to have drawn deeply on the previous year's Mercedes design. The car, designed by Andrew Green, in fact, despite sharing with the W14 the entire rear suspension, gearbox and power unit, did not follow the Mercedes concepts, instead adopting and developing an original take on the sloping sidepod configuration.

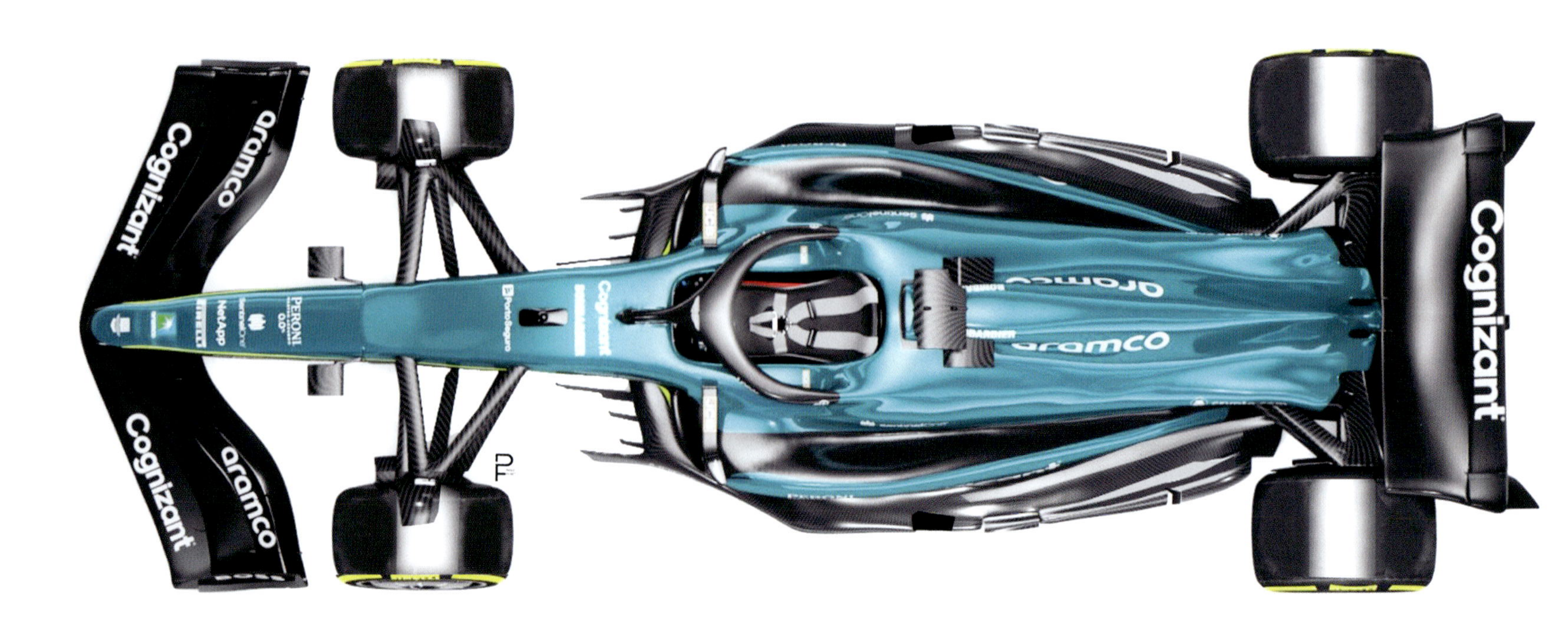

Haas VF23

HAAS VF23

La monoposto americana, progettata da Simone Resta, ha un'aerodinamica caratterizzata da fiancate che seguono il concetto scolpito della Ferrari per poi restringersi in modo rilevante verso il posteriore. Superiormente sono caratterizzate da griglie per lo smaltimento del calore della Power Unit Ferrari, che per la loro estensione inducono a pensare che assolvano anche alla funzione di trascinamento del flusso energizzato verso il profilo inferiore dell'ala posteriore. Le sospensioni hanno mantenuto uno schema push -od anteriore e pull-rod al posteriore. Tutto il retrotreno, peraltro, cambio e sospensione, sono condivise con la SF-23.

HAAS VF23

The American team's car, designed by Simone Resta, has an aerodynamic configuration characterised by sidepods that reflect the sculpted concept of the Ferrari before narrowing significantly towards the rear. The upper sections feature heat dispersal grilles for the Ferrari power unit that are so extensive as to suggest that they also play a role in directing the energised air flow towards the lower profile of the rear wing. The suspension retained the push-rod front and pull-rod rear layout. The entire rear end, gearbox and suspension, was shared with the SF-23.

AlphaTauri AT04

La AT04 è caratterizzata dalla sezione inferiore delle fiancate estremamente scavata mentre il loro profilo superiore scende in modo netto prolungandosi verso il posteriore. In pratica, rispetto alla vettura precedente, è stata estremizzata la gestione dei flussi verso il retrotreno che ha mantenuto una sezione a T, simile alla Red Bull. Le sospensioni hanno adottato lo schema push-rod anteriore e al retrotreno. Molto ben rifinita nei dettagli, la monoposto è motorizzata dalla Power Unit Honda che rappresenta un importante punto di forza intorno a cui sviluppare il concetto aerodinamico nel corso della stagione.

AlphaTauri AT04

The AT04 is characterised by deeply undercut lower sidepods, while their upper section slopes steeply towards the rear. In practice, compared to the previous car, the management of the flows towards the rear end has been taken to the extreme, with the rear section maintaining a T-section, similar to that of the Red Bull. The suspension features push-rods front and rear. Boasting sophisticated detail design, the car is fitted with the Honda power unit that represented an important strength around which the aerodynamic concept can be developed over the course of the season.

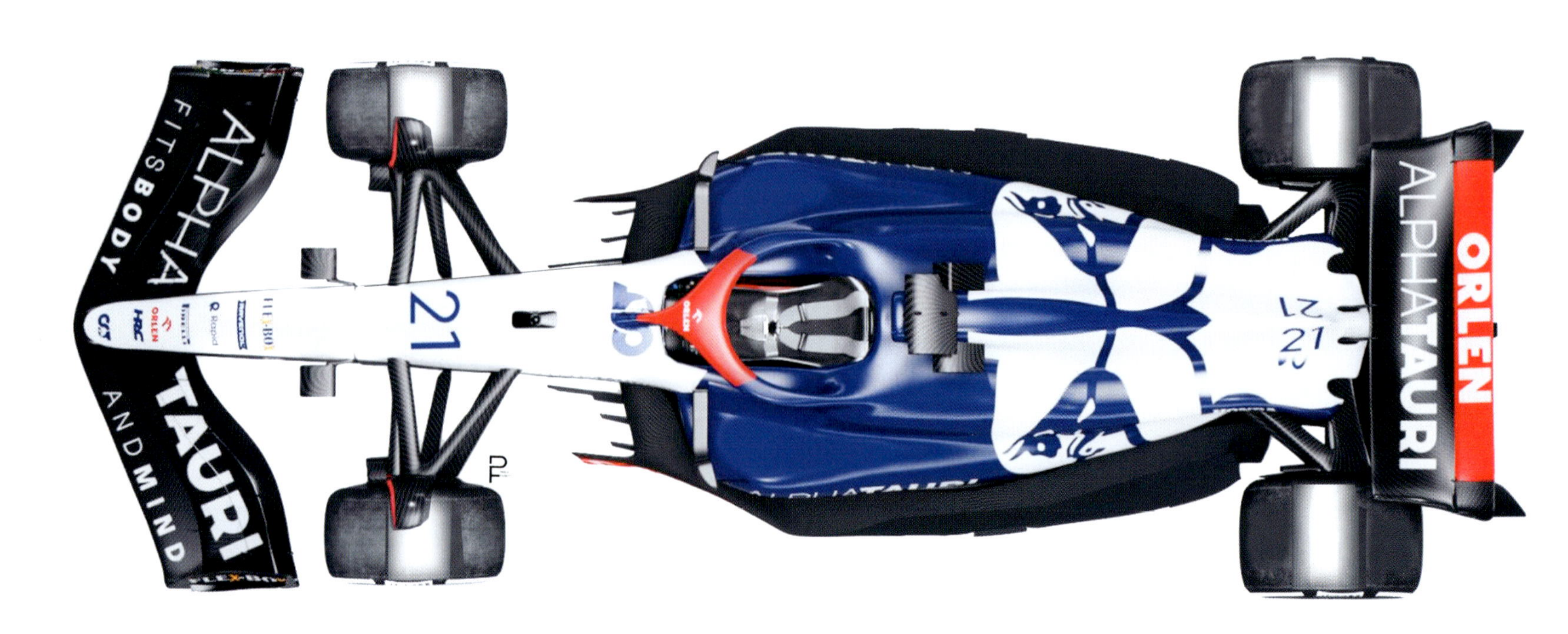

WILLIAMS FW45

È una monoposto che ricorda molto da vicino la FW44 nella versione introdotta a Silverstone l'anno precedente. Le fiancate sono spioventi e mettono in risalto un'ampia serie di feritoie alla base del cofano motore. Buona l'attenzione al dettaglio, anche se non si può dire, a differenza dell'anno precedente, che lo staff di progettisti del team di Grove si sia allontanato dalla semplice integrazione di concetti altrui per seguire una propria filosofia. La FW45, infatti, è molto più convenzionale della FW44.

WILLIAMS FW45

This is a car that closely resembles the FW44 in the version introduced at Silverstone the previous season. The sidepods are sloping and emphasise an extensive series of slots at the base of the engine cover. Great attention has been paid to detail design, although it cannot be said, in contrast with the previous year, that the design staff at Grove strayed far from the simple integration of the concepts of others to implement a philosophy of their own. The FW45 is, in fact, much more conventional than the FW44.

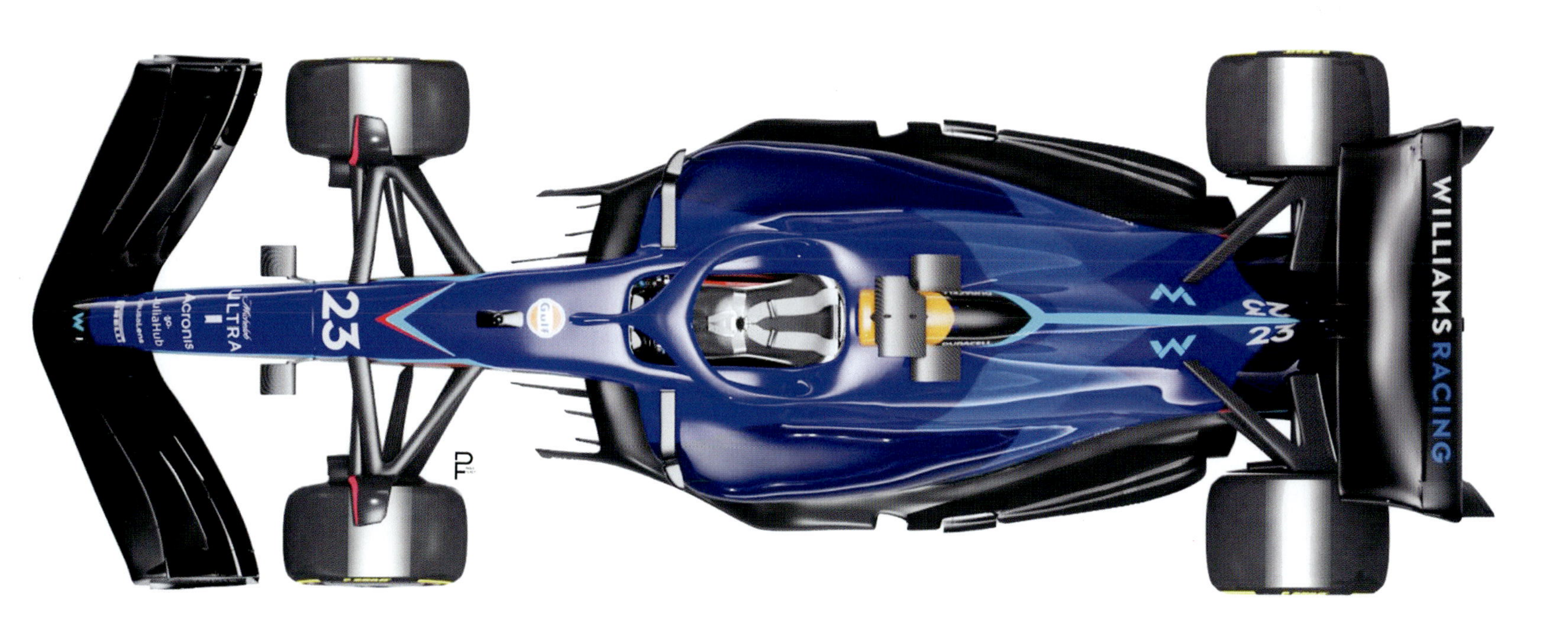

REGOLE 2023

F1: regole del gioco 2023, stabili ma con qualche novità

La stagione 2023 di Formula 1, iniziata in Bahrain il 5 marzo sul tracciato di Sakhir, è caratterizzata da una sostanziale stabilità del regolamento tecnico, dopo la rivoluzione rappresentata lo scorso anno dalla reintroduzione dell'effetto suolo che ha determinato l'abbandono del fondo scalinato adottato per oltre venticinque anni, a favore dei canali Venturi sviluppati sul fondo delle monoposto. Ciò nonostante ci saranno alcune novità, a livello aerodinamico, in termini di sicurezza passiva. L'attenzione del legislatore si è concentrata principalmente sul fondo nel tentativo di eliminare del tutto o almeno ridurre drasticamente il porpoising, ma non solo.

Bordi del fondo rialzati

Il bordo laterale del fondo, nella sua porzione davanti alle ruote posteriori, dovrà essere rialzato di 15 millimetri rispetto alla conformazione 2022. Accanto a questa modifica sono stati introdotti dei test per misurarne la flessione verticale dei bordi. Mentre nel 2022 era consentita una deflessione di 8 mm verso il basso e di 12 verso l'alto, nel 2023 sarà permessa una deflessione massima di soli 8 mm in entrambe le direzioni (verso l'alto e verso il basso) con l'applicazione di una forza pari a 600N. Introducendo questi nuovi limiti, la FIA si è posta l'obiettivo di rendere più difficile l'utilizzo dei bordi laterali per creare un sigillo fisico con il suolo.

Più sensori per misurare le accelerazioni verticali

Già in occasione del GP del Belgio 2022 sono stati introdotti specifici sensori per misurare le accelerazioni verticali delle vetture e determinarne una metrica che non superi, sia in ampiezza sia in frequenza, determinati valori comunicati di volta in volta (a seconda del tracciato) ai team. Nel 2023 le misurazioni, grazie all'aumento del numero di sensori dedicati, saranno ancora più accurate.

Rialzato il "gomito" del diffusore

Il punto in cui la sezione del diffusore è più stretta, dove scorrono i canali Venturi, è definito "gomito". Il flusso d'aria in accelerazione in questa sezione produce un cambiamento di pressione, aumentando la deportanza. La FIA ha deciso di alzarlo di 10 mm per ridurre la sensibilità delle monoposto alle variazioni di assetto dinamico (ovvero quando la vettura è in movimento).

Peso ridotto

Il peso minimo delle monoposte, prive di carburante, nel 2023 sarà di 796 chilogrammi, due in meno rispetto ai 798 del 2022.

Test più severi per il roll bar

L'incidente di Zhou a Silverstone ha richiesto un'analisi delle cause del cedimento del roll bar della sua monoposto. Come conseguenza, la FIA ha introdotto norme più stringenti per quanto riguarda i test statici di resistenza proprio a partire da quest'anno. L'articolo 13.3.1, infatti, recita che il roll bar debba essere sottoposto alle seguenti prove statiche:
a) un carico equivalente di 60kN applicato lateralmente, di 70kN longitudinalmente all'indietro, e di 105kN verticalmente verso il basso, deve essere applicato alla parte superiore della struttura attraverso un cuscinetto piatto rigido di 200 mm di diametro e perpendicolare all'asse di applicazione dei carichi.
b) un carico equivalente a 42kN applicato lateralmente, di 49kN longitudinalmente in avanti e di 73,5kN verticalmente verso il basso, deve essere applicato alla parte superiore della struttura attraverso un cuscinetto piatto rigido di 200 mm di diametro e perpendicolare all'asse di applicazione.

Specchietti retrovisori più grandi

Nel 2023 la superficie riflettente (sezione trasversale) degli specchietti sarà aumentata del 50% per migliorare la visibilità posteriore. Corrisponderà a quella di un rettangolo con un'altezza di 50 mm e una larghezza di 200, contro i 150 del 2022.

Linee guida più severe per il montaggio dell'ala anteriore

Lo scorso anno la Mercedes ha destato scalpore con l'introduzione di un alettone anteriore caratterizzato da un particolare raccordo sagomato tra le paratie e i flap, oltre una versione dell'ala dotata di separatori dei flap sagomati a profilo, portata ad Austin, ma dichiarata non conforme dai commissari. La FIA nel 2023 non consentirà progetti così "estremi".

2023 REGULATIONS

F1: the rules of the game 2023, stable but with a few innovations

The 2023 Formula 1 season, which got underway on the 5th of March at Sakhir, enjoys substantial stability in terms of the technical regulations, following last year's revolution that saw the reintroduction of ground effects and the consequent abandonment of the stepped floor, used for more than 25 years, in favour of Venturi tunnels created on the cars' underbody. Nonetheless, several innovations do affect both aerodynamics and passive safety. The focus of the rule makers was principally, but not exclusively, trained on the floor in an attempt to eliminate or at least drastically reduce the porpoising phenomenon.

Raised floor edges

The outer edge of the floor, in the section ahead of the rear wheels, must be raised by 15 mm with respect to the 2022 configuration. Along with this modification, tests were introduced to measure the vertical flexing of the floor edges. While in 2022 flexing of 8 mm downwards and 12 mm upwards was permitted, in 2023 these tolerances have been adjusted to just 8 mm in both directions (upwards and downwards) with the application of a force equal to 600 N. By introducing these new limits, the FIA has set itself the objective of making the exploitation of the lateral edges to create a physical seal with the ground more difficult.

More sensors to measure vertical accelerations

On the occasion of the Belgian GP in 2022 special sensors were introduced to measure the vertical accelerations of the cars and determine a metric that would not surpass in amplitude and frequency determined values (depending on the circuit) communicated to the teams from one race to the next. In 2023, the measurements, thanks to the increase in the number of dedicated sensors, will be even more accurate.

Diffuser throat height raised

The point at which the section of the diffuser is at its narrowest, where the Venturi tunnels run, is known as the "throat". The air flow accelerating through this section produces a change in pressure, increasing the downforce. The FIA has decided the raise the height of the throat by 10 mm to reduce the cars' sensitivity to variations in their dynamics.

Reduction in weight

In 2023, the minimum weight of the cars, without fuel, has been reduced by two kilos from 798 to 796 kg.

Stricter roll bar tests

Zhou's accident at Silverstone demanded an analysis of the causes of the failure of his car's roll bar. Consequently, the FIA has introduced stricter regulations regarding the static strength test from this year. Paragraph 13.3.1 in fact states that the principal roll structure must be subjected to the following static tests:
a) A load equivalent to 60 kN laterally, 70 kN longitudinally in a rearward direction and 105 kN vertically downwards, must be applied to the top of the structure through a rigid flat pad which is 200mm in diameter and perpendicular to the loading axis.
b) A load equivalent to 42 kN laterally, 49 kN longitudinally in a forward direction and 73.5 kN vertically downwards, must be applied to the top of the structure through a rigid flat pad which is 200mm in diameter and perpendicular to the loading axis.

Larger rear view mirrors

In 2023, the reflecting surface (transverse section) of the mirrors will be increased by 50% to improve rear visibility. This will correspond to a rectangle of 50 mm in height and 200 mm in width, against the 150 mm of 2022.

Stricter guidelines for the mounting of the rear wing

Last year Mercedes caused a stir with the introduction of a front wing characterised by a special fairing between the endplates and the flaps, as well as a version of the wing equipped with aerodynamically shaped flap separators, taken to Austin, but declared illegal by the scrutineers. In 2023 will not be permitting such "extreme" designs.

Bordo fondo e gomito diffusore più alti

Nella vista laterale è indicato l'innalzamento rispettivo del bordo del fondo di 15 mm e del gomito del diffusore di 10 mm.

Floor edges and higher diffuser throat

The side view shows the respective raising of the floor edge by 15 mm and the diffuser throat by 10 mm.

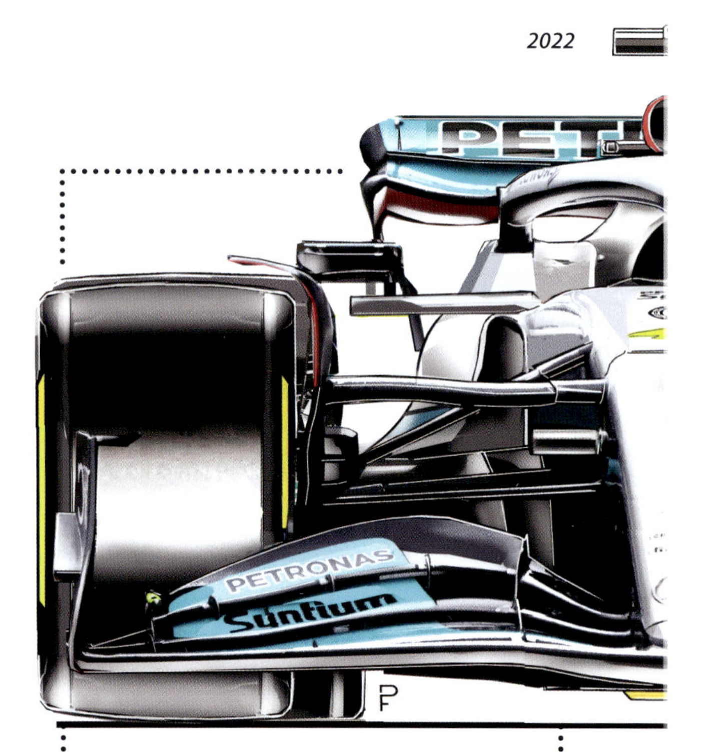

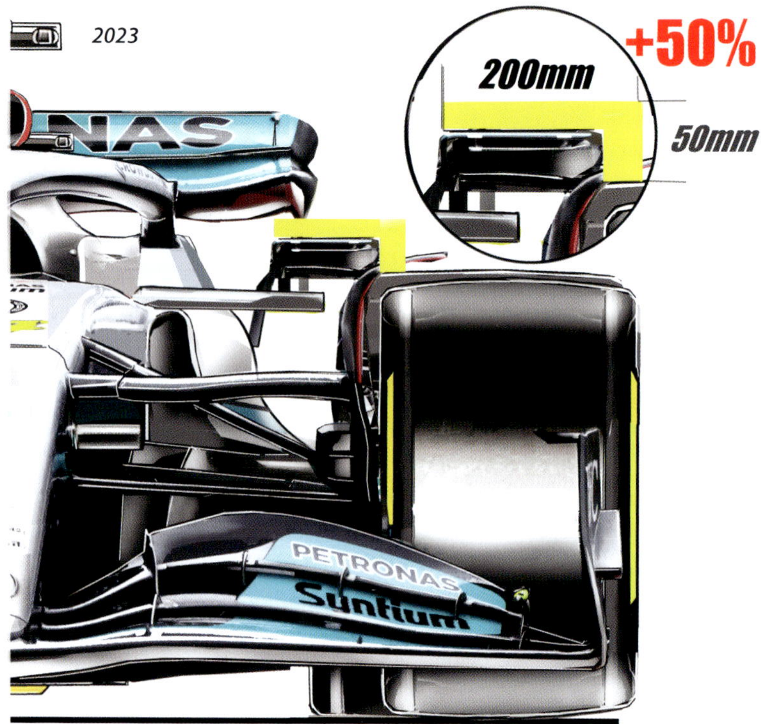

Specchietti

Nel dettaglio è Indicato l'incremento della superficie riflettente degli specchietti retrovisori rispetto alle dimensioni 2022.

Mirrors

The detail shows the increase in reflecting area of the rear-view mirrors with respect to the 2022 .

Outlawed

Aerodynamic flap separators like those of the W13 at Austin, declared illegal by the COTA scrutineers, have been banned. Fairings between the front wing flaps and endplates that increase the outwash effect like the feature adopted by Mercedes from Miami onwards have been banned.

Fuorilegge

Vietati i separatori dei flap sagomati a profilo alare come quelli della W13 ad Austin, dichiarati non conformi dai commissari del COTA. Non sono ammessi raccordi tra i flap e le paratie dell'ala anteriore che incrementino l'out wash come la soluzione adottata dalla Mercedes da Miami in poi.

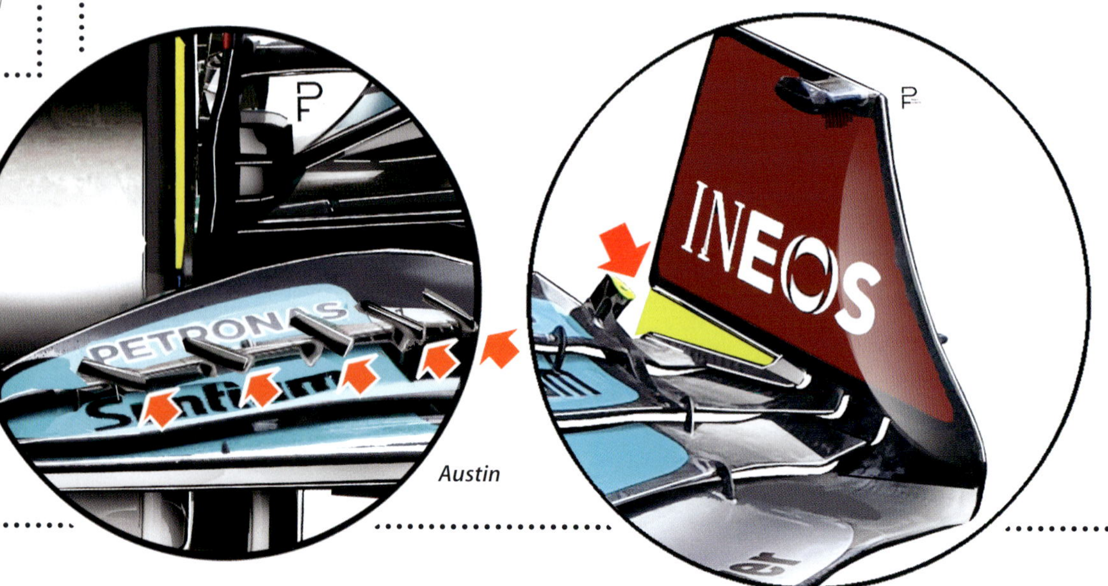

ANTEPRIMA 2023
PREVIEW 2023

Red Bull RB19

Se nel 2022 il fondo della RB18 era stato l'elemento che ne aveva garantito la massima performance aerodinamica, quello della RB19 è ben più di un semplice adattamento alle regole scaturite dopo l'applicazione della Direttiva Tecnica 039. Produce un carico elevatissimo e garantisce un equilibrio che mette la RB19 su dei binari. Lo sviluppo delle fiancate, invece, è un'evoluzione profonda di quelle della RB18, con l'estensione al posteriore del solco longitudinale che le attraversa inferiormente. Interessanti le ampie branchie poste alla base del cofano motore, che lavorano in simbiosi con lo sfogo posteriore.

Red Bull RB19

While in 2022 the floor of the RB18 had been the element that guaranteed maximum aerodynamic performance, that of the RB19 is far more than a simple adaptation to the regulations in force following the application of directive TD 039. It produces very high downforce and ensures balance that puts the RB19 on rails. The development of the sidepods is instead a profound evolution of those of the RB18, with the rearwards extension of the longitudinal groove traversing their lower section. The extensive gill apertures at the base of the engine cover are interesting and work in symbiosis with the rear vent.

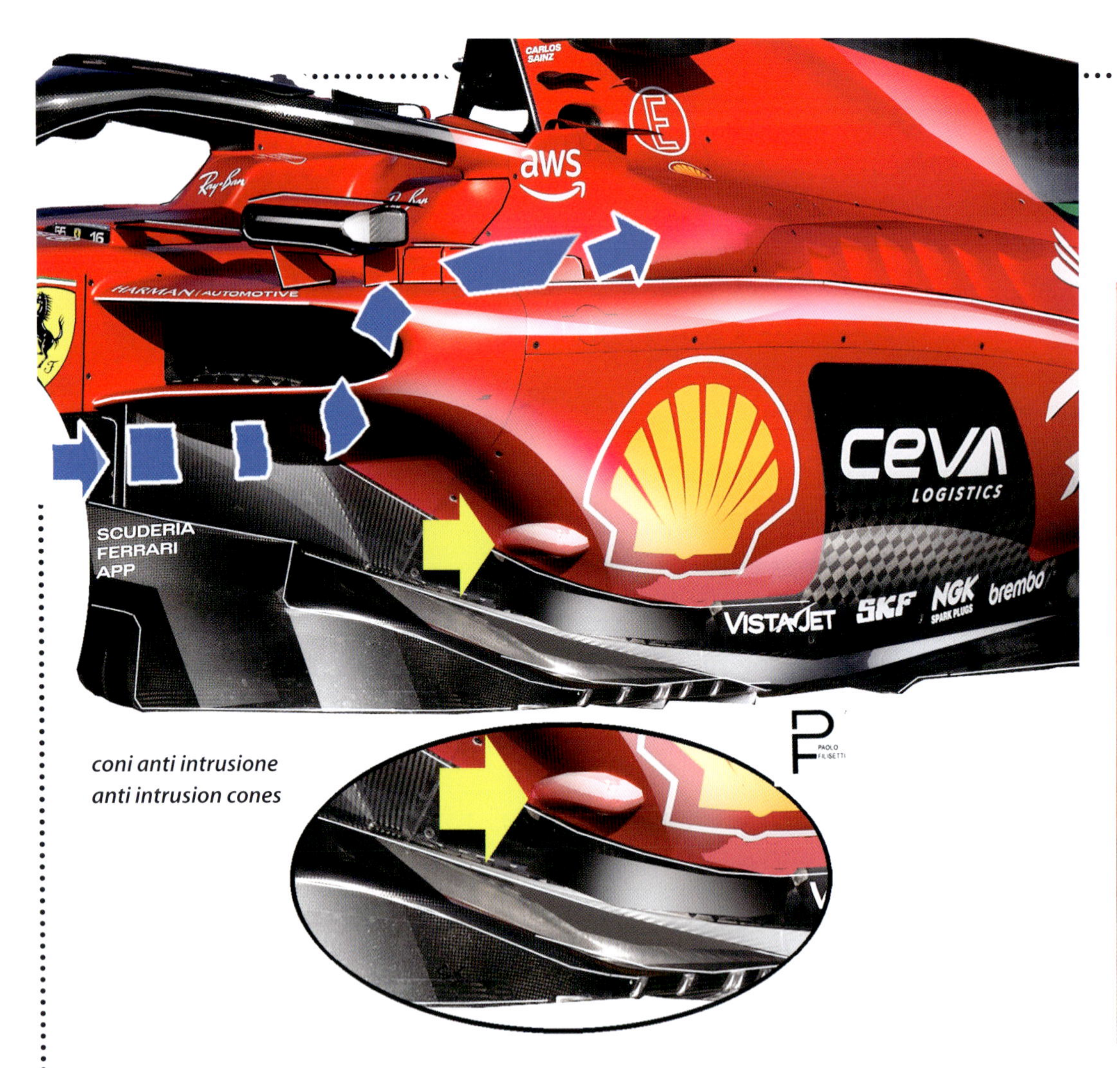

coni anti intrusione
anti intrusion cones

Ferrari SF 23

L'estremizzazione dei concetti aerodinamici è un plus della SF 23, ben evidenziato dalla bypass duct. Questo condotto, unico nel suo genere, serve a energizzare il flusso d'aria calda in uscita dai radiatori indirizzandolo al retrotreno. Non è un caso che gli aerodinamici di Maranello abbiano attirato l'attenzione di molti tecnici rivali in Bahrain.

Ferrari SF 23

The taking of the aerodynamics concepts to an extreme is one of the SF 23's strengths, as seen in the bypass duct. The only one of its kind, this duct serves to energise the flow of hot air from the radiators, directing it to the rear of the car. It was no coincidence that the aerodynamicists at Maranello attracted the attention of many rival engineers in Bahrain.

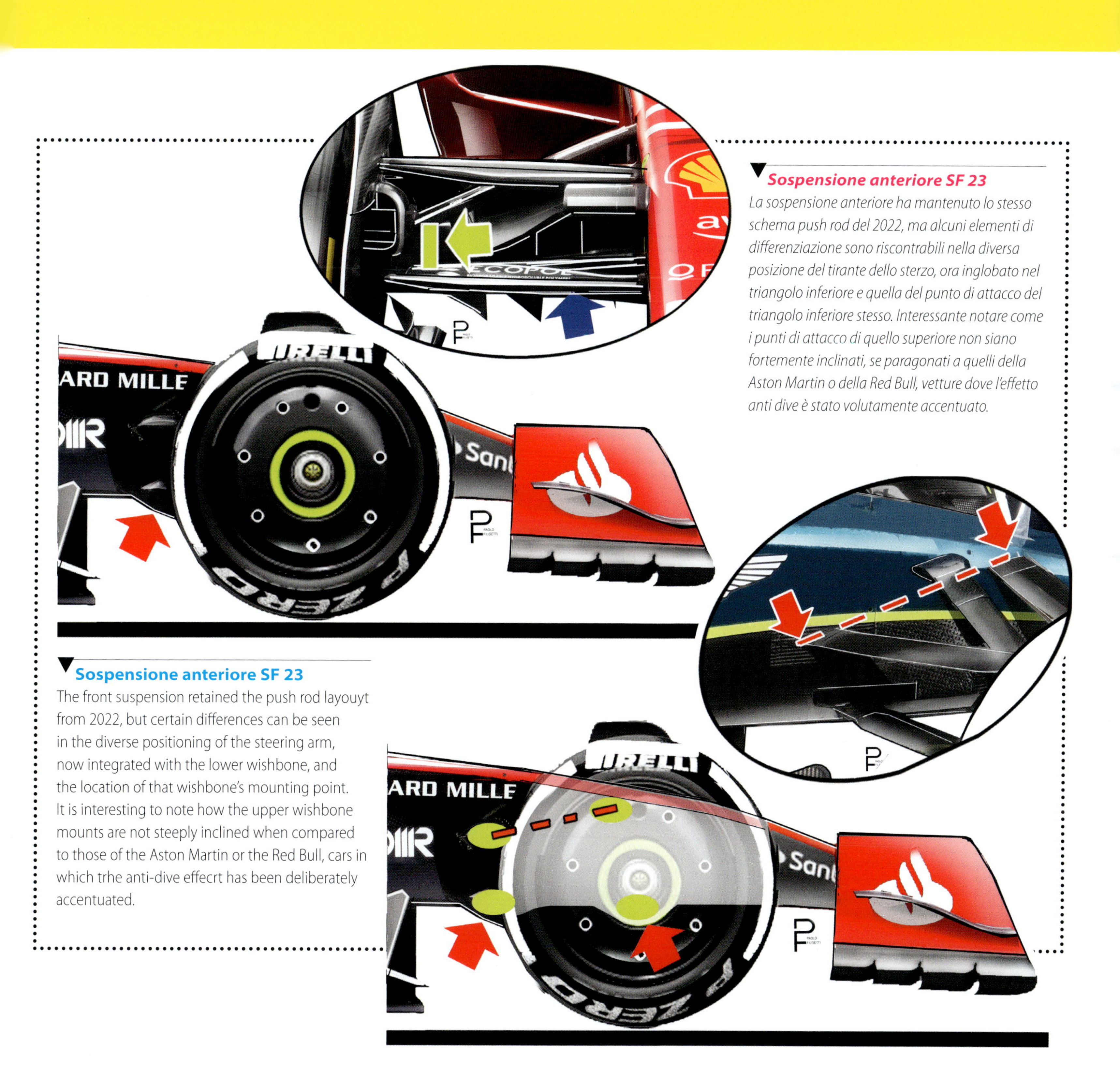

Sospensione anteriore SF 23

La sospensione anteriore ha mantenuto lo stesso schema push rod del 2022, ma alcuni elementi di differenziazione sono riscontrabili nella diversa posizione del tirante dello sterzo, ora inglobato nel triangolo inferiore e quella del punto di attacco del triangolo inferiore stesso. Interessante notare come i punti di attacco di quello superiore non siano fortemente inclinati, se paragonati a quelli della Aston Martin o della Red Bull, vetture dove l'effetto anti dive è stato volutamente accentuato.

Sospensione anteriore SF 23

The front suspension retained the push rod layouyt from 2022, but certain differences can be seen in the diverse positioning of the steering arm, now integrated with the lower wishbone, and the location of that wishbone's mounting point. It is interesting to note how the upper wishbone mounts are not steeply inclined when compared to those of the Aston Martin or the Red Bull, cars in which trhe anti-dive effecrt has been deliberately accentuated.

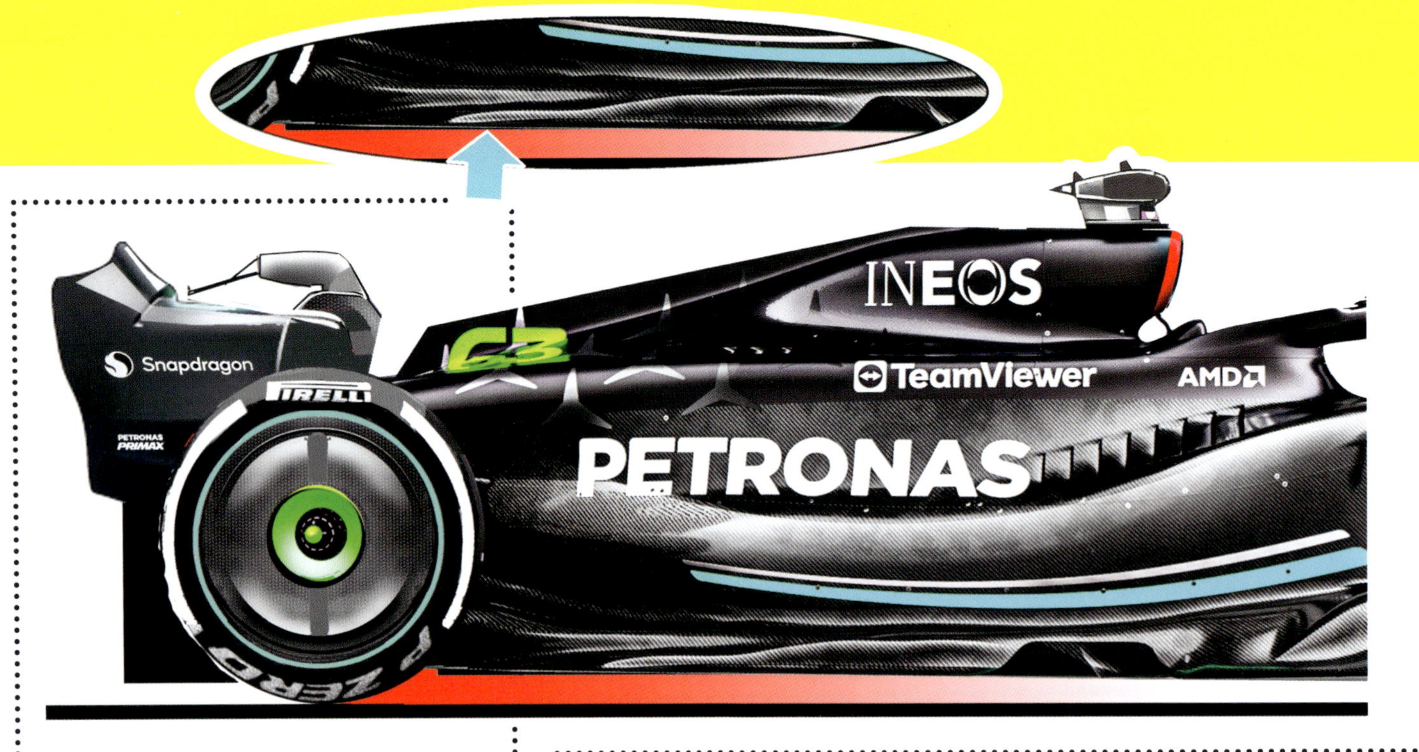

Mercedes W14

Questione di fondo, questione di scarso equilibrio. Fatto sta che quello della W14 non garantisce il carico necessario per incollarla a terra. Il retrotreno si scompone costantemente in ingresso di curva, l'avantreno è impreciso nella stessa situazione a causa dello scarso grip indotto dalla poca deportanza disponibile.

Mercedes W14

A question of floors, a question of dubious balance. The fact is that the floor of the W14 does not guarantee the necessary downforce to glue it to the track. The rear end constantly steps out of line when turning in, andthe front end is imprecise in the same situation due to the lack of grip caused by the little downforce available.

SF 23, sospensione posteriore: confronto tra attuale e ipotesi modifica per Imola

Nel dettaglio è indicato il punto di attacco del triangolo superiore. Una modifica della geometria della sospensione posteriore è un'operazione complessa ma non impossibile, chiaramente non immediata. Nello specifico verrebbero spostati i punti di attacco, con il braccio posteriore che si andrebbe ad ancorare alla base del supporto del pilone dell'ala posteriore. Anche il punto di attacco del braccio anteriore va modificato per incrementare l'affetto anti squat. Lo spanciamento della SF 23 da inizio stagione è la conseguenza dello spostamento longitudinale del carico e del centro di pressione aerodinamica, molto più stabile sulla RB19.

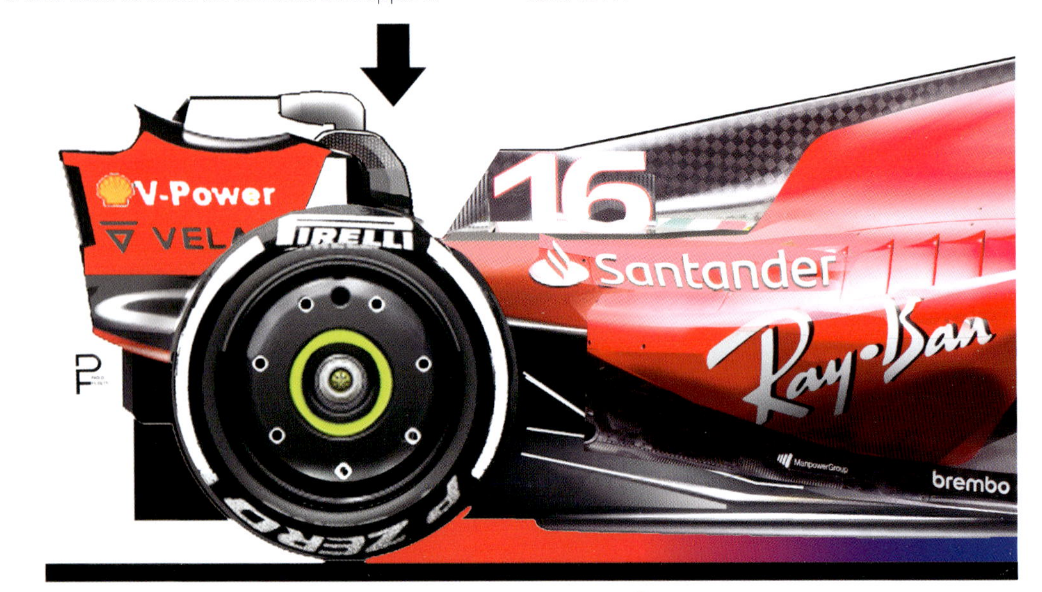

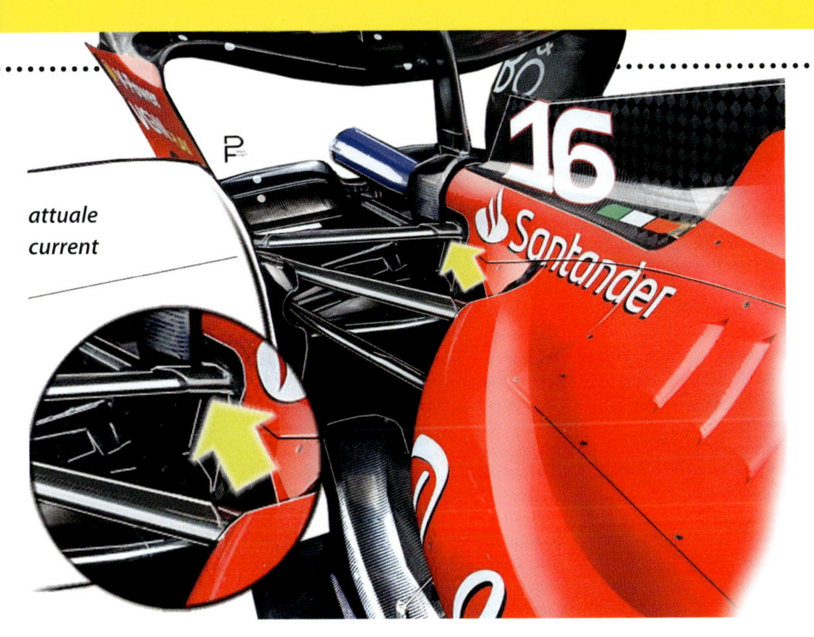

SF23, rear suspension: comparison between the current layout and a hypothetical modification for Imola

The detail shows the upper wishbone mounting point. A modification to the rear suspension geometry is a complex, clearly lengthy but not impossible operation. Specifically, the mounting points would have to be moved, with the rear arm being anchored at the base of the rear wing pylon support. The front arm mounting point would also be modified to increase the anti-squat effect. The bottoming of the SF 23 from the start of the season is a consequence of the longitudinal shifting of the loading and the centre of aerodynamic pressure, much more stable on the RB19.

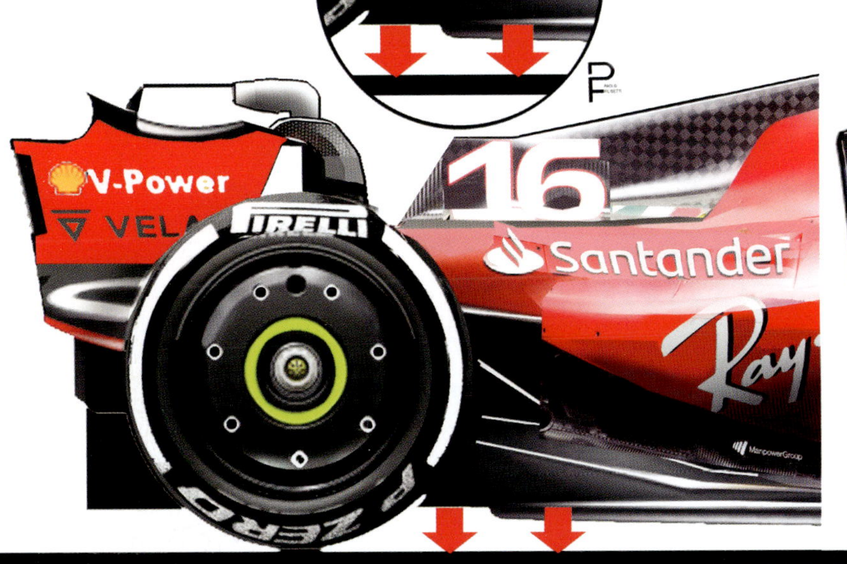

Red Bull RB19: dettaglio sospensione

Nel tondo è ingrandito il dettaglio del punto di attacco del braccio posteriore del triangolo superiore, ancorato alla base del supporto del pilone dell'ala posteriore. Da rilevare che il braccio posteriore è in un unico pezzo in modo da incrementare la rigidezza del sistema.

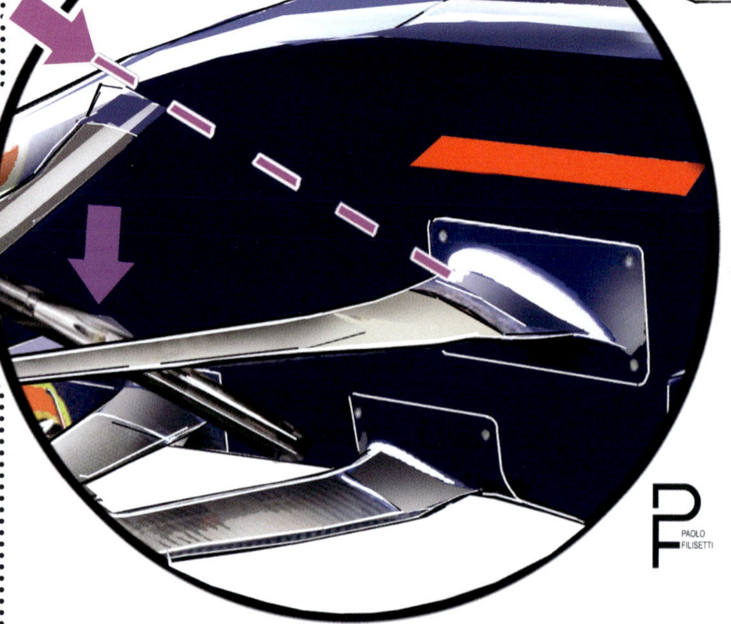

Red Bull RB19: suspension detail

In the circle, an enlargement of the mounting point for the rear arm of the upper wishbone, anchored at the base of the rear wing pylon support. Note that the rear arm is in a single piece to increase the stiffness of the system.

Australia: deliberato il fondo accantonato a Jeddah sulla SF 23

La Ferrari a Melbourne ha deliberato il fondo che era stato accantonato in Arabia Saudita. È caratterizzato da un profilo laterale con la sezione centrale curva per ridurre la sensibilità alle variazioni di altezza da terra. Questo fondo, nei fatti, costituisce la base del successivo sviluppo a Imola, accanto a quello della sospensione posteriore. Interessante notare come l'andamento della parte anteriore del fondo della SF 23 abbia mantenuto un forte legame con l'ultima versione introdotta lo scorso anno, prevista a Singapore e poi montata a Suzuka.

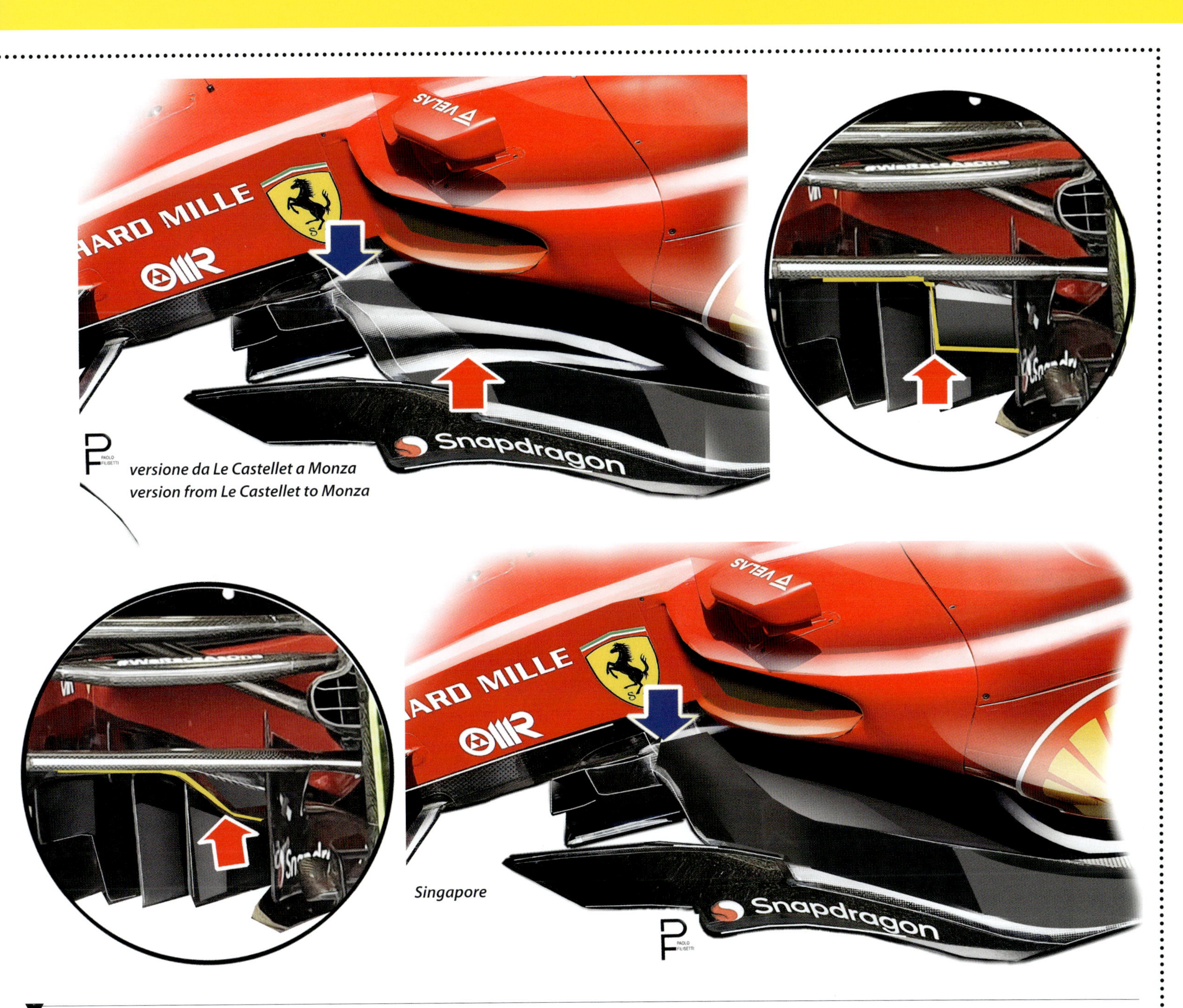

Australia: the floor discarded at Jeddah signed off on the SF 23

At Melbourne, Ferrari signed off on the floor that had been discarded in Saudi Arabia. It is characterised by a side profile with a curving central section to reduce sensitivity to ride height variations. This floor in fact constitutes the basis for the successive development at Imola, along with that of the rear suspension. It is interesting to note how the configuration of the front part of the SF 23 retained a strong link to the last version introduced in 2022, expected in Singapore and then fitted at Suzuka.

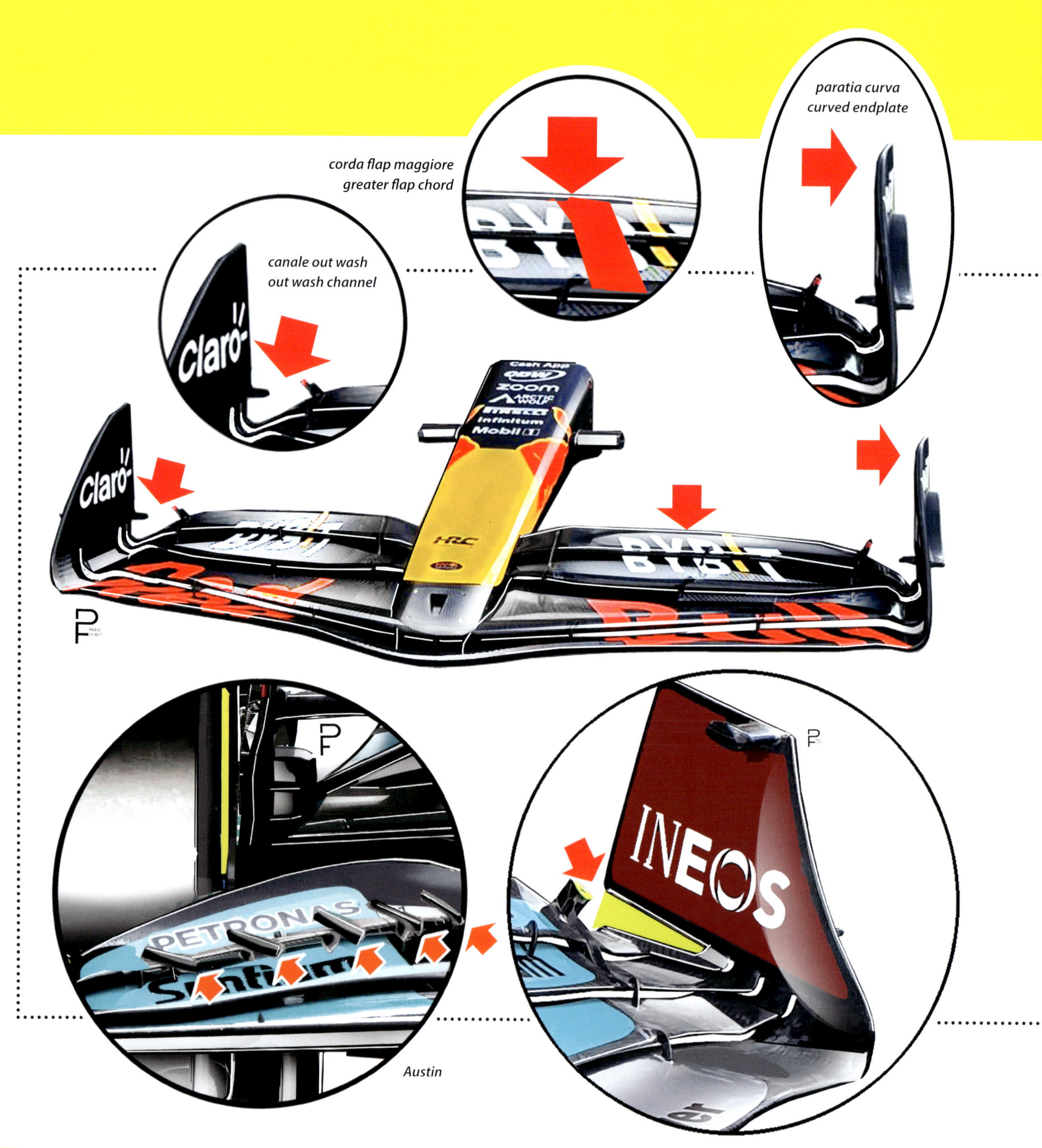
corda flap maggiore
greater flap chord
paratia curva
curved endplate
canale out wash
out wash channel
Austin

Nuova ala per la RB19 a Melbourne

In Australia è stata introdotta una nuova ala anteriore per la RB19 con i due ultimi flap di corda incrementata. Forma un canale di raccordo con le paratie laterali, curve nella porzione superiore verso l'esterno per incrementare l'out wash. Interessante notare come questa soluzione, dopo il divieto di quella introdotta dalla Mercedes lo scorso anno, sia più vicina a quella adottata dalla McLaren già l'anno passato sulla MCL36, ma anche sulla Aston Martin AMR22. Si nota come l'estremità del musetto attuale sia molto più piatta e squadrata rispetto a quella della RB18.

New wing for the RB19 at Melbourne

In Australia Red Bull introduced a new front wing for the RB19 with the last two flaps featuring an increased chord. It forms a linking channel with the endplates, curved in the upper portion towards the outside to increase outwash. It is interesting to note how this feature, following the ban on the one introduced by Mercedes last year, is closer to the one adopted by McLaren last year on the MCL36, but also on the Aston Martin AMR22. Note how the tip of the current nose is much flatter and more square-cut with respect to that of the RB18.

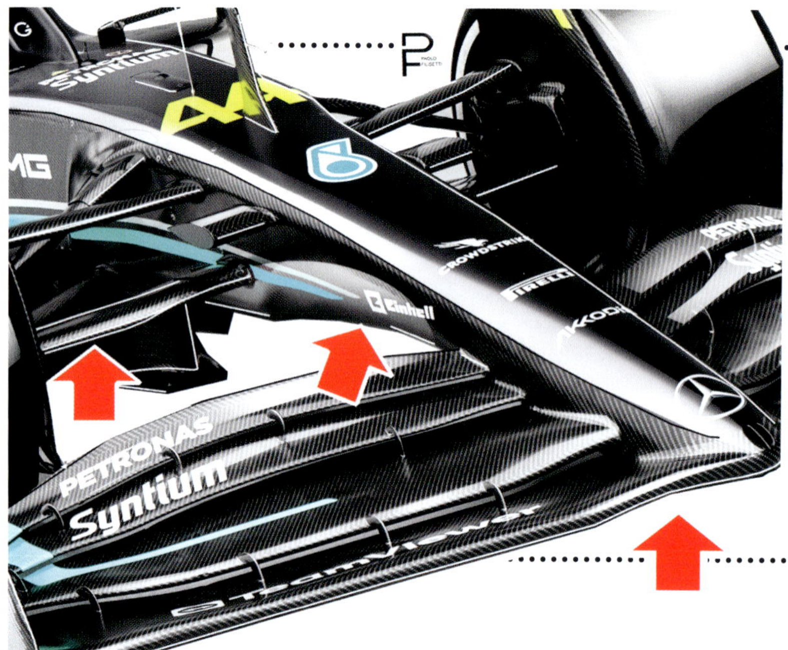

Dettaglio avantreno W14

L'avantreno della W14 è caratterizzato da un diverso profilo dell'ala anteriore e dalla connessione dei flap al muso. Interessante il profilo scavato nella parte inferiore dello stesso per convogliare una maggiore quantità d'aria in quella inferiore della vettura. La sospensione anteriore è stata rinnovata soprattutto a livello del triangolo inferiore.

W14 front end detail

The front end of the W14 is characterised by a different profile for the front wing and the connection of the flaps to the nose. The undercut profile of the nose is interesting and is designed to convey a greater quantity of air to the lower part of the car. The front suspension has been revised, above all with regard to the lower wishbone.

Dettaglio fiancate e cofano motore W14

A Brackley hanno modificato solo in parte il packaging della meccanica interna, dando alle fiancate un profilo continuo, non più interrotto come sulla W13, per mantenere il flusso aderente alla carrozzeria. La parte inferiore del cofano motore invece è caratterizzata da una sorta di canale per dirigere il flusso d'aria verso la beam wing.

W14 sidepod and engine cover detail

At Brackley they have only partially modified the packaging of the internal mechanical organs, lending the sidepods a continuous profile, no longer interrupted as on the W13, to keep the flow attached to the bodywork. The lower part of the engine cover is instead characterised by a kind of channel to direct the flow of air towards the beam wing.

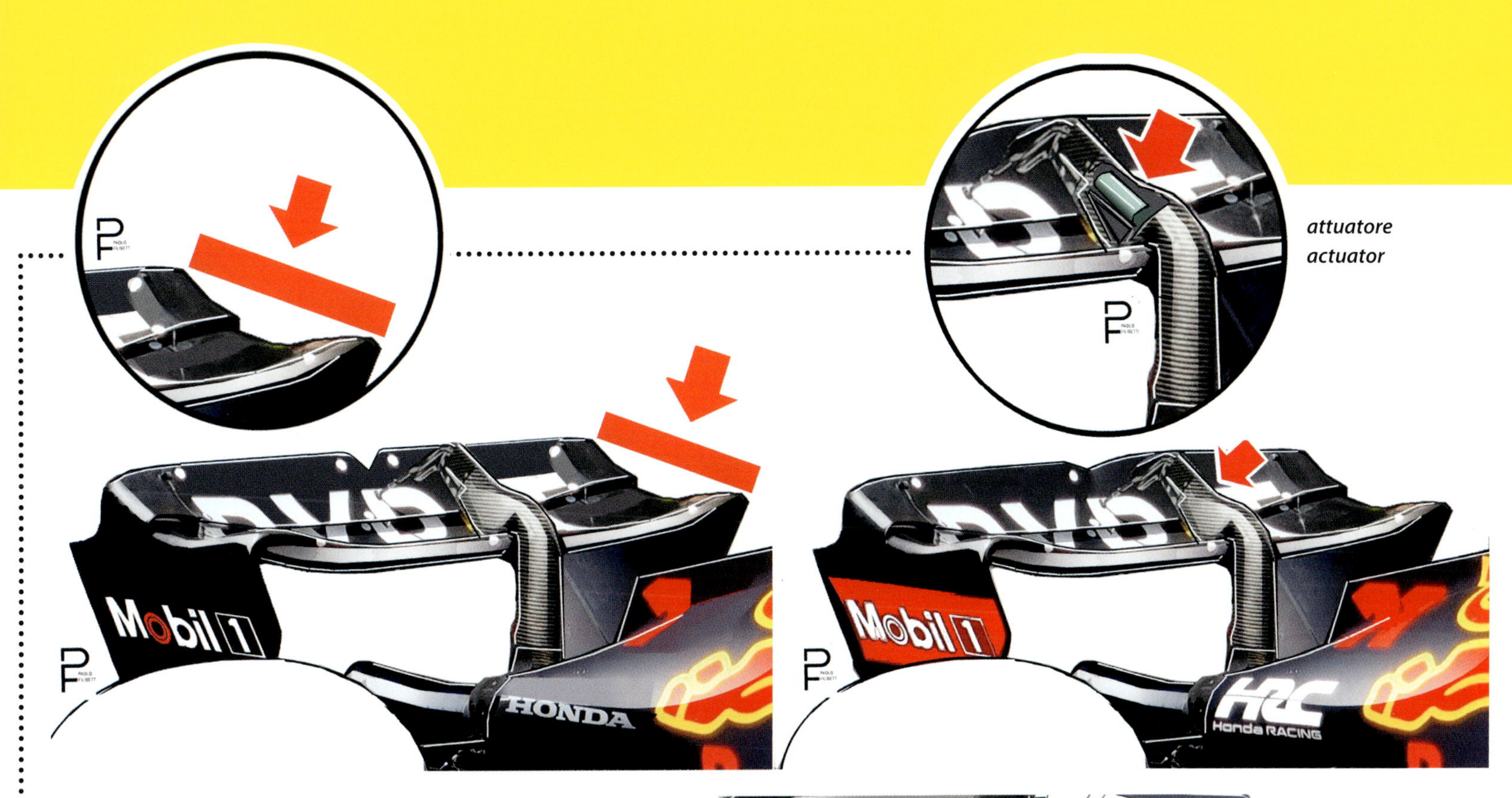

Ala posteriore RB19 a Jeddah

La Red Bull ha introdotto sulla RB19 un'ala posteriore caratterizzata da un'incidenza minima sia del profilo inferiore (beam wing) sia di quello principale, a favore della scorrevolezza, fattore cruciale su questa pista. Interessante è sottolineare come già in Bahrain si sia verificato un malfunzionamento del DRS nel corso delle prove libere. Si tratta di un problema che in verità colpisce le monoposto del team di Milton Keynes dal 2021 ed è singolare che non sia stato ancora risolto definitivamente.

RB19 rear wing at Jeddah

On the RB19 Red Bull introduced a rear wing characterised by minimal incidence on both the lower profile (beam wing) and the main plane, in favour of penetration, a crucial factor on this circuit. It is interesting to note that as in Bahrain there was a malfunction with the DRS during free practice. This is actually a problem that has afflicted the team from Milton Keynes since 2021 and it is remarkable that it has yet to be definitively resolved.

BRAWN BGP 001-1

Peraltro è interessante osservare come sulla RB19 l'apertura del DRS consenta uno stallo del diffusore tale da ridurre drasticamente il drag in fase di sorpasso, determinando un immediato incremento della velocità. L'efficacia del sistema, oltre a quella delle sospensioni, ha indotto i rivali a ipotizzare, senza averne peraltro prove concrete, che i due elementi tra loro combinati abbiano un effetto paragonabile a quello del double diffuser (doppio diffusore), come sulla Brawn GP del 2009.

BRAWN BGP 001-1

Moreover, it is interesting to note how on the RB19 the opening of the DRS permits a diffuser stall that drastically reduces drag during overtaking, determining an immediate increase in speed. The efficacy of the system, along with that of the suspension, has induced rivals to suggest, albeit without any concrete evidence, that the two elements together generate an effect comparable to that of the double diffuser, as on the Brawn GP from 2009.

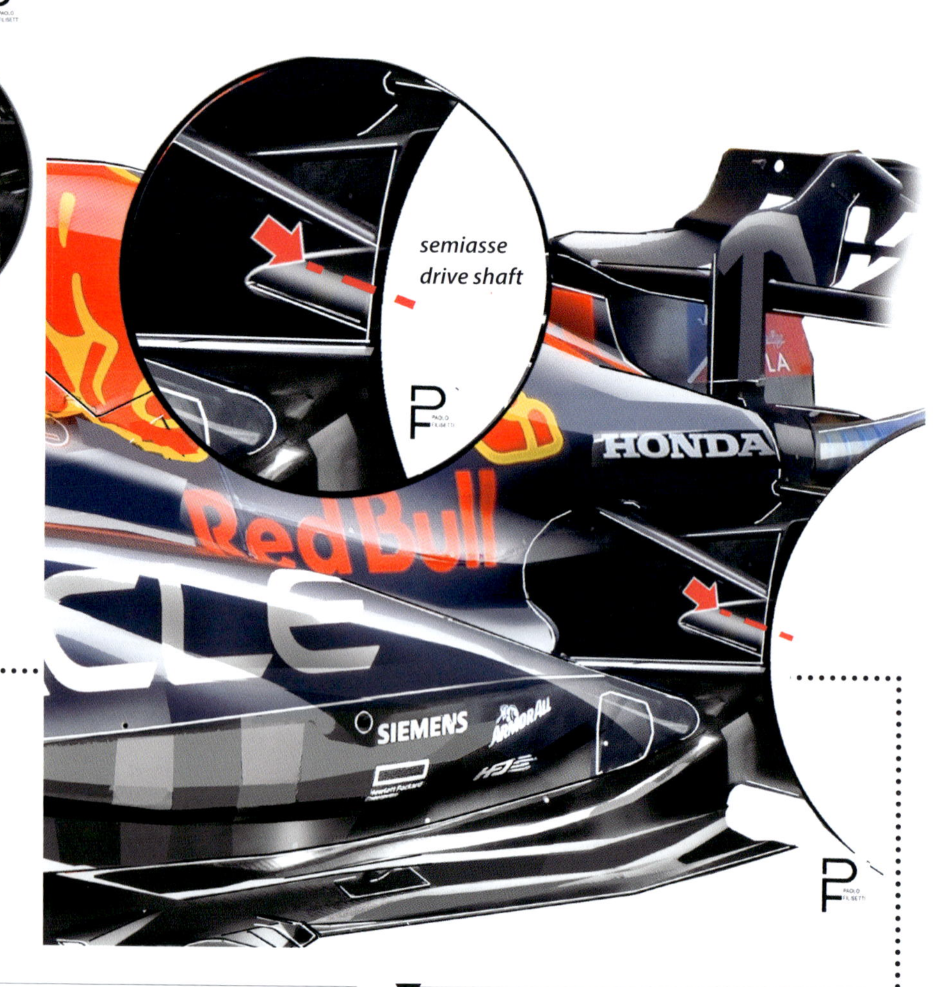

RB19: cedimento semiasse

Sulla RB19 di Verstappen ha ceduto il semiasse destro, speculare a quello nel disegno, di cui è evidenziata la collocazione nella carenatura inferiore della sospensione.

RB19: drive shaft failure

Verstappen's RB19 suffered a failed right-nad drive shaft, mirroring the one in the drawing which highlights its location in the lower suspension fairing.

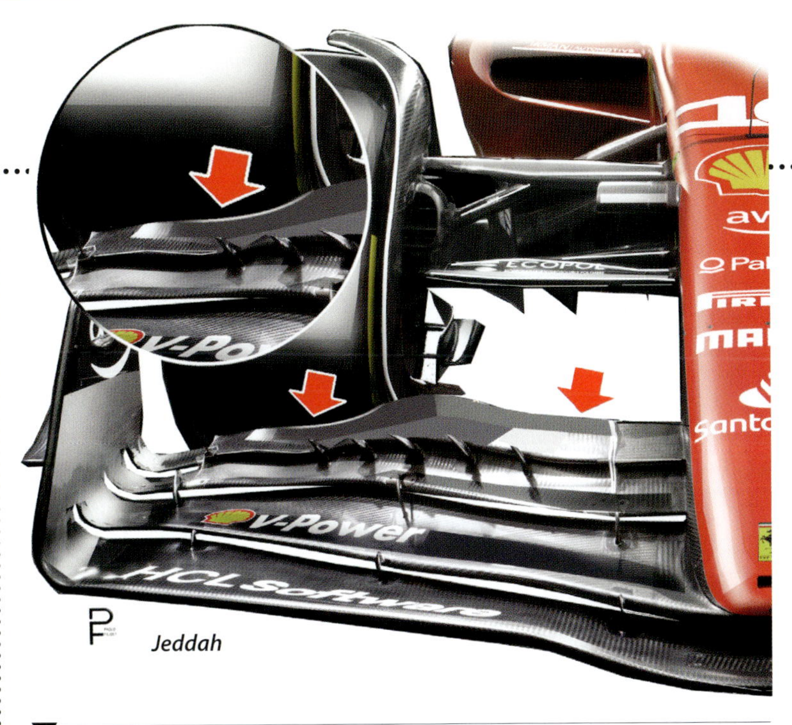

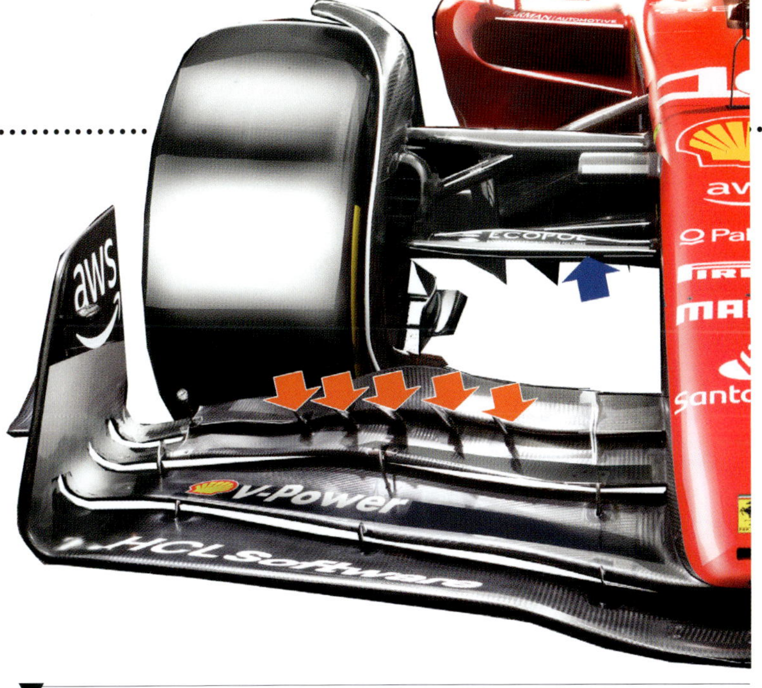

Ferrari SF 23: ala anteriore da basso carico e forte out wash

A Jeddah è stata introdotta un'evoluzione dell'ala anteriore. I flap sono di corda ridotta, così pure la loro incidenza, quasi nulla verso le paratie. Un'ala per alte velocità con un raccordo con la paratia avanzato rispetto al bordo di uscita. Interessante il raffronto con due versioni di ala anteriore adottate nel 2022, con quella usata a Miami decisamente improntata ad un elevato out wash.

Ferrari SF 23: low downforce, high out wash front wing

An evolution of the front wing was introduced at Jeddah. The flaps have a reduced chord, with the incidence virtually nothing towards the endplates. A wing for high speeds with a link with the endplate advanced with respect to the trailing edge. It is interesting to compare it with two versions of the front wing adopted in 2020, with the one used in Miami clearly emphasising the outwas effect.

Aston Martin AMR 23: dettaglio sospensione anteriore

Molto interessante la sospensione anteriore della AMR23. Pur avendo mantenuto lo schema push rod è caratterizzata da una forte inclinazione dei bracci del triangolo superiore. In pratica è molto accentuata, come sulla RB19, la prerogativa anti dive (anti affondamento) di questa sospensione. Si tratta di una scelta che consente una precisa gestione delle variazioni di altezza da terra all'avantreno, con una ripercussione molto positiva al retrotreno per quanto concerne la trazione e quindi il grip.

Aston Martin AMR 23; front suspension detail

The front suspension of the AMR23 is very interesting. While retaining the push rod layout, it is characterised by a steep inclination of the upper wishbone arms. In practice, as with the RB19, there is an accentuated anti-dive prerogative with this suspension configuration. This is a layout that permits precise management of the front end ride height variation, with a very positive repercussion on the rear axle with regard to traction and therefore grip.

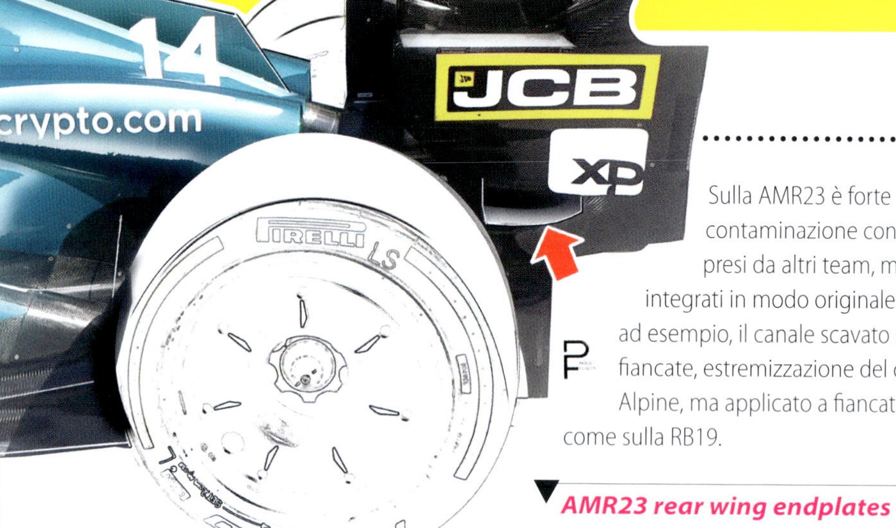

Paratie laterali ala posteriore AMR23

I dettagli di questa monoposto sono molto raffinati e denotano attenzione costruttiva, ma anche originalità. Questo è molto evidente in un particolare delle paratie dell'ala posteriore. Infatti, è molto interessante l'aggiunta di un profilo divergente verso l'esterno, applicato nella parte inferiore. Questo profilo ha la funzione di indirizzare verso il basso le turbolenze generate tra il fianco interno delle ruote e la paratia stessa. In questo modo è incrementata l'efficienza del diffusore a livello di estrazione del flusso sottostante. Sulla AMR23 è forte la contaminazione con concetti presi da altri team, ma sempre integrati in modo originale come, ad esempio, il canale scavato sopra le fiancate, estremizzazione del concetto Alpine, ma applicato a fiancate spioventi come sulla RB19.

AMR23 rear wing endplates

The details of this car are very sophisticated and denote painstaking engineering and originality. This is very clear in a detail of the rear wing endplates. There is a very interesting addition of a profile diverging towards the outside, applied to the lower part. This profile is designed to direct downwards the turbulence generated between the inner tyre sidewall and the endplate itself. This increases the efficiency of the diffuser in terms of its extraction of the underlying flow. On the AMR23 there are overt crossovers with concepts drawn from other teams, but always integrated in an original manner, for example, the groove sculpted above the sidepods, an extreme version of the Alpine concept, but applied to RB19-style sloping sidepods.

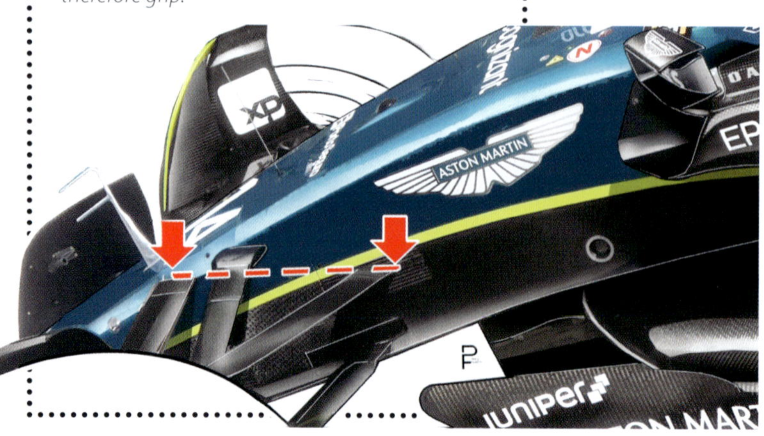

Red Bull Ring

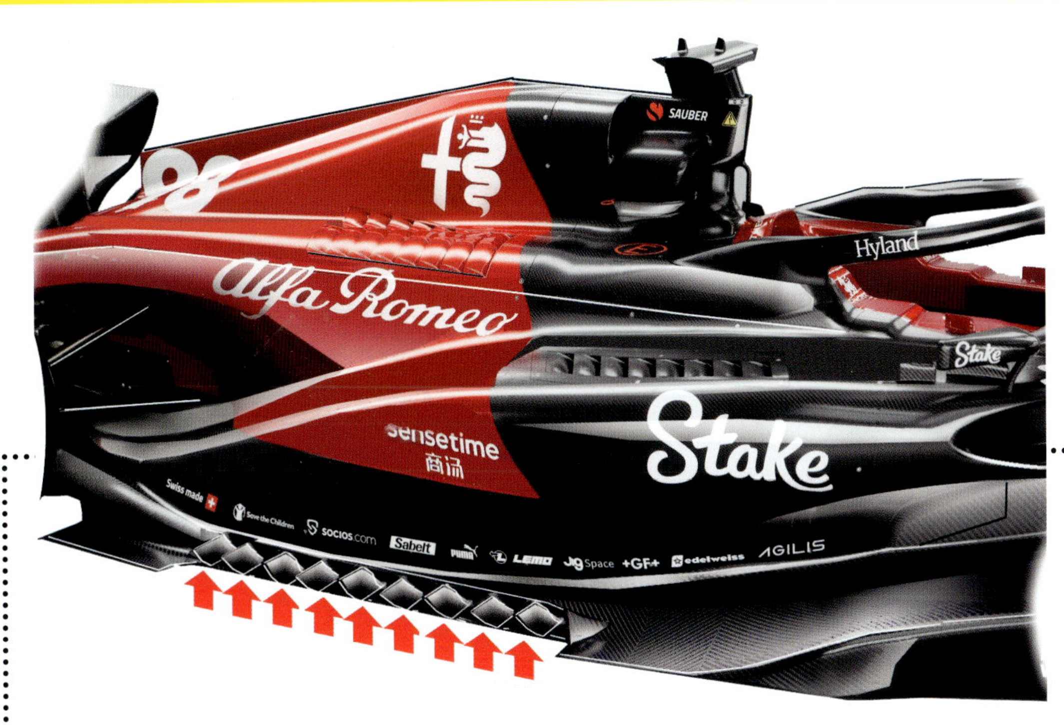

C43: dettaglio fondo

Si nota l'andamento spiovente verso il retrotreno delle fiancate della C43, con bocche orizzontali e allungate che ricordano la F1 75. In dettaglio, molto evidente la serie dei nove generatori di vortici nella sezione centrale del bordo del fondo, rialzato di 15 mm, con la funzione di generare una sorta di minigonna pneumatica che impedisca il trafilaggio d'aria sotto il fondo. In realtà, questa versione del fondo non è mai scesa in pista e si è solo vista in occasione della presentazione della vettura.

C43: floor detail

The C43's sidepods slope noticeably towards the rear axle, with horizontal and elongated mouths recalling the F1 75. In detail, the series of nine vortex generators stand out in the central section of the floor side, raised by 15 mm, with the function of generating a kind of pneumatic skirt that prevents the drawing of air from below the floor. In reality, the version of the floor has never been raced and has only been seen at the presentation of the car.

C43: scambio termico

Le griglie di smaltimento del calore sono estremamente ridotte nella parte superiore delle fiancate, mentre sono più ampie ed evidenti alla base del cofano motore. In questo modo, in congiunzione allo sfogo posteriore, dovrebbero garantire un adeguato scambio termico alla Power Unit Ferrari.

C43: thermal exchange

The heat dispersal grilles are extremely reduced in the upper part of the sidepods, while they are larger and more obvious at the base of the engine cover. In thius way, together with the rear vent, they should guarantee adequate thermal exchange for the Ferrari PU.

Paolo Filisetti

Paolo Filisetti nasce a Milano nel 1967. La passione per i motori, e nello specifico per la Formula 1, lo contagia fin da bambino. La prima collaborazione è con *Il Giornale*, assieme ad *Auto Oggi*. La sua "prima stagione completa" al seguito del Mondiale è il 1997 quando inizia anche a collaborare con la RAI in qualità di analista tecnico sui campi di gara. Seguono negli anni varie collaborazioni con quotidiani fra cui il *Corriere della Sera* oltre a periodici italiani ed esteri. Attualmente collabora stabilmente con la *Gazzetta dello Sport* ed *Autosprint*. Dal 2019 pubblica per Giorgio Nada Editore gli annuari *Formula 1. La tecnica* in cui analizza l'evoluzione tecnica delle monoposto.

Paolo Filisetti was born in Milan in 1967. He contracted a passion for motorsport and especially F1 from an early age. His first professional contacts with Formula 1 were through Il Giornale *and* Auto Oggi. *His first "full season" following F1 came in 1997 when he began contributing to RAI broadcasts as a trackside technical analyst. There followed various collaborations with newspapers including the* Corriere della Sera *and with Italian and international periodicals. He currently contributes regularly to* Gazzetta dello Sport *and* Autosprint. *Since 2019, he has published the annual* Formula 1. Technical Insights *in which he analyses the technological evolution of the World Championship cars.*

finito di stampare/printed by
D'Auria Printing (AP), Italy, Aprile/*April* 2023